塔羅解密全書

解碼圖案符號和牌義的奧祕
通透各式塔羅牌的萬用鑰匙

林樂卿（星宿老師）Farris Lin ／著

Star Realm 01

塔羅解密全書
解碼圖案符號和牌義的奧祕，通透各式塔羅牌的萬用鑰匙

作　　　者	林樂卿（星宿老師）Farris Lin
封面設計	林淑慧
排版美編	玉　堂
主　　編	劉信宏
總　編　輯	林許文二

出　　　版	柿子文化事業有限公司
地　　　址	11677 臺北市羅斯福路五段 158 號 2 樓
業務專線	（02）89314903#15
讀者專線	（02）89314903#9
傳　　　真	（02）29319207
郵撥帳號	19822651 柿子文化事業有限公司
服務信箱	service@persimmonbooks.com.tw

業務行政	鄭淑娟、陳顯中

初版一刷　2024 年 12 月
定　　價　新臺幣 580 元
ISBN　978-626-7613-04-7

Printed in Taiwan 版權所有，翻印必究（如有缺頁或破損，請寄回更換）
特別聲明：本書的內容資訊，不代表本公司／出版社的立場與意見，文責概由作者承擔。
臉書搜尋　60 秒看新世界

— 柿子在秋天火紅　文化在書中成熟 —

國家圖書館出版品預行編目(CIP)資料

塔羅解密全書：解碼圖案符號和牌義的奧祕，通透各式塔羅牌的萬用鑰匙／林樂卿（星宿老師）Farris Lin 著. -- 一版. -- 臺北市：柿子文化事業有限公司, 2024.12
400 面 ;23×17 公分. -- (Star Realm ; 01)
ISBN 978-626-7613-04-7（平裝）

1.CST: 占卜

292.96　　　　　　　　　　113017556

柿子官網
60 秒看新世界

推・薦・序

磅礴且實用的塔羅名作

日本國際級塔羅大師 亞歷山大・木星王

聽聞眾所周知的《塔羅解密》即將重新再版，這本分析塔羅牌的名作，在日本也備受矚目。

書籍內容旁徵博引，包含牌義沿革以及偉特塔羅釋義，對初學者來說非常實用，無疑是一本非常值得推薦的名作。

此外，書中採用了神祕且稀有的原創塔羅牌圖文解說，令人倍感興趣。這些塔羅牌是由星宿老師本人所設計，我認為是一個非常有趣的嘗試。

作者星宿老師是塔羅牌及西洋占星術協會的會長，他推廣塔羅教育不遺餘力，也培養了許多專業占卜師。

恭賀本書的再版問世，我也十分期待未來能看見此書推出續作，以及星宿老師更多的實占分享。

關於本文作者：

亞歷山大・木星王是日本塔羅界、占卜界的宗師。

畢業於關西大學文學部，在成為占術師之前，他從事過新聞工作。之後他負責了許多塔羅翻譯和入門書，在日本成為了普及塔羅占卜的第一人。他以清晰的解釋方式介紹了原本只屬於少數愛好者和收藏家的塔羅牌，於四十多年前在日本創立了第一家專營塔羅占卜的商店「魔女の家」，並創立出版占卜專門書籍的「魔女の家BOOKS」出版社。早年木星王有許多著作流傳到台灣，成為台灣許多人的塔羅牌啟蒙。

木星王的主要著作包括：《高階塔羅占術》、《準確的塔羅占卜》、《12星座祕密筆記・上》、《12星座祕密筆記・下》、《塔羅速成課程》、《快速入門塔羅》、《特訓塔羅課程》、《妖術手冊第2卷》。全部於「魔女の家BOOKS」發行出版。

自·序

重啟解密，還原初心

　　塔羅牌的傳世將近六個世紀，若從近代的偉特塔羅算起，至今也積累了超過一百年的發展。然而塔羅的理論架構和歷來演變，一直存在許多被忽視的層面，諸如圖案和牌義的形成緣由或者結構、原理，這些部分正是瞭解和學習塔羅牌的重要關鍵。於是填補這塊領域的構思因運而生，旨在揭開鮮為人知的謎底，終而將這些內容集結成書。由於觸及塔羅的諸多面向，起初感到無以名之，而後發覺此一披露深層奧祕之舉，猶如解碼加密信息般，「塔羅解密」的書名遂呼應而出。

　　在這部著作中，各張祕儀的主圖，是原創的塔羅牌作品，為本人親自設計和繪製，根據符碼意旨和圖案象徵運思而成。置於書中每張牌的開頭，擔當抽象原理敘述的參考。牌圖畫面因以概念的呈現為主體形構，故而自名之為「概念」塔羅。這副塔羅牌的創作也是整部著作的重要成分，也可說是圖文相伴而生的成套作品。

　　其實開始撰寫的初衷，就是針對塔羅牌的通性和共同涵義的闡釋，從圖案、符號和牌義等多樣角度切入，揭示塔羅的結構性和概念化，並涉及祕儀的整體設定。對於「祕儀主題」的刻劃有如標語般，以加深印象和符合意境，這是為了強調神祕學和占卜中的語言作用，希望塔羅內涵能直接以凝鍊而實用的字句表述，因而力求詞語的分辨和鍛造，行文和格式也由此有別於心得分享或傳述性的文章。

　　而後將主軸鎖定在牌義推行的原則和方向，比較不同專牌間的差異，從中掌握變化脈絡，使用各種體系的塔羅牌做為開始都能上手。並且以重要觀念的理解為入門訴求，超越工具功能的塔羅白皮書，也能滿足以進修為目的或據此持續鑽研，在不同階段皆可運用自如。出書時為使符碼解析更加具象化，同時不遺漏傳承關鍵，每張祕儀除了主圖塔羅之外，還提供三副歷史性的經典塔羅牌圖對照，總共囊括了多套牌圖，期許成為藉以通透各式塔羅牌的鑰匙。

　　內容如此廣泛龐大，文字風格迥異加上展示多副牌圖的陣仗，這些特殊性使得整體呈現並不容易，連帶資料的取捨和名目安置，都幾經多番轉折和推敲思量。所幸自始就以配合塔羅體系為編排導向，每張祕儀都依據占卜要素和原理分項歸納，以單元和分項的排列組合，展開不同剖面的說明。而各段落的劃分和接續之間，或許藏有引發讀者的聯想的線索。多層次的大小項目紛陳，不只為了查找時得心應手，也為營造出橫向的聯結。相同項目經拆解後各別串連起來，可統合為一個主題以單獨學習，無論順讀或在祕儀間循環式閱讀，只要按圖索驥就能悠遊在其中。

　　本書於今重新問世，可謂由來已久、源遠流長，早在 2004 年發想和提筆，約歷時一年後在協會內部刊行，《概念塔羅牌》圖稿也是在同時繪製完成。由於本為著眼於塔羅學習而構築，又適合主題式的分拆重組，擷取部分範圍即足以成冊，因而曾集結成各式講義，擔綱塔羅教學任務頗長時日。實然，與本人大部分著作的境運相同，雪藏多年方遇脫穎而出的機緣，整合的全版書籍，於 2012 年得以初次付梓發行。

本著作正式融入塔羅世界之中，距今恰逢邁入第十二個年頭。對於當時因篇幅等因素而裁省的部份，多年來一直有著補足完善的心願，終於在 2024 年迎來重啟的機遇，得以打造新版的《塔羅解密全書》。這次保存了既有的內容而又有不少新增，最重要的是能夠還原初心，表達我真正的構思和創見。未能在塔羅解密時代面世的部份，主要是關於塔羅歷史的綜述以及知識領域的拓展，念及其中詳盡的史實記述和剖析頗值廣為人知，乃在我後來的另一著作《塔羅攻略》書中發表，而這些篇幅於今回歸原位，置於全書的首篇和末篇，環環相扣的解密拼圖於焉完整。

　　這次迭代更新的機會實屬難得，多處文字和編排又從頭打磨良久，重複體現多年前出版時的艱辛，奮戰了將近整年，周旋在塔羅解密的宇宙之中，也彷彿當下的我穿越到過去，以往熟悉的一切歷歷在目，如今再度重冶鎔鑄。非常高興嶄新的《塔羅解密全書》終能成功出版，這次的重啟猶如本著作歷經了三生三世，也期盼能呈獻給讀者更千錘百鍊的成果。

星宿 Farris Lin 於 2024 年 10 月

推薦序
磅礴且實用的塔羅名作　亞歷山大・木星王 3

自序
重啟解密，還原初心 4

首篇　塔羅起源解密 *The origins of Tarot*

塔羅定義 10
來歷追蹤 14
內涵探索 28
塔羅逆位解密 33

主篇 1　大祕儀解密 *Major Arcana*

大祕儀統論 38
魔法師 40　｜　女祭司 44　｜　皇后 48　｜　皇帝 52　｜　教皇 56
戀人 60　｜　戰車 64　｜　力量 68　｜　隱士 72　｜　命運之輪 76
正義 80　｜　吊人 84　｜　死神 88　｜　節制 92　｜　魔鬼 96　｜　高塔 100
星星 104　｜　月亮 108　｜　太陽 112　｜　審判 116　｜　世界 120　｜　愚人 124

主篇 2　四花色解密 *Four Suits and Elements*

元素花色牌組結構 130
權杖花色 134　｜　聖杯花色 136　｜　寶劍花色 138　｜　金幣花色 140
首牌統論 142
權杖首牌 144　｜　聖杯首牌 148　｜　寶劍首牌 152　｜　金幣首牌 156

主篇 3　宮廷牌解密 *Court Cards*

宮廷牌統論 162

權杖國王 166	權杖王后 170	權杖騎士 174	權杖侍從 178
聖杯國王 182	聖杯王后 186	聖杯騎士 190	聖杯侍從 194
寶劍國王 198	寶劍王后 202	寶劍騎士 206	寶劍侍從 210
金幣國王 214	金幣王后 218	金幣騎士 222	金幣侍從 226

主篇 4　數字牌解密 *Pip Cards*

數字牌統論 232

權杖二 234	權杖三 238	權杖四 242	權杖五 246	權杖六 250
權杖七 254	權杖八 258	權杖九 262	權杖十 266	
聖杯二 270	聖杯三 274	聖杯四 278	聖杯五 282	聖杯六 286
聖杯七 290	聖杯八 294	聖杯九 298	聖杯十 302	
寶劍二 306	寶劍三 310	寶劍四 314	寶劍五 318	寶劍六 322
寶劍七 326	寶劍八 330	寶劍九 334	寶劍十 338	
金幣二 342	金幣三 346	金幣四 350	金幣五 354	金幣六 358
金幣七 362	金幣八 366	金幣九 370	金幣十 374	

末篇　占卜應用解密 *Divination*

操作要略 380

牌陣解密 385

解讀技巧 392

拓展升級 395

首篇
塔羅起源解密
The origins of Tarot

塔羅定義

一、名實本質

❦ 名稱來由

　　塔羅，就一般人的印象而言，通常被看待成占卜使用的紙牌，而牌上面有著神祕的圖案；或者也被視為可以從事或輔助心理療癒，這些主要都是從運用層面開始認識的。較為熟悉神祕學的人，則可能認為塔羅是一個領域，和占星學、靈數學可相提並論，這時候又是塔羅學的簡稱。基於這些印象，現在就讓我們開始對塔羅逐步重新理解，補足向來忽略的層面，並深入地探索並學習。

　　塔羅來自西洋而傳佈全世界，跨越不同的文化圈，在國內也流行了多年，因而在此從語言著手，先來認識塔羅這個名稱與轉譯。塔羅，英文名稱就是 Tarot，另外也會出現 Tarocco 和 Tarochi 的字眼，其實這兩個字彙是同個名詞的單複數形態，源於塔羅原始產地的義大利語。舉凡這些歐洲各語系指稱同一名目的詞語，統合來說，都是指「塔羅牌」。在英文資料中，可能會見到針對某副牌專門使用帶有 Tarochi 名稱，這是以出處原名來呈現專有牌名的識別，可能指古代塔羅的某一種類，也是古代某一時期對塔羅牌的稱呼。

　　由上可知，這些歐洲語言的名稱，前面字根都同樣是「TARO」，這個名詞的重點就在前面兩個音節而不是語尾，因而中文名稱使用的音譯省略了最後的發音。這個名詞在日文是全音譯，稱為「タロット」，早先從日本傳入塔羅相關書籍的時候，連正式的中文譯稱都沒有。自「塔羅」這個名稱出現並開始使用之後，就廣泛被接受而流傳定拍，不再見到有人提出更動過。

❦ 塔羅和紙牌

　　在概念上首先需要分辨的是，「塔羅」（tarot）與「塔羅牌」（tarot deck 或 tarot cards）這兩個詞的不同：「塔羅」是抽象的名詞，「塔羅牌」才是呈現塔羅的紙牌，兩者的概念是有所差別的。只是在行文使用的習慣上，兩個詞彙多互為涵蓋而相通，在學理和細節的敘述上，運用這種分辨可以使人更為清晰明瞭。

　　「塔羅」可視為一套思想和哲理，而以紙牌的形式來呈現就稱為「塔羅牌」：「塔羅」是可以超越工具而存在的神祕哲思，「塔羅牌」則是這套神祕哲思和紙牌工具的結合品。

　　由於塔羅是抽象名詞，在英文的行文上也一樣會和紙牌的稱呼混用互通：有時候一種塔羅（牌）也以 tarot 為稱，而 tarots 可意指多種塔羅（牌）。不過多半的時候，一種塔羅或一副塔羅，都會使用 deck 這個名詞，意義是整「副」紙牌，也可算是紙牌的單位名詞，而多副牌即為 decks。如果是說整副牌中的一張牌是 card，多張牌就是 cards，通常中文慣稱應為「牌」而不是「卡」。

⚜ 塔羅和祕儀

　　塔羅領域裡有個名詞非常受到重視，因為與塔羅特性最有關聯，也最能突顯出塔羅的神祕專業度，這個名詞即是——「祕儀」。所謂「祕儀」，原意是指祕密奧義和精神儀典，沿襲自煉金術對其提煉物質所慣稱的「奧祕」，也就是將塔羅視為精神物體，用此名稱予以神祕化。「祕儀」這個名詞源於拉丁語，Arcanum 是單數，而 Arcana 才是複數，有時候也音譯為「阿爾克納」。塔羅的分部就是以祕儀來指稱的，整副塔羅牌分為「大祕儀」（Major Arcana）和「小祕儀」（Minor Arcana）兩分部；通常「大祕儀」可簡稱為「大牌」，「小祕儀」則為「小牌」。由此，祕儀也能用來當做塔羅的代稱，那麼一張牌也可以稱為一張祕儀。

　　當「祕儀」用以稱呼塔羅裡面的各張牌，這時的用意和塔羅之稱一樣，偏向彰顯其中的精神內涵，而意不在於紙牌。甚至祕儀所指也不在於牌的畫面，而著重在牌代表的象徵主旨。Arcanum ／ Arcana 和 card ／ cards 之間的分別，等同於 tarot 和 deck 之間的分別。牌卡和祕儀雖然所指對象相同，但在正式程度與神祕化方面有所差別。從概念上來說：塔羅是由多張祕儀所構成，而整副塔羅牌是由一張張的牌所組成。當然，一般行文和口語中多以「某張牌」涵蓋，使用「祕儀」則是有所講究之時。

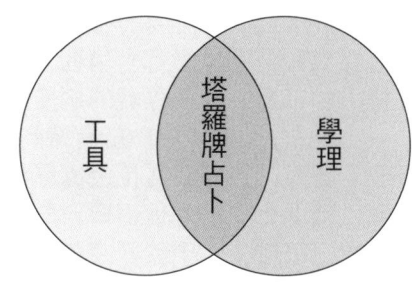

⚜ 精神和工具

　　塔羅既是抽象的精神，因此不只能以具體的工具操作，也可以做無形的計算運用，因而能方便以純報數法推算，甚至做為程式完整地運作。在此藉由其他占卜機制來比較說明會更加清楚：「易卦占卜」的依據是《易經》卦爻和辭義，這是一套象徵體系或思想文字，而用來占卜操作的工具只是銅錢或蓍草，上面並沒有寫上辭義、更沒有畫上易卦，這就是精神內涵和工具兩者截然分別的情況。

　　並不是所有占卜方式，都像這樣有工具和內涵的意義分別，例如「靈擺」之類的占卜，工具本身是唯一重點，需要親身操作才能起占卜作用，也無法抽解出內涵意義層面，這類就是純粹的占卜工具物件。相反地，也存在純粹哲理而無需工具的占卜方式，純粹透過演算機制即得到答案。可知，占卜工具的這幾種型態，就是依據工具和哲理兩者的交集或聯集來區別，這也恰好等同於簡易的占卜四大分類。

　　「塔羅」在概念上能夠分辨於工具之外，但塔羅的特點仍在於其為紙牌，因此塔羅有別於其他占卜的特色，就是操作工具和內容解說都在同一物件上。不像銅錢和易經沒多大關聯，塔羅是工具和內涵完全合一的。經由以上辨證可知：塔羅是一種紙牌，也是抽象的哲理，通常以占卜工具的面貌被認識，但內容和功能頗具多樣化。塔羅更是屬於神祕學工具，以紙牌承載抽象的原理，而能夠在各種不同層面上多元運用。

二、格式構造

❧ 編制規格

　　塔羅牌是一種完整而多面向的神祕學工具，主要作用是作為占卜工具被世人所熟知。另外，塔羅的面目是一套呈現圖案畫面的紙牌，有其規格和編制，也是工具和內涵的交集。

　　全副塔羅牌劃分為大祕儀和小祕儀兩部分，小祕儀的形制為花色紙牌，分成四個牌組共 56 張牌。每一牌組包含 14 張牌，各由首牌（Aces）開始，接著自 2 到 10 的數字牌（pip cards），以及四位階的宮廷人物牌（court cards）所構成。大祕儀部分就是 22 張所謂的王牌（Trumps），每一張牌都有獨自的名稱，也都具有編號，從 0 順序到 21。

　　現代就是將上述編制設為塔羅牌規格，簡化統稱為「78 張大小祕儀四花色牌組」。符合格式定義者即為「塔羅牌」，基本的要求就是編制和張數，成為判定的重要指標。狹義而言，塔羅牌需要完全符合標準編制，甚至連各張牌的名稱和畫面內涵都可講究。但在廣義上，編制符合但名目內容有所差異，或者編制稍有更動者，也可能視為塔羅牌。整副塔羅如果有某些變動，也可以視為塔羅的變格或變化版。

　　大祕儀 22 張牌是塔羅最主要的部分，名稱順序號碼是固定編制，因其整體的結構性具有意義。每張祕儀的主題要素和牌圖象徵都有講究，大祕儀結構或牌圖有所變動都是大事，並須闡明變革的緣由和宗旨。然而標號的適度調動，或者有幾張牌更改了名稱，仍是符合塔羅編制的，至於增添或減少牌數就有待商榷了。

　　小祕儀分為四花色牌組是不變的，然而四種花色專屬物都可以更換，只要符合四元素對應的原則。宮廷牌四個位階偶有更替，但總要自成合理體系和原則，通常不能減少位階，增多位階也極罕見但可以接受。至於數字牌多半不會有所增減，但內容牌義的編派應該是較為自由的，然而若能有內涵體系則更符合塔羅牌的精神。

　　制定標準之所以困難，是由於塔羅牌為真實歷史的自然演變而來，所有的規範都後起的，在傳承過程中並未受到任何制約。（可參見第 26 頁的「塔羅定義之限縮與擴張概念圖」）

　　塔羅牌基於其工具特質和實用需求的緣故，容易呈現出多變的樣貌，不同種類的塔羅牌差異性頗大，因而規格標準應有彈性。在應用層面上不需要截然絕對，一副牌算不算是塔羅，可依符合規格和內涵的程度來衡量。許多塔羅牌雖然更動編制，卻有其變化之道理，只要保有塔羅的特色，還是能視為塔羅牌，也就是以含有多少塔羅成份和精神，來判斷一副牌究竟「塔羅不塔羅」。

　　如果塔羅的設計完全基於塔羅規格和內涵，從而增生更多意涵或者轉換嵌入其他思維體系，箇中創意卻都是因應塔羅架構而生，這就非常具有塔羅精神，當然屬於塔羅牌。例如和大祕儀設定相符合的女神配置，這樣並無傷於塔羅的架構也不違塔羅的精神，就可以歸屬於塔羅牌。

　　反觀之，有不少紙牌雖然套用塔羅的編制，但在內容上塔羅精神卻蕩然無存，縱使完全符合規格，也是徒具形式，這就沒有必要當作是塔羅牌了。比如隨便貼上風景照片的牌，雖然編制正確、名目俱全，實質上只是具有塔羅編號的風景卡罷了。也有某些有意義的牌卡完全沒有編制，卻自稱為塔羅來面世，其實仍然不足以成立。

⚜ 成分要素

完整的占卜系統，必須「象」、「數」、「理」三要素皆具，而塔羅身為一套占卜系統，自是符合這些條件的完整設計。「象」，指的是圖案象徵，或者是文字符號象徵亦可，而圖案本身承載的任何意涵也都在其內。「數」，指的是對應的數字、順序、編號或數量，多半是原設指定而來，本身即可具有神祕意義，也有其系統運作或計算方式。「理」，指的是聯結或配置的神祕學原理或整套運作系統，不限於單一體系，通常是透過「數」和「象」的聯結而來，成為其背後運作的原理作用。

塔羅的特色與重點即在於圖像，畫面圖案就是塔羅的內容主體，因此塔羅牌是極為重視「象」的占卜工具。一般占卜系統的「象」多是較為明顯的層面，塔羅的「象」當然更是顯著，然而「數」和「理」的背景結構，仍是不容忽視的。

除了牌面圖案外，塔羅重要的成分就是「數」，每張牌上都有數字編號，才能可以顯示順序的關聯，並形成結構編制，進而聯結於「理」。塔羅演進的歷程中，祕儀的定位和編號數字逐漸具有個別專屬意義，使得塔羅的重要特色就是與數祕學的緊密結合，數字寓意和祕儀涵義愈來愈脫離不了關係。

至於「理」，是塔羅內涵中最容易被忽視的要素，在塔羅發展歷史中的神祕學時期，就是融入各式神祕學的系統理論，舉凡占星學、卡巴拉修習法等等，諸多體系都能與塔羅聯結和配置，而這都歸功於塔羅本身具有完整且縝密的結構體系。雖然塔羅與其他系統的對應聯結是經常被提到的題材，但本身最基礎的結構脈絡之原理反而常被忽略。本書則強調這一層面，每張祕儀都開設〔祕儀原理解析〕單元分項解說。

「數」和「理」有時候似乎會難以分辨，兩者確實關聯度頗大。在此簡單做一分別：蘊含在其中的「數」是直接顯示出意義的，而「理」是經過曲折或聯結得出的另一套意義。多半時候塔羅牌是透過「數」做為橋樑而連接起「理」的，例如數字牌的序號和「生命之樹」的「天界」序號一致，以此聯結了其意涵和作用。塔羅也可以不透過數字做為「理」的中介，例如在牌面上顯示行星符號或圖案，即代表配置了這個占星要素，而將其特質或作用納入牌中，直接藉由圖案聯結象徵性的「理」。

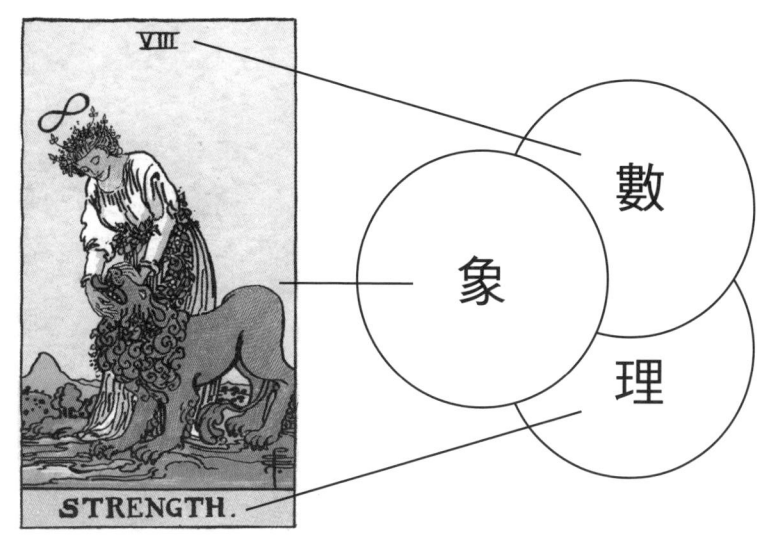

來歷追蹤

一、源流回溯

　　塔羅發端並非只能臆測，如果掌握清晰概念和脈絡，其實能夠清楚的評析各種說法的緣由。塔羅牌並不等同於紙牌，因而考究真正塔羅牌的起始，重點不在於牌的編制形式，更重要的是精神和思想，從這個角度來看待，才能正視塔羅牌的起源，不然就只是探索紙牌家族的共同來歷，反而忽略了塔羅牌的個別性。

　　歐洲的紙牌家族，包括塔羅牌以及其他許多種遊戲紙牌，都具備四個花色牌組，也可以統稱「花色紙牌」。前章提到「塔羅」和「塔羅牌」的概念不一樣，可以幫助釐清思想淵源和具體紙牌流傳的來源是不同意義的。而「塔羅牌」與「紙牌」兩者的來源容易混為一談，因此將兩者分別清楚，則更能清晰掌握塔羅的來龍去脈。

⚜ 智慧源流

　　關於「塔羅」這個名稱的意義，流傳的說法是源於埃及古文中的一個近似塔羅的發音，意思為「神祕旅程」，也有人稱其意就是「王者之道」。

　　也有人認為塔羅就是埃及魔法和智慧之神傳下的《透特之書》，也是經由塔羅拼音字母的神祕轉碼而得到 Book of Thoth 的結果。

　　這兩種說法時常相提並論，是「埃及起源」的來由，而吉普賽和塔羅的淵源，加強了塔羅從埃及傳出的論調。「埃及起源說」是一種精神寄託，最早為塔羅神祕學時期建立的精神聯結。誠然吉普賽人是埃及後裔的說法有失嚴謹，但紙牌確實是經過埃及一地傳入歐洲的。

　　另外的說法也和名稱相關，認為塔羅是「律法」的另一面呈現，將 Tarot 拼法錯置即接近 Torah，所指的就是《律法之典》上帝的意旨。再者，則是塔羅以迴文拼寫，符合了拉丁語的「轉輪」（Rota），象徵命運的運轉。

　　這兩種文字轉寫淵源被結合起來，起源就與希伯來產生關聯。後來將卡巴拉學理配置在塔羅上，就是希伯來起源的明確認定，由於相信這套配置是前人設定好的，也就等於認同了塔羅與卡巴拉有相同的希伯來起源。「希伯來起源說」是後起的追溯，具有學理的聯結而非歷史性。

　　雖然以上這些論點大致都是附會之說，卻也言之有理，因為塔羅就是智慧，是道的呈現，也是命運的顯影。其實，這些對名稱加以講究的說法，都是認為就塔羅的內涵而言，其中學理和智慧的發源，是淵源於某個古文明。神祕學、修煉、魔法的古老起源都來自於埃及，本就是許多人的信念，而希伯來人居住過埃及、在文化上也曾混同，像是認定了神祕學的希伯來起源，也就從而間接承認了埃及起源。

　　晚近也有根據字母文明的起源以及文化的混同，翻案地追溯塔羅牌的「腓尼基起源說」。

⚜ 結構源流

塔羅牌和遊戲用的「花色紙牌」之間有所交集，因而兩者的來源也容易混為一談。隨著花色紙牌的誕生和拓展，「紙牌占卜術」（Cartomancy）也在其中生根，歐洲自古以來即流傳著紙牌與占卜，塔羅只是其中之大宗，另外還有「撲克」和「奈比」等各式紙牌，這幾種紙牌和塔羅的小祕儀，都是四花色牌組的形制。塔羅牌和「花色紙牌」是旁系演變關係，尤其和「撲克」之間並非傳承關係，而是都來源於共同的祖先。

這是有必要認識的重要觀念，也是更瞭解塔羅與紙牌演變的關鍵點，因為共同源流是可循著紙牌傳佈的真實歷史得證的。從編制來說，塔羅牌的小祕儀和花色紙牌結構相似，應然有著同樣的淵源，而這類型的紙牌已證實起源於東方的亞洲，然後透過中東和非洲傳進歐洲。

歐洲中世紀時期，本來就是和中東交流、大量輸入的時代，這時期恰是伊斯蘭勢力興起鼎盛之時。紙牌傳佈，亦是歐洲地中海沿岸國家和阿拉伯世界間，習俗和文化長期密切互通之結果。最早記載的是「薩拉森紙牌」從阿拉伯人手中引進，而長期和摩爾人接觸，從南歐帶來了「摩爾紙牌」，並且轉化為「奈比」紙牌。可知最確切無誤而有跡可循的起源論，就是各式「中東起源論」的說法。

爾後歐洲人也記載了埃及流行的紙牌，編制與玩法都和歐洲的紙牌相差無幾，從當時為穆斯林國家的埃及馬穆魯克蘇丹國（Mamluk Sultanate）傳入，這恰恰證明了實體紙牌正是「埃及起源」。

其實，「馬穆魯克紙牌」本身有其明確的流傳脈絡，那就是來自於波斯，而對波斯來說也非創始而另有其來歷，只不過更早的源頭並不清楚。

然而當時波斯盛行紙牌並外傳是有明證的，印度至今還在使用的「甘以發」（Ganjifa）紙牌，記載是從波斯傳進的，證明波斯是所有遊戲紙牌可知的源頭，而「波斯源頭」就屬於「中東起源論」的一種，也是最確定的起源學說。儘管也有人就此模糊地推至和印度相關，形塑了「印度起源」之說；又因波斯受過蒙古人統治，由此追溯蒙古橫跨亞洲的交流影響，甚而臆想推測遠及「中國起源」。

寓意源流

在中世紀尾聲的十四世紀下半葉，阿拉伯紙牌傳入歐洲之後，在各地有不同的發展，同時期內形成了各種不同的牌系。西班牙的紙牌叫做「奈匹斯」（Naipes），義大利稱為「奈比」（Naibi），傳到日耳曼地區則形成了「狩獵紙牌」（Hunting cards）。由這三大系統再輾轉演變，形成了後來各支「地方紙牌」，由於源頭的分歧，因而各種紙牌的花色系統和牌組張數也就有所差異。

就在這個時期，歐洲發展出一系 56 張的花色紙牌，各牌組多達 14 張牌，宮廷牌擴充為四張人物牌，並結合了另外 22 張牌，成為整副 78 張的紙牌。這 22 張的一組紙牌名為「王牌」（璀昂斐 Trionfi，英文稱 Trumps），是北義大利的產物，真正的起源至今仍然不明。這套紙牌完全不同於前述其他花色紙牌，由「王牌」和 14 數階最高張數的花色牌組結合，構成了真正的「塔羅牌」。無論「王牌」是否先行單獨存在過，直到這時才算是「塔羅牌」的真正起始點，先前的傳佈只是花色紙牌的共同源流。

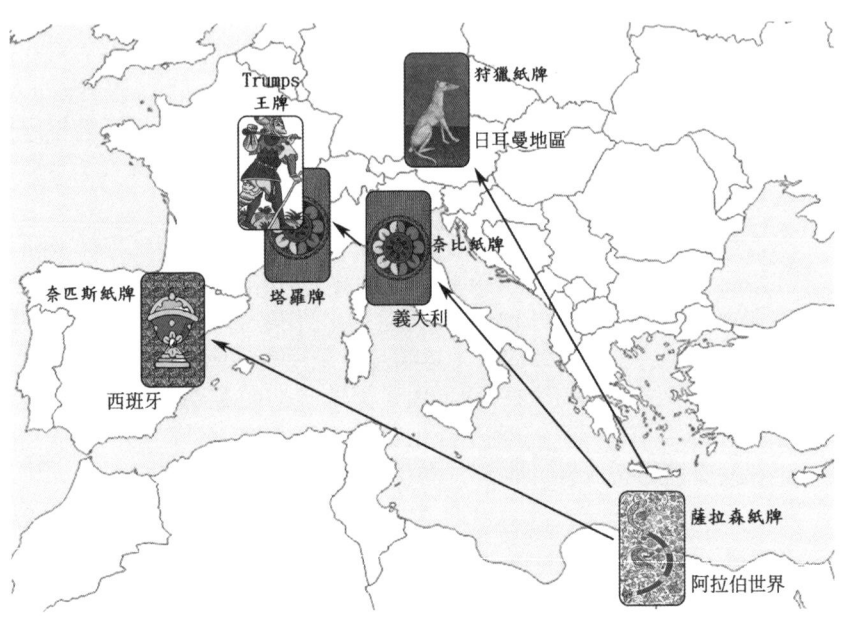

「王牌」中的畫面情節以及蘊含的意義和象徵，還有編排依據的制度名目，都極具歐洲色彩。創作者將各種神祕學訊息灌輸其中，尤其呈現了歐洲祕教與正教爭鳴之留影。思想內涵層面才是探究塔羅源流的重點，而這主要就呈現在「王牌」的內容上。

「王牌」和「花色牌組」結合，也就是「大牌」和「小牌」組合起來，如此更能一起發揮。大牌一出身就很有歐洲味，而小牌的內容物也隨之歐洲在地化，不僅宮廷牌的位階名稱和性別有所改變，牌圖也畫出了人物。整套塔羅牌形成整體的社會位階，而這種封建制度的形態正是歐洲的縮影，連政教並立、邦國共存的情勢都呈現出來。因而就主體來說，完全是歐洲內涵，可以說塔羅就是在本土的「歐洲起源」。

⚜ 畫面源流

紙牌在中東更為符號化，當時這一帶已經是伊斯蘭的世界，不可能看得到人像繪畫，因而中東的花邊紋飾和抽象的構圖法，就這樣保留在數字牌中。紙牌傳入歐洲各地而產生了不同的變異，然而各體系變化的共同點就是朝向歐洲風格發展。

宮廷牌位階編制已經歐洲化，在構圖上也有別於中東並沒有畫出人物，塔羅宮廷牌主體是人物畫像且圖案繁複，宮廷牌成為詳加著墨的要角，甚至以 face cards 名之，表明已和中東紙牌的旨趣大相逕庭。尤其塔羅宮廷編制加入了女性，王后位階即為歐洲專屬標誌。

每一種新的塔羅牌問世，就等於誕生一個新的塔羅種類，然而其中那 22 張王牌的主題向來遵循著一套標準，畫面中的圖案可能有些許變異，卻都是傳統和革新的組合，新圖案通常取材於前期的牌，並且也反映同時代的當地文化、信仰和大眾口味等等。就各種類塔羅牌的畫風手筆而言，塔羅牌從一開始就非常具有歐洲色彩，而後更帶有煉金術圖畫的傳統，還隱含著密碼學模式的繪圖，全都是西洋繪畫的典型手法。

起始階段的塔羅特色是手繪畫作，呈現精緻的彩色古典風格，牌圖畫面是很歐洲的，大祕儀部分的構圖也很精細。塔羅繪製的物質條件也同步於文藝復興：成熟而普遍的造紙術和取得容易，顏料繪畫的常態和發達，使得塔羅繪製頗為講究。

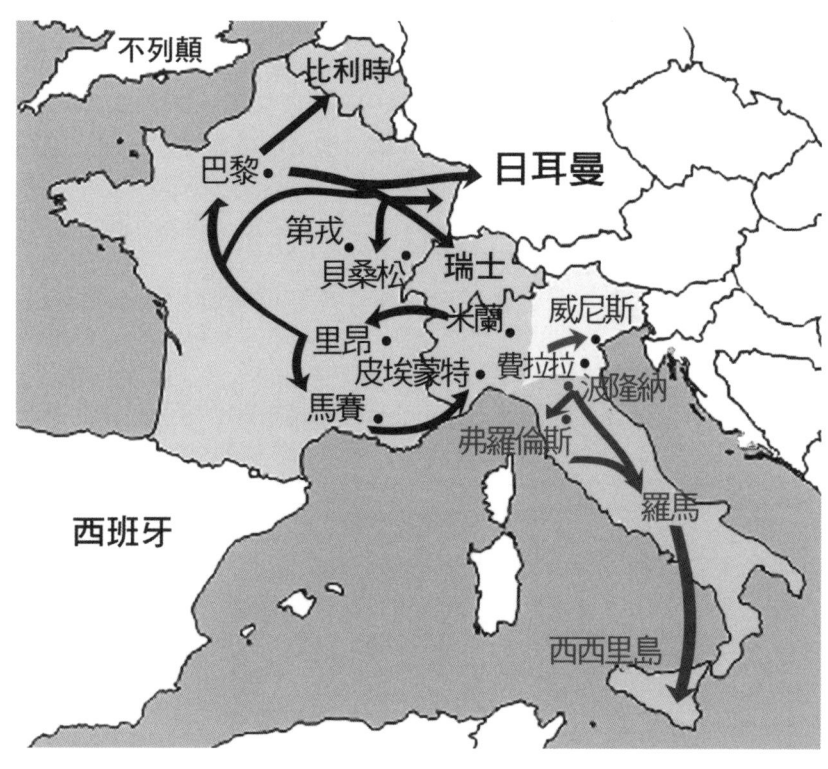

二、歷史分期

❧ 古塔羅時代

　　前章敘述塔羅淵源，追溯塔羅興起前紙牌的傳播，有如塔羅牌的史前史，而本章正式進入塔羅牌的歷史：塔羅牌的第一段時代是最早的成形期，源頭是身為藝術品的早期塔羅圖畫，地區和年代都與文藝復興重疊。最早以「璀昂斐」（Trionfi）代稱，而後演變以「塔羅奇」（Tarocchi）為名。幾經發展傳播後，成為印製出品的塔羅紙牌，也逐漸定名為「塔羅」（Tarot）。依據塔羅是否發行流通來，整個古塔羅時代可劃分前後兩個分期：前期為繪畫古典塔羅階段，後期為馬賽傳統塔羅階段。

　　〔珍藏古版〕：塔羅發展的古典時期，有幾套重要的塔羅牌先祖流傳下來，成為典型代表。保存至今的多為殘缺的塔羅牌，並且偏向繪製的型態。塔羅牌最初的出現年份雖不確定，但現存公認最早期的《維斯康提塔羅牌》（Visconti-Sforza tarot）是在十五世紀前半期的米蘭問世，並已確立了如今編制的雛形。

　　偽託 1392 年的這套《法王查理六世塔羅》，其實產生於十五世紀晚期的義大利，在費拉拉和威尼斯一帶出現，屬於東北義大利形式，這個傳承屬於「東方系統」，在早期有零星的塔羅牌出現，然而這些款式不再有後續的發展，也沒有更向外傳播。

　　同個地區在十五世紀末還出現了一套非常特別的塔羅，名為 Sola Busca Tarot，是以收藏捐獻者命名，塔羅牌圖出版商給的名稱是《啟蒙塔羅》（Illuminating Ancient Tarots）。這套「十五世紀塔羅」是以金屬蝕刻印刷模版印造，竟出現在手繪塔羅時期，這是十五世紀僅有的 78 張牌都保存完好的塔羅，也是塔羅在早期就建立編制的最佳證明，更是數字牌有情節畫面的第一套塔羅。後世《偉特塔羅》在這副牌裡借鏡和參考的，不只寶劍三和權杖十，還有很多張牌，包括宮廷牌、甚至也有大祕儀，所以可說是對於《偉特塔羅》的啟蒙，也是對塔羅界和世人啟蒙之意。

　　雖然不同塔羅牌的創制，張數和結構時常有調整和更動，但終究仍維持在 22 張王牌加四花色牌組、共 78 張牌的「標準編制」。南方義大利出現的塔羅牌，形式編制都自成一格，然而也是基於「標準編制」增刪變化的。《波隆納塔羅》（Bologna Tarot）以減牌為主，而《旻榭塔羅》（Minchiate）為增牌。這個脈絡的塔羅傳承屬於「南方系統」，往南影響，發展到晚期則形成《西西里塔羅》流傳至今。

　　跟隨文藝復興的節奏，義大利成了各支塔羅的發源地，也是塔羅牌的第一重鎮。佛羅倫薩除了傳世的《旻榭》，還有不少相關於梅迪奇家族的塔羅有待挖掘，與這個家族互動甚密的米蘭宮廷，除了《維斯康提塔羅牌》以外，委製的許多塔羅也不斷被發現，這也標示著塔羅牌在義大利西北地區的風行，並且持續外傳到其他各地，這些系列塔羅產生不小影響力。傳播的路徑是往西到法國，然後往北到達比利時，另外也繞道至瑞士，……這個傳承的脈絡稱為「西方系統」。塔羅的發展持續不墜，而主要地點逐漸移往法國各地要城，法國由此成了第二個塔羅重鎮。

〔發行流通〕：《馬賽塔羅》（Le Tarot de Marseille）其實是一系列塔羅的統稱，源於十七世紀，而在十八世紀時大為通行。塔羅牌創制跟隨文藝復興腳步，重心從義大利外移，在法國各城陸續出現許多印製的通行塔羅牌，大同小異的款式在各地流傳和使用，以普羅旺斯的大港馬賽為中心，成為整個世紀的主流塔羅，因其重要性而有了通用的縮寫代稱《TdM》。

這一流行是塔羅發展的重要指標，開啟了古塔羅時代的第二個分期。「馬賽系列塔羅」確立了塔羅牌的「標準編制」，在編制上承襲了《維斯康提塔羅牌》，為塔羅的「西方系統」脈絡，也影響了許多塔羅的分支發展，整合各系發展成完全相同的編制和內容主旨，也成為後來各「地方塔羅」的範本。

這些塔羅的廣佈流傳，外緣因素是雕版印刷術臻於成熟的地步，而彩色印刷也已得到發展。這些塔羅都是雕版印製的牌圖，所以在線條和設計上會較為簡易，顏色也是較少的幾樣主色分佈組合，也因而成為鮮明的特色。後人歸納出這些塔羅的共同點，指稱這段期間在某些地區生產而通行開來的主流塔羅為一個系列。

《馬賽塔羅》是容易「上手」的塔羅，在功能上符合遊戲需求，當然也能夠用來占卜。《馬賽塔羅》不但傳承已久，並且蔚為十八世紀的塔羅牌代表，因而成了各神祕學者研究塔羅牌的主要根據。

這一階段的塔羅牌，主要下列有幾套為要角：十七世紀是馬賽塔羅的發源階段，早在 1650 年巴黎的《諾貝版馬賽塔羅》（Tarot of Jean Noblet），已經和後來的馬賽形制相去不遠。進入十八世紀，1701 年里昂的《杜達版馬賽塔羅》（Tarot of Jean Dodal）接續了下來，成為馬賽塔羅的「第一型」。

不久後在 1709 年的第戎生產出《皮耶之馬賽塔羅》（Tarot de Marseille Pierre Madenié）基於前面幾種塔羅為雛形而變化，為「第二型」的馬賽塔羅，成了眾所周知的主要型態。而後這種型態的不同套塔羅在馬賽陸續開創和生產，到了 1760 年出現《康瓦之馬賽塔羅》（Tarot of Nicolas Conver），這就是後世所認定的「正典馬賽」。本書選為各祕儀三套歷史圖例塔羅牌圖之一的馬賽塔羅，就是康瓦版馬賽的牌圖。

「馬賽系列塔羅」在之後仍繼續延伸，除了本系列持續生產和發展，也流傳到其他地區而產生了分支：1751 年的《柏德塔羅》（Tarot of Claude Burdel）就是「瑞士型」馬賽分支，從這邊發展出《瑞士塔羅》一脈。這些系列的延續發展直到十九世紀才告終結，像是 1845 年左右義大利的米蘭印製的《杜提塔羅》（Tarocchi Milano published by Dotti）也是一個分支。

另一個旁系的發展是義大利的《皮埃蒙特塔羅》（Tarot of Piedmont）系列，皮埃蒙特位置就在義大利西北地區，鄰近法國和西班牙，陸續衍生出許多變化款式的塔羅，影響了這些區域，演化為主流或地方塔羅。此外，相關的《倫巴底塔羅》（Lombardy Tarot）系列，也含有義大利的傳承，同樣都在十九世紀還持續發展和演變。

⚜ 地方風華

〔遍地開花〕：花色紙牌使用的專屬物在歐洲各區域內是不相同的，由於源頭的分歧而形成牌組花色的差異，早期的西班牙、義大利、日耳曼三大系統，傳播到更多地域之後，經過輾轉演變，形成了更多種不同的「地方花色」。義大利花色和西班牙花色，都是權杖、聖杯、寶劍、金幣，與主流塔羅牌相差無幾，只是各地在這套花色專屬物的畫法上有所差異。中歐、日耳曼地區用的是橡實、紅心、葉片、鈴鐺的牌組花色，瑞士基於此保留橡實和鈴鐺而更動葉片為盾牌、紅心改為花朵。以法國為主，大英、西義大利、北歐、東歐等廣大區域，用的花色是梅花、紅心、黑桃、鑽石。

歐洲的紙牌家族，都是以各地的地方花色配合慣用遊戲的用牌數量，印製成了各別有特殊張數和花色的遊戲紙牌，也就是說除了塔羅牌以外的各種不同花色紙牌，可以統稱為「地方紙牌」(regional cards)。其中，法式地方紙牌就是「撲克」的前身，而日耳曼系地方紙牌於今使用的是 Tarock 這個名詞，但並非塔羅牌。

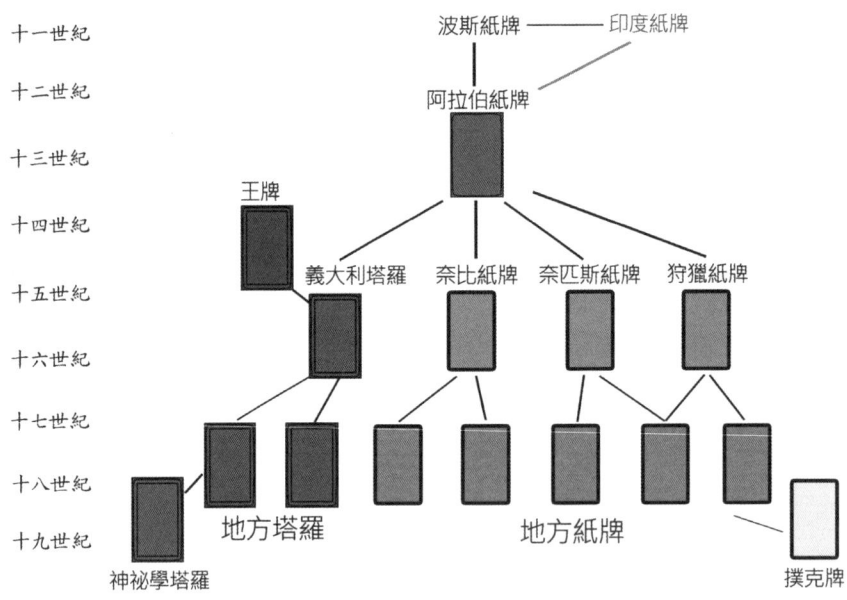

花色紙牌傳承圖示

〔地方塔羅〕：塔羅發展到了雕版印刷時期，開始製作發行遊戲用的紙牌，傳到各地後不斷演變下，也有可能形成「地方塔羅」。若是塔羅牌的小牌，不是使用一般塔羅的「權杖、聖杯、寶劍、金幣」或其他新創花色，而是使用上述某種「地方花色」，就是所謂的「地方塔羅」。也很類似於「地方紙牌」和「王牌」結合起來成為「地方塔羅」。「地方塔羅」理論上使用的是該地的「地方花色」，應該等同地方紙牌的分佈。不過實際上，最常見到的是使用法式花色的塔羅，也就是小牌是類似撲克花色的塔羅，那就是法式地方塔羅。另外也有少數日耳曼花色的塔羅存在，但這些地區後來都慣用法式花色來繪製或印刷遊戲用塔羅牌。

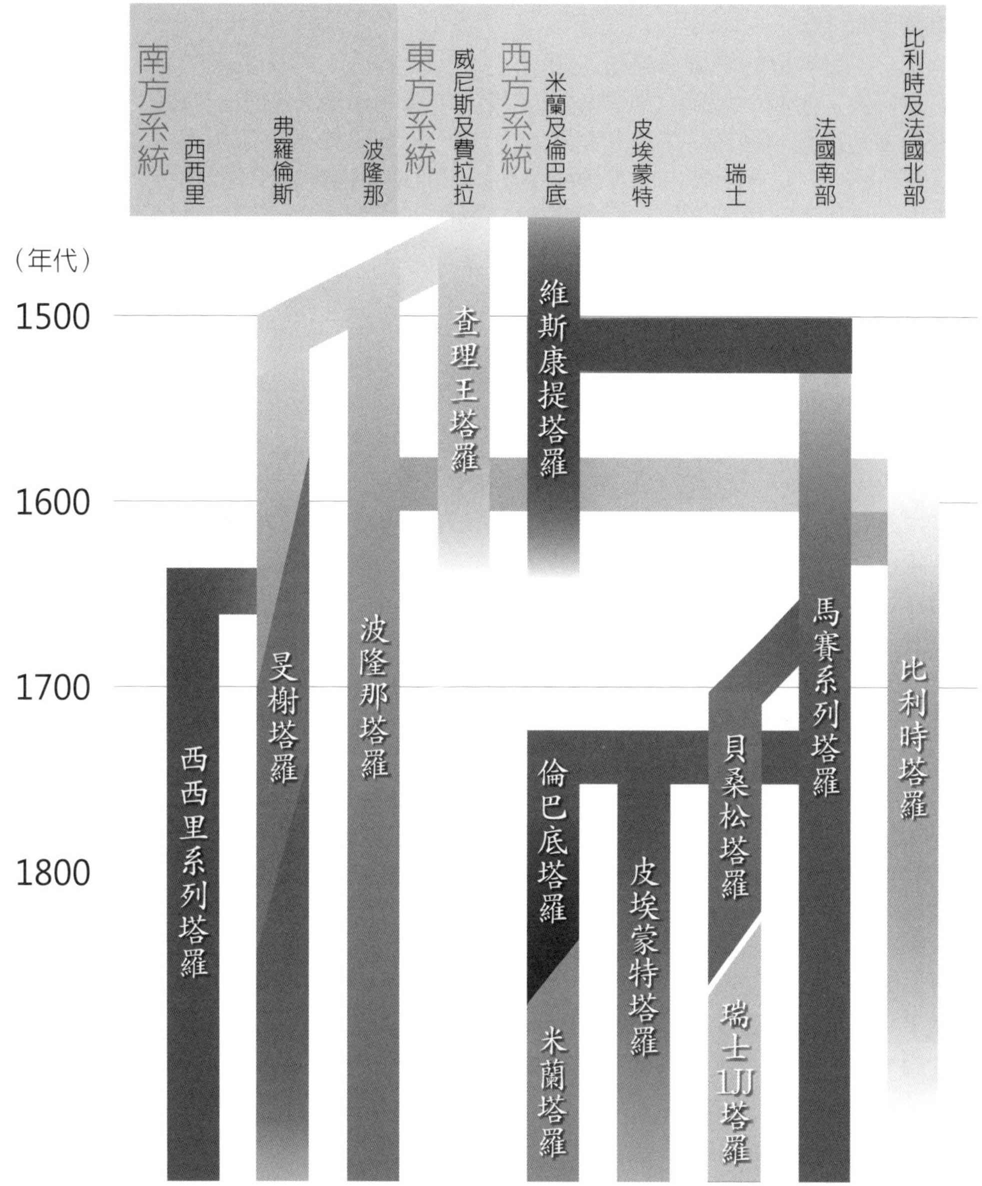

```
                                            比
                                            利
                            西                時
                南          方                及
                方          系    米          法
                系    東    統    蘭          國
                統    方          及    皮    北
                     系    威    倫    埃    部
          弗          統    尼    巴    蒙          法
          羅    西          斯    底    特    瑞    國
          倫    西    波    及                士    南
          斯    里    隆    費                      部
                     那    拉
```

（年代）

1500 ────────────────────────────────────

　　　　　　　　　　查　　維
　　　　　　　　　　理　　斯
　　　　　　　　　　王　　康
　　　　　　　　　　塔　　提
　　　　　　　　　　羅　　塔
　　　　　　　　　　　　　羅

1600 ────────────────────────────────────

　　　　　　　　　　　　　　　　　　　　　馬
　　　　　　　　　　　　　　　　　　　　　賽
　　　　　　　　　　　　　　　　　　　　　系   比
　　　　　　　　　　　　　　　　　　　　　列   利
　　　　　　　　　　　　　　　　　　　　　塔   時
　　　　　　　旻   波   羅   塔
　　　　　　　榭   隆   羅
　　　　　　　塔   那
　　　　　　　羅   塔
　　　　　　　 羅
1700 ────────────────────────────────────

　　　　西
　　　　西
　　　　里   倫   貝
　　　　系   巴   桑
　　　　列   底   松
　　　　塔   塔   塔
　　　　羅   羅   皮   羅
　　　　 　 埃   瑞
　　　　 　 蒙   士
　　　　 　 特   １
　　　　 　 塔   ＪＪ
　　　　 米   羅   塔
　　　　 蘭   羅
1800 ────────────────────────────────────

〔**華奇特塔羅**〕：約於1893年在義大利皮埃蒙特首府杜林（Turin），一套奇特的塔羅牌問世，出自藝術大師華奇特（Giovanni Vacchetta）之手，當時出版的名稱是「I Naibi di Giovanni Vacchetta」，以「奈比」而不是以塔羅命名。如今多以繪製的畫家為名，稱之為：《華奇特塔羅》（Vacchetta Tarot）。這套特殊的塔羅，數字牌具有稍帶劇情的圖案，或許曾啟發偉特和史密斯設計有情節畫面的數字牌，可說居於馬賽系列和《偉特塔羅》之間的銜接地位，頗具代表性且值得重視，也選為本書各祕儀三套塔羅圖例之二。古塔羅一直出產到十九世紀末，《華奇特塔羅》的出現，標示著古塔羅時代的真正尾聲。

神祕學時代

經過上頁圖示意的塔羅分系發展脈絡之後，脫胎於「馬賽系列塔羅」這一脈，塔羅歷史發展進入了第二個時代，神祕學家投入塔羅的領域，開啟了塔羅史上的重要演變。始於十八世紀中後期，塔羅牌的原理、哲思和神祕學被挖掘出來，或者和各領域神祕學體系結合，正式揭櫫占卜等神祕學功能，並創制出神祕學塔羅。

神祕學時代亦可再劃為兩個分期：早期為個別的神祕學家提出塔羅理論和配置，不一定畫成牌圖或印出紙牌發行，重點是刊文或出書表達思想和理論。後期為神祕團體的傳承，有意識地在組織中推廣，更致力於理論性專屬塔羅並繪製出完整牌圖。

〔近代重塑〕：十八世紀中開始了塔羅牌的神祕學化，不少研究者提出了塔羅和神祕學系統的相關性和配置，最早仍以當時流行的馬賽塔羅各種系列版本為依據。莫烈特（Comte de Mellet，1727－1804）首度將塔羅祕儀化，結合卡巴拉與希伯來字母，首倡塔羅的埃及傳承，並且提出了早期的占卜法。

同時期的加百林（Antoine Court de Gébelin，1719－1784）將全副塔羅做出卡巴拉的設定，認定字母配置是宇宙的神祕語言呈現。這些見解最遲在 1781 年提出，這時候塔羅牌內涵已經融合了卡巴拉生命之樹（Kabbalah）、煉金術（Alchemy）和密術（Hermeticism）等「三術」成為學術的基底。

緊接著幾年後，伊忒拉（Etteilla，1738－1791）更進一步將塔羅神祕學化，身為紙牌占卜師，他將塔羅帶進了有系統的占卜，以及更詳盡的神祕學設定，並配置了占星學要素，正逆位置的牌義也齊全，自此塔羅成為完整而實用的體系，並且開始了授業傳承。

十九世紀仍然風潮未滅，艾勒伐斯・李維（Éliphas Lévi，1810－1875）身兼作家、詩人和藝術家的神祕學者，對這些塔羅牌的設定和理論更加深化，據載他想要創建整副塔羅的圖案，但留下來的完稿只有戰車和魔鬼。他文字著作豐富且流傳甚廣，其後的神祕學者和神祕學結社幾乎都受到他的影響，雖然方向可能南轅北轍。

和李維同時期的保爾・克里斯廷（Paul Christian，1811－1877）也投入塔羅研究，幾乎到了他才真正畫出了整套大祕儀，附帶在約於 1870 出版的書中，這是實現塔羅埃及淵源的一套牌，並結合了占星和魔法，開創了埃及主題塔羅的先河。

這段分期的晚期代表是帕布斯（Papus，1865－1916），他接續了李維的研究，也集合前人之大成，寫了詳細的著作，將學理擴張到更多領域，並首度結合畫家創制專屬塔羅牌。

上述所有神祕學者都是以化名列舉，而他們全都是法國人。如果算上總結馬賽塔羅圖案而配置希伯來字母的沃爾斯（Oswald Wirth，1860－1943)，也是法語圈的人士。以上這些學說，也都是在二十世紀之前就發表或出版。

〔魔法結社〕：歐洲文藝復興的法國遺緒，也帶動了古老神祕智慧、祕密結社和儀式傳統的復興，從而點燃了塔羅神祕學時代第一階段的光芒。在神祕學時代開啟的同時，傳統塔羅牌的發展仍並行不墜。進入十八世紀以來，闡釋塔羅神祕學的著作陸續出版，然而對塔羅的影響仍方興未艾。

這些神祕學家其實也不乏成立組織，然而直到十九世紀末神祕結社與塔羅的結合，組織性的塔羅研究才大放異彩。神祕學者帕布斯就活躍於這兩分期的前後交界，本身在許多團體間遊走，也曾經自組結社，包括和沃爾斯合組團體，甚至在之後也加入過黃金黎明的法國分部。

由於整體的時代趨勢，神祕學團體半祕密地創建或重建起來，融合歷來西方神祕學的各種體系，而塔羅研究也從個體走向團體，這個風向逐漸轉向了英國，在當地魔法結社的盛行和競爭中，於十九世紀的尾聲誕生了「黃金黎明」。

「黃金黎明密術教團」（The Hermetic Order of the Golden Dawn）成立於1888年，創始者魏斯特寇特（William Wynn Westcott，1848-1925）帶領幾位追隨者，假託神祕人士精神允諾授與祕密組織的傳承資格，創立了教團組織，一時人才濟濟、風雲際會。這些創建班底，將塔羅牌視為神祕學密碼的載體，指導成員學習與鑽研塔羅，可說是歷來最熱衷塔羅的團體。

這樣的風氣緣於黃金黎明創立的淵源就在於塔羅：魏斯特寇特自稱機緣巧合之下取得前人李維的祕密手稿，其中的塔羅配置和原已公諸於世的有所差別，這份資料經解碼後的內容才是真實的奧祕，由此展開了結社的傳承。

黃金黎明對歷來塔羅都做了重整，主力放在神祕學的內涵，然而占卜功能也沒有偏廢。在塔羅的設計上，主要是對宮廷牌的編制做了更動。塔羅本身成為內部學說的教材，如馬瑟斯（S.L. MacGregor Mathers，1854-1918）對此開發與貢獻良多。

整個團體的成員都很重視塔羅牌，競相標榜自身與塔羅的深入聯結：幾位創立者都以自己的塔羅圖稿做為指導，內部教團的成員都有一套自己的專屬塔羅，像是另一位領導者詩人葉慈（W. B. Yeats，1865-1939）就是以《杜提塔羅》為專屬塔羅。

黃金黎明的許多成員幾乎有個共同的夢想，興許是想將李維當年的塔羅架構付諸實現，不少要角都致力於塔羅牌的創作。由於祕密結社有不得公開所學內容的誓約，當時的設計和圖稿都未臻完成，直到後世才完稿或出版。

黃金黎明確實能人輩出，幾位突破體系的塔羅創作者皆出身於此，偉特（Arthur Edward Waite，1857-1942），以及克勞利（Aleister Crowley，1875-1947），各自所創制的塔羅牌更為塔羅領域和發展趨向帶來極大的影響。後世多以黃金黎明為現代塔羅的根源，由此看來實不為過。

三、塔羅劃時代

❧ 曠世塔羅創制

以上這些塔羅牌傳承演變的終點，就是偉特（A.E. Waite）設計的塔羅牌問世，從此開啟了現代塔羅牌的新里程。這套塔羅由偉特委任同團體的成員史密斯（Pamela Coleman Smith，1878－1951）負責繪製，完成之後由英格蘭的萊德（Rider）出版商在 1909 年出版，首度成為圖書出版品的塔羅。

這套塔羅多年之後在英美逐漸廣為人知，自美國遊戲公司（U.S.Game）出版這套牌以後，冠上原始出版者之名，稱為《萊德偉特塔羅牌》（Rider-Waite Tarot Deck），以此名風行世界，於今已經流傳百年以上。

這套塔羅幾經輾轉再版或重製，陸續有許多版本出現，都統稱為「偉特本系」，成為塔羅牌中最基本的一族，也是至今流傳最廣的塔羅牌。由於本系塔羅牌特色的重心在於畫面，遂使得繪圖者角色相形重要，後來的觀念也逐漸認為繪圖者確實是重要的創作者，所以後世追認史密斯之名，而以《萊德偉特史密斯塔羅牌》（Rider-Waite-Smith Tarot deck）統稱這個系列，縮寫就是《RWS》，以此做為便捷而標榜新意識與認知的簡稱。

❧ 巨大的變革

偉特不只在大祕儀修改了古塔羅的圖案和設定，更讓數字牌的畫面寓有情節內容，小祕儀金幣牌組的花色圖案和名目改成「五芒星幣」，而大祕儀的力量牌和正義牌的數字配置互相挪移，是塔羅在編制上的最後一變。

後起的塔羅牌設計，不外乎選擇遵循偉特規格，抑或追溯傳統馬賽塔羅的編制。偉特對於牌義內涵也統整了古今之說，並強調了塔羅占卜的逆位專項，這些都成為後世牌義變化的依據。

《RWS》問世之後，不但本身受到矚目與歡迎，更帶領了整體塔羅牌在世界上廣為傳佈。箇中原因在於圖畫內容的突破，也就是數字牌是具情節意義的畫面。早期塔羅的數字牌畫面非常簡單，雖然也有裝飾圖案，但每張牌並沒有獨自的特色。黃金黎明的塔羅系統賦予數字牌煉金術和卡巴拉意義，卻只含蓄地加了些魔法圖示，沒有針對每張牌特別著墨。《RWS》則與此不同，每張牌都根據意義來塑造圖像畫面。

雖然《RWS》的兩位創作者都是黃金黎明的成員，他們共同設計出的牌圖竟與團體中其他塔羅牌大相逕庭。原委應在於偉特的構思是想展現更寬廣的領域，跨越框架而直接訴求整體紙牌的傳統，他熱衷於鑽研紙牌占卜術，統合以往出現過的塔羅牌，連吉普賽的江湖用法也不遺漏，統合了各路紙牌的占卜意義。

可知在《RWS》看似簡單的畫面下，其實揉合了許多歷來古塔羅圖案的變形，紙牌占卜術的牌義精華，也以多層次的繁複手法呈現於畫面中。至於黃金黎明對於塔羅的思想，偉特個人的設計和見解，魔法和神祕的氣質，宗教和靈修的氛圍，都由繪圖作者史密斯融為一爐，當然這其間亦不乏純粹的個人構思和創意空間。

⚜ 塔羅的現代起點

《RWS》如此重要且成為經典，主因就在於歷史的承先啟後，《RWS》完整而周延地統整了以往的塔羅，無論在畫面上、內涵上或結構上，皆同時具有傳承和變革創新。因而，被視為塔羅歷史上最重要的時代分水嶺，自此以後塔羅的出版、圖畫和牌義都不同於以往而有新發展。於各類內容中提及歷史進展時，也是以之做為劃分標準，時常被視為「後 RWS 時期」，也是現代塔羅牌的開端。由於《RWS》的重要性，本書縱使屬於通論也需引為例說的主軸，並且選取為各祕儀三套塔羅牌例附圖之三。

自《RWS》問世以來，各式塔羅創作紛紛起而效尤，以《RWS》畫面為基調跟進或仿造，出現了很多相近的牌種，蔚為「泛 RWS」大系，這個大系的風格都比較寫實，容易上手與理解，也適合於進行占卜。後來創作的塔羅，多崇尚寓有情節畫面的數字牌，而這些設計從最早就是以《RWS》做為依據，並且也逐漸成為不成文的規範。塔羅發展走向現代的同時，仍有一些跟隨古代塔羅的創作，或者研擬神祕學的塔羅出現，早期的埃及系列塔羅源於神祕學時代，所以圖片與當時的塔羅很類似。也有其他各式創作塔羅出現，逐漸也形成了幾個系列。

⚜ 透特塔羅分庭抗禮

克勞利（A. Crowley）也曾是「黃金黎明」的一員，也創作設計了一副塔羅，自己命名為《透特塔羅》（the Thoth Tarot）。克勞利和繪圖者荷蕊絲夫人（Lady Frieda Harris，1877 − 1962）兩人密集合作長達五年，《透特塔羅》以及這副牌的專屬著作《透特之書》於 1943 年完成，卻遲至 1969 年才出版紙牌。而後牌名也同樣並列設計者和執畫者之名，特稱為 Crowley-Harris Thoth deck，簡稱《CHT》。《透特塔羅》從此與蔚為塔羅教科書的《偉特塔羅》分庭抗禮，別出新裁而獨樹一格。

這套牌的出版代表此後有更多元豐富的塔羅種類和意涵，鼓勵了塔羅牌的創作與突破，造就神祕學系統塔羅的復興，強調元素變化和神祕系統。自此塔羅牌才真正受到出版界的重視，以及更廣泛群眾的興趣和青睞，也引發了日後的愈趨密集和頻繁的塔羅牌創作生產，成為又一波的新分水嶺。

綜觀《RWS》和《CHT》分別成為有關數字牌發展脈絡的兩種代表性塔羅，在古典塔羅之後，數字牌有兩大走向：一為《RWS》開闢的蹊徑，透過具有情節的畫面，描繪出人物和劇情，表達實際面的人事變化，便利於占卜諮詢或心理方面的功能，可將意義往外想像和拓展，本書數字牌〔故事情節解說〕旨在說明這些範圍。

另一支塔羅數字牌的發展路線，是走向元素化，著重於闡明元素專屬物的能量呈現，甚至比古塔羅強調圖形排列，重點在物質抽象表現上，作用則在於「冥想凝思」的神祕學功能，更往元素內涵鑽研，力求融合煉金術、占星等神祕學體系，從神祕學時期開始，而後有黃金黎明的統合，《CHT》為集大成者。這些系列古往今來的塔羅，牌義和占卜方法有其特殊性，本書數字牌〔屬物呈現解謎〕的研析適用於此。

⚜ 全球流行廣佈

塔羅牌的發展在早期並沒有固定規格，出現過許多種不同編制和張數的塔羅牌，而後經發展演變逐漸趨向一致，塔羅牌的定義遂愈來愈明確了。到了後來的歷史轉捩點，也是定義最為狹隘嚴格的黃金交叉點，這時才有了塔羅公定編制78張。在這交叉點之後，依循這個定義又新增了其他各種的塔羅牌，因為有此公認「標準編制」為據，才能發展更多新奇多元的創作，又逐漸趨向廣義，這就是塔羅定義的變化綜觀。

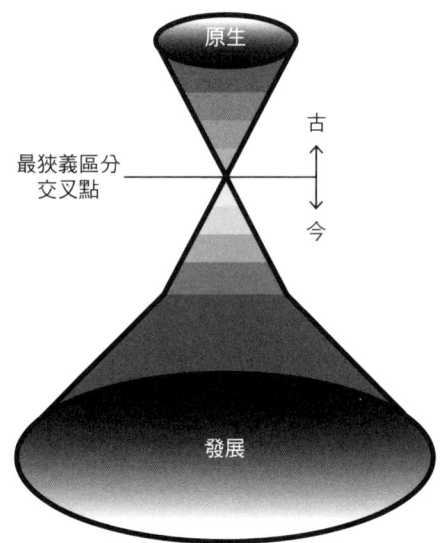

塔羅定義之限縮與擴張概念圖

現今舉世的塔羅理論，在牌義內涵以及數字的聯結關係上，也都確認了一致性的公論。塔羅發展爾後進入了現代時期，各式塔羅紛紛出現，專屬牌義和特殊的祕儀內涵都因應而生，變數雖然增多，卻甚少脫離這個公定的編制和數字意涵。縱使宮廷牌編制存在傳統和黃金黎明系統的差異，卻能振奮塔羅界對於學理的比較和研究。

近幾年來的出版概況可以證明一個事實：塔羅牌的被接受和有畫面圖案息息相關，隨著塔羅牌愈盛行和被深入瞭解，愈後面出版的塔羅數字牌愈多具有情節畫面，早期出版界或漫畫界會出版數字牌為點數花樣的塔羅已經少見，只出版22張大祕儀的情況也不多了，縱使是神祕學系統也不例外，新創的《CHT》系塔羅增添了畫面情節就是一例，甚至另行設計的新體系塔羅，亦多在數字牌投下許多心力。

二十世紀前期塔羅牌的種類不多，中後期才開始持續有塔羅出版，接近世紀末塔羅牌開始蓬勃創作和出版。二十一世紀以來，塔羅牌挾以大眾出版品之態勢，大量出現了各式各樣風格以及不同系統和編制的塔羅牌。結合漫畫插畫創作的塔羅曾經風靡，插畫和各種美術流派也雲起，塔羅牌成為出版商的寵兒。新時代思潮的匯入，後現代風格的興起，塔羅牌遂進入了百家爭鳴的景況。

隨著全球化的節拍，反而促使獨力自製的個人化塔羅崛起，回溯各地文明的呼聲帶動異教復興或女巫體系重建，這股能量也復甦了古塔羅的還原重製與手作。時至今日，連材質都能有所創舉，格式自由發揮、題材多元，不斷求新求變。

琳琅滿目的塔羅牌，可以歸納為不同的種類和系統以利於瞭解，配合演進階段一併呈現於下圖：

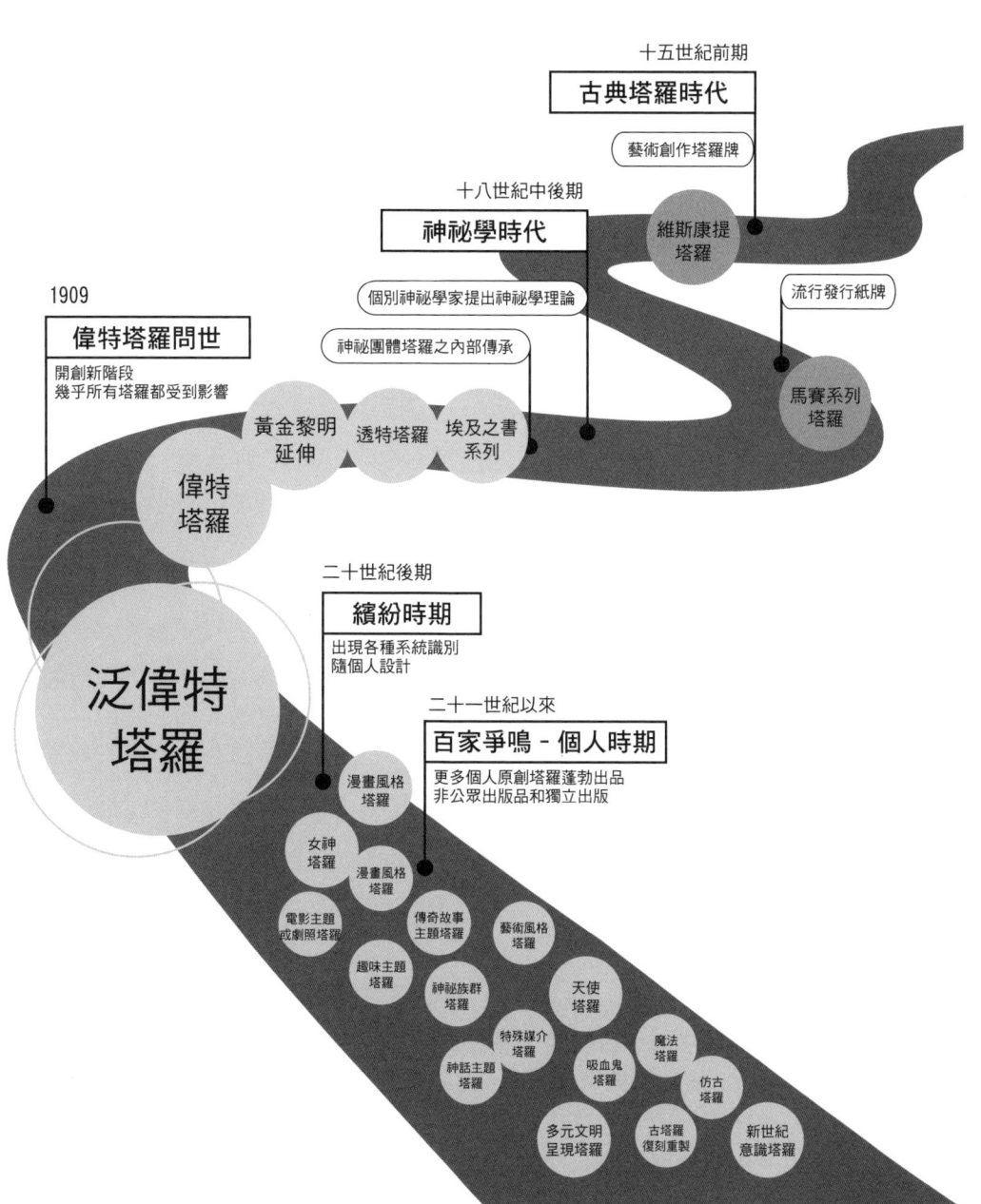

塔羅發展脈絡和類型示意圖

內涵探索

一、牌義掌握

　　對塔羅的歷史瞭解不僅是學術探索，除了攸關於塔羅的分類和淵源問題，更有助於對牌義脈絡演變的釐清。因為牌義隨著時間不斷的變化，每張牌義的演變過程，就是最精密的塔羅歷史。

　　某一張祕儀的牌義為何如此，不只是理論就能夠說明，更需要瞭解的是歷史淵源和人文脈絡，這是學習塔羅的難度，然而也正是有趣之處。

❧ 牌義外緣層次

　　塔羅牌的種類不同，其中祕儀的牌義內涵也不盡相同，每一種塔羅會根據共通牌義加以變化，這較細微或深入的層面，就屬於每一種塔羅「專牌」的解析部分。其實像《偉特塔羅》也是一種專牌，只是因為身為經典等級常被當成通用範本使用，仍有其專屬之獨特牌義部分。每一種塔羅的牌義層次都很多元，必然會有的是共通牌義加上專牌牌義。

　　不同專牌的牌義差異時常被忽視，大都以共通牌義來代用。然而在實際解牌的時候，卻呈現牌義各異的狀況，是因為共通牌義會隨牌局而有取捨變化，並且再加上個人定義所致。

　　牌義誠然有個人色彩，卻更有其共通的語言，共通語言是不會變的，所以對於專牌牌義和共通牌義應該加以注重，並釐清共通和個人牌義的差異。本書旨在探討共通牌義的層面，闡述各祕儀的主旨**內涵和牌義**定位，亦即「數」和「理」要素，以及畫面**圖案**的「象」，並導出**正逆位占卜應用**，以這三大部分為主體。

❧ 牌義內涵成分

　　祕儀內涵仍可繼續抽絲剝繭，一般所謂「牌義」具有許多成分，「占卜意義」只是其中一環，其他則是祕儀的主旨屬性和各種原理設定。多數著作所引用的牌義多不明其緣由，不知道占卜意義來歷，或許並沒有釐清占卜意義和主旨內涵意義的層次，有時候小冊子還不符合該種塔羅專牌的屬性。

　　即便是「占卜意義」也會有所變遷，明白何者是當代適用的「主流定義」、何者屬於「歷史牌義」，這樣才可釐清牌義很多方面的問題。因而瞭解牌義歷史沿革更形重要，透過這觀點便有助於日後各種學習理解和辨認。

　　對於每張牌一連串牌義變化的解說，在本書中佔有重要份量，目的就是為了釐清眾人較難解之疑惑。

　　類似單詞項目陳列的說明書關鍵字解讀，容易誤導以為是通用意義，而忽略了實際占卜時需要鎖定**問題導向**。這時占卜意義也會更動，但仍須基於對該牌的認定，塔羅占卜的解讀並不是完全隨心所至，是有一定原則可循的。理解占卜應用的幾種原則，如此就可以面對各種占問而有所變化，而又不至於脫離準則。牌義內涵有其層級，從主旨意涵到占卜應用須釐清，而這些設定逐次敘述於下節。至於個人牌義，多是在占卜時期發揮，因此留待末篇探討。

二、共通牌義設定

❧ 牌序結構

在整體結構安排下,這個主旨的祕儀為何被擺在這個位置,例如為何教皇被定位為第五號牌,這點一定要先有所理解,才不失其架構性。最基本且最共通的意義,可說就是從這裡開始推演起的,因而所有祕儀都列有〔牌序結構〕這個相同的項目。

❧ 數字原理

塔羅祕儀的一個重點是跟數字結合,數字具有順序意義和數祕涵義。數字本身有其神祕哲學體系,也就是數字的意義化,將數字的神祕內涵視為有意義的象徵符號,可統稱為「數祕學」(Numerology)。而運用於個人出生日期相關數字解析的「生命靈數」,只是數祕學中的一個系統。塔羅牌的數字寓意是共通意義的一部分,也和某些數字系統有交集和互通,然而這些意義都是經過篩選所得,並不涵蓋數字的完整象徵,也與各別系統如「生命靈數」的數字解釋不全然相同。其實塔羅本身就構成一套自己的數祕體系,反而是其他系統時常需要援用塔羅數祕意義做為解釋。

❧ 祕儀主題

牌義內容和這張祕儀的名稱主題極度相關,為什麼這張牌名為「教皇」,是否代表精神領袖,還是特指怎樣性質的宗教首領,教皇和女祭司除了性別,還代表什麼信仰上的差異?這些都是值得探究的切入點。對祕儀主題的解說項目,是大牌的〔象徵法則〕、小牌的〔主題定調〕或宮廷牌的〔人物原型〕,連同解說數字原理的〔數字對應〕或〔數序導向〕項目,統合在〔祕儀原理解析〕,是祕儀內涵的基礎設定和原理主旨,並且是屬於共通性的。

❧ 牌義沿革

事實上,塔羅占卜牌義是會隨時代變遷的,並沒有絕對性,然而又有一貫相通之處。每張祕儀的某些涵義可能來自某時期的定義,而另一些涵義有可能又源自其他來歷。像是《偉特塔羅》數字牌的畫面,有時讓人摸不明白情節主軸,其實這種模稜兩可,就是為了要表達各種不相搭的涵義存在。牌義中有些部分是超越畫面所呈現的,這就是和文字說明有時會不一樣的原因,這些多半是歷來牌義的殘存,所以要從牌義淵源與演變過程來瞭解。例如,金幣五中有戀人的涵義,是淵源於古代的紙牌。

從古典塔羅時期以來,甚至追溯至各式紙牌占卜的淵源,就開始有牌義的分歧和變化,神祕學時期各家更注入許多意涵。偉特做了最早一代的總結和統合,產生牌義錯綜複雜的情況,這也是讓後人摸不清頭緒的原因。然而偉特之後的時期,基於偉特統整的意義之下,又有一些不同的理解,這時牌義已經有明顯的差異,尤其對正逆位的混亂修改了很多。往後的歷史更是不斷修正牌義,而慢慢修改演進成為如今的面貌。

牌義就是這樣隨著時代而改變更動,會有當時的「主流定義」。於今也有一套較為公認的現代牌義。當今塔羅學的興盛,公認的祕儀定義也已經產生,這是從歷史演變以及理論推衍而來,瞭解這些定調的背景和由來,才能有效學習、消化和應用。此即書中所有祕儀皆有的單元〔牌義沿革解疑〕中,從〔來歷變遷〕述說至逆位牌義。

三、塔羅專牌意涵

⚜ 專牌背景架構

　　現今不同套塔羅也會有不同意義，通常是從歷史中的變化和差異取捨所需的意義。塔羅牌義有許多層次，不同的塔羅之間有共通的牌義，而個別的專牌設定也形成了其特有的涵義。

　　每一種塔羅專牌有其不同的背景架構，造就了各副專牌的特殊性。要瞭解一副塔羅，須特別注意背景系統的設定，這會使其中每張祕儀的牌義有別於其他塔羅，並增加一般祕儀內涵之外的獨特意義。塔羅創作者賦予該副塔羅專牌的寓意，是不容忽視或誤解的。

　　瞭解專牌背景系統設定，至少要能判斷主題或風格，例如：精靈塔羅的背景是屬於奇幻世界而不是現實世界，如此各祕儀的畫面情節就不同於一般，也表示牌義會有所差異。有些塔羅為煉金術的主題，也有更新的塔羅以魔法修習為主題，基本上可從整副塔羅的風格大致掌握。《偉特塔羅》是寫實的描繪方式，設定在一般世界的情境下。

　　更為細節的方式就是知悉每張牌個別的內容，背景設定會根據塔羅專牌不同而變化，有時甚至需要查明專牌中每一張祕儀有無特殊意指。

　　例如：《偉特塔羅》中的教皇，是否代表特定對象或某位人物。傳說女祭司牌主角是中世紀的一位女教皇，但並非所有的女祭司牌皆有此意，須以該套塔羅的原始定義為根據，像《偉特塔羅》其實就沒有這個指涉。

　　又如：《螺旋塔羅》（Spiral Tarot）設定每張大祕儀中的主角各聯結一位神祇，這些相關的背景知識，對於各塔羅專牌而言是很重要的。

⚜ 專牌圖案寓意

　　畫面圖案就是塔羅的主體本身，是真正具象的內容和形式，附帶文字都只是塔羅之外的說明。無論大小牌的畫面都可視為具有劇情，研究某一種塔羅專牌的設定，主要就是從該專牌上的畫面情節去得知寓意，參考背景設定和結構來觀想。

　　許多塔羅縱使有專牌書籍或文件說明，但多半不會直接對背景多加說明，也較少詳及畫面剖析。例如《螺旋塔羅》的四元素蘊含在四種顏色的背景中，這點就需要自行觀察。

　　有些專牌的畫面中，圖案的每一部份是可以拆開來解讀的，一個個區塊都能夠分析出不同的用意，需要解讀出特殊圖案符號的象徵，而非通用的圖案則更有必要個別解碼。然而，有些塔羅畫面較具整體性或者不易拆解，需要從圖案之外查探其用意。

　　時常產生誤解而需要釐清的是，《偉特塔羅》塔羅中的許多圖案，其實並非通用而是專屬的，如女祭司牌黑白雙柱上呈現的字母，連泛偉特系塔羅中也不見得有出現。

　　如何判斷畫面中的圖案究竟屬於必備與共通、或是屬於專牌與特別的，在本書以各祕儀的一半篇幅來詳加說明：大牌的〔畫面寓意解構〕、〔圖案符號解碼〕和小牌的〔故事情節解說〕、〔屬物呈現解謎〕。由於本書主旨並不在於專牌，雖然也會提到《偉特塔羅》，但真正針對這套最重要專牌的書籍其實是《塔羅攻略：從偉特系牌圖透析塔羅奧祕》。

四、牌圖畫面象徵

主體畫面分析

因為圖象是塔羅主要內容，相關於塔羅多層次的意義，特闢專節講述畫面本身。塔羅牌的畫面意涵，可依循如下步驟研究，前幾個項目在書中每張牌都有詳述：

1. **主角人物**：首先要識別出主角人物，代表這張牌的主題。外觀動作都要剖析。
2. **相隨配角**：配角多有其重要涵義，而在有些狀況下配角與主角很難分。
3. **服飾裝扮**：詳細研究人物本身所穿的服飾描繪，都會有涵義。像《偉特塔羅》這類寫實性強的塔羅，這點就相當重要。
4. **道具配件**：道具會直接有神祕學的象徵作用。手上拿什麼或使用什麼物品都具有寓意，如鋤頭可以象徵任何的生產用具。大牌中很多道具都是神祕學圖案。
5. **場景佈置**：大背景有其含義，如身居戶外或戶內，所要表達的就有差異，場景的構造也需要分析，其中佈局和細節當然更需注意了。
6. **整體營造**：整體下有隱藏架構在，容易忽略掉。像《偉特塔羅》中有很多六芒星的結構，必須整體觀察才能看得出來。《偉特塔羅》金幣三就呈現了許多神祕幾何圖形。
7. **局部符碼**：某些圖案可講究其象徵語言或典故來由，如《偉特塔羅》金幣十上的家徽。
8. **細節安排**：某些細節也會透露蘊義，有時是很隱藏的。如《偉特塔羅》權杖二，畫面中有一支權杖是被固定在城牆上的。
9. **圖案串聯**：注意隱藏的串聯性，在不同張牌中出現相同的圖案，這個現象表示了這些牌之間的聯結。
10. **特殊細項**：對一副牌鑽研到底時，就連圖案中附增的數字、符號、簽名等細部，也都能挖掘出涵義，時常這些符號確有特殊作用。《偉特塔羅》牌面的標題數字堅持使用羅馬數字，而構圖上也彷彿巧妙配合羅馬數字的形貌佈局，尤屬太陽牌最為明顯。

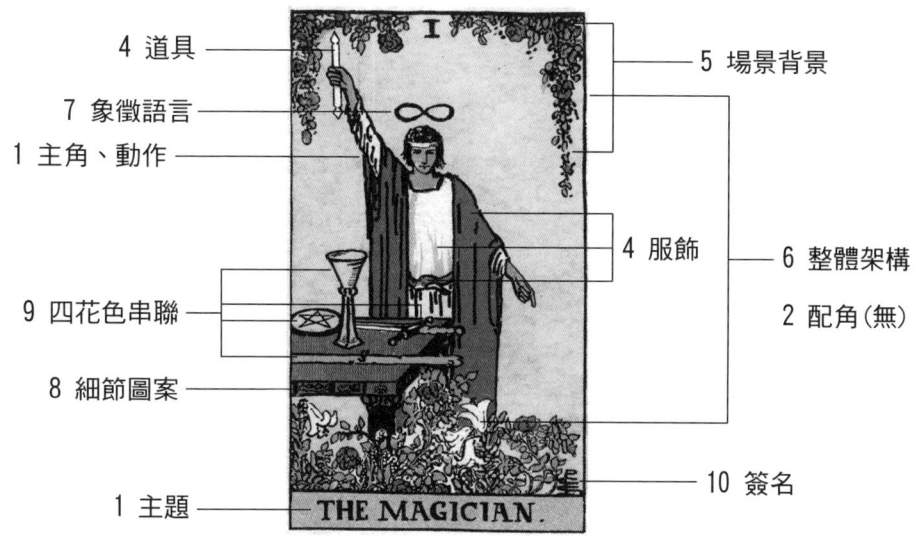

⚜ 牌圖歷史傳承

　　觀覽愈多種類的塔羅牌，就能夠瞭解愈多塔羅祕儀內涵。《偉特塔羅》裡每一張牌的圖案來源雖不盡相同，但多為根據當時既存紙牌的圖案變化而來。各種塔羅中的戰車牌，期間的歷史淵源傳承很明顯，可以探究車棚的四柱起源於什麼時代、拉車的人面獅身又源於哪副牌。甚至有些相同圖案會在其他塔羅的別張牌中出現，比如戰車駕駛者雙肩上的月牙，在某些傳統塔羅牌的國王身上也曾出現，這彷彿在傳達月牙圖飾為尊貴者的象徵。

　　至於有名的《偉特塔羅》寶劍三，被喻為經典的「三劍穿心」圖案，是原創還是承襲於何處，也可透過歷史一探究竟。瞭解這些塔羅之間圖案的傳承，會掌握更多牌義演變，並且對此的研究本身就是一種樂趣，也形成一個專門領域。

　　本書對這個領域的著墨甚多，佔據各祕儀內容的一半，並精選三套塔羅牌做為各祕儀圖例，出於塔羅各歷史分期的重要節點，《馬賽塔羅》和《偉特塔羅》是兩大類型的代表，而《華奇特塔羅》居於兩者之間的銜接並顯示過渡的跡象，並列觀察更易體悟塔羅發展的脈絡。

　　各祕儀主圖則是作者本人原創的《概念塔羅》牌圖，旨在以圖象表達原理和重要象徵，助於演示畫面直接解析。

⚜ 神祕符碼暗示

　　西洋的圖畫有其文化性，若能多涵養西方藝術史或文化史，會更瞭解這些內容，許多畫家本身有神祕學思想，在美術作品中便灌注了神祕學符碼。其實，評析塔羅牌畫面的方式，就等同對於美術作品的解析，而且也時常見到有關藝術、美術史或歷史題材的塔羅牌。而研究這些重要的要旨，是對於神祕學體系的認識和瞭解。

　　在最基本的《偉特塔羅》牌圖中，許多畫面便和正教經典或祕教傳說都有關聯。神祕學家的創作、或神祕學主題的塔羅，內容更多神祕的暗示，密碼隱含在圖案之中，諸如煉金術原理、魔法、神話宗教的隱祕情節，都可從畫面中識別出來。其實這部分正是最原始塔羅流傳的用意，明白這些暗示才算真正探觸到塔羅牌精神。

　　許多塔羅畫面裡都有符號密碼，能夠對此破解象徵指涉，就得以對牌義有更多瞭解，也有助於解析運用。許多畫面含有暗示性的隱喻象徵，並非藉由單一圖案或符號來呈現，而是蘊藏在整體編排下，某幾種顏色的組合或某幾種意象同時出現，都可能是神祕學象徵的暗示。

　　這些編排方式也常借用一些既定的慣例來呈現，最常見的例子是煉金術的畫風：飛鳥跟氣體物質有關，盤旋代表氣流旋繞，向上飛代表氣體上升、也象徵精神提升；而魚表示液體物質，潛在水中或躍出水面代表不同的含義。諸如此類的煉金術暗示法在塔羅畫面中層出不窮。

　　其中有些塔羅牌畫面，承載著完備的神祕學成分，囊括煉金術圖像、卡巴拉符號、密術的隱喻暗示，以及結社的密碼，可謂「三術」學理俱全。一套優秀的塔羅牌總是內蘊豐富，因而需要善解繪畫的語言以及各支神祕學領域的符碼，以能自力識別更多意涵。

塔羅逆位解密

一、逆位現象

❧ 錯反倒逆概念

接觸塔羅常會聽到「逆位」這個字眼，另外又暱稱為「倒牌」，占卜時將牌直擺在平面上，會出現畫面朝上或朝下兩種相反的方向，朝上為正位置而朝下為逆位置。在塔羅牌占卜的實作上，認為牌的朝向不同，就傳達了不同的另一面意義，重視「逆位」牌義的蘊含與存在，賦予有別於「正位」牌義的解析，這正是塔羅牌占卜的特色。

❧ 逆位置的歷史

為何塔羅牌發展出逆位的占卜呢？塔羅這種紙牌的圖案會因為擺放方向不同，在視覺上感到很明顯的差異，因此容易產生不同的感受，相對來說撲克牌的正逆位就較難辨認。紙牌占卜自古就有正逆位差異的用法，而塔羅牌對此最為重視的原因就在於畫面的正逆差異顯著。塔羅牌演變的歷史中，也出現過雙向相同圖案的塔羅牌。

塔羅牌的逆位置應用，的確不完全淵源於神祕學原理，流傳而保留至今的更重要因素是占卜上的實用需求。

偉特設計塔羅時很強調占卜的特性，在統合傳統運用的紙牌涵義時，自然承襲了正逆位的觀念，每張祕儀都分別定義了正位和逆位的意涵。

每張牌逆位置的意義，是和正位置相互分判和轉折而來，且推理上是有跡可循的，然而實際上每張牌的逆位涵義總讓人感到莫衷一是，這種不規律是歷史因素使然。藉由經典牌義的歷史和記載，瞭解有幾種轉折和走向，揀選其中最初始到最終結的要點，歸納出各張牌的逆位牌義定案，詳見於本書祕儀中的〔牌義沿革解疑〕。

❧ 占卜變化需求

那麼占卜上為何有需要使用逆位呢？可說基於以下幾點理由：

1. **機率取樣**：樣本空間可以變得更大，也就是超越原本牌數，在78張下更能有156個機率變化。
2. **意義增加**：除了機率取樣增多之外，也豐富了全套塔羅的牌義，兩面差異使解讀更具變化性。並且，在牌義上正逆位的清楚分別，也有助於論斷方向更為明確。
3. **內涵深入**：由於瞭解正牌才能掌握逆位，對正逆牌義都需更深入的理解，這樣能夠更為講究和貼切。由於逆位包含了正位，因而從逆位置可以更精密地剖析事務與人心，有助於釐清更多細節。
4. **變化轉折**：逆位能使牌義內容化為動態，由正位意義推理至逆位意義時，也從而呈現事件更多層次的轉折，也能夠描述得更為曲折生動。

逆位應用不但有其必要，也是占卜的發揮表現和藝術，甚至可說是塔羅的精髓所在。在原理的綜觀上，塔羅的逆位就等同於易卦「變爻」的地位。誠然某些塔羅專牌以及心靈導向諮商沒有使用逆位，但這只是由於各別專用體系的著眼點不同而非牴觸。涉獵塔羅者大可視逆位為占卜必備之基礎，而在必要時亦能靈活應變，無論是否朝此發展或持續使用。

二、逆位推定

❦ 逆位推衍原則

　　逆位意義一定是基於正位意義轉折而來，正牌的定義必須先確立，才能有逆位牌的變化。逆位是正位的變動，不確定性可能更多，然而不可以脫離正位涵義的架構。也就是逆位大多會包含正位的意義，並且都會存在時態的差異，可說是正位置的情節延伸，有時間上的前後關係，通常是往後續發展進行的。從正位置推衍而得逆位置牌義的思考方式，就是各種「逆位原則」。

　　本書在祕儀的〔正逆轉折〕和〔逆位思考〕中會有各自的詳述。在此先說明各種逆位原則的定義：

　　1. 增添作用：逆位置可視為這張牌特質的加強，而由於特質過強造成負面的影響，這就是「**逆位過度原則**」。例如皇后牌的享受幸福，在逆位就表示過度享樂而成了放縱，這也是物極必反的原理。另外，本來正位置意義就不是很好的特質，一經加重也變得更差，例如皇帝的控制力強化成了鐵血手腕，這可稱為「**逆位加重原則**」。

　　2. 減損作用：理解成原本牌義特質的內蘊不充實，牌格不到位的意思，可分成兩種，一是「**逆位削弱原則**」，視原本含有的意義減損或低弱，如魔法師牌的逆位，理解為魔法師的能耐不足而變不出把戲。若另以「**逆位虛假原則**」，逆位可理解為冒充的魔法師，其實並沒有真正能力。而如逆位的隱士則是虛偽的，修為不夠且故作矜持假裝清高，由這觀點而解為扭捏作態或者欺世盜名。

　　3. 負化作用：直接朝向較不好的負面涵義來解釋，這就是「**逆位負面原則**」，專挑出缺點來說，如皇帝的負面就是專制。另以運作不安妥而失利來理解，則稱為「**逆位不當原則**」，例如治理不當或是不稱職的皇帝被視為暴君或昏君。相較來說，「不當」多指「後天」或無意間造成的情況，「負面」則是「先天」就已經偏向不佳了。

　　4. 反向作用：即「**逆位相反原則**」，直接往正位意義的相反方向來解析，形成正逆互異的情況，如戀人牌的逆位，就是將戀愛結合轉為沒有在一起或分手的情況。還有另一種反向思考，在原本牌義傾向負面時使用，稱為「**逆位超越原則**」，像是高塔牌本代表傾覆的負面作用，反向卻可看成克服與脫逃，這就視為一種超越。

　　逆位牌義可以參照這四類作用的順序，從中各取一種原則嘗試推衍，例如：先以「逆位過度原則」思考，如果想不出牌義過度有何差異，那麼就取其後的「逆位削弱原則」來推論，也有可能推不出有何虛假的情況，那麼再採取「逆位不當原則」，總是能夠設想出缺點或負面的走向，尤其是正位置牌義不錯的情況。若是正位置本就包含負面的意義，那麼就以「逆位相反原則」來思考。

　　直接朝反方向推得結果很容易，但通常會脫離原意範圍，因而最後才以「逆位相反原則」推論較為恰當。比如太陽牌若直接推為相反的黑夜，如此不免成了月亮牌，可知先使用「逆位削弱原則」推定為熱力消退的太陽，比較不會偏離應有的主旨。

⚜ 逆位分項思考

　　以上逆位原則是通論的羅列，並不是每種法則都要使用，各項法則使用頻率也不一樣。所有祕儀都能使用每種原則，但是也都各有最適合的。

　　大祕儀的每張牌都獨具特色，因而每張牌都需個別思考，並有適用的某個逆位法則。其實數字牌的逆位思考原則，竟與大祕儀相差無幾，同樣都有每張牌的差異性，也適合直接運用逆位原則和順序推衍方式，只不過數字牌由元素和位階組成，會有更為複雜的情況。至於宮廷牌和首牌，則有專屬的通性和相關變化。

　　首牌的逆位：早期首牌的正位都是良好的意義，逆位多半呼應了正位意義的相反，或是正位代表的良好作用減弱了。現代而言，首牌逆位一律視為位階的負化作用，可以歸納為情況出現「轉折」，也就是行動有變動或出狀況，可能遭遇阻礙和挫折以致失敗或撤退。各張牌再加上元素增添或減損的變化意義，即可詳細推衍。

　　宮廷人物共通性：正位都是正面的人物性格和正面的作用，依據花色位階而變化意涵。逆位則表示較為負面的人物性格，尤其是在位階方面上出問題。元素特質可能是過度或失去優點，也可能是低落或流失，但元素基礎特性仍然存在。宮廷人物的四個位階，還可以細分不同的解析設定，但原則大致相同。

⚜ 圖案逆位觀點

　　牌義是一種語言和思考方式，圖形也是其一。逆位的變化須透過「逆向思考」，不只是語言思考，也可以使用圖形思考。

　　根據對逆位畫面視角的直觀感受或是運用想像力就可以詮釋，不過直接以圖案聯想情節變化其實並不容易，因此一般都採取牌義推衍的方式，圖案則作為輔助之用。然而就塔羅牌而言，以相反觀點的圖案來推衍逆位，不但獨具特色也不可或缺。以下大致列出逆位畫面推衍意義的方法原則：

1. **觀點差異**：塔羅圖案以朝上或朝下的不同觀點，視覺感受就會有差異。騎士逆向確實比較有摔馬的感覺，許多牌第一眼印象多半只是牌圖放反而已，須再多層想像。首牌的逆位畫面最能符合第一眼的直觀，尤其是聖杯首牌逆位，畫面彷彿呈現了手將聖杯傾倒，水流整個傾瀉而出的感覺。

2. **情節變化**：根據正位情節意義推展逆位圖像，以此增進具象化的想像，也可直接配合牌義的轉向來推衍，如《偉特塔羅》權杖七正位為克服敵人，那麼逆位畫面的感覺，就可比擬為被他人打倒。

3. **幾何旋轉**：有些幾何圖形方向變化，可能呈現相反的象徵意義，或者被認定為另外一種圖案。有些符號本身的設定，就是以正逆方向的差異來表達不同意涵。像是正三角與倒三角、五芒星與倒五芒星等等。

　　逆位可說是一種極為特殊的占卜表達形式，有許多層面可以探索，值得深入研究。從前述諸多範圍分別推導而出，再經過統合而成的完整逆位意義，都應該視為這張牌既有的固定內涵，在學習或思索的過程中即須先行推衍並完成「內建」，而不是之後在占卜運用時才開始思索。

MEMO

主篇 1
大祕儀解密
Major Arcana

大祕儀統論

結構特性

　　大祕儀，是塔羅牌中最主要的部份，縱使總張數少於小祕儀，卻恰恰表示每張大祕儀的份量其實比小祕儀更重。在占卜應用時，出現大祕儀也會更被看重，解析起來著墨更深。由於大祕儀的這種特殊地位，甚至偶爾在應用上，也有取大牌獨立擔綱占卜的情況。可知對於大祕儀，固然需要對於單張牌詳加剖析和深入理解，而整體性和結構性的認知也不容忽略。大祕儀的整體性就表現在結構上，牌序、數字和類別並非小祕儀專有，運用本身的順序排列形成結構性，依據「象」、「理」、「數」交織出各牌之間的相對關係。最重要的一環自是「數序」，除了順序意義，更構成類別或階段。因而無論大小祕儀，書中各張牌的介紹都是以〔牌序結構〕為開頭。

⚜ 階段和層級

　　整體大祕儀是個進程，而主要又分為 1～10 號牌和 11～20 號牌兩大層級（0 號牌和 21 號牌分別在這兩大階段前後），不同層級有其不同的寓意和作用，而每張牌在各自層級中的不同位置而有其不同意義。本書中每張牌的〔牌序結構〕中所述就是處於這個層級的前後位置階段形成的作用。大祕儀的層級階段排列出來可成為以下圖式：

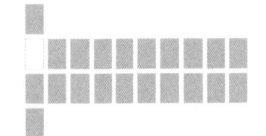

　　圖式中空白框的牌表示 1 號牌所在，每張牌都可在圖式中找到其相應位置。將整體大祕儀這樣排列起來，更可直觀顯示出其中結構性，每張牌的定位也更清晰可知。

　　這裡只簡易地顯示框架，就是要還原最原始的純粹位置也有其感受和作用，以此表明樸素的原理。祕儀意涵是較為後起和賦予的，就在〔祕儀原理解析〕裡，由此詳細分化為〔數字對應〕原理，推展出〔象徵法則〕，明確更充分豐富的〔內涵探索〕。

⚜ 週期和段落

　　另有以 7 為數，劃分大祕儀為三個週期，而 0 號牌獨立於外，每個週期有其不同寓意，週期中各位置首尾都有其意義，其中較為特殊的在〔牌序結構〕中也會提到，像是 7 號牌。以下是大祕儀三週期的排列圖式，空白框牌的位置是 11 號牌：

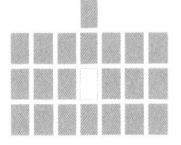

　　此外，也有將大祕儀分為四段落，各有五張牌，但因為分得比較細，通常被整合在十張牌階段裡，本書則不贅述。這些大祕儀的劃分法有各種細節上的差異，但都是不同原理和意義的呈現。有些數字本身較為特別，是某些段落或節點，也可能是文化中備受關注的數目或單位，如 12 代表圓的「循環」，也會多加說明意涵。

結構排列和圖徵

⚜ 圖徵增生意涵

塔羅中隱含的結構，數字之間錯綜複雜的關係，祕儀意義和圖案之間的聯結，都具有結構性。將排列中每張牌的位置都標上號，會更清楚地定位各張祕儀。其間的關聯性也隨之浮現，逐漸看出這些號碼形成更多脈絡，賦予整體結構更多含義。甚至寫上牌的名稱或加上畫面，更能發現其中關聯性。

聚集一起而排列出的陣式，可以看出整體之間的結構關係，並理解有何意義與如何應用。若能具體在手邊用塔羅牌擺放出來，會發現在各牌關聯之外，牌圖之間的特殊聯繫對應更有其奧妙之處。這樣的呈現法就是一種「圖徵」，意即使用祕儀、牌組或全副塔羅來排列出特定寓意的圖式，表達塔羅的深層意涵和結構組成。

⚜ 數序對位圖徵

「數序對位圖徵」就是將大祕儀層級綜合排列的具象圖案，呈現出塔羅大祕儀的最基本結構，代表牌序以及外顯的數字關係，呈現各張祕儀位置和所屬「層級」，書中各張祕儀的〔牌序結構〕即涉及於此。這個圖徵明顯呈現了大祕儀分成兩大「層級」，而尾數相同的牌則成對相連，凸顯這兩張牌對立的差異變化：

```
           ┌───┐
           │ 0 │
           │ 愚 │
           │ 人 │
           └───┘
┌───┐┌───┐┌───┐┌───┐┌───┐┌───┐┌───┐┌───┐┌───┐┌───┐
│ 1 ││ 2 ││ 3 ││ 4 ││ 5 ││ 6 ││ 7 ││ 8 ││ 9 ││10 │
│ 魔 ││ 女 ││ 皇 ││ 皇 ││ 教 ││ 戀 ││ 戰 ││ 力 ││ 隱 ││ 命 │
│ 法 ││ 祭 ││ 后 ││ 帝 ││ 皇 ││ 人 ││ 車 ││ 量 ││ 士 ││ 運 │
│ 師 ││ 司 ││   ││   ││   ││   ││   ││   ││   ││ 之 │
│   ││   ││   ││   ││   ││   ││   ││   ││   ││ 輪 │
└───┘└───┘└───┘└───┘└───┘└───┘└───┘└───┘└───┘└───┘
┌───┐┌───┐┌───┐┌───┐┌───┐┌───┐┌───┐┌───┐┌───┐┌───┐
│11 ││12 ││13 ││14 ││15 ││16 ││17 ││18 ││19 ││20 │
│ 正 ││ 吊 ││ 死 ││ 節 ││ 魔 ││ 高 ││ 星 ││ 月 ││ 太 ││ 審 │
│ 義 ││ 人 ││ 神 ││ 制 ││ 鬼 ││ 塔 ││ 星 ││ 亮 ││ 陽 ││ 判 │
└───┘└───┘└───┘└───┘└───┘└───┘└───┘└───┘└───┘└───┘
┌───┐
│21 │
│ 世 │
│ 界 │
└───┘
```

各組尾數相同的大牌蘊含的對立的辯證寓意，扼要陳述於下：
1 & 11：變易與不變的堅持，有所為與有所不為。
2 & 12：對於愛的抵抗拒絕以及犧牲奉獻。
3 & 13：生命的賦予養育和剝奪毀滅。
4 & 14：擴張與節制，管理方式的異同。
5 & 15：上帝與魔鬼的兩面性。
6 & 16：結合與分裂，也是和諧與暴烈的反差。
7 & 17：躁進與寧靜的相對。未來希望同樣美好。
8 & 18：正面心態和愛的力量，相對於負面情緒和喪失真正力量。
9 & 19：生命力消沉而不見陽光，相反於太陽高昇和生命力蓬勃。
10 & 20：同為宇宙間兩種最高法則，神祕力量以及宗教力量之運作。
0 & 21：最後與開始，什麼都沒有到什麼都達成。

1 魔法師 The Magician

牌序結構
第一階大祕儀——
象徵一切事物的開端和初始階段，也代表創造之起源。

各式別稱
魔術師、大能法師、修行者。
變戲法者、骰子投擲者，江湖術士。

正 法力無邊　　逆 技窮無路

祕儀原理解析

⚜ 數字對應

魔法師為序號1的祕儀，完全聯結數字1的宇宙原型象徵，除了開端和第一外，就是代表陽性原則，並有獨一無二、頂天立地的涵義。1號牌以最小的順序為開始，進入世界當中，成為獨立的存有。數字1代表意志力，自我意識強烈，個別風格鮮明。在塔羅祕儀系統裡，這張牌呈現了數字1的總體原型，並特別強調創造力和變化性。

⚜ 象徵法則

由數字涵義接著可以探究這張祕儀的象徵，亦即陽性原則代表生命動力、自我信念和能力展現，主動積極而有所作為。這樣的主題所造就的人物主角，理應是生命力旺盛的男子，一般認定是位年輕人，並且強調法力高強以及能量傳遞的特徵。並成為元素變化和衍申的開端。

⚜ 內涵探索

魔法師，擅於掌控元素變化，也是能夠傳導能量接通天地的人，他的能耐可以誇稱「**法力無邊**」，不但多才多藝，並且擁有豐富想像力和創意。魔法師展現出開創的精神以及獨特的魅力，熱心助人解決疑難，象徵每個人必須找到人生定位與目標，瞭解自我的天賦以及責任。牌中四元素花色俱全，對於占問各種問題都有良好的回應，一切困難都能解決，任何目標都可以達成。

🔮 正位實占解釋

人際交誼：人際交遊廣闊，積極活躍，相處熱絡，消息靈通、風趣幽默。
戀愛情緣：交往順利愉悅，相處充滿情趣和新鮮感，令人陶醉的戀情。
事務進行：事務進行順利，工作得心應手。學業相關表現都不錯。
金錢物質：財務運作良好，能掌握與擁有，朝向獲利、賺錢、盈收的趨勢。

牌義沿革解疑

⚜ 來歷變遷

★ 這張牌最古老意義，多含有欺騙和狡詐在其中，主角人物被看成是一位魔術師或變戲法者，形象偏向負面，牌義也是詭詐多端之類的。

★ 神祕學家修正了這一點，轉向認定主角具有魔法師的能力，牌義導向正面的**獨立和意志力**。主角從不可信任到**令人信賴**，這兩種抵觸的涵義漸漸地轉移，相同的點是皆有不可思議的影響力，然而一個是真正變化物質，另一個卻是以假亂真。這個演變的關鍵，是對於魔法和神祕的真正力量採取的態度，以神祕學者的觀點而言，自是傾向肯定的立場。

★ 偉特可說將主角設定為真正的魔法師，並賦予這張牌更為豐富的內涵：陽性的力量原則、個體的統合、與神祕力量的結合。不過偉特對占卜意義設定中，正位仍包含有損失、痛苦、危難的意義。

★ 然偉特稍後的牌義，正位也仍包括欺騙等涵義。然而到了最晚進的時期，這一些負面意義皆數歸於逆位置，形成正位置都是良好而正面的意義。這些正面意義也都是現今本張牌特有的涵義，包括**自信心、原創、想像力、足智多謀、靈活多變、專業和技術高超**。

⚜ 正逆轉折

★ 偉特對這張牌逆位有許多奇怪的定義：醫師、博士。其中的負面特質出現了：心理疾病、羞恥、憂慮不安。

★ 偉特稍後的時期，這張牌開始加入了以「逆位削弱原則」推衍出的牌義，包括**意志薄弱**和**技巧不佳**，一些操作上的失誤，也可以說是「逆位不當原則」。而後，魔法師逆位涵義吸收了這張牌的整個負面特徵和性格，或者是魔法師具有的稟賦出錯或減損。

⚜ 逆位思考

如今魔法師逆位多運用「逆位虛假原則」：逆位的他法術失靈，是個虛假的魔法師，只是一個變戲法的人，能力不足或是能量引導方向錯誤，還裝成很行的樣子來賣弄，甚至不惜說謊欺騙來掩蓋。這些情況可究源於內在的軟弱逃避或輕浮的性格，缺乏真正的能力和自信，卻又託大，因而導致弄巧成拙的結果發生。綜上所述可歸納出這張牌的逆位，就代表江湖術士的偽裝已經「**技窮無路**」。

♠ 逆位實占解釋

人際交誼：行為浮誇、待人敷衍，因而不被信任或人緣不佳。
戀愛情緣：感情方面真心不足，花言巧語，不願負起對關係的責任。
事務進行：無法具體解決難題，讓事端擴大，導致下場頗不樂觀。
金錢物質：偏差的理財方式和心態導致損失，財務狀況難以解決。

畫面寓意解構

🔱 主角人物

這張牌主角的形象一般是以年輕或壯年男子為主，強調年紀正處盛年，是男性發光的人生時期，以呼應陽性的創造和活躍的本質。情節重點是主角站在放滿道具的桌子後，擺出某種動作而正在展現些什麼。

施法的儀式姿態，是魔法師的專屬特色，他雙手呈現特別的魔法手勢，而前方的桌子是祭壇，上面陳列許多法器。主角若是魔術師或變戲法者，是正在利用桌上的道具施展魔術或戲法。無論主角是何身分，都是意氣風發地在施展能力。

🔱 場景佈置

既然是以魔法師施法為主題，整體場景更要以突顯魔法師的專長為主，也使牌義增添更多能量和法力，這就要從描繪形貌姿態和場景搭配做起。而施法儀式的場景多半在戶外但並不空曠，可能稍有遮蔽之處，而周遭景物其實都是具有魔法或符號象徵意義的，並且具有施法的作用。愈是懂得法術，就愈能夠從其中發現端倪。

🔱 樣貌外觀

魔法師的長相也透露出這張牌的牌義，外貌要清秀或有形，眼神表情銳利狡黠且若有所思，賦予魔法師的性格多半就帶著這種機智和淡淡的神祕色彩，常常在占卜時就是當事者的性格。戲法師之類的主角表情或許會比較詭譎，但笑容中同樣充滿自信。

🔱 動作姿態

這個人物表現出正在施展魔法的模樣，以突顯出作為魔法師的特色，根據魔法師的姿勢，便可推敲出設計者採用的是什麼魔法和儀式。最高的魔法通常是一手握魔法杖為導體朝向天際，一手指著地面，這動作表示接通宇宙神祕力量，整個人也成為一個能量的導體。從施法的動作姿態，甚至可以進一步判別法力高深以及法術類別、神祕學淵源。

圖案符號解碼

❦ 服飾裝扮

魔法師的服飾需要亮眼,顏色也須強烈或對比度高,全身上下配備頗多,但仍然朝向簡單俐落。每一種塔羅牌的服裝顏色使用,多根據構圖需要與景物搭配,以融於場景中,並且也藉以呈現不同神祕學體系上的涵義。

披風、頭飾、腰帶,都是常見於魔法師身上的裝扮,其實也是他的配備或法寶,各有其魔法功能和象徵意義。披風助長威勢和增添法力,亦有保護防禦之用。頭飾引動精神和意志的凝聚力並規範其運作。魔法師身上穿戴的神祕法器以「腰帶」最為重要,它暗示著空間存滅和界限伸縮,代表「無中生有、來去自如」,多以自吞蛇的形狀出現,象徵宇宙神祕運作。

❦ 道具配件

由於是魔法師,手上若能搭配魔法杖或類似法寶會更貼切,握住魔法杖表示能夠掌握要件。畫面大都有法桌或祭壇呈現在前景,也有以立方石替代桌子,或者兩者皆具備,都表示有某種職責在身、正在執行任務。當然,若沒有桌子,仍可自由施展發揮法力。

牌面上不可或缺的是代表四大元素的權杖、聖杯、寶劍、和五芒星圓盤,四種法器擺在桌面上呼應施法。並表示 1 號魔法師統領了所有元素的開始,由此聯結了同樣屬於數字 1 的各花色「首牌」,並使每個牌組的起始相聯結。

∞記號位於頭頂上,無限大符號象徵法力無邊,也是傳導神祕力量的象徵。這個符號自古塔羅就蘊藏在所戴帽子的形狀中,這也是《偉特塔羅》所特別強調的標誌,後人沿用的頗多。

❦ 相隨配角

因為具有自主性與獨來獨往的特質,一向獨立作業而保持神祕的魔法師,通常沒有其他配角相隨。如果有動物在畫面中,通常是為了襯托魔法師神祕或智慧的力量。

❦ 整體營造

顏色的搭配是本祕儀重點,要讓人物與整體產生既融合又獨立的感覺。並營造在空間中無端冒出來的感受,以符合「無中生有」的蘊義。整體畫面要極力表現豐富性和變化性,能量的接通的動作以及元素操控的方式都是很重要的。

閱牌要領提示

魔法師這張牌,是整副塔羅的定調,因此極為重要,一張牌的面貌可以窺見五個牌組的究竟。想瞭解整體設計的走向和風格,要看將魔法師描繪成怎樣的格調,如此就能掌握到這副塔羅的調性了。

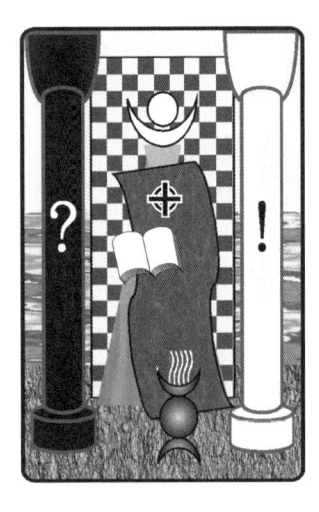

2 女祭司 *The High Priestess*

牌序結構
第二階大祕儀——
進入二元對立世界的階段，深沉地投入其中。

各式別稱
女教皇、女性教宗、瓊安教皇。教皇之妻、女修道院長。
女祭司長、銀星之女祭司、靈知聖女。教母。

正 靈性智慧　　**逆** 一表正經

祕儀原理解析

⚜ 數字對應
女祭司為第 2 號大祕儀，2 的數字寓意：2 的宇宙原型象徵是陰性原則，以少女的純淨與文靜為表徵，尤其是柔和及細膩特質，符合女祭司的靈性和易感、對精神信仰的接受性，深層隱藏的智慧均不脫 2 的意義。在塔羅祕儀系統裡，此牌表現了數字 2 的基本原型，但弱化了具體的人際方面互動作用，在感情關係上反而存有距離與隔閡。

⚜ 象徵法則
代表精神上的女性指導者角色，體現出陰性原則，這也與數字 2 有所呼應。內斂和接納的特性，以及對於智識的吸收能力，也都在 2 的意涵之內。多數塔羅以少女純淨而擁有真切的心靈，接收不含任何雜質的訊息，帶出女祭司傳遞先驗的真理和智慧。可知等同於聖女的原形，從而能夠發揮直覺感應、開啟靈知的領悟。有少數塔羅的主角為成年女性，多是強調其閱歷體驗與灼見的洞察力。

⚜ 內涵探索
女祭司，是祕密持有者，肩負鎮守啟蒙關卡的職責，她會有條件地透露神諭般的訊息，內容都具備著深度的意涵，是透過清新的心捕捉到的「靈性智慧」。她是一位解答者，也是一位傾聽者。這位高階的女祭司手中掌握了書卷，記載著神聖智慧的奧祕，此奧祕是安放藏起並刻意遮掩住的，真知的答案和謎底在她的腦中和心中。

☙ 正位實占解釋
人際交誼：行為低調，交誼並不十分熱絡，與朋友保持一定距離。
戀愛情緣：缺乏戀愛興趣，或者純情而重精神面，不利於親密關係發展。
事務進行：謹慎內斂行事，不出差錯。具真知灼見引導而能達到正確方向。
金錢物質：對精神層面較有增進，在財物方面收穫通常不是很大。

牌義沿革解疑

❧ 來歷變遷

★ 在早期這張牌代表智慧知識的傳承，視為啟蒙的母親，並且是比較傾向於宗教性質的，包括其他像是聖母或女神信仰。

★ 自古這張祕儀位置都是特殊的女性角色，延續到神祕學家時期，愈來愈偏向神祕奧義、祕傳宗教、以及高層次意識，也賦予神祕科學的內涵。

★ 偉特將這張牌正式定名為「女祭司」，圖案表現有別以往，更為強調女祭司的特殊神祕屬性。牌義方面統合了以往的一些特質，認為正位代表智識能力和沉默堅定，而另外又增添較為特殊的層面：未來的預視、以及祕密的揭發。

★ 稍後對於偉特占卜牌義的解釋中，承襲了歷來這些特質：**智慧、先見之明、感受敏銳、洞察力和預視能力**。但也包含感情上的負面傾向：**冷漠、不動感情**，以及**獨立自主性強、純精神的理想化戀情**。

★ 現代的涵義將直覺和思維統合成為：開發意識和潛意識的功能，運用在探索未來和尋求真理。並且承襲前期對於正逆位各項牌義的分配。

❧ 正逆轉折

★ 偉特的逆位定義，是以「逆位相反原則」為主：由低調姿態轉變為自負驕傲，理智成了妄想，而冷漠則轉成狂熱和慾念，這些意義或許也帶有根據「逆位不當原則」而得的推論。

★ 偉特稍後的逆位牌義較有條理，著重在**偽裝虛假**的感覺，也運用了正位置各項目相反的涵義，在性格上的表現同樣是負面的：不夠沉穩而**毛躁、浮動**。

❧ 逆位思考

以「逆位虛假原則」推衍，是勉強裝出的沉靜和硬撐出的氣質，因此意為：缺乏智慧、不學無術、無知、膚淺。其他的推論也是可統合於其中：目光短淺、自作聰明，為了眼前的利益做出不智的決定。在占卜上可以綜合起來，這樣解釋事情的成因：缺乏真正智慧，沒有那個靈性，也並非真心的修養，其實是裝模作樣或故作神祕。也許由於過度克制壓抑而造成如今的偏差，然而這樣不成熟的女祭司仍擺出「**一本正經**」的姿態，以為自己掌握真知或者享有殊榮。

♁ 逆位實占解釋

人際交誼：對人愛理不理，態度扭捏，表面應付但內心疏離。
戀愛情緣：缺乏深層的感受，冷漠以對。擺出高姿態，無意願又故做矜持。
事務進行：受情緒蒙蔽而不安，失去準則，使得執行更不順利。
金錢物質：一時短視而錯估情況，判斷不明智，導致財務和金錢損失。

畫面寓意解構

❦ 主角人物

　　這張祕儀以崇高聖潔的女祭司之首為主角,表明在位階上理應平行於教皇,而「女祭司」的形象則與教皇相關的體系分別。畫面的描繪充分傳達了其特色與意涵,直接還原了「聖女」的原形,因而總以年輕女子為主。其實年齡設定並不需與配合整副塔羅的體系,也不需為了強調地位而加深資歷感,通常只需考量表現本身的特質。而如果有年紀也是守貞之處女,亦可依西洋月神的女性三姿態之一做為性格的主軸。

❦ 場景佈置

　　女祭司執行其職,位於聖殿之前、雙柱之間,在這個內外交界之處守衛聖殿、護持神聖祕密。身後有一簾帷幕,在雙柱之間掛起,遮掩殿堂之內的奧祕,然布幕上裝飾物本身和排列也有深刻涵義可供探索。雙柱的雕塑和造型攸關於殿堂和女祭司的來歷,許多塔羅牌在柱身刻劃文字或符號,具有密碼意義,以表明柱子的命名和稟賦;有些牌會使場景和水域相鄰或連接,也能隱約表露位置座落於何方。

❦ 樣貌外觀

　　女祭司一般的描繪是:眼神清澈而帶著靈氣,視線焦點顯得神祕,而表情寧靜平和、或者若有所思般迷離。通常強調青春少女的清新脫俗,要有清純的氣質或神祕的色彩、甚至遮掩羞怯之態。也有些牌的表現是嚴肅和堅定,然而總歸仍須淡化世俗色彩。

❦ 動作姿態

　　女祭司端坐於台座,手持奧祕之卷,正傳達神諭或暗示祕密知識的傳承。女祭司大多是坐姿,這有其傳統和淵源,古代某些信仰甚至講究到女祭司或聖女的椅子。當然姿勢主要作用是表現女祭司的性情,顯示出端莊氣質而不是貴氣,並給人沉穩從容而非緊繃的感覺。女祭司的儀態優雅,呈現護法鎮守之姿、掩藏祕密的神情。或許她仍會透露出些許神祕訊息,但不會明顯張揚。

圖案符號解碼

⚜ 服飾裝扮

女祭司穿著樸素道袍，特別處是全身上下緊緊包裹，層層交疊的衣物褶襉，顏色和線條都與場景搭配，特別是和水的聯結性。頭頂上多半戴有新月圓盤狀頭冠，這是精神內涵的象徵，也是接通神祕訊息的裝置。《偉特塔羅》的畫面，腳下踩著新月狀物，也是為了營造出「腳踏新月」的高潔女性形象；也以重複出現的方式加深與月亮的關聯，並隱喻潮汐和生物節律的聯動。然而這類設計，並不是每種塔羅皆然的慣例。

⚜ 道具配件

女祭司最重要的是手上的卷軸或圖書，總之要有個文化和智慧的象徵，除了古卷、也可以是一般書籍。上面總顯露出印有字符或標誌。一般塔羅多顯露出 T、O、R、A 四個字母，雖源於聖經密碼，卻也是最能代表塔羅神祕寓意的字母。其他則是合乎密碼身分或有涵義之字母，像是 A、Ω，或是太極等常見的神祕符號。可以注意書上密碼和柱子的記號之間或許有呼應關係。

頭飾最上方的水晶球是女祭司的重要配件，象徵智慧的結晶；「真知晶球」戴在頭頂上，代表靈性的領悟力，也隱喻頂輪清澈而具靈能可接通上層。

袍上有主要裝飾物，以項鍊墜子垂於胸前為主，代表心的感受力；神祕十字多呈現在胸前，象徵心胸的均衡調和，可能就是墜子、也可能是另外掛在身上的飾物。

⚜ 相隨配角

這張牌多半不設配角，極少像教皇牌般出現隨眾，強調孤獨的氛圍。女主角沉靜而不與有形物溝通，也表示沒有任何陪伴和情感關係，因此通常不加配角或寵物。仍有少數塔羅會配給女祭司較有神祕感、具陰性特質或自然野性的寵物，或者是與女祭司特質和靈能相稱的動物或神獸。

⚜ 整體營造

利用顏色搭配，讓女祭司融入場景中。多以藍色調呈現沉穩安靜以及智慧，更有象徵水與海洋的作用，表示直覺精神的世界。現代塔羅牌的設計更注重場景就是在海邊或者背後有河流池沼，會在地面上呈現水流或波浪。畫面的背景大都填滿景物，顯示內涵繁複深刻，並對比出低調靜態的氣息，服飾搭配要與整個聖殿融為一體，甚至衣裙要與海水相融或連接。而雙柱的顏色成對，和布幕底色同樣需表達象徵意義。

閱牌要領提示

女祭司這張牌，是整副塔羅牌中細節刻劃之所在，無論從畫風筆觸或者蘊義內涵來說都是如此，神祕學符號豐富、設計也多巧妙之處，因而可視為對一副塔羅的最後檢驗和挑剔，並以高度要求來品評。尤其手上的卷軸透露出何種符號密碼，更讓人想要事先一探究竟。

3 皇后 The Empress

牌序結構
第三階大祕儀——
進入多元世界的豐富階段，繽紛美好而多采多姿。

各式別稱
女帝、女皇、女君王、女主。天后。
塵世天堂，樂園之主。神力之女。

正 感性胸懷　　**逆** 心意浮泛

祕儀原理解析

❦ 數字對應
　　數字 3 是增生和發展的數字，樂觀和豐富的原則。皇后呈現這個數字的幸福美滿意涵，增添了實際面的充沛資源和未來保障。在塔羅祕儀系統裡，這張牌將數字 3 原有的陽剛意味和大而化之的特質弱化了，而強調數字中蘊藏的藝術美感和生產力等意義，並具有人際溝通能力與情感交流的特質。

❦ 象徵法則
　　強調陰性原則中的關愛與哺育，也就是母親形象，是較為成熟的女性典型，並且更為積極而有活力。皇后牌體現世俗界，呼應具體的生活、私人領域及家庭事務，掌管情感關係和情緒層面，具有熱情洋溢、浪漫滋潤的特質，是悠閒時光、美麗人生的表徵。而幸福美滿之中，更不乏物質上的豐盛。

❦ 內涵探索
　　皇后，代表內心的陰性層面，也是最重要的女性形象，是成熟女性典型，擁有高貴雍容的氣質，經現實歷練而深諳人情世故。以「**感性胸懷**」眷顧美好的生活、環境和氛圍，高度關注內蘊和心境。在更細微的分別下，皇后其實存在兩種形象的差異：一是溫柔的女性情懷，另外是獨當一面的女帝氣度。

⚜ 正位實占解釋
人際交誼：態度親切，散發出迷人風采，很有人緣，處處受到歡迎。
戀愛情緣：特別有利於愛情，享受戀愛的甜蜜滋味，沉浸在幸福的情境中。
事務進行：在輕鬆愉悅的狀態下，順利進行與完成。悠閒生活和享受。
金錢物質：獲得充分的資源，能夠盡情享受，金錢物質都不虞匱乏。

牌義沿革解疑

❦ 來歷變遷

★這張牌以滋潤生產、結合大地為特質，早期就具有**豐饒多產**的意涵，並強調**行動力**和**積極進取**。皇后的世俗意味強烈，是人生體驗的代表，也能表示物慾和慾望，是塵世人間樂園的象徵。

★偉特對這張「傳統牌」的外觀和牌義並沒有改變太多，在占卜上承襲了早期的意義，並增添更多女性相關特徵：難以瞭解的祕密。還加入了其他負面意義：困難、疑慮、無知，或許認為這些是屬於女性的缺點。

★偉特稍後時期，對於女性的特質和形象，加入了女性形成的影響力以及**女性的進步**，而刪去了之前的女性負面意義，使正位置一律都是正面的意義。

★現代的解釋，仍著重女性相關的形象，並對於私人層面的生活領域，全都視為美好的情況。

❦ 正逆轉折

★早先偉特對皇后逆位定義很特別，部分意義反而比正位置還佳，像是愚昧轉來的理智光芒，以及解決了正位置的困難和疑慮，甚至是歡欣鼓舞。

★偉特稍後時期，隨著正位置代表正面特質，也規格化將逆位一律修正成負面意義了。多半以「逆位削弱原則」推衍，優柔寡斷的意義仍在，其他就是生命力的減損：**怠惰、沒有活力、缺乏興趣和專注力**。

❦ 逆位思考

皇后牌若以「逆位負面原則」推衍，包括女性的負面形象，像是不貞等等。然而，現今這類解釋已經過時而少用了，較被採用的是「逆位相反原則」，將多產豐饒之意反轉為：貧瘠、不孕等現象。然而總括來說，如今更多以「逆位過度原則」推衍，詮釋走向是：感情太豐富、濫情、情緒化，逆位的不夠格皇后仍然具有「心意浮泛」的特質！

♤ 逆位實占解釋

人際交誼：因情緒化或驕縱的表現，影響到人緣，還可能造成朋友的困擾。
戀愛情緣：感情過於豐富，而可能顯得濫情。心思易感，面對關係的態度不堅定。
事務進行：由於怠惰慵懶、態度消極或較無紀律，行事容易延遲、耽擱。
金錢物質：及時行樂而浪費奢侈，或物質流失匱乏，逃避現實隱憂。

畫面寓意解構

🎴 主角人物

皇后：雍容華貴的成熟女性，最高階層的貴婦。皇后以悠閒的儀態，坐在後宮的花園內，這時她正在享受美好時光和迷人景致，擁抱著她的人生財富與資產。

🎴 場景佈置

宮殿花園多是開敞的戶外空間，皇后融入大自然之中，其內穀物豐碩、樹木花朵繁茂，而平地以及流水象徵著陰性能量。

🎴 樣貌外觀

必然具有雍容華貴的氣質，以及美貌動人的外觀。皇后多半表情溫和柔美，展露親切迷人的笑容。當然也有顯示出女性尊貴氣勢的畫法，有如女帝或女皇。

🎴 動作姿態

無論是哪一類型的皇后，她總是悠閒的，甚至是慵懶閒散、暢快輕鬆，這樣的儀態自然不會太緊繃，看得出正在享受幸福。皇后的姿勢看來彷彿正舉手與群眾打招呼，互動感十足，有別於女祭司的無視他人存在。

有些皇后雙手會圍抱，呈現出圓形，是懷抱的空間，也是煉金術符號形狀的象徵，以此和皇帝牌相呼應，不過這樣的畫法並不常見。然而皇后絕大多數不是正對著畫面而是稍微偏側面，傳統塔羅或煉金術系統的畫法更會整個朝向畫面左側或右側，這就是為了和皇帝牌配合，以成為一組對牌，兩張牌的主角因而能夠面對面相覷。

圖案符號解碼

⚜ 服飾裝扮

皇后穿著高貴富麗，但輕鬆寬敞。衣料上的花紋是必要的，不能太素淨，紋飾多半有紅黃色系的鮮豔色彩。她頭戴后冠，有各種樣貌，常見的是抽象的十二顆星，也就是呈現了「頭戴十二星」的尊貴女性形象。身上的飾品當然不能免，尤其是珍珠項鍊的配戴，要能突顯出品味高貴，讓這位女性人物更出眾動人；也可藉由項鍊墜子來表示皇后的心胸，充滿著愛心或洋溢著情懷。

⚜ 道具配件

由於是皇后，手上通常會持有屬於她的后杖，向上舉起高揚。表示尊貴和身分的盾牌，放置在后座旁邊，或者以手執起於身前；屬於她的盾牌造型和上面的圖案，也能表現出皇后美善的特質，例如心形盾牌跟其中刻劃的金星符號。

⚜ 相隨配角

一般沒有配角和寵物，但有許多植物在周遭。有少數古代塔羅牌配有幾位侍者，在身旁服侍皇后。新式塔羅可能會加寵物來陪伴皇后，這樣仍是能夠突顯出貴婦之尊，也能表現她的愛心。

⚜ 整體營造

整體畫面要讓皇后沉浸在大自然裡，以及融入屬於她自己的園地當中。色彩搭配要鮮明亮麗、對比強烈，景物要顯得豐富繽紛、要刻劃出深淺對比，這樣才有空間深廣度，以顯示富裕和滿足的特質。

閱牌要領提示

皇后牌突顯出這副塔羅的人生觀和生活態度，尤其是對女性和相關議題的觀感，而占卜即是面對生活，所使用塔羅表達的觀念態度和自己合不合是很重要的。那麼，就先透過皇后牌來瞭解吧！

4 皇帝 The Emperor

牌序結構
第四階大祕儀──
進入最務實的世界，熟悉世俗的心態，體驗和掌握現實面。

各式別稱
帝王、君主，皇上、君上，人皇。至尊、領袖、最高領導者。朝陽、晨之子。神力之主。

正 君臨天下　　**逆** 無道昏君

祕儀原理解析

❦ 數字對應
　　數字 4 代表四平八穩，以現實基礎為原則，能穩定掌握局面。4 象徵地面上的人世國度，因此表示務實而重視事業以及各方面的世俗成就。在塔羅祕儀系統裡，這張皇帝牌將 4 的陰性和退縮特質減少，加強嚴肅剛毅的一面，從而增遞成皇帝的陽剛特質和積極力量。並藉此數字代表四元素，亦即現實物質世界的構成，從而皇帝即是其上之統御者。

❦ 象徵法則
　　強調陽性原則中的保護與掌控、成熟穩重的男性，代表父親形象、父系影響力、父權體制，也意味著公眾領域內的事項、相關規範紀律。皇帝牌顯示在上位者和當權者的形象，以及管理、領導、統御等運作，多展現出權威而強勢的作風、剛硬的鐵血手腕。代表世俗功業，事業方面的成就以及社會層面的聲望。

❦ 內涵探索
　　皇帝，代表內心的陽性層面，也是最重要的男性形象。具有充分的自信心、凡事有把握而果決、明瞭世事的運作。可謂「君臨天下」的氣概，滿懷雄才大略，倘若真正坐擁資源，更可盡情發揮執行管理、掌控局面的營運能力。由此，在性格上很偏重實際面，講究實事求是，也有嚴肅而固執的特質。

☗ 正位實占解釋
人際交誼：領導能力雖強，然而較無親和力，缺乏情感面的交流。
戀愛情緣：能掌握穩定戀愛關係，然而稍嫌缺乏浪漫和情趣滋潤。
事務進行：一切在掌握中，依計畫進行，不會出差錯，而且非常有效率。
金錢物質：對財務有管理能力，善於掌握和控制。妥善經營，不致漏財。

牌義沿革解疑

❦ 來歷變遷

★皇帝牌一向表示世俗的權勢和力量、地位和財富，也代表穩固和安定的局面。

★神祕學家加入了思想和理智的控制力的意涵，強調物質和精神的相互關係，表示意識層面的智慧。

★皇帝屬於「傳統牌」，有其制式畫面，偉特雖然跟隨神祕團體賦予煉金術寓意而影響了畫風，但整體構圖設計沒有改變很大。而在占卜牌義方面也沒有多大的變化，正位置占卜定義，在前述項目以外加入了**保護和幫助**。

★偉特稍後時期定義統整得較周詳，現今仍沿用下來：包括世俗人生層面的**成功**，公眾領域和團體的妥善**管理運作**，**成熟穩健**的特質，以及相關於男性的形象和領域。

★現今的解釋統合為：男性的影響力、父權體制、世俗的權力。以及男性的內心層面：**自信**和**野心**。強烈的**掌控力**和堅定的**意志力**，能以**理智駕馭情緒**。然而也是最為固執難以撼動的人。

❦ 正逆轉折

★偉特將逆位定義為較有慈悲柔軟之心，是從正位的鐵石心腸，依據「逆位相反原則」轉化而來的。也能據以將成熟穩健轉化為：不成熟、生硬，以及**無效率**和**障礙**。

★偉特稍後時期：逆位更加入了許多性格弱點：無法控制情緒，**不夠果決**，**缺乏行動力**，執行面**遭遇困難**等。

❦ 逆位思考

皇帝逆位牌義當時除了「逆位相反原則」，還有以「逆位削弱原則」和「逆位負面原則」推衍。當然若使用「逆位過度原則」意義也都相通，像是過度嚴苛導致抵制和傾覆，其實也等同於反向和弱化。

如今，皇帝的逆位置，以一個昏君來象徵和聯想是最適合的了，這是由「逆位負面原則」而來。占卜時可以直接套用在現實界的各種職位之上，也就是缺乏領導者的優良品質，從而導致各類事端和問題產生，總歸就是個「無道昏君」的所作所為。

⚜ 逆位實占解釋

人際交誼：以支配態度指使他人，相處嚴肅而不近人情，因而不受擁戴。
戀愛情緣：戀愛因為相處緊繃、無趣而產生嫌隙怨懟，有損關係發展。
事務進行：多半因為管理不善的緣故，運作遭遇到阻礙和問題。
金錢物質：由於經營不善或理財控管不當，物資財產上有所損失。

畫面寓意解構

❧ 主角人物
皇帝：位高權隆的成熟男性、至尊統治者。皇帝威嚴地坐鎮於寶座，高高在上、君臨天下，他日理萬機、治理領土，手握權柄、發號施令。

❧ 場景佈置
皇帝的寶座不在宮殿內而在戶外，座落在至高點上，以能一覽天下、睥睨萬物，背景並以高山象徵陽性能量。

❧ 樣貌外觀
皇帝多半神情嚴肅、表情僵硬，長相具有威嚴，眼神若有所思，可見心中頗具城府。至於年齡歲數以及是否蓄鬍，則因不同塔羅牌而異，但年紀都至少是成熟壯年以上，原則上不會比戰車和魔法師年輕。

❧ 動作姿態
皇帝多半都會以其姿勢呈現固執堅持，上半身直挺，而手勢更顯示出意志堅決。

兩大類典型畫法都表示強勢姿態：有些牌的皇帝則端正坐著，兩腳開闊而腳尖踮起，感覺在緊繃狀態中；另一類別是側面坐著或側臉向畫面，可能會翹起一腿，兩腿成「4」的形狀，這特殊姿勢有其奧祕，不只是本祕儀數字 4 的呈現，也代表煉金術中代表硫磺的符號。側面畫法也可使皇帝與皇后面對面，配合成為一組對牌。

圖案符號解碼

⚜ 服飾裝扮

皇帝的裝扮,當然是穿著屬於他的皇袍,也多有皇冠和披風之類的服飾。而有些牌會加點配備,尊貴外衣之內藏著盔甲,表示隨時準備應戰,懷有鐵血精神。更多附加在外的服飾和徽章,都可解讀其賦予的涵義及作用。

⚜ 道具配件

由於是皇帝,手上通常會持有權杖,多是「安卡」十字的形狀,表示具備神能、擁有至高權力。另一手可能另握有尊貴的王權寶球,表示掌理天下疆域。皇帝也有一面皇家盾牌,可能手持或安放在一側,除了護衛自身,其上的標誌也表明家世來歷以及過去輝煌的大業,並可與皇后的盾牌呼應成對。

⚜ 相隨配角

皇帝牌應該容不下其他配角,也多半不需要貼身寵物陪伴。有些古塔羅牌配有幾位護衛或隨侍在皇帝身旁待命。少數塔羅牌會以雄性象徵的動物,像是老鷹和公羊,來襯托皇帝的氣燄。

⚜ 整體營造

要突顯皇帝坐鎮天下的感覺,多半讓他居高臨下,能夠俯瞰和巡視他的領土。場景還要有陽性的象徵,以及襯托他內心的熱力與野心。服飾道具也一樣,最好能夠與皇帝的孤寂辛勞,以及鐵血精神作一呼應。

閱牌要領提示

皇帝這張牌如何表現,是該副塔羅政治態度和歷史觀的呈現,作者對皇帝這角色的觀感,代表他對專制人物和體制的看法,藉由角色的描繪就透露了其中訊息。

5 教皇 The Hierophant

牌序結構
第五階大祕儀——
達到精神和智識領域的入門，開始探索在其中。

各式別稱
教宗、主教、聖職者、神職導師，教廷之父，男修道院長。
大祭司長，法王，永恆神力之法師。

正 精神領袖　　**逆** 道貌岸然

祕儀原理解析

❦ 數字對應
數字 5 是意念傳播和流通之意，也是引導、啟發和媒介。這張祕儀強調 5 的溝通和遊歷，而原先 5 較為膚淺和躁動意味，則轉向為入門和表面宗教的涵義。教皇的傳統保守特質，與數字 5 的力求新鮮變化有所差異，其實表示教皇有和藹可親的特質而能擅於傳播吸引大眾。在塔羅祕儀系統裡，這張牌主要還取用了數字 5 精神上的自由與提升，以及鼓舞的活力。

❦ 象徵法則
象徵精神上的父親、心靈的導師，延伸代表親人之外的尊長、師長。是生命的指引、內心信仰、人生指標及精神性指標，因而有關於引導和指點。教皇象徵開啟人生的鑰匙，象徵了入門儀式、開學典禮、以及畢業進階。教皇是宗教領袖，也能代表宗教制度、教育體系、派別機構，並由宗教信仰衍申出慈祥、善心、古道熱腸等特質。

❦ 內涵探索
教皇，代表內心的權威指標，對於「**精神領袖**」的認定和追隨的心念。象徵在觀念中的高層次守則、心理和智識的成長和建構、以及目標的方向和指引。在學習方面，代表正式踏入師父領進門的階段，取得了入門和登堂的鑰匙。在占卜時出現，表示指引和幫助，教皇可視為當事人求助的對象。

☗ 正位實占解釋
人際交誼：廣結善緣、熱心公益。精神上的支持，協助或指引，也可表示貴人。
戀愛情緣：戀情受到鼓勵，或者介紹、牽線。彼此精神上或意識上的認定。
事務進行：也許有高人從旁指點，或者支援、鼓舞。學業進修成績斐然。
金錢物質：提供資訊或情報，也可能引薦或擔保，並非實質面的援助和建設。

牌義沿革解疑

❦ 來歷變遷

★這張牌原本具有宗教涵義，然而這點愈來愈薄弱，而趨向於純精神和心靈，以及一般教育體系。

★偉特將教宗的稱謂改造成法王或另以教皇做為泛稱，並整合牌義為：外在宗教力量、世俗機制的最高權威、能理解的正統教義、外在生活導向的**宗教**，亦為救贖的導師、**信仰**或精神上的領導者，當然也有宗教的**慈悲**與**善良**特質以及**啟發鼓舞**的作用。此外還認定了**結婚**或**聯盟起誓**等項目。

這張牌有些涵義是對於傳統的維護，偉特就這點給予的解釋偏向負面：思想受困、謹守過時的觀念和原則、墨守成規，甚至遭到限制和束縛、禁錮。

★偉特稍後也跟隨上述這些定義，並且加上不活躍和羞怯退縮等意義，卻在逆位置中賦予社交、協商、溝通的意義。

★如今的解釋，正位置將負面意義減少了，也改掉了不活躍和不夠社交的特質。

❦ 正逆轉折

★偉特對教皇逆位定義為：社會、社交及良好的瞭解或協議，這是從教皇的內涵中分化出來的。如今已調換為，逆位才是**社交狀況不良**。

★偉特稍後時期：解釋為**異端思想、被放逐**，其實是根據「逆位相反原則」推出的。有時候運用「逆位過度原則」推為：過度善良心軟，太容易同情別人，太過於慷慨。有時較偏向是「逆位削弱原則」：**軟弱無能，脆弱敏感**。

❦ 逆位思考

如今逆位意義都被規劃得較為一致：過度與不當的幫助，錯誤的指引和信仰，就是根據「逆位不當原則」推衍出的。總括來說，這張牌逆位可以「不正確的教皇」來理解，一切都表現得「道貌岸然」，讓人看不清他虛假道學的真面目，以此掩飾內心的真正意圖，由此可知這也是一種「逆位虛假原則」。

❧ 逆位實占解釋

人際交誼：過於好心幫倒忙、或者干涉太多的情況。遇到假貴人。交友浮濫。
戀愛情緣：戀情方面，顯示各種受到他人干預的狀況，嚴重的話是關係被介入。
事務進行：可能受到外力或雜音的干擾，不然就是所聽從的走向不正確。
金錢物質：因為相關訊息不夠可靠而處理失當，自然更無所獲。

畫面寓意解構

🔱 主角人物

教皇亦即宗教領袖,是有修為和學養的男性,年紀設定各有不同。教皇手執法器,正在講台上演說,傳道、授業、解惑,不然就是正在主持入教或某種儀式,究竟是何宗派多半並未完全確切表明。

在畫面中,還有幾位信眾或教徒,正在教皇跟前聆聽教誨、聽從指示,或者等待宣告。

🔱 場景佈置

教皇身居殿堂之內,位於高高在上的講台尊座,聽眾站在階梯下方,強調位階有高低落差。身旁有雙柱,代表均衡的精神支柱。身前是台階,或許有祕密通道的暗號隱藏在建築物和場景當中,這即是需以鑰匙開啟的路徑門閘。

🔱 樣貌外觀

教皇有兩種面貌形象:一種強調德高望重,留著滿腮的鬍子,通常是花白長鬚,年老而慈祥。另一種是面目清秀端正的男子,臉部光滑不帶鬍渣,感覺形象清新。無論年紀,教皇形象多半慈眉善目,和藹而讓人信任而有安全感。不過還是有些塔羅牌的教皇神情略顯高傲,一副道貌岸然,不然就是有點嚴肅。

🔱 動作姿態

教皇一手高舉權杖,另一手做出宗教手勢,維持宣教或主持儀典的姿態,無論是穩坐或站立都有可能,他的姿勢要讓自己能更為醒目,引起眾人注視或聚焦。徒眾或教士通常背對畫面朝向教皇,恭敬受命,肅立或展現宗教儀節的姿勢。

圖案符號解碼

❧ 服飾裝扮

教皇的服裝中總有著特別符號徽記，這些象徵頗值得推敲，但其實多是依照某種宗教體系，繪出其最高首腦的既定服制和文章，教皇服裝的作用是表現出該副專牌所設定的宗教類別。更值得探索的是較低階層兩位徒眾的服裝，除了和教皇同屬一個體系，通常又各具表示不同性質涵義的神祕符號，可突顯出教徒屬性和所帶特質，例如Y字形狀表示牛軛加身，象徵辛勤而順服的僕役。

❧ 道具配件

由於是教皇，手上通常會持有專用的法杖，其造型比較特殊，可能是十字形或是多重十字，象徵身心靈層層向上接通。當然，也有的教皇握著其他形狀的法杖，會根據所屬宗教性質而不同，意義也有所差別。

鑰匙，這張祕儀最重要的象徵物件，通常出現在佈景當中，多半在兩位聽眾之間、教皇台階之下，成為關鍵位置。鑰匙代表開啟智慧的門，兩把鑰匙交叉置放，表示煉金術交融作用和神祕啟蒙。鑰匙的顏色不同，也能夠象徵煉金術中不同的元素和精神意義。

❧ 相隨配角

教皇這張牌通常需要有配角，彼此有所互動與關聯，以表現出自成一格的組織或教團。配角大多是兩位聽眾，是比教皇低階的神職人員，不然就是信眾或是入門者。有少數塔羅，強調教皇至高無上之尊，獨自登場通常暗示這個意味。

❧ 整體營造

教皇必須和他的教眾連成一氣，他們的眼光或姿態要相呼應，身上所穿著也要有關聯。此外可運用神祕圖案，讓幾位人物與場景全部融為一體，表示同屬一個體系或組織，或以位置排列特定成形狀，一般都構成正三角形以象徵精神提昇。

閱牌要領提示

教皇牌很明顯地傳達了宗教觀念，這位神祕學的宗教性質代表人物，職位稱呼和行頭都很重要，因為背後代表了宗教或組織的性質，而這表達出了創作者的中心信仰認同是什麼，也由此牽涉到對於神祕學的態度，攸關於整副牌的體系。

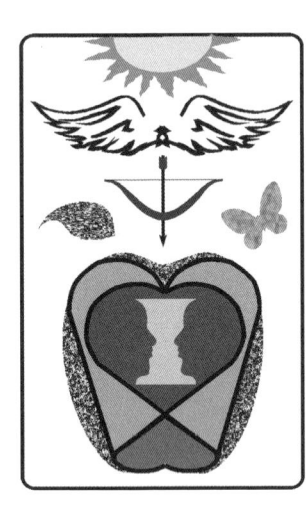

6 戀人 The Lovers

牌序結構

第六階大祕儀——
進入成熟的階段，不同個體相互交融的意境。

各式別稱

情人、情侶、愛人、愛情。婚姻、聯姻、結合。
強大神靈之神諭：聖音之子。孿生、兄弟。

正 世間緣分　　**逆** 分歧離異

祕儀原理解析

⚜ 數字對應

　　數字6原本涵義就是情感與滋潤，特別表示戀情、柔和、浪漫等特質，以及互動關懷。6包含精神與肉體上結合的慾望，期許共同決定未來命運，一齊站在同樣的地面上。在塔羅祕儀系統裡，戀人這張牌涵蓋了數字6的完整意義，更強調了愛情中的「認同」，增添了「選擇」與「決定」的意義，並附帶更嚴肅的信仰議題。

⚜ 象徵法則

　　本祕儀的主要象徵是：他人介入自我存在後的回應和拿捏，關係的處理和選擇。人間最重要的互動就是結合，也就是雙方相處及伴侶關係，箇中的要項就是愛情、戀情、愛意和浪漫情懷。戀人牌從而代表愛情觀、婚姻觀和家庭觀，也可擴及兩性議題，並延伸至合作盟約，更可擴展為同輩間的相處之道、一同面對不同輩分與世代關係。

⚜ 內涵探索

　　戀人，代表內心的情感面、戀愛感受，也是愛情觀、感情模式的確立，並代表心目中或實質上的感情對象、情侶、另一半。戀人牌其實就等同「世間緣份」的代言：一切兩性關係的面對和箇中體驗，伴侶關係中各個階段的狀態。這代表了一種抉擇和認定、契約的確認和琢磨，也是一種對未來共同生活的編織和置身投入。

♠ 正位實占解釋

人際交誼：各種人際關係都表示很合得來。由於這張牌的感情滋潤性，詢問一般
　　　　　　友誼時也有可能牽扯到喜歡或情愫、愛戀或桃花。
戀愛情緣：美好戀情、合適對象。兩情相悅、關係和諧。成功交往、確認在一起。
事務進行：執行過程氣氛輕鬆。各種合作關係愉快。學業上的表現則差強人意。
金錢物質：物質足以享受和安逸，不是很勤奮或累積很多。合作對彼此都更有利。

牌義沿革解疑

❧ 來歷變遷

★ 這張牌有一些變革需要注意，古典或傳統塔羅多是這樣的畫面：一位男人夾在兩女性之間，而一位愛神在上拉弓射箭，故事雖然繁複但主軸很明確是在於選擇。

★ 煉金術體系的塔羅，認定這張祕儀是男女結合、陰陽交融之意。

★ 偉特顛覆傳統改造構圖，轉化為一男一女的畫面，引用伊甸園的亞當與夏娃為典故，牽涉到更多信仰和神祕學意涵。由此而出的牌義表達的是：男女之間的**純淨無邪**與戀愛，以及女性的深層奧祕。

★ 偉特稍後時期：除了愛情和結合以外，也是**美麗**及**和諧**，並定義出**信任**及**樂觀開朗**。選擇的相關意義，集合傳統和偉特的影響，強調掙扎於神聖與世俗之間的愛、考驗或受試煉的必要、以及成功的嘗試。

★ 現代的解釋上，更擴展於廣泛的兩性議題，也仍保存著**選擇**的議題。

❧ 正逆轉折

★ 偉特定義的逆位，許多層面都是根據正位置轉換為負面意義，像是事件上的失敗，還有不智的嘗試。

★ 偉特稍後時期，便完全根據正位各層面意義，以「逆位相反原則」推衍出涵義：戀情轉為不順、相處不和諧或受外力**干擾**、甚至分別或離異。也代表**經不起考驗**、**善變**、**不可靠**、**不值得信賴**的特質。

❧ 逆位思考

如今，逆位的解釋就依循以上這些解釋，用於各種不同的層面，並且以正逆位判斷所做選擇的正確與否，這樣的思考其實就是「逆位相反原則」。在占卜上，戀人逆位的明確作用，是代表各種程度的戀情不順，從相處不和諧到彼此爭執，甚至吵架或分手都有可能。另外就是各類錯誤或不明智的選擇及行為態度，總歸都是趨向「分歧離異」。

☗ 逆位實占解釋

人際交誼：互相沒有好感、彼此合不來。朋友間相處不佳，或固有情誼受損。
戀愛情緣：錯誤的戀情，覺得彼此不搭。感情不睦或關係疏離。令人失望的收場、不美好的結局。
事務進行：走錯方向導致不順利，相處氣氛差。合作關係出問題，可能就此告終。
金錢物質：超過控制和規律，財物有損失。財務合作狀況不可靠。

畫面寓意解構

⚜ 主角人物

戀人牌有幾種典型的情節版本：一對年輕男女，上方有見證祝福的天使 —— 戀人袒裎相對或彼此依偎，所處背景隱藏著詭譎多端。另一種畫面呈現的是，一男夾在二女之間左右為難，頭上飛翔著持弓射箭的愛神，拉弦示意將箭射出，看來正是為愛情做出選擇的關鍵時刻。當然另外還有其他自由發揮下各種畫風的戀人相愛情節。

⚜ 場景佈置

戀人通常會出現在戶外，以及陽光之下。周遭場景要配合他們的氣氛，也可有更多寓意。而盤旋上方的無論是天使或愛神，都慣常地浮在雲端上。

⚜ 樣貌外觀

這張祕儀的特色不僅是角色眾多，而且任何畫面中的眼神互動都頗耐人尋味。一男一女的單純情節中，這對戀人兩情相悅，眼神含情相視。《偉特塔羅》的伊甸園場景中，卻由於蛇的介入而讓雙方有了分歧，彷彿思慮到日後生活的變化，男人和女人的神情變得錯綜複雜。天使的表情也有點詭異，顯露不悅或帶著威脅，似乎不允戀人做出大逆之事，天使的頭髮直豎尖起，氣氛更顯緊張。一男居中二女在旁的架構中，有多套不同的劇本：如「善惡對立」或「婆媳之爭」，樣貌表情便是判斷劇碼的重點。而愛神的神情，總似帶著戲謔，暗示愛情的萌生其實是人類無法理性思索和控制的。

⚜ 動作姿態

戀人相愛的種種姿態，都有可能在這張牌呈現，只是「級」別程度不一樣。另外，不同專牌的情節安排都有差異，兩人的互動因而有更多變化：果園場景著重猶疑的感覺，正在抉擇是否要吃下禁果或無視上帝。那麼，兩者選一的橋段是最為尷尬的，男子呈現左右為難，各方動作呈現互相敏感關係，其中錯綜複雜的糾葛，又隨不同專牌的劇情安排而有差異。

圖案符號解碼

⚜ 服飾裝扮

一男一女：是裸裎相對，天使則穿著制式的素淨法衣袍服。若是沒有天使在一旁的戀人牌，也多半是這樣的裸身。

一男配二女的情節中：男子穿著看來頗具身分地位，一位女人的裝扮嚴謹莊重、另一位華麗活潑，這也是辨認哪個女人才是真愛良伴的依據；愛神多是小孩形象，通常以布裹身而未穿衣，這裡裸身的任務就交給愛神了。

⚜ 道具配件

伊甸園的場景中，有兩棵奇樹，智慧之樹在女人身旁，代表著自主性、以及瞭解自我與他人。男人身旁的是生命之樹，表示尊崇生命的安定、並講究生活的規範。

一般戀人的場合，通常也都需要許多植物陪襯，也做為佈景或遮蔽。

弓箭是愛神的道具，表示感情的喜惡萌生，愛情的認定和抉擇。

⚜ 相隨配角

戀人牌，根據主題而來的主角當然是一對戀人，然而時常在戀人身邊會出現許多其他角色。

天使：是上帝的使者，守護著戀人，帶給他們安定的環境，然而對戀人所為是施予祝福還是干預？

愛神：如同其他故事中的表現，一向都很出風頭，可說是最搶戲的配角。

蛇：是魔鬼的化身，也是點燃智慧之光的契機，引導人們走向獨立，也走向危險。

戀人的環境頗為複雜，天使與魔鬼都齊聚一堂，很多塔羅裡都有出現類似作用的旁人。不只如此，有些牌還有如婚禮中的花童陪伴。

⚜ 整體營造

畫面架構與故事情節設定息息相關，因為戀人的發揮空間如此之大，而縱使只畫出簡單的一對戀人也符合祕儀主旨，但通常都會加入寓言性的故事背景，以表達更深入而豐富的涵義。

古塔羅男人從善惡兩女選擇的戲碼中，或許也暗示一位是天使、一位是魔鬼，是善惡對比的結構模式。《偉特塔羅》的伊甸園故事也是具有整體背景的劇碼，同樣有天使與魔鬼。煉金術的陰陽元素結合，則是較為單純的象徵的寓意。

閱牌要領提示

戀人牌可說是重中之重，代表塔羅創作者的愛情觀，這也牽涉到畫風和牌義，影響到占卜的風格和對戀愛的詮釋。除此之外，更可能從這裡牽涉到宗教信仰，還有重要的社會關係及兩性議題。戀人牌竟是人生社會重大議題，所以本身也是決定選擇一副牌的關鍵。

7 戰車 The Chariot

牌序結構
第七階大祕儀——
融為一體後，進一步與外物結合，完成第一週期，繼續前進。

各式別稱
駕馭者，戰士、將軍、將領、統帥、皇子，王將、王牌。
勝利者、征服者，凱旋花車。水能量之子，光之勝利主君。

正 凱旋征途　　**逆** 衝撞翻覆

祕儀原理解析

❧ 數字對應
　　數字 7 具有敏銳和思索特質，也有敏捷的反應能力，更具有智慧涵義。這種深度的精神能量即是智慧光芒，具有光的力量和速度，能發揮如戰車般強大的動力，除了數字 7 涵義中行動力薄弱的部分。在塔羅祕儀系統裡，這張牌將數字 7 智慧的速度和無遠弗屆，轉化為具體行動，能與外界實物力量結合，增添衝勁熱力，並且動態十足。

❧ 象徵法則
　　本祕儀成為陽剛的動力原型、理性和智識化為行動、反應力的高度發揮。戰車牌人身與工具的結合，表示心物合一、心思和行動的一致性，呈現為運行承載和快速衝刺的動作、和佔領攻略的行動。戰鬥任務象徵人生各種戰場的競爭，表現為勢如破竹、犀利而無堅不摧的勢態。一路大捷的寓意又衍申為路途和旅程的順利和收穫，亦能直接代表具體的交通事宜以及交通工具。

❧ 內涵探索
　　戰車，代表積極進取的雄心壯志、野心、鬥志和競爭心態，象徵行動與能耐、智識的落實，以及才幹的培養與發揮，也意味面對環境的明快處理和應變能力、追求效率速度的熱切身姿、以及行動和停留的各種心境。戰車的「凱旋征途」無往不利，勝利成功的保證也指向未來，飛黃騰達的契機預示了往後升遷或上任的殊榮。

☂ 正位實占解釋
人際交誼：熱烈積極，主動擴展交情和人脈，頗具影響力和煽動性。
戀愛情緣：感情衝動，熱情如火。立即展開愛情攻勢，快速達成關係。
事務進行：順利而迅速完成，效率極高。奮鬥精神，積極向前衝。驛馬星動。
金錢物質：大量或快速獲取金錢財物，征服占有權益。能夠獲得標的物。

牌義沿革解疑

✦ 來歷變遷

★古代塔羅的戰車畫法是寫實的，描繪的是現實界，由馬匹拉著車體。最早是描繪勝利凱旋的場景或慶典，「凱旋」成為最早的塔羅王牌的名稱，一直寓於這張牌中。

★後來神祕學家針對備受矚目的凱旋牌進行改造，開啟了整個塔羅界對畫面構圖寓意的變革創新。這張牌搖身化為神力的奇幻戰車，由「人面獅身」引動前行，並且有著神祕符號的護持法力和寓意。

★偉特承襲神祕學家的路線，但認為戰車雖然有其深奧之處，但瞭解的是自然的奧祕，並不代表瞭解神恩的祕密，且征服的是外在世界。

★偉特稍後時期的正位置，沿用此前各期的意義，內容顯得有點混亂，諸如：幫助、支援、**即刻救援**，除了**勝利**與**征服**之外，也有傲慢、蠻橫、強硬，以及復仇的行動。

★而今改成正位置一律是成功和正面的意義，沒了衝突和逆境。雖然仍有性急和匆忙之意，卻取消了逃逸。而向來具有的**旅行**相關涵義，則一直保留至今。

✦ 正逆轉折

★戰車的逆位置多屬於比較惡性的競爭或對立，如偉特定義的逆位意義：**爭吵**、**鬥爭**、**辯論**、**訴訟**等。

★偉特稍後時期，多著重於事件的失敗：計畫的突然終止、**被擊垮了**、功虧一簣，尤其是**競爭上的失利**。

★各時期的相同點在於：無論正位意義如何混雜，只要是逆位置，任何項目都是負面的結局和狀況。尤其正位置以往含有的逆境和負面涵義，如今完全分派到逆位了。

✦ 逆位思考

現今的逆位延續從前的解釋，而以「逆位不當原則」推衍，也就是將戰車逆位以行車不順的種種狀況，來比擬各類實際情形以及不同程度的結果。像是路途顛簸、遇到阻礙、擦撞、甚至翻車，然後根據問題來描繪這些象徵的真實情況，總之逆位就是戰車「衝撞翻覆」的情況和各種後果！

⚜ 逆位實占解釋

人際交誼：交友過於激進，反招致不受歡迎。態度強硬蠻橫，有損人際關係。鬥爭性強，難以平心靜氣待人。

戀愛情緣：追求過於衝動躁進，遭到拒絕。天雷勾動地火，一時激情。

事務進行：過於急躁求快，反而中途受挫，造成停頓或者破局。操作失控、競爭失敗。背道而馳、欲速則不達。交通不順利。

金錢物質：急功近利，貪圖賺頭反而蒙受損失。開銷上克制不住衝動而失血。缺乏理智或自控力，而造成得不償失或倒賠的情況。

畫面寓意解構

❧ 主角人物

戰車駕馭者：他是一位氣宇軒昂的青年戰士。論職位，是高階領軍將士，可能位至將領甚至是統帥；論身分，或許來歷是位王子或儲君。重點在於他是個有做為、有功勳的勝利者，這個榮耀甚至比一般的皇帝或王者更輝煌。

戰車：是塔羅牌中的道具之最，可說已經達到主角等級了，何況這張牌主旨名稱就是戰車，如果主角不是限定為人物，戰車就能算是名符其實的主角了。若論及戰車駕駛者和戰車合而為一的設定，更會認為戰車確實就是主角無誤。

❧ 場景佈置

戰士親身駕馭戰車，他居於戰車之上，驅使著拉動戰車的役獸。戰車此刻停駐在郊外，車後有一道護城河，隔河的遠方依稀可見城堡和建築，那是一座都城。

❧ 樣貌外觀

青年戰士精神奕奕、英氣勃發、爽朗果決的樣貌。觀望前方的眼光中充滿期待和希望，如星一般的明亮；神色瞭然篤定，顯示心中滿意過去的輝煌，堅信未來的光明，彷彿勝利已經握在手中。戰車通常擁有車篷，以四支柱子架起篷子，篷上、柱子和車身都飾有許多神祕符號。車盤底部應該設有車輪，是戰車的行動裝置，此時停止運轉暫時駐於此地。有如寶貴的名車，車身前方通常置有其專屬標誌。

❧ 動作姿態

戰士挺立的身姿，顯示執著堅定而無所畏懼，胸有成竹而躊躇滿志。戰車駕馭者可以站立或坐在車上，但有很多塔羅是描繪駕馭者下半身與車體相連，這是特別又奇幻的畫法，代表人車一體，心思與工具合而為一。甚至在傳統塔羅中就走向了奇幻路線，出現兩匹馬的後半身也嵌入車內的畫法，也就不只人車合一，而是連戰馬也合一，整體完全合成為單一主角！

圖案符號解碼

⚜ 服飾裝扮

戰士的服飾並不簡單，而多著重在上半身。整體是古代軍裝和戰袍的造型，身上滿是應戰和防衛的配備，雖不盡然每種塔羅都如此鉅細靡遺。頭盔：額前有明亮飾物，是身分的標示，也是目光和智慧的補充器。胸甲：是顯示神諭的寶物，也有神力的保護作用。護肩：呈現喜悅和哭泣的臉孔狀，是賞善罰惡的執行力、恩仇分明的決斷力。腕套：增強力量和掌握度，視形狀比擬何物作為象徵。腰帶：可代表黃道帶，其上有十二星宮符號，象徵宇宙能量。下襬：花紋為神祕符文，能引動神祕的力量。

⚜ 道具配件

戰士手執專用武器，多為長槍或矛刺形狀，也是帶領大軍的指揮杖，且可能發揮其他神奇效用。韁繩：雙馬拉車的韁繩表示控制行進的工具；但神獸在車前多不見韁繩，代表和動力融為一體，不必藉由器具而能直接由意志力駕馭。四柱：撐起車篷，戰士就在篷下；四柱代表四元素穩定佈局，而使其屹立不搖、頂天而行。篷布代表天空，投射出理想和心境，以星星為紋飾象徵擁有希望和光明前景。車輪：輪子時常畫得並不明顯，但卻是戰車不可或缺的要件，有輾壓過往迎向未來的暗喻，也隱約聯結命運之輪的作用；詳細的畫法通常會顯示輪輻，輪輻數也有其象徵意義。車前標誌：藉以暗示這輛車的性能層級，許多牌上是雙翼太陽圓盤，象徵遵循太陽神軌跡，並且有鷹神護持導航。各式陰陽交會符號，則象徵陰陽合成綻放生生不息的能量。

⚜ 相隨配角

既是戰車，定有拉車的差事，這個設定是畫面的主軸，駄獸不只是點綴的配角。一般是以馬匹擔任，也有的牌是其他動物或神獸。最奇幻的是人面獅身獸，由於答出了司芬克斯的謎底，也就是真正瞭解自我，才得以駕馭奇獸。司芬克斯也有各種變化形象，如改為四活物神獸等。不同的役獸代表的動力以及與車主關係都有差異，若是其他猛獸拉車，也都表示強大精神力量的控制。

⚜ 整體營造

戰士身上服飾和戰車上的物件，如能相互搭配可更加強一體感，也增添戰鬥力和神祕性。特定場景配合特定的動力，古典場景之下以戰馬拉車，奇幻的架構下為人面獅身引動戰車。背景光明亮麗是將領的輝煌，車後實質的景物，即是戰車的戰利品和征服地。並由此盡力營造出，戰車正前往未來、蓄勢待發的感覺。

閱牌要領提示

戰車身為代表大祕儀的凱旋牌，意義頗為重大。可以研究畫面整體架構和細節呈現，如何相關於整副牌的背景，並聯結其他哪幾張祕儀？各版本在奇幻程度上的差異有何不同作用，戰士、戰車、戰馬上的配備紋飾又隱含著什麼故事在其中？

8 力量 strength

牌序結構
第八階大祕儀——
第一層級的統整階段，亦為第二週期的開始，表象靜止而內部循環律動。

各式別稱
堅毅、堅強、堅定，意念，慾念。奧祕法則。
力量之女，火焰寶劍之女。獅子龍。

正 信念奧祕　　**逆** 欲振乏力

祕儀原理解析

⚜ 數字對應
數字8代表能量流通循環和利益交換的原則，顯示出質能互換和陰陽融合的狀態。在塔羅系統裡，這張祕儀減少了8偏向世俗和物質的味道，等於將8橫放成∞無限循環宇宙符號。這個數字的陰性主體呈現為女性主角，而陽性面則以獅子為表徵，兩股能量進行交流，透過實質的接觸交融成真正的「力量」。因為這個深層原理，偉特將大祕儀8號牌編定為「力量」牌，後世跟進者眾多。

⚜ 象徵法則
陰柔的動力原型，感性、心念和敏銳性的高度發揮。象徵雙向互動交融，質能生生不息、循環不已的運作模式。「力量」是出自內在的一種無形作用，以真誠、信心形成愛和勇氣，擁有定力和安全感，發揮出耐性、堅強、剛毅。可說是內力、潛力和軟實力，呈現於外則表現為魅力和吸引力。

⚜ 內涵探索
此牌暗示內在無形力量，自心中的純摯而生，是堅定的信心及誠意的善念。力量源於深刻的「**信念奧祕**」，由內而發的律動和潛能，加上剛正堅定和修為而累積的能量，散發成為魅力和吸引力。展現方式是降服而非征服，是融合吸收而非摧毀，因互相交流而更為增強。占卜時表示因內心真情流露，以致人和而事興，導向美好的結局。

☙ 正位實占解釋
人際交誼：對朋友真誠相待，具良性互動。散發出魅力而贏得人緣。
戀愛情緒：愛情魅力十足，熱情真摯融化對方的心。和所愛的人彼此熱烈吸引。
事務進行：態度正確、方法拿捏得當而事半功倍。輕易搞定、掌控局面。
金錢物質：能夠輕鬆運作而累積財富。轉化能量、發揮功效而有實質回收。

牌義沿革解疑

✦ 來歷變遷

★這張牌的寓意深刻，從早期的古塔羅就視為美德項目之一，轉而為塔羅所用，代表內在的美德和生命力量、道德力量和所有力量的原理，並已有熱情和信心的具體意義。

★偉特對這張牌不只是調動位置，其實也改動了名稱，首度正式區隔原本的「堅毅」而定名為「力量」，賦予深層奧祕的內涵。這張牌的畫法一向有固定的形制，偉特設計的構圖在表面上和古塔羅差不多，但已經融入了隱藏的神祕學和煉金術要素，也豐富了許多意義：**善意的堅毅**、馴服和引導，強調「神祕法則」、神聖奧義的統合，**清明無邪的誠心**、以及冥想凝思的力量。

★偉特稍後時期定義仍相差不遠，沿用早期和偉特相成承而來的涵義。明確強調的正位占卜定義為：能量、力氣、行動，**勇敢和寬宏大量**。

★現今的正位解釋，沒有改動很多內涵，只是詮釋方式比較新穎：精神面的**提昇**、能量的凝聚。

✦ 正逆轉折

★偉特本人的定義，運用了「逆位過度原則」或「逆位不當原則」：可能是過度濫用、蠻橫專擅，也可能是不足、虛弱，總之是不協調與不和諧的狀態。

★偉特稍後時期，逆位差不多沿用上面這些解釋，並且延伸為：**信心不足**、身體病弱，**意志不堅定**，以及慾望薰心等方面。這些涵義應是以「逆位相反原則」和「逆位削弱原則」所推衍出來的。

★現今的逆位解釋，多不脫上述這些原則和範圍，可歸納為熱源消退而造成的缺失，由於「力量」**匱乏**而導致的失敗。

✦ 逆位思考

這張牌的主要詮釋，自偉特之後時至今日一直被採用的是：正位置解釋為精神層面超越物質層面，而逆位則是物質凌駕精神。正逆位的相對性很有規律，由「逆位相反原則」即可定出。力量牌逆位在占卜時的重點，是需要解釋失敗受挫的情況原因何在，多半是缺乏熱誠或勇氣、或者原有的信心消磨掉了，以致於影響到人際、感情，甚至事件進行和物質收穫，整體而言不外乎就是「**欲振乏力**」的現象！

⚜ 逆位實占解釋

人際交誼：因為誠意不足，難以打動人心。失去群眾魅力光彩。
戀愛情緣：感情能量低落，失去真誠的對待。熱情降溫、慾望消退。
事務進行：缺乏信心，無法掌握力量，難以堅定持續，不再有所進展。
金錢物質：喪失恆心毅力，財務難以增進擴充，甚至吃虧或折損。

畫面寓意解構

❧ 主角人物

力量之女：身懷絕技的少女，然而年紀也可以有所改變。另外還伴隨一頭猛獸，多半是獅子。

若以男性為主角，會少了以柔克剛之意，會這樣安排角色多半是為了配合整副牌故事的特殊設定，獸類也隨之而變化，不侷限於獅子。

無論是女或男，無論什麼姿態，重點都需以徒手方式親身面對另一客體，不假手工具和武器會更有深度意涵。女子維持運功般的姿態，以自身的神奇力量，親身降服一頭雄獅，彼此正交纏著。至於，男性英雄，則正在發揮武力技藝，徒手克服敵對的力量。

❧ 場景佈置

美女與野獸都處於平地上，背後場景有尖聳的山陵，天空明朗清亮，這片打鬥或糾纏的平台後方，呈現山勢起伏的地型狀貌，也象徵著內在力量運作狀態。

❧ 樣貌外觀

女子神情堅定且充滿善意，沒有恐懼、更沒有仇視，不僅顯示了她內在的真心誠意，也從而展露出無比的魅力。

男性主角神情樣貌則隨故事而定。

❧ 動作姿態

關於雙方姿勢，細節是有得講究的。女人降服獅子的典型畫面是：女子彎身以雙手按捺獅子的嘴部，控制上下顎的開合，而究竟是扳開或合攏卻有著些微區別，顯示出雙方關係和地位的不同進展或方向。女子略彎腰身，雙手很像環抱太極，這猶如運功練功的姿態，暗示有氣在體內運行。無論是不是像運功，總是要呈現有如發功中的特殊精神狀態，才能有無比的勇氣和信心面對獅子。

圖案符號解碼

❧ 服飾裝扮

女人,純白的裝束、白色的長衣、清淡雅潔,象徵純淨氣質和精神能量。獅子,較深的色調,多半是火紅顏色,象徵動力、獸性和原始能量。這兩種意象是對立的。

若以男性為主角,造型服飾以及道具配件,皆隨其故事而定。

❧ 道具配件

大部分塔羅的這張牌中,女子戴有頭飾,身上有襯紋。頭飾表示精神力,也能暗示能量流動,多數頭戴花環、圍繞於額上。身上的紋路線條,是為了表達如電線般引導能量的提昇和流通,多數力量之女身纏花蔓線條,從下半身往上迴繞。而籐蔓枝條與頭圈花環相聯結,接通身體和頭部的能量。

無限大符號,再度呈現於畫面中,位於力量之女的頭頂上方,可與身上的花圈或藤蔓呼應,象徵下方有一股能量正在運作中,並生生不息。

由於強調徒手,這張牌比較少看到其他配件或武器。在男性英雄的故事中,或許少數的牌中會見到手執武器、甚至用以對付敵手的畫法,武器可代表主角性格特質。

❧ 相隨配角

牌中的獅子或猛獸,是配角也是主角。而獅子可說是力量牌的招牌動物,這頭野獸總是選擇獅子是有許多神祕學因素的,最主要是出於煉金術的典型象徵法,獅子代表陽性物質,也有蛻變成高級物質的潛能。在牌中獅子通常與女子緊挨住,被女子降服、不再掙扎而屈於低姿態,甚至是接受懷柔,呈現出幸福感、喜愛或忠誠於主人。彼此既是對立且又融合,可以喻為「美女與野獸」。

❧ 整體營造

力量牌畫面架構,動作的呈現是重點,女子與獅子互相結合成為一體,靜靜地聯結、彷彿時光停止,然而內在力量的運作未止、能量正在流動。環境也暗示了這股張力的強勁,背景地勢表現出能量的運作,襯托出蓄勢待發的潛藏力量。

閱牌要領提示

由力量牌號碼順序的編排可以看出這副塔羅的時代背景,以及較大的整體方向。力量位於 8 號都是現近的塔羅,這個編排目的就是標新而有別於傳統、服膺數字學原則、表明跟隨《偉特塔羅》系統。力量位於 11 號的塔羅,如果不是較古的塔羅,就是刻意繞過《偉特塔羅》而直接追溯傳統。此外,力量牌本身具有的內涵和畫出的情節內容,也代表這副塔羅的深度和神祕傾向強弱。

9 隱士 The Hermit

牌序結構
第九階大祕儀——
第一層級的最高階段，凝聚意志力、精神力為星光。

各式別稱
隱者、密術士、祕教修士、煉金士、隱修會士，博士。
賢者、大師、智慧老人。聖音之法師，永恆之先知。

正 孤寂探索　　**逆** 矯情作態

祕儀原理解析

⚜ 數字對應
　　數字 9 本被賦予高層次精神，能量很強但忽隱忽現。在塔羅系統中，將 9 的這種特質稍加轉折，成了隱士的修為、精神的高層次以及智慧。黑暗中出現一盞明燈，是隱士強大的精神能量凝聚之處。這張祕儀減少了數字 9 的衝勁和不穩定，但仍帶有數字 9 的雙極情緒特質，只是常態偏向抑鬱或沉寂的一面。

⚜ 象徵法則
　　個人精神具體化的原型，親身經驗的知識和智慧、沉潛過後的理念想法、以及長遠周全策劃謀略，顯示人與環境間的差異對比與特殊的互動方式、如遺世獨立，以及對於理想抱持的態度、如追尋探索。是年老的象徵，代表晚年、暮氣、風霜、和退休隱居；然而也是資深的條件或結果，代表智慧、歷練、功力和滄海桑田。

⚜ 內涵探索
　　隱士，代表內心中孤寂的一面，世人皆醉而我獨醒的感受，渺茫的盼望中等待知遇之心，以及對理想抱持的態度，退隱或遺世獨立的精神。這樣的追尋探索是一種修持，需要在心志與環境的抗衡下保有格調和堅持立場，琢磨於孤高耿介或退讓謙遜的拿捏、高調與低沉的得宜、亢奮與消極的控制，經過這些歷練而凝鍊的內在智慧。

🔮 正位實占解釋
人際交誼：孤僻的態度、離群索居。人際關係不活潑，更缺乏熱情。
戀愛情緣：心如止水難以動情，寧願孤寂，或者過於堅持和保守。
事務進行：遇到明燈指點迷津，有可能出人意表地成功。待業中有出路，就業中卻可能出局。學習方面頗有心得。
金錢物質：較不擅長世俗的爭利，對此可能獲益不大。但尋找失物可望獲得。

牌義沿革解疑

✦ 來歷變遷

★雖然歷來塔羅中這張牌的畫面都差不多，但對牌義的認定卻一直有變動，正逆位置的涵義也一直混雜。

★古塔羅時期除了**智慧、知識**以及**警惕、忠告**之外，都認為有許多負面作用，包括倚老賣老、裝糊塗、刻意掩飾、腐敗墮落和年老衰竭，甚至是背叛和不忠的行為。正位置牌義同時容納了明智的正面特質以及負面的老年衰弱形象，這點並不算是衝突；矛盾的地方在於忠誠、謙遜跟背叛不忠、倚老賣老是相反的意義，因此不相容的負面成分在日後就歸到逆位意義去了。

★集古來塔羅大成的偉特，雖有自己的評判，然而對上述的牌義卻都照單全收了，沒有提出其他有差異的項目。

★在偉特稍後時期的解釋中，道出了隱士的一些特徵：自我否定、退縮不前、臨時取消計畫、害怕被揭露或隱藏感情的傾向。

★現今的正位解釋保留了隱士最大的優點：**謹慎周全，勤奮不懈**，這是最切題的特質，在各個時期都有提到。並取消和主要特質不一致的負面作用，全數歸給了逆位。

✦ 正逆轉折

★偉特定義逆位為謀略策劃，甚至有欺瞞假裝的意義，但也是恐懼和擔憂過度，這兩個解釋的方向有所差異但能並存。

★偉特稍後時期，開始釐清正位和逆位中的意義，雖然正位包含優缺點，但方向愈趨於一致。逆位的意義也逐漸統合出明確的走向，包括從以往保留下來的解釋：**不安和疑慮**。

★而後至今，正位置不能相容的意義都移到逆位，兩者也由此有明確的分別。逆位多以正位意義的「逆位過度原則」或「逆位相反原則」的兩種思考方向為主：過於謹慎而**躊躇**，拖延造成失敗，或是**急切輕率**而**不嚴謹**。

✦ 逆位思考

如今，隱士逆位牌義重整，以「逆位虛假原則」來推衍，這是對於隱士逆位最佳的理解方式，亦即視之為「假隱士」，表示他的清高形象是偽裝的，內涵的智慧和優點也是虛假的。「假隱士」的外表退縮、推讓與低調，其實也是別有目的而非真心，以「矯情作態」的性格和特質來揣摩，便能貼切瞭解他的心思，並針對問題做出解答。

◆ 逆位實占解釋

人際交誼：內心覬覦，卻又被動推辭，還故意拉高姿態，令人感到難以相處。
戀愛情緣：內心深處渴望情感卻又抗拒，過度防衛而難以表露真心。
事務進行：堅持己見，導致事態僵持不下或方向偏差。不安焦慮、進退失據。找不到目標、失物難尋。
金錢物質：一意孤行，逆勢操作或誤判局勢，錯失機運，不利於金錢財運。

畫面寓意解構

🔱 主角人物

隱士：年邁而隱遁的修煉者，絕大多數是男性長者，可能煉金術士或是密術士，也可能是卡巴拉修習者。這位隱士正在探詢和揭示，雙腳杵立，但雙手各有作用：一手杵著枴杖，襯托老邁的形象；一手高提燈籠，表示等待期盼之心與憫懷世間之願。手裡或懷中可能還攜帶其他像是沙漏等器物。

🔱 場景佈置

黑暗的夜裡，隱士孤寂地在寒冷的高峰上佇立，身影融於一片冰天雪地中，兀自舉起一盞燈，映襯出「世人皆醉而我獨醒」的感受。

🔱 樣貌外觀

隱士的年事已高，留著很長的灰白鬍子，表明年老的特徵。老人的頭低垂而目光朝下，或是正閉目沉思，也有點像在靜待等候。他的神情漠然，但又一臉篤定；讓人覺得他雖垂垂老矣，卻老神在在。

🔱 動作姿態

隱士遺世獨立的姿態，好似在靜靜等待命運的安排，或是堅持心中不變的理想。對知遇的期盼，通常以手提燈籠為象徵。這位老人通常筆直佇立著，顯得有點僵硬，而背部略微佝僂，頭頸微微低垂著，模樣如路燈般屹立不動，所高舉的燈火，更像是照亮世人的明燈。

圖案符號解碼

❧ 服飾裝扮

老人有帽子的斗蓬外衣，灰暗的顏色如同他的低調，陳舊的布質像是飽盡風霜。衣物將全身裹緊而深藏不露，甚至將頭深埋其中，好似抵禦風寒，也象徵著內心的與世隔絕。

❧ 道具配件

提燈：是這張牌中極為重要的道具，如果沒有此燈畫面就沒有任何光亮了，主角性格也就很難彰顯了。隱士手上所提起高舉的，是隱士意識和精神的凝聚，算是他的一種「分身」。燈火：代表智慧和啟蒙的光明，也表示溫暖的傳遞。光芒形狀多以符號形貌做為神祕象徵和智慧的凝聚，一般以六芒星符號表示精神和物質的結合。燈罩：提燈的形狀也需要注意，可能有其象徵意義。多半是燈籠外型，有時候也可以用火把、火炬來代替，而後者更強調啟蒙的精神。

沙漏：象徵時間，也配合主角的年紀老邁。而手執沙漏更突顯等待的涵義，也具有控制時間的意味，並聯結到形象很接近的年老的時間之神——塞坦。

柺杖：手執拐杖或者與之相倚，可以說是老者的軀體形象，也有其支援生命力的暗示。或許真的具有魔法或法力，有些畫面的木杖形狀彎曲好似蛇的形貌，這就是所謂的「蛇杖」。

❧ 相隨配角

隱士牌的畫面多半是整片孤寂，沒有其他角色伴隨。有時候會有蛇出現，纏繞著枴杖或落在觸地之處，也有握在手中或隱藏於身上的畫法。加入了蛇的角色，除了增添蛇本身的神祕象徵作用之外，也暗示所執枴杖可能是根蛇杖，具有魔力和法術而不是普通的杖。有時也直接畫成蛇杖，可以變化為蛇也能還原，從道具躍升為配角。而這位老者也由此顯得不是普通的老人，更顯得是一位方外高人。

❧ 整體營造

場景一片灰暗的色調，營造寒冷與黑暗的氣氛，象徵世局昏沉不明。整個畫面焦點是唯一光亮處，集中在老人手上高舉的物件上。這位智慧老人，也和景色融合在一起，隱喻他其實並不願突顯自己，只願手中明燈指引世人方向。

閱牌要領提示

隱士牌，可說是塔羅中代表創作者精神形象的一張牌，所表現出的樣貌特質，就是創作者透露出來的精神特質和所嚮往的境界，而他手上的燈光就代表他的精神狀態或心中的最高指標。

10 命運之輪 The Wheel of Fortune

牌序結構
第十階大祕儀——
新舊兩重層級的轉化變動，內在與外界相呼應。打破既往而再創造，開拓嶄新的一輪。

各式別稱
運命之輪、幸運、命運。生命之輪、律法之輪、塔羅之輪。宇宙之輪、天宮之輪。運命之主君。

正 永劫回歸　　**逆** 禍福難料

祕儀原理解析

⚜ 數字對應

　　數字 10 是變換的創造力，一種改變和動態的力量。10 是 1 的演化和升級，變動更劇烈也更為複雜。1 統馭四元素的作用再度強調，0 表示週而復始的循環，具變幻莫測的意義，也具神祕的力量。因此 1 與 0 的結合，就象徵命運的運行轉動，而 1 與 0 的形狀也貌似軸和輪。這張祕儀雖然基數仍是 1，卻因為帶 0 而減少了陽性意味，並且更為神祕。

⚜ 象徵法則

　　描述命運如輪般轉動，象徵時空循環、輪迴運行變化不已的實相。四元素在周遭，象徵具體的環境受神祕命運力量影響，也表示方位、向量及元素質能在預料之外的變化演進。命運之輪體現宇宙型態以及命運的運作模式，代表神祕力量的根源和起點。

⚜ 內涵探索

　　命運之輪，代表宿命的牽引、神祕力量的運作。作用於個人的型態為：運氣、運勢、運程、運途；作用於群體的型態則為：氣運、機運、時運、世運。面對這一切無可預測的惶惑，所因應和採取的順命、認命、知命、和抗命等各種態度；或者對於時機緣份的嘗試、掌握、開創、甚至放棄，始終都是「**永劫回歸**」的現象變幻。占卜上的解釋為：由於命運作用安排，一切項目都是起伏難料的際遇。

🔮 正位實占解釋

人際交誼：遇到貴人、福星。與好友不期而遇。難能可貴的交情。
戀愛情緣：感情轉折有突破、戲劇化的進展。豔遇、偶然邂逅、「喜相逢」。
事務進行：波動變化中的好運、轉機。突發奇想、臨時起意、驚喜、「好意外」。
金錢物質：預期之外的收穫、得到偏財、有中獎的可能。

牌義沿革解疑

❧ 來歷變遷

★這張牌的畫面,幾乎都非常具有創意,能表達出該副塔羅創作者的宇宙觀和神祕體系,古典和傳統塔羅也是如此。

★古代塔羅,簡單認定正位置就代表為各種**幸運**、**福氣**和**成功**,甚至連逆位的意義也都頗佳。

★偉特的命運之輪一改古典畫風,結合自己的信仰和所學構築新的體系,然而在占卜上也跟隨既有的定義。後來他進一步優化占卜用法,認為需要參考整體牌局來判斷這張牌的吉凶好壞,使得命運之輪的解析顯出深度。

★偉特稍後時期,這才將命運之輪的正逆位意義互異分化,成為吉運和噩運的差別。並且加上一種詮釋法:縱然已經呈現無可避免的注定狀況,但仍須努力以靜待最終命運的揭曉,更具神祕感和豐富性。

★如今較以遭遇預料之外的命運安排來看待,配合將面臨的好事加以詮釋,更能發揮這張牌的作用。

❧ 正逆轉折

★偉特本身是以「逆位過度原則」來推衍這張牌,逆位變成比正位過度的擴增、豐盛和奢華的意義。

★然而在偉特稍後時期,這些方式被改變了,逆位成為**不幸**和**惡運**的象徵、無法預料的狀況和問題、以及**意外事件**。

★而後至今,通常都依據偉特之後的定義,正逆位的意義對壘愈來愈分明:命運之輪這張牌代表突如其來的狀況和改變,正位置顯示好運氣,而逆位置則以壞運氣來解釋,這也是「逆位相反原則」推衍方式的典型。

❧ 逆位思考

然而也有人遵從正位置的不定性來解釋,而逆位就推衍成更加不定的意外狀況了,也就是命運之輪的逆位比正位的變化更為始料未及,並且多半不是遭遇什麼好事,因此可直接用意外來形容,這就有點「逆位過度原則」的意味了。不同原則的推衍出的結果可能異曲同工,也都體現了「**禍福難料**」的複雜層次,然而仍須配合占算的問題和牌局狀況,據以判斷究竟是哪方面的事件、以及嚴重程度如何。

☗ 逆位實占解釋

人際交誼:遇到煞星或剋星。冤家路窄、狹路相逢。發生意想不到的誤會。
戀愛情緣:感情生變、驟然發生狀況、離譜的插曲。措手不及的離別。
事務進行:變動起伏中的厄運、危機、突發狀況。橫生波折、遭遇不測。
金錢物質:意料之外的損失、忽然破財、有可能掉錢或遭竊。

畫面寓意解構

❦ 主角人物

　　畫面主體刻劃命運之輪的轉動，多半無主要人物，只有一些神話中的神物或神獸。命運之輪主要是圓形或環狀的可旋轉機制，用以象徵宇宙運行循環之理，配合輪上其他裝置配件，組成決斷分派命運的機制。近代的命運之輪有較奇幻的設計，輪的外圍緊黏著幾個神物，神物各施其力，好似與輪的轉動互有影響。傳統塔羅的構圖，以紡車之輪為命運之輪的主體，結合神話典故表現命運的運作模式。如果是三女神在紡織，則可以視為主角。最古老的畫面也有單獨的命運女神直接架著車輪。

❦ 場景佈置

　　命運之輪有多種面貌，場景必須與之搭配。命運之輪多半在中央，設定為天空或宇宙之中，通常有神物緊挨命輪。多數的塔羅中，有四活物展翼並開卷讀經誦文，主要是象徵四元素，隔著空間和雲霧分佈於四角落；也有以其他象徵物表達四元素，甚至以分割背景為四個區塊來呈現。四活物或四元素的位置隨採取的理論而有不同安排。

❦ 樣貌外觀

　　命運之輪是輪狀物，多以各種圓形、環形物體，或者其他能轉動的機制來表示，種類不勝枚舉，經常出現命運交織的女神紡車，天體運行相關的則有地球、宇宙、天球、黃道十二宮，甚至也可以是旋轉木馬。畫面通常盡量追求立體和動態表現的模擬，目前一般的命運之輪以正圓為外形，內部包含幾個圈層，並也可劃分為四或八等分區域。輪內的每個區位中，都能刻印上特殊的文字或符號，以表現更多深入的寓意。

❦ 動作姿態

　　三女神：通常出現在紡織轉輪旁，轉動和看守著織線和紡輪的轉動。
　　三神獸：各以自己之力影響輪的轉動運作，或者是被輪子帶著轉動不能自已。
　　四活物：常呈現讀書姿態，振翅停在雲端上，專心入定念誦經文，眼神都不張望。

圖案符號解碼

❦ 服飾裝扮

女神：單一的命運女神是主角，通常穿著古典服飾，踩輪而行的女神也可能蒙著眼。紡織車旁的三女神，會很注重服裝的華美。

三神獸組合：人面獅身多半裸身，其他二物如果是動物形，多半也沒有畫出衣著。

有翅膀的四活物：身上多沒有蔽體之物，除了那位近乎天使樣貌的人。

❦ 道具配件

淵源於古代的紡織輪畫法中，紡織機的轉輪是命運之神的工具，象徵命運轉動的機制。輪上多有輪軸和輪輻襯托，把手是控制命運的操作關鍵，而紡輪上的絲線，則代表命運的脈絡。

神獸「人面獅身」多半手裡持著劍，表示以智慧來決斷。

四活物面前大都有經書，好似正在翻閱或誦讀，表示明瞭智慧和啟示，或者在散布福音。經書表示有更深內涵和意念的凝聚，配合四活物共有四本，表示相關於四的典籍。書與劍同時出現，隱喻了命運與智慧之間的互相影響力。

❦ 相隨配角

三女神圍繞紡車旁紡紗織線，若當紡織輪是主角，則女神就成了配角。後來的演變真的成為紡紗機器配上神獸或神物，而非女神樣貌，這時真正淪為配角了。

傳統和近代許多牌種中的命運之輪多有三神獸組合，是從三女神概念演化而來。三獸各占據輪盤的邊緣，一般是人面獅身在輪的上方，一側為犬首人身或稱阿努比斯，另一側為蛇或者是其他怪物。在許多塔羅系統中，這三神獸也會在其他張牌中出現。

四活物是自《偉特塔羅》後才加入命運之輪的，都是帶有羽翼的動物，各為人、獅、牛和鷹。在命運的作用下究竟誰是主宰？這些「人物」應該都是同等地位的配角吧！

❦ 整體營造

古典的構圖表現是以紡織轉輪來表達命運輪轉，目的是要表現命運三女神如何操控命運。命運之輪無論古今都是圓的形狀，讓人覺得具有圓心或輪軸，也多安放在畫面居中之處。近代的設計中，整體畫面是奇幻式的構造，並沒有出現人類主角，類似的代表是三神獸以及四活物。結構上需要劃分層次來安排景物，以命輪外框為界，有內部和外部的差異，而從內到外層疊分明並相互連貫。

閱牌要領提示

命運之輪是非常特別也是極為重要的一張牌，通常就是判斷一副塔羅的關鍵牌，因為這張祕儀是整副塔羅命運哲思的濃縮，代表宇宙觀、命運觀和人生觀的呈現。在這個宇宙和世界的架構之下，衍申全副塔羅的設定。

11 正義 Justice

牌序結構
第十一階大祕儀──
第二層級的新起始階段。整體最置中的祕儀，也是中間週期的居中階段，揭示中庸原則和衡量裁決之道。

各式別稱
法官、正義女神。公道、公平合理、平等。律法原則。
真理之主君、均衡主宰之女。調整。

正 平衡法則　　**逆** 偏頗不公

祕儀原理解析

⚜ 數字對應
　　11 是最為均衡而力量潛能無限的數字，在靈數系統中，兩位重複數具有特殊力量和卓越性。11 號又是二位數的新開端，代表強大的智慧和行動。11 的基數為 2，成為結合陰陽的均衡數字，也是魔法師和女祭司的組合和升級。在塔羅系統裡，11 號居於大祕儀最中間位置，惟正義能符合此數的特殊地位和性質，陰陽各半、左右均衡。因而偉特仔細考量 11 號祕儀的安置，配定為正義牌，後世多所採用。

⚜ 象徵法則
　　此為二元對立的高層發揮，辨證能力的拓展，發揮於思考、衡量、裁決、定奪與判斷力。亦象徵對於原則和立場的堅持，進行執中與協調，凡事維持均衡、力求平等，以彰顯正義、公理。代表世間一切法律相關制度和體系，一般人的契約與履行，以及須遵從謹守的行為規範。

⚜ 內涵探索
　　正義，是心中的準則，也是一貫的堅持，保持立場和維護理念的正直心境。這是一種「平衡法則」，做為最基本和最重要的評量標準，代表持平的公正態度，講究真正平等、破除人際中的階級地位、化解心中的傲慢與偏見，旨在盡心維繫各式關係的和諧。象徵理智與情感的均衡，以智慧之眼看待世間，穿透表面上的是非曲直。

☆ 正位實占解釋
人際交誼：朋友間互相平等相待，凡事講究公平、均衡，遵循正義原則。
戀愛情緣：對象的選擇正確。雙方平等以對、維持彼此均衡、相處和諧。
事務進行：行事風格有準則，堅持原則去做，方向清晰正確。法律事件的勝利。
金錢物質：得到回收、報償或代價。分配得宜、處置公正，感到合理或值得。

牌義沿革解疑

⚜ 來歷變遷

★正義向來是不可或缺的中心原則，一直都有均衡的涵義，代表公平、正確、誠實、清廉，並且象徵法律或司法、執法系統。這張牌的畫面內容一直改變不大，都是呈現出「正義女神」的概念，只是取用的形象淵源不一致，而內涵都相差無幾。占卜意義一直是這些相關項目：適度、**均衡**、和諧，擁有**美德**、信譽和貞節。

★偉特調動了正義牌的順序，往後挪到 11 號的位置，如此更符合這張祕儀的意涵、也更適合展現女神的威嚴。然而在占卜方面，仍舊承襲既定的意義，並對於正位置增添或加強了某方面的內容：主管、經營、執行、經理。

★偉特稍後時期，革除了偉特添加的這些涵義，正逆位之間也做了一番統整，已經與現今牌義很接近了。

★現今占卜運用多根據牌局和問題而變化，有時候出現這張牌，表示：**做了對的事、正確的決定、得到正當的報酬、走向應有的結果**。

⚜ 正逆轉折

★偉特認定正義牌的逆位代表法律體系和相關事宜，以為在占卜中會有其效用，然而不久後已不再這樣使用，一直維持至今皆然。

★偉特稍後時期，修改和調整了以往的牌義，將正逆位置的意義分辨為正面與負面作用。而後正義牌的逆位一概表示面臨法律上的問題：遭到**陷害誣告**，或是本身**違反法律**，也可能得到**不公正的決議**結果或是過度**嚴苛的仲裁**。另外也包含一些負面特質，如：**頑固**、**執著**以及**偏見**。

⚜ 逆位思考

如今逆位占卜意義運用為：不正確的行為和錯誤的決定，這些可以說都是依循「逆位相反原則」來推衍的。如此一來，正確、正當、公正在逆位中都變成了否定，所以占卜上這張牌呈現出逆位時，都是針對問題點而表示錯誤不當的意義，如此也就等同於「逆位不當原則」，只不過需要特別判斷這時所代表的對象或事項是什麼。無論如何，總歸是表示在某方面出現了「**偏頗不公**」的情況。

♛ 逆位實占解釋

人際交誼：對別人要求過高，卻律己不嚴、私心偏袒。處世不公正、雙重標準。
戀愛情緣：感情上自私的現象。不平等的關係和對待。錯誤的決定。
事務進行：處置不當，失當的決策導致不良後果。判斷失準、行為偏差。
金錢物質：來源不夠正當，獲取不義之財。報償不公、分配不均。待遇偏頗、感到代價過高或不值得。

畫面寓意解構

❦ 主角人物

正義女神：西方傳統的各類正義女神形象，無論什麼名字或來歷，都是人間執法者的化身。正義女神在人間對應法官的形象，位居司法之職。她手執天秤，以及寶劍，正在裁奪執法。

❦ 場景佈置

正在執法或判決的庭長坐在寬廣的法庭殿堂上，雙柱聳天、四壁冰冷。身後一簾布幕，色調代表審理的氛圍，嚴肅神聖而不容侵犯。女神也可視為鎮坐在天神宮殿之內，不過也有另外一種判官形象是居於地底冥府當中。

❦ 樣貌外觀

雖稱為女神，許多塔羅中這個角色的外貌形象很中性化。正義女神的面貌清高，給人寬大但並非縱容的感覺，表情堅定不猶疑，顯示出公正廉明、正氣凜然的氣場。銳利清明的眼神，能夠明察秋毫，智慧是必要之內涵。

有些塔羅採取蒙眼的正義女神版本，執法者被布條遮蔽雙眼，卻更表現出剛正威儀。蒙起雙眼表示不以表面判斷，不存預設立場，並且一律平等，親疏不認。

❦ 動作姿態

正義女神根據不同來源而各有造型和姿儀，主要有正面和側面兩種畫法呈現。

正義的使者一手提著天秤，衡量對錯以及心的善惡，另一手將寶劍舉起做為裁奪之決心，這類描繪都是正面且置身中央，也呈現出有不偏不倚的感覺。而坐姿的她雙腳緊閉或開闊，也顯示其拘謹或威懾的態度。

埃及系統的女神以側面呈現，多半將自身與天秤結合為一體，且可能位於冥府。

圖案符號解碼

❧ 服飾裝扮

判官的冠冕：表示智慧靈性高尚、深度精神內涵，以及對正義的堅持。

額頭上或冠冕前方的寶石或飾物：表示高能的第三眼，與蒙眼而以心觀照的情況可相類比。

執法的袍服：顯示執法者的性格，上面的服飾也需要有相關象徵符號。主持正義者的顏色，通常以紫色象徵高層次理性智慧。

蒙眼布：有些塔羅的法官蒙上了眼，代表無視於強權或利誘，也是自我約束的能力，象徵法律中的審理程序。

❧ 道具配件

正義之劍：大祕儀之劍表示無上的智慧和公正嚴明，做為威信以及裁決之功能。

公平之秤：天秤出現在大祕儀中，可見是很重要的器具，做為均衡和裁量的評估標準，象徵公平正義以及尊崇法律的精神。

主角與天秤或寶劍結合在一起，代表完整的法律制度，以及審理和裁決。天秤向前提起或拉高，而寶劍比較貼身，且常見到疊於柱前，表示先以天秤衡量後以寶劍執法，寶劍是備而不用、非到最後不會採取的手段。

法械與聖火：法械是柱狀束棒上帶有斧頭，為法律制裁權至高無上的象徵，可以結合雙柱，或者直接將雙柱視為法械化身。聖火象徵純淨的光明，照耀出真理，可能以火炬或是火爐形態呈現，有時則單獨置於一旁。法官雙手各執聖火和法械，或者兩者同時存在，皆強調嚴厲威勢和鐵面無私的形象。

❧ 相隨配角

正義牌也多半沒有配角。法官是自主而獨立的，如同法律不容被外力干涉、沒有依恃與仰賴，這同樣是對於正義使者的要求，不被任何其他聲音所擾。有些牌在場景中，仍可能設有其他物件襯托執法者的至高尊嚴，多半會是動物，例如孔雀或蛇等。

❧ 整體營造

執法者在殿堂之內，端坐於中央，表現正在執行或裁決的威儀。身居雙柱之間暗示她代表中柱，也是天秤的支架。須營造肅穆莊嚴的氣氛，無論是不是屬於人間的法庭，都是這樣的景況。

閱牌要領提示

正義牌的編排順序和力量牌搭配，和整副塔羅的大方向有關，11號的正義牌是居中的位置，也配合均衡執中的象徵。正義這張牌，構圖上必須配合許多設定而呈現，整副專牌的故事體系或神話背景，已定位出主角的來歷和淵源，形象怎麼勾勒都由這些因素先決定好了。

12 吊人 *The Hanged Man*

牌序結構
第十二階大祕儀——
複雜的境遇，處於中間位置之後，是新層級的進一步階段。也是另一種循環視角中，12 的節點位置。

各式別稱
倒吊者、被懸吊的男子。犧牲者、殉道者、受難者，垂死邊緣。責任、謹慎。偉大功法、神祕功法。玄水之靈。

正 奉獻姿態　　　**逆** 轉身平復

祕儀原理解析

❧ 數字對應
12 對應黃道十二宮，代表天且以懸浮空中的畫面為象徵。數字包含 1 和 2 與加總的 3，1 與 2 並存表示自我和他人，需代表管道的 3 促成完滿。整組數字陽性成分較多，陰性面則化為犧牲而以倒吊的男子呈現。12 是圓周進位的循環，此特殊性由逆轉來突顯；此祕儀以塔羅的專有方式——逆向視野，呈現出另一種超越世俗觀點的美好周全。

❧ 象徵法則
公正背後有是非曲折，面對不平的待遇，採取委曲求全的立場，意味退一步的海闊天空，體悟有捨才會有得，給予即是收穫之理。吊人處於過渡的中間階段，沒有著落的現況是難以承受之輕。心中盼望轉機、等待翻身而寄託未來，或者自身盡力掙脫、求取突破。吊人蘊含著犧牲的願力、臣服的姿態、潛修苦行的精神，以及慈悲的情懷。

❧ 內涵探索
吊人呈現發自內心的深層意願，所以能夠心甘情願奉獻、付出與承擔，忍受身心煎熬，堅信未來會更好的境況來臨。逆向思考，以截然不同的眼界看待世間，往下即是朝上的觀念顛覆，形成與眾不同的價值觀，也造就了異於常態的另類行為作風。「奉獻姿態」是一種能量交換，代表轉念之間的心態差異，萌生退讓、寬恕、諒解、包容和悲憫等心情。占卜時當事人屬於犧牲和委屈的一方，正承受艱辛困頓、苦難折磨。

🔮 正位實占解釋
人際交誼：需多擔待些，總是委屈、忍受和付出。也可說對朋友講道義、不計較。
戀愛情緣：為深情無保留付出，認分接受現狀。甘願的心態、犧牲奉獻的情懷。
事務進行：扛下責任，勞心費力。需要忍耐沉潛的過渡期。專心準備應試或展演。
金錢物質：著重精神面，對現實財物掌握度不高，有漏財現象。奉養、捐獻、救助。

牌義沿革解疑

⚜ 來歷變遷

★這張牌的主角在初期的塔羅中並不都是倒吊之姿，後來才演變成被綁住腳倒吊起來的畫面，不但成為這張牌的正統畫法，更成為深入人心的塔羅牌代表形象。

★古塔羅就認為倒吊人在內涵上包括：謹慎的德行、審慎與智慧，或是占卜、預言、神諭等事件。這是因為對於主角被吊起的動作和原因，各有不同的理解和詮釋。

★偉特有自己的看法，駁斥了各家詮釋畫面情節的觀點，卻沒有提供明確的定論，在占卜上也大致承襲了以往那些混雜的意義。

★偉特稍後時期整理為：**過渡時期**和緩衝階段、轉變和**調整**的狀態、孤獨和放逐的歷程、悔悟與更新的生命等許多不同層面的涵義。但是這其中有很多意義與其他的牌有所重複，於是又過濾出了最有特色的：**犧牲、奉獻**、服務等意義。

★而後，基於犧牲奉獻的脈絡，占卜的詮釋方向都是：實際層面的受苦委屈，以完成**精神的期待**，達成目標須付出的代價。這個調性一直傳頌至今。

⚜ 正逆轉折

★偉特對於逆位有一些自相矛盾的定義：自私自利，以及人群、社會共同體，兩種意義同時並存。

★偉特稍後時期，將上述的奇特解釋都捨棄不用，而以正位推衍出相反意義：預言不正確、直覺發生錯誤。與犧牲相關的議題則推衍出：**不願再付出**和奉獻，體悟到**犧牲是沒有必要的**，這也與前述的自我中心特質有關，所以也有了心思轉回到自身的意義。這些推論都應用到了「逆位相反原則」和「逆位負面原則」。

⚜ 逆位思考

這些對於奉獻或犧牲的態度有所轉變的解釋，就成為一直沿用至今的逆位意義。對此可以理解為跳離，亦即放棄這種牽絆和堅持的狀態，無論心態是逃避還是看開想通，也不論是前功盡棄或者已經熬出頭了。整體而言，吊人逆位可統合為「逆位超越原則」，就是解除正位的懸吊狀態、讓主角「轉身平復」，從而回復之前的常態，解放身心並盡量將一切導正；許多層面的問題或許就此平復，然而並不是就此成功翻身，也並不代表能夠得償所願，但卻足以得到嶄新的自己和另一扇窗！

🎴 逆位實占解釋

人際交誼：不願再屈居於劣勢地位或是付出的一方，再也不當冤大頭了。
戀愛情緣：對感情的心態有所轉變，不再甘願委屈，掙脫關係、逃離束縛。
事務進行：從原本的執著跳脫開，對目標呈現放棄的心態，不盡然已經達成。
金錢物質：盡力阻止財物的消耗流失、採取停損措施，雖然效果如何並不一定。

畫面寓意解構

主角人物

吊人：一位被倒吊的男人，大約是成年人，年紀通常不太大。男人懸掛於架上，他的腳被繩子套住，綁在橫槓下倒吊，身體懸空而姿態奇異。主角究竟是自願或被迫上架？是甘願奉獻的人還是承受自身許諾的代價？是做為犧牲者或是祭品而被無辜吊起？是受罪伏法還是代罪羔羊？甚或是為了練功而苦修？這是歷來塔羅界的長久紛論的議題，而每種橋段各有其不同的詮釋，從畫面中人物的面貌神情和身體姿態或許能夠看出究竟。

場景佈置

倒吊者不著地面而懸在空中，身倚樹木或柱架，他可能還在刑架間，也可能在其他場所。背景可見天空的顏色，遠景依情節需要而變化象徵景物和顏色。

樣貌外觀

早期塔羅中受罰或抵罪消災的吊人，應可看出承受苦難或是昏厥的感覺。若是為了犧牲奉獻，或是神祕功法的修習，這位被倒吊的人就顯得很特別，眼神迷離難以捕捉、甚至像是陶醉沉浸，他的表情沒有痛苦或是不悅，反而像是一種滿足。大多數塔羅會著墨在吊人的頭部，籠罩著一層光芒，或者以背景的色調差異做出空間區隔。這個色澤或光環：代表能量的引導和聚集，象徵吊人的崇高精神或救贖的力量。

動作姿態

倒吊，是最特別的身姿，何況主角人物又維持著奇怪的姿勢，讓人感到更加神奇。其實這個姿態不僅是練功動作的展現，也蘊藏著心境的呈現。一般基本的姿態大致是：吊人雙手往後揹，一腿彎曲與另一腳交疊，表現得泰然自若。各種塔羅因功法和招式不同而會小有差異，因而雙腳如何交疊各有不同，而雙手在背後如何互動更不得而知了。不少有創意的塔羅牌或許會畫出更特別的練功姿勢。

圖案符號解碼

❦ 服飾裝扮

　　身上的穿著通常兩截分明，上衣和褲子的顏色，多形成鮮明對比。上半身顏色顯示精神狀態，下半身顯示具體現象，精神與物質居於上下的順序也有很多可以詮釋的空間。少數塔羅是裸身上陣，強調渾然一體融合於自然。

　　吊人身上較少飾物，但是多繫有腰帶，不只為了分別上下半身，代表被神祕的宇宙能量和運作圍繞，這點與魔法師的腰帶有異曲同工之妙。比較奇異的是，倒吊者的頭頂朝向地面，使得頭髮往下垂著，然而身上衣服卻沒有明顯垂下的感覺，或許可以看作是他的精神力使然的超自然現象。

❦ 道具配件

　　這張牌比較少道具配件，然而吊起主角的繩索，是絕對不能忽略的。通常是一般麻繩的材質，有些牌會以繩結綑綁的模式和形狀，透露出一些隱藏的訊息。有的繩索是蛇的造形，或者就是真的蛇，用以象徵神祕能量運作和聯結的作用。

　　有一些塔羅畫出從吊人身上掉落的物品，多半是代表金錢的硬幣，這個現象隱喻在倒吊的時候，會犧牲和丟失原本擁有的東西。

❦ 相隨配角

　　這張牌畫面很特別，不太需要配角來豐富情節。如果一定要找出來的話，那麼懸掛主角的吊架應該能算得上，它有各種不同的「款式」以配合主角被吊起來的主旨，究竟是練功還是獻祭、是救贖或是受罪。所以吊著這個人的可以是絞刑臺或刑架，也可以是其他木架。而木架的造型有十字形、T字形，或者H字形、拱門形等等，甚至直接顯示希伯來字母的形狀（如ת），功能和象徵都有差異。像是有些吊人倚靠的是活的樹木，甚至強調是有靈性的，且能幫助補充能量，兩者互相依存修煉；這樣的活樹刑架通常是T字形，才能在中間有樹幹而讓倒吊者能夠倚靠。

❦ 整體營造

　　吊人被懸吊起來，全身凌空且倒轉，以繩索綁在腳上繫於木架之下。而身體倚靠或不倚靠樹幹有不同的作用或涵義。架子之後是廣闊天空的景觀，有呈現或對照吊人的心情性格的作用。若是被吊於懸崖山谷之間的設計，更是讓人驚心動魄。

閱牌要領提示

這是最具有塔羅特色的代表牌，被吊的主角上下顛倒，呼應和提醒了塔羅牌具有逆位的特性。因此每位塔羅牌創作者都會精心規劃這張牌，內容設定也相關於對塔羅本身的看法如何，並且會呈現出這副專牌的神祕程度，以及有無蘊藏深入的神祕學要旨。

13 死神 Death

牌序結構
第十三階大祕儀——
超過 12 循環的結束，獲得重新開始，也是新層級前半部的中間階段。

各式別稱
死亡、死神之舞、持巨大鐮刀的骷髏。國王之死、革命。
偉大蛻變者之子，死亡之門主君。

正 當機立斷　　**逆** 真正重生

祕儀原理解析

❧ 數字對應
13 一向是死神的代表，神祕和靈界的數字。加總基數 4 為陰性數字，更可聯結地底的國度。3 在此呈現精神面，與 1 的生命能量同被 4 壓抑而潛伏。1 和 3 都是陽性數字，具強大威勢的變革力量；1、3 的並列，表示與自身的靈性溝通，也象徵生命形態轉變的靈體運作。這張祕儀蘊含了這些數字寓意，是表達死神的最貼切代碼。

❧ 象徵法則
死神帶來人生的終結，生命的轉化和蛻變，有如各種事項以任何形式結束。不願意或難以接受的殘酷事實，皆有如面對死神來臨的心境。這樣一種將地面剷平的強大力量，更象徵著斬斷、割捨、以及了結一切的運作。也代表某些特殊的精神狀態，像是空境、無意識、死寂意識、跨越陰陽界。

❧ 內涵探索
死神，是一種絕望的心境，走到絕路的切身感受。而這沉痛的體驗，正是下定決心的契機，在痛定思痛之下而來的醒悟。鐵了心面對、有如與死神共舞，始能「當機立斷」揮別過往一切。不再抱存希望地真正割捨，從而得以有所革新，猶如一種再世為人的心情，由此延伸為重生、轉化、蛻變的景況。這張牌在占卜時，都可解釋為各種事件和發展上的結束和終止。

♛ 正位實占解釋
人際交誼：在某些圈內處得不和，關係可能鬧僵。情誼到此為止、分道揚鑣。
戀愛情緣：感情遇到了休止符、驟然畫下句號，面臨分手、離異、關係終結。
事務進行：執行遭到中斷或終止，計畫半途而廢。學業中輟，革職或離職。
金錢物質：物質毀壞，金錢損失，財務窮途末路。倒帳、跌停、面臨破產的可能。

牌義沿革解疑

❧ 來歷變遷

★古塔羅除了以骷髏為死神，表達死亡意義之外，也象徵改變和轉化，並一直都包含國王之死，偉特詮釋這張牌隱含有革命的意義。

★神祕學家加入了煉金術內涵，以及生命之樹提昇等修煉法，使得這張牌的層次更加豐富多元。

★偉特對畫面做了更動，修改為啟示錄的相關情節，將這張牌帶入世界心靈提昇的境界，表示低層至高層的進化，以及**生死意識**。偉特的占卜定義已經和現在頗為接近：**結束**、**終止**，但卻又包括**損失**、**毀滅**、**破壞**。

★偉特稍後時期，承襲了這些意義，更強調**蛻變**、更新、重生、以及新階段的開始。且清楚地強調這張牌代表的不必然是肉體的死亡。

★現今的解釋多不包含死亡，也無恐怖色彩。重生和新階段歸到逆位意義中，而正位意義集中在：突然的轉折或激烈的改變，以及關係、階段、際遇的結束。

❧ 正逆轉折

★偉特對逆位的定義，是以「逆位削弱原則」推至「不是很徹底的死亡」這個方向：不活潑、**睡覺**、昏睡、**昏沉**、醒不過來、茫然、發呆、**僵化**，以及夢遊病。

★偉特稍後時期，逆位置定義有了改變，是較為合理的「不徹底的轉變」之意，包括：局部的改變、**遲鈍**、**停滯**、**執著**。另外也有盡力阻止走向結束的意味：嚴密避免重大事故。

❧ 逆位思考

如今逆位的定義運用可以更有深意，以「逆位超越原則」思考而推得：徹底重生、到達彼岸，已走過低谷與黑暗、更為接近嶄新的生命。也有的想法認為逆位代表躲開或逃離死神的陰影，或者心態上逃避面對死神。死神逆位，即是遠離死神影響和其相關狀態，據此往前回溯或往後推移，都是解釋的方向；而無論哪一種推衍方式，結果都是已經重生或已走往另一條路，擁有不同的生命和方向，即將進入新的階段，從而獲得「**真正重生**」！

逆位實占解釋

人際交誼：歷經一場傷害之後，重新看待、重頭來過，或可邁向新局。
戀愛情緣：安撫傷痛情緒，轉化重生。走出自己的道路，開創新天地。
事務進行：接受了事實之後，邁出步伐、向前走出去，重新再來或另闢蹊徑。
金錢物質：認賠了結之後，重振旗鼓。採取新的路線捲土重來。

畫面寓意解構

❦ 主角人物

死神：骷髏外型的死神，有時候身披斗蓬，也有些牌的骷髏裝在盔甲中。骷髏手執鐮刀收割頭顱骨骸，或者騎馬前行高舉大旗，宣告死亡降臨。死神有一類只拿鐮刀而站立，並沒有騎馬；另一種是從「啟示錄」騎馬舉旗而來，也就沒有親自帶上鐮刀了！

❦ 場景佈置

周遭地面躺著許多人，或是陳列著頭顱，代表他們瀕臨或已經死亡，國王是最早被割獵的。也有套用啟示錄末世情境畫面，但仍加上作者的想像和設計，因而背景構圖繁複：高山層疊而河流穿越其中，河上甚至還有船隻航行，遠景依稀可見雙塔以及地平線上的太陽。

❦ 樣貌外觀

死神空洞的雙眼，以及面無表情，讓人感到恐怖詭異。這當然不代表活人的外貌，但是仍然會有表情，有時候畫成像在笑的模樣而露出牙齒，好似正在諷刺人類無能抵抗死神的力量。

❦ 動作姿態

死神收割頭顱的動作，有時像在割草般，正刈著露出地面的人頭。有的牌會將死神畫成類似跳舞的姿勢，或許對死神而言這算是豐收的喜悅，而其實也是要呼應歐洲中古「死神之舞」。不拿鐮刀更不直接割取頭顱，騎在白馬上的死神，高高在上而闊步前進，如同一種示威和巡行，通常高舉著死亡大旗，並喜愛配戴白花。

圖案符號解碼

❧ 服飾裝扮

有些畫法並無蔽衣，骷髏骨架直接暴露在外，呈現死亡的真實面。有些畫法的骷髏披戴著衣物，只露出面頰顱骨。

斗篷：營造神祕，黑色表示肅穆沉寂。

全身盔甲：象徵無堅不摧的力量，並包裹隱藏身形。

頭盔：上面的羽毛多是紅色，是精神能量凝聚的形式。

❧ 道具配件

鐮刀：收割頭顱專用的死神鐮刀，這是死神最重要配備。

旗幟：有的死神會揭舉死亡旗幟，通常是黑色大旗，象徵瘟疫、生命終結等意義。而白花時常呈現在死神畫面中，位置和呈現方式多變，通常是繡印在旗幟上面。除了做為喪花之外，更有著淨化生命和靈魂的寓意。

❧ 相隨配角

在死神腳下，整個領域內任誰都稱不上主角，因此原先在地面上的要角人物，都屈居於配角。傳統塔羅以地面上的頭顱或面孔來表示已經死亡或被剷除的人，多有其代表的角色地位，像是君主皇帝、教皇主教、商人富翁等等不一而足。

有些塔羅像《偉特塔羅》的構圖，地面上不是人頭而是完整的人，包括：皇帝、教皇、女子（力量之女）、小孩（太陽之子）。這些人可能來自其他張牌，在這裡卻擔任詮釋不同角色的作用：他們同時面對了死神，有人求生、有人已死，各有不同的個性和表現。

另外，也不要忽略了有些牌中，死神的坐騎是鐵蹄巨馬，巨大馬匹代表強大的力量，而白色具有淨化和精神的象徵，因而這匹白馬就表示了精神淨化的力量。

❧ 整體營造

死神出現在荒垠，象徵生命的戰場，氣氛肅殺而滿目瘡痍。背景顯得十分遼闊，是為了編織未來的許多可能性。有近景和遠景的層次，這樣的畫法可以表達更深遠的涵義。

《偉特塔羅》整張牌圖的戲劇性超強，光是背景的營造就引人很多聯想空間，而主場景的許多配角，男女老幼在這張牌裡一概做為陪襯，卻營造了豐富的故事情節。

閱牌要領提示

這張牌當然是代表生死觀、以及生命態度的一張牌，涉及嚴肅的議題又具偽裝性。其實這樣的牌是看創意的，主題設定的發揮空間很大。也因而向來受人注目，更是必先瞭解究竟「長什麼樣子」的一張牌。

14 節制 Temperance

牌序結構
第十四階大祕儀——
新層級的穩定和確立，並超越各種循環體系，為第二週期的總結，同時進入第二層級的真正發展階段。

各式別稱
調節、調和。藝術、煉金術，修練法門，至道。
調和之女，天使、靈體軍團。生命賦予者、療癒者。

正 至高真諦　　**逆** 火候失準

祕儀原理解析

❦ 數字對應
14象徵修煉和提升，4代表規範，是朝向進步和提昇所需，1在其旁是觀照的自我，1和4都是統合元素的作用，加總為流通的5，融合為更高層級的變化之道。靈數的幾何原理在此運用於14，單一的點外於四點的平面，此即金字塔的奧祕──超脫的第五元素凌駕世俗的四元素。塔羅系統由此以14號代表節制這張祕儀，表示真正的修為。

❦ 象徵法則
象徵調和守恆的自然規律，高度循環的神聖平衡。是一種意識修持、元素的轉化，因而與煉金術特別相關。高層次的修煉、追求更美好境界的覺醒、提昇和淨化的意識皆源於此。各領域中形塑風格和達成高乘素質，必須體悟和深諳箇中原理，可知節制就是「道」，是最高指導原則、是黃金律、是精神煉金術，特別代表轉化、治療與超越。

❦ 內涵探索
節制，在人生體驗中修煉。維持覺察的意識，凡事追求更晉一級的境界，懂得美感的講究和完美的堅持。培養對於萬物的關懷，從物質的微妙而觸探心靈的奧祕。秉持「**至高真諦**」，必須逐步深入瞭解而掌握精髓，透過長期修習始能達成提昇。節制在各層面都美好調和，代表人際的和諧互動，營造雙贏局面，以及身心靈的融合交會。

☖ 正位實占解釋
人際交誼：良好的互動和情誼，溝通順暢。有利的交流、共享、雙贏。
戀愛情緣：愛情關係美好和諧，真心分享、使感受更加深刻，各層面都有契合，彼此一起提昇，達到水乳交融的境界。
事務進行：懂得調節、規劃安排，進度十分順利、有效率，學業、事業都能提昇。
金錢物質：善於經營運用之道，不但能成功獲利，更能充分利用發揮。

牌義沿革解疑

⚜ 來歷變遷

★這張牌一直都是高層次的內涵，向來最受神祕學家青睞，畫面圖案也隨時代演進，煉金術的神祕意味愈來愈濃厚。

★偉特提昇了這張牌的內涵寓意，但對占卜意義下得很簡易，正位為：節約、簡樸、**經濟**，並相關於**管理**和**經營**，以及關係的**適應**和**容納**。

★偉特稍後時期意義相差無幾，然而更為豐富，正位意義為：透過自制、和緩及耐性等原則而達到成就，瞭解經營和**進步之道**，並更強調**和諧**與**融洽**，以及各種關係的**結合**互動交流。

★以上這些作用延續為今日的一般涵義，然而更多元化的意義正在增加，朝向**精神指引、能量循環、高層次的真理**這些方向來解釋。對於神祕內涵的追尋以及內容的深度，仍然持續在開發中。

⚜ 正逆轉折

★偉特原本對於逆位的定義有：**不幸的結合、分離不睦**、利害關係的對抗爭奪。但他還加入了些許特殊的項目：教會相關事宜、宗教信仰、宗派、神職等等。

★偉特稍後時期，捨棄了這些對於占卜作用不大的特殊項目，延續了各種不調和狀態的部分：**利益衝突、互相敵對，無法與人共事**、對瞭解他人有困難。另外，還包括了**缺乏耐性**以及**貧瘠**、不育等作用。

⚜ 逆位思考

如今逆位的牌義，主要依循「逆位不當原則」，採取各個項目「不調和」的方向。也以「逆位削弱原則」朝程度不足、層次不夠的方向來解釋。占卜上的逆位解釋，就是事情的成果評價並不佳，也可說是由於不瞭解做人處事的黃金律而造成的。當然控制不妥也可能是行為過度，這就牽涉到「逆位過度原則」，也就是削弱或過度都有可能導致問題產生。相對於正位置高段境界的爐火純青，節制的逆位表示尚在拿捏摸索的階段，因而總是過猶不及「火候失準」！

♠ 逆位實占解釋

人際交誼：溝通不良或相處不融洽，有時被排擠在外，對交遊不得其道，可能由於向來故步自封所導致。

戀愛情緣：感情中常忽略了關鍵的契機、失去美好的感受、彼此之間缺乏默契、並不真正瞭解對方。

事務進行：因為不懂得箇中之道或是技術不佳，遭逢許多阻礙或各種摩擦。

金錢物質：未掌握到理財之道，做不到開源節流，帳面混亂，易平白流失金錢。

畫面寓意解構

🔱 主角人物

節制天使：偏向中性的神聖人物，高層次修為的形象。節制天使以奧妙的姿態，雙手持瓶互相傾注，正在調和其中的煉金術神祕液體或仙丹靈藥。

實際上一般塔羅中的節制牌還是有呈現出主角的性別，只是不見得那麼明顯，多數的牌都偏向女性，而少許牌則偏向男性。

🔱 場景佈置

場景設計較為特殊，搭配人物姿態，幾乎融而為一體。節制牌的畫面要點是在水流和陸地的交接岸邊，而旁有花草、後有樹木等植物相襯。

多半會在遠景中選取一個角落特別著墨，隱約表現出這張牌的專屬深意，這個構圖也就成了節制的象徵標誌。像是《偉特塔羅》的畫面中有道路通往遠山，此處蘊有黃金太陽曙光，以暗示煉金術的智慧之光，這是一種達到「最高真諦」的隱喻。

🔱 樣貌外觀

節制天使是調和的化身，天使顯露出安祥平靜的表情，眼神平和而帶著隱約的微笑，旁若無人地專注於手中的操作。他的態度祥和安寧，表現出一種謙卑的信心，也是一種修為的體現。

🔱 動作姿態

節制天使大致是站立的姿勢，一腳在岸邊陸地上，一腳伸進水裡面。這種神祕的姿勢，是一種入定和超意識的狀態，也是讓意識接通不同次元的方式。雙手各握一個法器，互相傾倒著聖水，並且滴水不外露。雖已是世外高人，仍然聚精會神地認真操作、心無旁騖。大多數塔羅都不出這類畫法，幾乎成了節制的招牌動作，連整個場景和許多設定也須配合。各別塔羅在這個制式化中仍能展現更多細節變化，少數塔羅也可能另外設計出別種獨特動作，這些方式都可增添這張牌的神祕奧妙之感。

圖案符號解碼

❦ 服飾裝扮

如果主角設定為天使，大概都是很制式的裝扮，通常穿著一身潔淨純白，長袍及地而具有摺襉，當然不同的塔羅仍會小有差異。多半注重主角的髮型和頭飾，額上有太陽或是金圓圈符號，象徵智慧或第三眼。

胸前的神祕學符號是重點，在這位置代表心胸或氣脈中能量的提升。而符號本身的涵義自需探究，一般是七角形或是四方形加三角形的符號，為煉金術內涵的物質昇華和質變象徵。身上多會有隱約的附加飾物，形狀也都是神祕符號，用來增添象徵涵義，需各別針對符號意義去解讀。

❦ 道具配件

兩只聖杯或其他器皿，由主角左右手各持一只，以一對成組表示陰陽協調和交流，不過也有持單一器皿或相應用具的設計。聖杯代表水元素、象徵精神承載體，也是煉金術專用的器具。聖杯或器皿的形狀和顏色，與其在煉金術中的作用相關。當兩只杯身不同顏色時，要特別注意是一組對比的涵義。

兩杯之間的液體是關鍵奧祕所在，可說是神祕元素、也可視為玉液瓊漿；在節制天使身前神奇地流動，是一股抽象的能量、也是具體的物質，既存在於體外、也暗喻體內運行的氣。

❦ 相隨配角

節制牌大部份沒有配角人物，也不一定有動物。如果有動物的話，就是煉金術畫面的象徵物，表示物質元素的精神在煉金過程中呈現。

這張牌中多半會出現的是植物，最典型的是鳶尾花，代表精神層次的美感。不同的花和顏色，都可以依據特定象徵或一般花語來解讀。

❦ 整體營造

環境清新、氣氛幽靜，主角人物和背景須調和一致，不只是動作姿勢具獨特性，器物、穿著、場景等各式設計幾乎都成了標配，缺一不可而難以更動。一切的配合都是要營造出發功狀態，而且這張牌需從整體畫面觀察方能看出奧妙所在：早晨般和煦的光芒色澤中，「黃金黎明」浮現於場景之中，更瞥見主角額頭上的符號和朝陽呼應，這個聯結隱喻了意識與超意識的相應，象徵朝向智慧和修為的提昇，達到煉金術的最終目的、提煉出最高智慧的精神元素，也就是成為與太陽能量相呼應的高層意識。

閱牌要領提示

節制是塔羅的最高指導原則，自是不容忽略的一張牌。雖然各式畫面乍看之下大同小異，但如此更能突顯特殊之處的令人驚艷；況且正是需要觀察入微，才能由此見到真章。如果在意塔羅至高真諦的奧妙，勢必會重視和關注節制牌的。

15 魔鬼 *The Devil*

牌序結構
第十五階大祕儀——
第二層級前半部的完成，第三週期之始，潛入深淵探索底層的階段。

各式別稱
惡魔、魔王。撒旦，巴弗滅，猥褻的野獸。
物質之門主君，時光力量之子。

正 慾望深淵　　　**逆** 掙脫枷鎖

祕儀原理解析

❧ 數字對應
15 是魔鬼的專屬數字和魅惑的展現，1 的自我能量加上 5 的活躍，結合起來動力特強而轉化為慾念。5 的精神力和 1 相互干擾，呈現出極度的放縱，加總基數 6 涵義中的纏綿悱惻，轉化成耽溺沉浸而受到牽制。6 本身一向也被視為魔鬼的相關數字，15 就是其藏身的變化。靈數 6 本代表愛，卻成了誘惑的滋味，或許這就是魔鬼的試煉？

❧ 象徵法則
源於內在的慾望與來自外界的誘惑，有如強力的吸引或融合，是關係之間的交纏和綑綁。黑暗的魅惑使陰影逐漸茁壯，直到被心中生出的另一股力量所控制，進入沉溺而無法自拔的境地、受役於物的局面。另外亦代表故弄玄虛或神祕詭異之事物，著魔、蠱惑、甚至卡陰的遭遇，也相關於念力、魔法和神祕能力。

❧ 內涵探索
魔鬼，表示人的慾望層面，也是精神與物質的另一種關係。魔性總在不知不覺中成長和共生，一旦不慎恐成魔鬼代言人，甚至淪為慾望的奴隸。對黑暗面必須加以探索，而不是逃避或忽略掩藏，惟有身陷其中的體悟，往「**慾望深淵**」深入探照，才能真正有所覺察。這張牌顯示了一些人性中的黑暗面，以及社會陰暗角落呈現的事態。

正位實占解釋
人際交誼：對他人心懷鬼胎，萌生不正當的意圖，不是很單純的往來。
戀愛情緣：曖昧關係、暈船情態、糾纏不清的孽緣。執迷不悟、互相折磨束縛，慾望重於情感，或許關係已經變質。各式不被社會認可的戀情。
事務進行：想要一步登天、不肯按部就班、不遵從規範行事、圖謀不軌。
金錢物質：懷有貪慾，使用手段獲取。以投機方式贏得，從非法途徑獲利。

牌義沿革解疑

✦ 來歷變遷

★這張牌的字面意義似乎已經定下了占卜意義,但魔鬼隨著時代演進,詮釋觀感也不一樣,就如同畫面也一直有所改變。

★有些神祕學家將內涵加深,成為某類神祕功法的練功姿態。

★偉特承認以往神祕學家的變革,然而仍將魔鬼牌定義在黑暗面,正位占卜意義都是負面作用:傷害、暴力、劫數、意外、變故等。

★偉特稍後時期:正位意義仍沒有改變多少,更著重在:沒落、毀壞、無法實現理想、始料未及的失敗,而這些遭遇或許是考驗和警示。另外,也包括一些玄怪神祕的體驗。

★如今,魔鬼牌的正位意義鎖定在**慾望,黑暗的心態**和行為,探其緣由為**受到引誘**而被控制,因此**失去自我**。而**不合常軌**的行為和戀情,情況如何判定,其意義隨時代而變化,且詮釋也是占卜師導向的,關鍵在於對這些層面的理解和觀感。

✦ 正逆轉折

★偉特對於逆位定義頗為模糊:邪惡、命中注定的、虛弱、卑鄙、盲目,和以往一樣,這些意義與正位置的區別並不大。

★偉特稍後時期,開始分別正逆位差異,並使用「逆位超越原則」,推衍為:**擺脫束縛、拋棄枷鎖**。另外也運用「逆位相反原則」,相對於正位置的結合力,將逆位解釋為分手、割斷糾纏。

★晚近還有相對於墮落慾望而朝向精神提昇的解釋:**克服慾望**、不再貪求、**悔悟**或**認清自我**,達到精神體悟和提昇。這看來已經用到「逆位超越原則」了。

✦ 逆位思考

對魔鬼牌而言,「逆位相反原則」幾乎等同於「逆位超越原則」,而這些推衍方向,也是沿用至今的最常用法。魔鬼已是負面意義,通常逆位不用再往無限沉淪的方向推論,而應該指開始掙脫這樣的情境,雖然由此可能產生另一種痛苦與矛盾,也不一定就能達成目標,但總歸有「**掙脫枷鎖**」的醒悟,至少是個心念的萌芽。與吊人逆位的類似點在於都是跳離,然而箇中旨趣卻截然不同,畢竟在正位置的起始點就已經天差地遠了。

⚜ 逆位實占解釋

人際交誼:擺脫一段不好的關係,或遠離小人。不再同流合污,脫離、撇清、切割。

戀愛情緣:幡然醒悟、不再沉迷,解開內心糾結、掙脫枷鎖,萌生割捨的念頭。

事務進行:反悔以往作風和心態,內心一番掙扎,踩下煞車、試圖回到正軌。

金錢物質:瞭解進財方式不當,開始抽手、不再貪婪。改邪歸正、補償、贖罪。

畫面寓意解構

❦ 主角人物
魔鬼：長著雙角和翅膀的惡魔首領，慾望和黑暗的主宰。
多半的牌中都另有被魔鬼禁錮的人類或小惡魔，魔鬼在祭壇上張牙舞爪，操控兩個墮落的靈魂，或是獨自藉著燭火煉功增進魔力。

❦ 場景佈置
魔殿是深沉黑暗的境地，猶如慾望國度的城堡，位於地底深淵或地獄的底層。

❦ 樣貌外觀
魔鬼的表情似乎多不正派，通常被描繪成邪惡的神情或笑容，有時還增添惡毒戲謔的眼神。只有少數的塔羅較不醜化魔鬼，這時長相會稍美觀些。魔鬼大部分在頭上長有一對角，有長的也有短小的。臉形多呈現倒三角，甚至連同耳朵和角組成倒五芒星外型。

兩個人類或小鬼頭，則是彼此相望，卻似不知魔鬼的存在，互相之間有聯繫力。他們倆似乎是一對、可能算是戀人，或許另有前塵糾葛、但已恩怨難明。他們的神情顯得無奈又甘願、執著又逃避，這些表情和姿態，需要依情節設定而變化。

❦ 動作姿態
魔鬼蹲坐在魔座或祭壇之上，他一手高舉起來，做出施法的手勢，這姿態很類似於教皇，但卻是一種魔力作用。魔鬼的另一手握著火炬，向下垂著讓火勢更旺，或者是讓火延燒那個傀儡。被操縱的若是兩個人類，可能男人被燒到尾巴而痛苦、而女人閃避畏縮，也有的畫面是兩人無視自身的處境。

少數的塔羅中，這個魔鬼呈現的是一種魔法的祕密修煉姿勢，以此盤坐著。不過多數塔羅並不願表達魔鬼的神祕高能。

圖案符號解碼

⚜ 服飾裝扮

魔鬼多半是沒有一般衣裝的，表示缺乏專屬於人類的羞恥感。上半身光滑地裸露著，而下半身被身體長出的濃密獸毛覆蓋著，以醜陋不堪來表現魔鬼的原始和獸性。也有些牌的魔鬼，身上覆有鱗片膚質衣，表示具有如蛇般的神祕性，或者暗指蛇的化身。這些變化都不外乎是魔鬼可能具有各類動物的表皮，但不會是人的。

倒五芒星：雖然已經以臉形呈現了這個形狀，但多半還是會再畫出這個符號來，位置大都位於頭的上方。

⚜ 道具配件

火炬：是魔鬼所擁有的配備，是黑暗的權柄。火焰：在火炬頂端燃燒著，能在黑暗中集中光亮，是能量的凝聚，而在這裡象徵著慾望之火。

煙霧：來自於火炬，製造烏煙瘴氣的效果，但有的是配合蠟燭而有不一樣的解釋。燭香：有的塔羅牌中，魔鬼的中央會點燃蠟燭或薰香，也呈現了幽微的火光和煙霧。這是修煉的魔鬼所運用的法器，位於身體腹部中間；有時也做為魔鬼的配件，用以取代火炬。

鎖鍊：表示很難斬斷的關係，被銬住脖子也就是孽緣般的套牢。有時以其他工具表現，像是繩索或人偶線，都具有類似的象徵作用，表示控制和操縱的關係。

⚜ 相隨配角

原本戀人牌中的主角人物，在這裡變成了配角，終究失去獨立性，不過一樣有其重要的作用。況且誰是主角誰是配角是很難設定的，因為魔鬼也不過是人心生產出來的產物。這兩人的姿勢變化很大：有的畫得像是甘願被奴役，有的呈現驚慌或抗拒想逃的姿態，他們多半被枷鎖套牢，而有的塔羅會表現將他們當成玩偶魔鬼操控的動作。

有的牌畫面中出現的不是人類，而是小惡魔的形態，正式淪為魔鬼的附隨或下屬、淪為真正的配角。也可能有少數的牌配角數量更多，於兩人之外再添加小鬼等構圖。

⚜ 整體營造

營造出魔鬼與男人、女人，三方之間相互控制、主從難分難解，耐人尋味而詭異的關係。黑暗的緊張詭譎、濃郁沉溺的色調，是慾望與潛意識、夢境、幻覺的呈現。更高段的構圖手法是，製造出混淆視聽的效果，呈現和戀人牌、甚至教皇牌頗多雷同之處，如此更能表達出魔鬼的厲害、欺騙世人的手法高超。

閱牌要領提示

由畫風就可以看出作者對魔鬼的評價，而這就透露出作者心目中對黑暗面的看法和見解，得知整副牌的「正派」程度，是屬於保守類型還是開放類型，也能由此評估跟自己的風格是否相搭配。

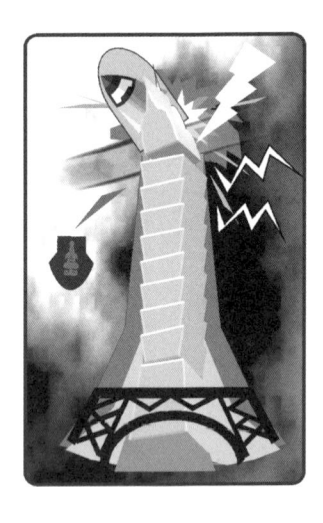

16 高塔 The Tower

牌序結構
第十六階大祕儀——
第二層級後半部開端，極力向上發展、高度的累積堆疊，面臨起落挫折、崩毀墜落的階段。

各式別稱
巨塔、高危塔樓、雷擊之塔、天上之火，神力萬軍統領、戰爭。巴別之塔、人類之家、上帝寓所。財神之堡、所羅門聖殿。

正 震撼激盪　　**逆** 絕地求生

祕儀原理解析

⚜ 數字對應
16是熱力旺盛、升高到極點的蘊意。6原有熱切活力，加上1的能量供應互相增強，加總基數7是背後隱藏的智慧結晶，共同建構成巨大堡壘。1和6都有執著與眷戀特質，與7的尖銳形成衝突，暗示潛伏變動因子。變動和能量累積過度時，終將引發摧毀的力量，導致震撼性的後果。這張祕儀設定以高塔為象徵，寓意建設成果遭到劇烈衝擊。

⚜ 象徵法則
建設與破壞力量的主題：雷霆萬鈞的動能、萬丈高樓的堅固、以及摧毀的變異。表現巨塔與堡壘的建構和組織內幕，面臨災變危難的各種反應和態度。代表遭受嚴重打擊和挫折，驟然的遽變來勢洶洶，多年的基礎毀於一旦。也象徵各種天災人禍、災厄戰亂，組織或個人遭逢危難局勢。代表各方面破壞、傾覆的力量，遭遇空前逆境。

⚜ 內涵探索
高塔代表毀滅，然而這種磅礡的破壞卻也是另一種力量，可藉以摧毀執著與依賴。透過現實的「**震撼激盪**」，在意識中形成覺醒，無論是剎那的靈光或斷然的決心。臨界點前雖呈現驚恐、焦躁和暴烈狀態，也可能是身逢絕境之後的頓悟、內心的透徹了然。揭示走向頹勢的註定或偶然、成住壞空的階段演變、經歷塔樓興起又樓塌的感觸。

🔮 正位實占解釋
人際交誼：互相牴觸衝突、紛爭不斷、關係決裂，作用力可能牽連甚廣。
戀愛情緣：感情失和、關係破裂，爭執吵架、鬧到不可開交。分別、離異、絕決、切斷聯繫，問題可能波及到其他層面。
事務進行：嚴重挫敗、慘遭滑鐵盧。革職、開除、退學。組織瓦解、公司倒閉。
金錢物質：金錢損失慘重，財務陷入重大危機。大賠、慘跌、虧空，甚或破產。

牌義沿革解疑

❦ 來歷變遷

★這張牌的意義導向都差不多，一致設定是巨塔正在崩毀。幾乎都是藉塔表現「高危」而導致崩塌，而未見只呈現塔本身的堅固宏偉的意旨。

★偉特雖然對這張牌有很多見解，但在占卜意義上仍是簡化的，正位意義包含：**痛苦、不幸、貧困、勞碌、毀滅、垮臺、災難、逆境**。此外還有恥辱，詐欺。

★偉特稍後時期：延續偉特的定義，詮釋為：捨棄以往的關係、**意外的震撼、失去安定與保障**。並重申了前人的意見：觀念上的變革，由於突如其來的打擊而有所徹悟和改變，**打破過往的執著**。

★主要牌義上的差異在於認定高塔走向傾塌的成因，最常見的版本是高傲的塔招致上帝懲罰而受到雷殛，然而尚有各種不同來歷淵源的詮釋，多因意識型態而有差異，並沒有固定的正解。

★現今在占卜運用上，即以這些情節寓意直接比擬所問事項，深入剖析解體的起因，並根據問題和牌局，判定倒塌的塔規模如何，以及受到傷害災變波及的人物是誰。

❦ 正逆轉折

★高塔的逆位解釋一直都需要特別思考和劃分，因為就連從翻轉的畫面來看，也是很難分辨意境差異和「災情」的輕重。

★偉特定義為：情況類似正位而**程度較輕微的破壞**，這就是明確的以「逆位削弱原則」來推衍。然而也指出是正位的情況而有導致的因素存在，這說明了逆位實已歷經了正位的情境。

★偉特稍後時期，延續偉特的意義：持續受到壓迫和限制，因循舊有習性，**無力改善現狀**，精神不愉悅，是一種**跳脫不開的情境**。

❦ 逆位思考

如今的解釋有兩大方向，一為「逆位相反原則」：塔在逆位並沒有猛然倒塌，相反地是由於太過於穩固了，導致就像被囚禁一般。二為「逆位超越原則」：竭力阻止崩毀、脫身逃逸，或者在殘破廢墟內求生。而建議思索方向為：危難已經來臨，那麼是否也只能豁出去了？高塔的逆位，就是在傾毀中以最壞的打算面對事實，或者是以徹底的決心脫離險境。至於結局如何，就要看問題和牌局，由整體狀況來決定了。無論往任一個方向推導，逆位的境況都可說是「**絕地求生**」！

⚜ 逆位實占解釋

人際交誼：關係破裂後的相處，減輕傷害或掩蓋問題。阻止衝突事端爆發。
戀愛情緣：力圖挽救破碎的感情。鬧翻、決裂之後的接續處理。
事務進行：殘局的善後。避難、逃離險境。力挽狂瀾、避免遭受更大的損害。
金錢物質：嚴重耗費之後，如何生存或恢復元氣。竭力降低損失。利空出盡。

畫面寓意解構

🔱 主角人物

畫面中高大的塔危頂聳天，觸雷而掉落頂部王冠，塔身起火冒煙，塔裡的主人因而墜落塔外。

塔與塔主都可算是「主角」，塔主多半有兩位，是一組配對人物。如果為一男一女，則代表情侶，可以視為皇帝和皇后；如果兩人都是男子，則分別代表政教首領，那就是皇帝和教皇；主要必須有一位代表世俗的皇帝或國王，另一位也可不代表宗教人員、而是國師或臣下。

🔱 場景佈置

塔本身座落於高危之地，高地上的高塔又聳入雲霄，可見危機早已存在，如今只是爆發。

高塔遭受雷擊而傾塌毀壞，場景濃黑氣氛緊張。

🔱 樣貌外觀

塔是堅固的堡壘，多是磚石構築的建造物。塔頂尖聳，有的牌則畫上王冠為頂。此時的狀態是正受到強力衝擊而毀壞中，著火、裂解、坍塌、崩壞，終成壯烈而慘敗的塔樓。不同的呈現手法表示災難型態的不同。

兩位人士的面容，自是遇難時的驚恐詫異。

🔱 動作姿態

閃電擊中巨塔頂峰，這個動作比擬在人身上，就是如雷轟頂，代表內心受到打擊震撼。

塔正在坍塌分裂，並起火而冒出濃煙。

兩人是跳下來或被拋出的姿勢，雙手四肢伸張擺動，呈現惶恐和驚訝，充分表現他們的措手不及。

圖案符號解碼

❧ 服飾裝扮

從塔身掉下的兩位人士，身上的衣著完整但顯得狼狽。墜落者身上的裝扮可供辨認他們的身份：或許頭上還頂著王冠，顯示出原本是王者，而其他帽子也能看出職位。不過多半在墜樓中，王冠或帽子也跟著從頭上飛落了。

當然，所有的冠冕之間都是互有呼應的，包括塔頂的大冠在內：有些牌將塔頂設計成一個大王冠的樣貌，這也算是塔的重要配備，這頂王冠象徵著物質和現實面智慧的尖端，也比擬人的尊嚴和面子，而人物所戴的冠冕也有相同的寓意。

❧ 道具配件

那道摧毀塔的閃電，或者天火，可說是神的工具，是懲戒人類的武器，也可視為自然的力量。可以用來象徵意識中腦中的靈光乍現，由於雷電多半擊中塔頂，這部位可以比擬為人體的頭部，猶如五雷轟頂的寫照，讓人不得不覺悟清醒。而被雷掀翻掉落的巨大王冠，比喻被指出的禍首或罪旨所在，也是首先該揚棄的執著。

在倒塌和崩落中自會升起濃煙，燻天的混濁加深事態的糟糕程度，也湮沒了不多時的清明片刻，比擬為難逃的魔障、籠罩的戾氣。有的牌會添加其他落下的物品，是原本擁有而如今正在失去的東西。

奇異光點隨著落體遍灑，表示神祕的作用力圍繞，影響著墜落者甚至整座塔。這些點的形狀多半是以「上帝之指」──第十個希伯來字母 yod 的形狀（'）來呈現，表示神意的運作，而這些點籠罩的範圍都在神的意旨控制下。

❧ 相隨配角

若塔樓本身算是主角，那麼兩位逃難的人士就像是配角了，在這樣混亂激烈的場合中，多半沒有其他的角色或動物植物出現了。煉金術系的塔羅牌會有奇幻動物出現，竟多身於火海之中或者煙霧之中，可為整體增添更多象徵意義。

❧ 整體營造

整個畫面壅塞，滿目盡是瘡痍，仰望的視角使高塔更顯危殆。以閃電等方式呈現出驟然和措手不及，猛烈震撼的感受。塔身裂縫傾塌、冒起濃煙著火，人物逃生或受難，刻劃如大災難般的場面，充滿混亂緊張和恐怖。

閱牌要領提示

塔羅牌中最激烈的一張牌，也是災難的代表牌，格局龐大的「塔」，主旨和畫面各種牌都不會相差太遠，只有從塔上墜落的人物有各自差異，而這點不只是細節問題，其實關乎整個構圖背後的寓意，甚至全副塔羅的思想和架構，自是值得深入探究。

17 星星 *The Star*

牌序結構
第十七階大祕儀——
從無中再生有,過去歷程的證明,即將達到終點的契機。

各式別稱
天狼星,伯利恆之星。女神之星、希望之星、永恆之星。
蒼穹之女。內在之光、生命魔法石。靈魂之水、心靈禮贈。

正 寄望未來　　**逆** 星辰隕墜

祕儀原理解析

⚜ 數字對應
17 是同時具有美感和理性的數字,也是精神和物質的交界。7 呈現出美感和銳利,並將速度意涵轉變為光,而 1 也是孤獨之光,加總基數 8 因而升級為更具精神性的新能量。1 和 7 很搭配,靜態的理想和人道的實現,17 / 8 表達出寧靜祥和、隱藏而寄託於未來的能量,以遙遠的星光為象徵,亦為超越時空的精神力交流。塔羅系統中的這張祕儀,於是將這個美麗幻想的數字以星星牌為詮釋。

⚜ 象徵法則
星光是黑夜中的光芒,象徵心中的希望和期待,是遙遠的目標與方向。美麗的光輝象徵寧靜祥和的現在、以及存在於未來的閃亮日子,這是拯救的心願、救贖的許諾、一種心靈層面的契約。天上的星星呼應地上的國度,猶如荒漠中的甘泉、一方應許的綠洲,為內心的淨地與歡欣的樂土。星星的魔法之光猶如精神的寶鑽,是生命療癒的靈丹妙藥,也是內心不滅的明鏡。

⚜ 內涵探索
星星,是心中願景的表露,是渴望也是理想、是未來的希望。星星懷有最初的夢想,最美與最寧靜的顯化,發現生機無限並重新孕育。仰視星空「**寄望未來**」,繼續抱持著希望、方向明確、內心篤定,由此更有生命活力,始終堅持以信心和智慧去達成。本祕儀偏向心靈的滋潤,對目前實際面的影響較弱,為未來更美好的保證。

🛸 正位實占解釋
人際交誼:祥和的交誼與關係,溫馨和諧的場合或氛圍。耀眼的群眾魅力。
戀愛情緣:唯美的心靈感情,彼此不是熱情如火,卻有令人稱羨的亮眼之處。
事務進行:事務緩慢平和地進行,未來發光閃亮的期待,成功在望。
金錢物質:眼前實質收穫尚少,著重於未來的保障。有利的投資、絕佳機會。

牌義沿革解疑

⚜ 來歷變遷

★古塔羅就致力於表達出希望和真理，成為光明願景的代表牌。

★偉特對星星牌與其說給予新意，不如說是糾正了幾處設定，雖然保留了光明希望的寓意，但占卜意義卻加入了一些負面作用：損失、竊盜、自暴自棄，或許是由夢幻不實和蒙昧不明的涵義所推論出來的。

★然而偉特稍後時期，正位置皆調整一致為正面意義：**信心**、**樂觀**、滿足、**愉悅**、**靈感**、洞察力、精神上的戀愛和未來的好預兆。另外還代表：過去和現在的時間交織，以及在慾望和工作、希望和成果、愛情和表達上的適度均衡。雖然都不是很強勢旺盛的作用，但也都是很美好的意義。星星牌還特別表示**占星學**，以及其作用影響力。

★現今的解釋原則上則是：未來是美好而值得期待的，因而此刻充滿了希望，並能夠**知足**及**安心**。

⚜ 正逆轉折

★偉特對星星逆位的定義有兩大走向：一是自大、傲慢，這是「逆位過度原則」；另一是虛弱、無力，這則是「逆位削弱原則」。

★偉特稍後時期，整合了之前的差異，逆位置一致化地傾向負面意義：願望**難以實現**、**失望悲觀**，以及運氣不好、**缺乏機運**。感情則不夠美好或不符合預期，也有結束分手的意味。也加入其他方面的項目：不平衡和頑強、固執。

⚜ 逆位思考

現今的逆位意義，以失望和遙遙無期的等待為主要解釋，較能與正位置有對比呼應。星星逆位的解釋要義在於：期望與實際層面之間的差距懸殊，原來美好的遠景竟是海市蜃樓，或者錯認了指路的星。

無盡的等待，是一種執著、也是一種迷惘，距離現實非常遙遠。故而未來已提前知悉，失望和幻滅原來注定會發生，回到現實面後心中將感到極大落差。推衍方式偏向「逆位過度原則」，但也都能以「逆位虛假原則」來代入。星星逆位代表總有一天會來到的希望破滅、期待落空，此後心境有如面臨「**星辰隕墜**」般地消沉或心灰意冷。

🔮 逆位實占解釋

人際交誼：由於過度期待，因而總是希望落空。輕浮的態度、不真誠的情誼。
戀愛情緣：自作多情、錯以為是的情感、虛幻的戀情、未來無望的心情。
事務進行：不如預期的進展、令人失望的結局、內心的失落感、成功希望渺茫。
金錢物質：幻想、空談、畫大餅、兌現遙遙無期。對金錢的貪念和慾望、中獎的妄想、投機的心態。

畫面寓意解構

主角人物

星星女神：裸身的美麗女子為星星的化身，女神降世於此。星星女神維持特殊身姿，傾倒源源不絕的生命之水，注入湖泊之中。

地面的星女也可以視為一種「阿凡達」，是星星於人世間的投影和化身。

場景佈置

夜空星光燦爛，主星更是明亮。靜謐祥和的夜晚，女神降身在寬廣沙漠之中，身處綠洲之畔，陸地與水域的交界。遠景有些令人驚喜之物或暗藏玄機奧祕，主畫面是綠洲的小小盎然。

不過，既然身在綠洲也就表示周遭是遼闊的沙漠，面對看似荒蕪的環境，是否仍舊相信所遇即是夢寐以求的甘泉、此地必是心心念念的應許樂土，是否堅信定能開墾出未來的榮景？

樣貌外觀

星星女神，一直是美麗的、純真而無暇的形象。女神的神情優雅、怡然自若。天上的星星明亮耀眼，顏色多是螢光黃或銀白。星星的數量、大小和排列，都應有不同涵義。尤其星體的形狀最重要，星芒數的意義更不可忽略。《偉特塔羅》的畫法中：最明亮之大星有其他七顆小星的陪伴，並皆展現為八芒星，主要是呼應祕儀數字 17 / 8。

動作姿態

星星之女多呈現出跪姿，以表示虔敬之心及祈願之心，傾注水流於湖中，是一種賜予和祝福、期望明天更美好的動作。這種跪蹲姿勢表露了撫慰和療癒的心思，較為貼近於地面和水面也顯得更為沉浸其中。星之女一足在陸地，一足在水裡面，表示跨越和接通不同次元；這個動作與節制天使很類似，但涉足其中與淺嚐即止的態度差異還是能夠分辨出來。

圖案符號解碼

❧ 服飾裝扮

　　星星牌主角都是女神，也是閃亮之星，創作者多會投射心目中最美麗的女性外型，描繪在這張牌中。

　　星之女神是純潔自然的，多是裸身登場，不假任何修飾遮蔽。髮型多半是長髮飄逸，覆身甚或直至垂地，髮色也多為金髮。

❧ 道具配件

　　星星女神雙手持著兩只器皿，這也是煉金術用的容器。壺狀器皿表示具有神祕感，並表示包容萬千、內藏無限。器皿的顏色也可能有象徵涵義，並暗示其內容物的品質，多配合煉金術的表達法，呈現高貴金屬元素的顏色 —— 黃金或白銀。

　　從器皿中傾倒的是生命之水、魔法之水，是神祕元素的泉源，比節制更高層的萬靈妙藥。源源不絕地傾倒而出，來自女神的哺育，滋潤與灌溉生靈；水倒進湖裡，使大地和女神形成聯結，而女神又自天上來。

❧ 相隨配角

　　沙漠中的星星女神通常與埃及有關，那麼多會聯結艾希絲女神與智慧之神透特的組合；這樣場景中就會有一隻朱鷺，停落在遠方的樹上，也彷彿準備再度飛翔。朱鷺或類似的鳥類，是智慧和希望寄託的導引，停駐於此意味著智慧之神的提醒。鳥類也是風元素的象徵動物。

　　遠方沙丘上的樹木，或許是以往種子的茁壯成蔭，無心的種植成長為如今的喜悅。

❧ 整體營造

　　星星牌是寧靜的夜晚，充滿清馨的氣氛，感到舒服美好而有希望。要營造出美麗、亮眼的形象，須象徵明星、偶像的典型，又具有溫馨療癒、純真無邪之感受。黑夜與明亮的並存，乾旱與滋潤的對比和互相烘托，需要精準巧妙地維繫均衡。

　　星女和天星之間的交互關係也可以著墨刻劃，透過水的動線來連接，可拉近或加強距離。

閱牌要領提示

星星這張牌多會牽涉到異教，由於主要女神都現身了，已經無可迴避和偽裝。所以也必定會透露出作者的信仰，從中看出對異教的態度。

對一般人而言最重要的是，星星的涵義是美感，這張牌正是美學造詣的代表，也就是重視畫面美感的人，可從品評這張牌的美學處理來揣度整副塔羅牌。

18 月亮 *The Moon*

牌序結構
第十八階大祕儀——
從有之中開始重新孕育的階段,進入大光明前的至暗時期。

各式別稱
月夜、黯月、下弦月、虧月。吠月之犬、陰陽交界。
交感共振,潮汐主宰,強大神靈之神諭。

正 暗潮洶湧　　**逆** 逾越黯夜

祕儀原理解析

⚜ 數字對應
　　18是力量強大且變動的數字,充滿能量的1與旺盛堅定的8,連同加總基數9也極具動力;在交織作用下相互增強而形成波動現象,其中蘊含著循環的規律。神祕的9在此仍以夜晚為象徵,並表示不安的情境,9的熱力則隱藏在背後,有如月亮光芒的反射源頭即是太陽。1和8皆表示人與天體之間的感應互動,可比擬為潮汐對情緒的作用,來自於月亮的週期節律。這些都是數字18代表月亮和這張祕儀的原因。

⚜ 象徵法則
　　月亮的陰晴圓缺,代表人世的悲歡離合。全然的漆黑籠罩下,一切景象都是內心的投射。月黑風高的黯夜,象徵不景氣的環境、黑暗的時代,也代表個人的負面情緒和思維、陰暗深沉的心境、恐懼不安和疑慮魅惑的情境。象徵深層的潛意識空間,是慾望的表露和浮現,也有想像和歡愉在其中,可以成為創造力,也可能只是徒然虛妄。

⚜ 內涵探索
　　月亮,是情緒的釋放和意念的奔馳,在幻境與虛擬的時空中穿梭,能達到神祕意念和魔法能量的境地,然而也能導致瘋狂的精神狀態。月夜是心中最深處的祕境,底層的「暗潮洶湧」隱不可見,但漲落卻悄然發生。月下世界是超意識、集體無意識、神祕領域的探索。這張牌是情境導向的,時而代表心境、時而代表實境。

♛ 正位實占解釋
人際交誼:人際方面尤其詭譎陰暗,互相猜疑不信任。或許周遭真有小人作祟。
戀愛情緣:覺得感情關係受到威脅,彼此喪失信任感,各懷心結和猜忌。
事務進行:充滿恐懼和不安全感、沒有信心。環境險惡黑暗,過程曲折不順。
金錢物質:面臨財務危機、難以掌握情況。環境不景氣、經濟蕭條。

牌義沿革解疑

⚜ 來歷變遷

★這張牌的圖案其實變化不多，但意義內涵歷來卻有大幅轉折。

★偉特沿襲以往的定義：危險、黑暗、恐怖，以及毀謗、欺騙、迷惑、隱密敵人，幾乎已經都著重在黑暗面。他在畫面中闡發了月亮牌與死神牌的關聯，透露了這張祕儀如此陰森的緣故。

★偉特稍後時期，仍是偉特定義的闡發：**朦朧晦暗、曖昧不明、環境險惡**。尤其著重在負面的人際關係：**心機、自私、虛偽、不光明的行徑**，甚至是**隱藏的敵人、虛假的朋友**，**狡猾詭詐、騙局、中傷、誹謗**。

★從這時候起，月亮牌的正位置就都偏向負面的意義，而逆位置的意義則較偏向正面，這種方式一直沿用到現在。

★然而，最新近的解釋，卻導向更心靈和精神性的力量：想像、靈感和直覺的開發。這或許是未來牌義的新擴展方向吧！

⚜ 正逆轉折

★月亮這張牌很特殊的地方是，自早期一直到現在，都明顯地定義正位置為負面意義、而逆位置較為正面，並且多半逆位的意義是正位的險惡情況有了好轉。

★雖然偉特從開始就認為月亮逆位是程度較輕微的迷惑和錯誤，這應是採取「逆位削弱原則」而得，但偉特卻仍保存與正位置接近的定義：不安、混亂、無常、沉默、黯然。

★而在偉特稍後時期，運用了「逆位超越原則」推衍出：**識破問題、避免傷害、克服慾念和誘惑、以及輕微的失誤**。此外還有一點竊喜之意：感覺佔到了便宜或是不勞而獲。

⚜ 逆位思考

現今就以「有所好轉」的方向，來理解月亮牌的逆位涵義，這樣的推衍方式以「逆位超越原則」就可以涵蓋。思維推敲如下：艱辛地在漫漫黯夜中熬過，如今終於接近尾聲，局勢已經開始扭轉，災難會接著遠離而去，黎明即將來臨。這時雖仍未見到大放光明，心境卻已經較為安心和放鬆，只要繼續再撐下去，待捱過最後的緊要關頭，不久就能「**逾越黯夜**」，開始迎接新的契機，一切都將復甦而且更美好。

☖ 逆位實占解釋

人際交誼：拉近距離和互信、重新拾回交情。化解尷尬、冰釋誤會。
戀愛情緣：感情恢復了信任和理解、修補關係、解開彼此心結、將愛找回來。
事務進行：緩慢爬升、有所起色、逐漸升溫、提高信心指數。度過緊要關頭。
金錢物質：景氣逐漸復甦當中，從惡劣局勢中好轉。財務狀況有所調整。

畫面寓意解構

🌀 主角人物

　　無人之境，除了月亮之外，只有地面上的動物及冒出水面的生物。月亮散發出光芒，深夜的地面上，有獸類對月的感應吠鳴，也引發水生動物的浮現。

　　少數塔羅牌以月亮女神為主角，牌面描繪月神的姿儀，多以手捧彎月之姿出現，既然有女神形象出現，此時月亮本身的地位可能成了配件。

🌀 場景佈置

　　場景在水域與陸地之間，陸上有雙塔之門檻，位於兩側而呈對稱。其間有一條路貫穿，從岸邊延伸至雙塔背後的黑暗地帶。這條小徑代表通往遙遠神祕領域的歷程，聯結了兩個不同的境地，蜿蜒曲折就是路途境遇的寫照。整體畫面可說是呈現內心世界的陰暗面，而心中的某個角落是不可及的黑暗深處。這片神祕地帶，或許可以接通未知的時空、另一陌生的世界。

🌀 樣貌外觀

　　月亮圓盤多被劃分成兩半，同時表示滿月和新月的不同月相。像是人物般，月亮是畫出面容的，不同塔羅有不同的神情。具有兩輪或兩種不同線條的光芒，而有些塔羅設計的光芒數量是有意義的。月亮的顏色多是螢光黃色，也有銀白的月色。

　　少數塔羅是以三面月亮女神為主角，以三位一體的老婆婆、熟女和少女，同時或其中之一登場。

🌀 動作姿態

　　狗或狼等犬類動物，抬頭望月，正在吠叫不已。這表示牠們與月亮相呼應，象徵神祕時刻即將來臨，或者顯示獸性的釋放。

　　有時候會將犬類擬人化，或以埃及狗頭神現身，取代盤踞在雙塔下的動物，此時犬首神持杖面對面站立，彷彿在守衛著這道關卡。

圖案符號解碼

⚜ 服飾裝扮

一般的塔羅牌，月亮牌中都沒有人物出現，畫面中只有動物，因此沒有服飾可討論。除非，犬類動物以埃及犬首神阿努比斯神取代，就會身著其專屬服飾，並手執其杖或法器。

若畫面是以月神為主角，則比照神話中的裝扮，大多數是狩獵裝扮，但也隨繪畫的時代而有變化。三面月神則依照年齡層差距，服飾也各有不同。

⚜ 道具配件

這張牌沒有人物，也就沒有道具和配備。

雙塔：是場景，也可算是配件，代表不同領域交接的地界，也具鎮守觀望的功能。某些牌的雙塔具有窗戶，窗櫺表示了透視的作用，也是空間穿梭的介面。

場景的空中會有一些點狀物，可以是露滴或月亮的眼淚，就形狀所示，也是「上帝之指」。

⚜ 相隨配角

地面上及水裡面的生物們，都是月亮牌中的配角，但也都可以算是主角，因為除了月亮，沒有其他主要人物出現。

螯蝦類的水生動物，正從水裡探出頭來，奮力上岸往陸地攀爬，正欲沿著小徑匍匐前進，彷彿要朝向塔後的遠方而行。這象徵了最底層的潛意識浮現了出來，是內心最深處的慾念或暗影的具體化。螯蝦也可能浮出不久就再度沉入水中，代表慾念或衝動的消失，或者再度潛抑到無意識深處。

⚜ 整體營造

黯淡的月夜，詭異恐怖陰森的氣氛，黑暗不明的幽昧中，有一種不安的力量蟄伏著，同時表現出生命力與死寂威脅的對立能量形態。

畫面分佈頗具層理：月亮高掛夜空當中，以深沉的表情顯露光芒，引動和誘發下方的蠢蠢欲動。地面上的景物以對稱顯出靜態張力，雙塔、狼與犬各居兩側，小路及螯蝦位於中間。前後層次分明，雙塔之後是最神祕之處，黑暗深邃而不可見，前景為陸地岸邊交界，岸前水域隱含潮汐的變化作用、呼應月亮的運行和圓缺。整體共同烘托出月下不可捉摸的隱流脈動。

閱牌要領提示

月亮牌通常變化不大，一旦出現有所差異的牌，在畫面和牌義上就會相距甚遠，一般的牌是負面而黑暗的景況，另外的牌則是精神和想像奔馳的表現，這個差異也能指出整副牌在心靈走向上的態度，是著重現實占卜還是直覺感應的風格。

19 太陽 *The sun*

牌序結構

第十九階大祕儀——
第二層級的最高階段,是極致的頂點,如日中天,大放異彩的光明時期。

各式別稱

永恒青春,白馬赤子。紅旗,圍牆,征途。
太陽之子,世界之火主君。

正 日正方中　　**逆** 日趨沒落

祕儀原理解析

⚜ 數字對應

19 一向是代表太陽的數字。首先 19 是日月軌道交點運行的週期,也等同黃道的根號 —— 圓周 360 度加圓心 1 點等於 19 的平方,以此聯結太陽。1 的能量、9 的精神性,皆是陽性而具有火力,熱能化為光和明亮。1+9 出現 10,聯動了命運之輪、也蘊含了 0 的旋轉力,基數 1 也在加總過程多次重複,代表循環而持續的熱力四射。1 和 9 各為最小和最大的個位數,共同代表週而復始的完整週期。

⚜ 象徵法則

太陽表示了光明磊落和坦然、樂觀開朗且大方率直,具正面的情緒和態度、主動積極進取的精神。充滿熱情活力、精力旺盛,開創和發展能力強,是如日中天的興茂繁榮景象。象徵自由、解放,廣澤普及的博愛精神;也代表天真、純淨的赤子之心,以及對內在小孩的呵護。

⚜ 內涵探索

太陽,比擬為積極進取的人生,生命應有的展現,熱力的能量發揮。代表正向、光明境界、敞開的心胸,能夠攤開一切而透明化,也象徵純真誠摯的情感。處於「日正方中」鼎盛階段,代表凡事興旺、一片欣欣向榮。太陽下的新鮮事都生動有趣,卻也須瞭解烈日下的確難有細膩的感受,因而總有陰暗的存在,那是角落的一道圍牆。

☂ 正位實占解釋

人際交誼:人際相處開朗大方、隨和快樂。交遊廣闊、光采四射。
戀愛情緣:特別代表熱情洋溢、關係純粹而光明、戀情真摯而愉悅。
事務進行:前途光明、欣欣向榮、一切旺盛、萬事興隆。達到高峰、成就非凡。
金錢物質:資源充足、繁榮成長、富足豐收。財務擴展提升、大發利市。

牌義沿革解疑

⚜ 來歷變遷

★古代的畫面在太陽底下有著兩個人。如果是兩個小孩則意義偏向於無私的友愛，如果是成年男女則多半是一對戀人。

★偉特更動了原本的構圖，改為在太陽下只有一位幼孩、乘著白馬而來，賦予這張牌新的寓意，強調獨立和**自由**、**純真**的特質。

★如今的太陽牌畫面大都不脫於這兩種模式。無論如何設計構圖，意義卻都頗為一致，因為同樣受到傳統賦予太陽的象徵寓意所影響：太陽本就具有**溫暖**、**真誠**的特質，也代表精神力、**生命力**，事業上的**成功和旺盛**。延伸領域是**戀愛**、**情侶**、**婚姻**、**幸福美滿**的生活，包括物質的享樂、也有**藝術**上的成果，當然與小孩也有關。

★偉特的正位意義，鎔鑄了這些關於太陽的正面特質，而在偉特之後的時期也都繼續採納，這些正位置的意義也就一直沿用至今。

★隨時代演進，意義朝向精神面移動，像是：**單純的喜悅**和**精神的滿足**，這類說法愈來愈多加入太陽正位的牌義之中，也成為現代受到歡迎的解釋。

⚜ 正逆轉折

★偉特對太陽逆位置的定義，是依照「逆位削弱原則」推導而來，偉特有親身提到他的推論方法，即與正位「同樣狀況但感覺較輕微」，仍屬於正面的意義，只是比較不那麼旺盛。不過此時仍沒有明白指出逆位具有走下坡的意思。

★偉特稍後時期的觀點，則傾向於「逆位相反原則」：原本許多美好的景況，變成**不快樂**、**孤單寂寞**，計畫可能中斷或取消，甚至婚事不成或婚姻破裂。當然一定還是保有「逆位削弱原則」：**熱力消失**、**沉寂**或**陰霾**，另外還表示晚成、遲來的盛事。

⚜ 逆位思考

如今的逆位，可理解為太陽在中午運行到天頂之後轉而開始下降，影射為一切都不如從前旺盛。在如日方中之後總會開始下滑而終至隱沒，有如衝往高點後的回檔或轉向，可以將實際情況解釋為轉而逐漸在走下坡，這都可理解為「逆位削弱原則」。另外也可認為是太陽遇到陰霾或受到烏雲籠罩，也可以是冬日的無力和落寞，而這些景況都仍有復甦的可能性，也都可說是「逆位相反原則」。無論是一時的降溫或持續的低落，都可總歸為「**日趨沒落**」的現象。

⚜ 逆位實占解釋

人際交誼：原本美好的友情，如今感到生疏了，缺乏經營日久終會淡掉。

戀愛情緣：戀愛熱度減退、感情正在降溫，樂趣和刺激不復存在，逐漸日趨平淡。

事務進行：不再活躍或積極，事務的成效不彰。在鼎盛後漸走下坡、趨勢下滑。名氣聲望不復從前，比較不紅了。

金錢物質：財富不如以往繁茂豐盛，收入逐漸在減少當中。

畫面寓意解構

❧ 主角人物

太陽的主角並非太陽，而是太陽之子：純真無邪的赤子，是生命精神能量的投注凝聚體。太陽下的幼孩身在馬匹上，隨之奔騰和躍進，跨越圍牆的屏障來到新的領域。

另外的版本是兩個孩童相聯繫，有可能是一對相愛的戀人，或者是手足朋友之類的關係，看取用彼此性質相同或互補的任一模式。

極少數塔羅的太陽牌，描繪了太陽神之類的人物作為單一主角。

❧ 場景佈置

場景在光天化日之下，但人物的身後或者場景中多半都有著一道圍牆，天空晴朗無雲，並呈現出太陽的熱力。太陽下的新鮮事兒，就這樣攤開在畫面上了，圍牆前景的場地要怎樣安排，就看作者想要表達什麼內容了。

有些塔羅牌以高山為遠景，有山襯托太陽，並呼應陽性的作用象徵。

❧ 樣貌外觀

太陽要擬人化的畫出臉型和表情，當然大都是笑臉，也就是那種「太陽公公」式的笑容。小孩童稚健康，表情自然而愉悅，展現出天真無邪的笑容。兩者的呼應像極了父親與小孩的關係，也有如聖父與聖嬰的對照。

❧ 動作姿態

騎在馬上的小孩，敞開雙手放鬆身體，是暢快輕鬆的喜悅。他手握著旗杆，展現初生和年輕的力量，以及生命的奔放。小孩安然坐在馬背上，完全信任而不駕控馬匹，這樣的騎乘方式表示超越物質牽絆，也不受限於距離，彼此是一種自由的互動關係。

如果太陽底下是兩人，他們可能正在嬉戲或凝視，無論動態或靜態、氛圍總是輕鬆愉悅。多會表現出兩人的友好或親密，朋友之間的牽手、或戀人之間的擁抱。

圖案符號解碼

⚜ 服飾裝扮

很小的幼兒通常沒有穿衣服，純白的身軀，帶有一頭金髮。有的小孩頭上戴著向日葵花圈，而其實髮色金黃本身也能呼應於場景中的向日葵。其他構圖的塔羅，在太陽下有兩位人物，造型變化就比較豐富了，身上或許會穿上簡單的衣物。

⚜ 道具配件

紅旗：揭示熱情博愛的思潮，以及熱血精神。旗幟以飄盪之姿展現動態，配合行進不停的動作。旗桿是一種堅定的決心，手執旗桿也表示正在揭示和宣揚新時代的來臨，甚至可能隱含革命的意味。

圍牆：是太陽牌畫面中不可或缺的要素，有其深入寓意，一般表示界限和藩籬、僵硬堅固的阻隔，以空間的區分隱喻時代的落差，並可賦予這張牌奧祕、故事，影射看不見的背景和暗影在牆後的世界。牆體多為石塊或磚塊材質堆砌的灰白牆面，顯示出和太陽相反的冰冷強硬隔絕，能阻擋光熱和生命力。

⚜ 相隨配角

塔羅中以天體為名的牌，主角皆是二元化的，地面上的人物可算是天體的分身，太陽牌也屬於這樣的結構。而這麼一來，最重要的配角就是馬匹了，牠是太陽之子的坐騎。多半馬身巨大而與小孩差距甚遠，雖和死神牌一樣代表強大原始的力量，但在這裡與小孩結合，意義是積極正面的，表示純淨的強大生命力。白馬以跳躍的姿勢載著小孩移動，雙方的合體並不是互相控制的，其間沒有韁繩羈絆，甚至可以說是平等而彼此信任的朋友關係。

如果太陽底下的場景是兩人組的構圖，應該就沒有坐騎動物了。

太陽牌常會出現幾株向日葵，多半種植盛放在牆上。向日葵也是太陽的象徵和化身，與太陽同樣的意涵重複出現，做為陪襯或表示回應，多會想辦法賦予更多象徵，例如採取四朵向日葵來比擬四元素之統合。

⚜ 整體營造

營造光明燦爛輝煌，以及熱力四射、熱情洋溢、精力充沛、活力十足，一片旺盛繁茂的景緻。晴空呈現了自由敞開的精神與博愛的情懷。太陽底下是欣欣向榮的花園，小孩騎士在園地內外徜徉，或者少年男女在牆邊嬉戲。圍牆是重要場景，有區隔出園地場域的作用，也可暗示或許有著不為所知的另一面。

閱牌要領提示

太陽牌是自由發揮的一張牌，太陽底下的場景可供盡情揮灑，實際上這些構圖仍採取固定選項，因為必須顧及完成這張牌的某些寓意，並且會牽涉到各張牌的共同設定。那麼一副塔羅的創新和突破程度如何，或許真可從太陽牌看出個究竟。

20 審判 *Judgement*

牌序結構
第二十階大祕儀——
第二層級的結束，揭示最後的審判，開啟更新層級的可能，轉折變化莫測。

各式別稱
最後的審判、末日審判。復甦、重生。輪迴、業力。
劫期，永紀。拙火之靈。

正 末世謎底　　**逆** 在劫難逃

祕儀原理解析

❦ 數字對應
　　20 再度完成循環，象徵精神層面的週期輪迴或宿命期限，處於大祕儀的墊後位置，適以代表最後審判。20 是 2 的加強和提昇，是正義和女祭司的高層級變化，代表深度內省和更高神諭；極度陰性則以地底為表徵。不可測的 0 強化至無從窺探、如天意般只能順服，由此 20 攸關共同聚合的信仰契約，所謂的審判正是眾人齊信的願力。

❦ 象徵法則
　　代表心靈感召、內在精神信仰、宗教情懷及道德觀念的法則。審判中宣判和承受的兩方並不對等，必須要求自身勇敢面對而後因應和修正。這是一種深層的省思，有如接受福音或洗禮的心境，帶動調整和更新、甚至復甦和重生，是開悟或救贖的起始，代表著考驗和試煉的境遇，以及人生中面臨的各種「關卡」，諸如難關、情關……

❦ 內涵探索
　　審判，是內在的道德意識，心底最深處的聲音，超我意識對自我的警醒。有如對「**末世謎底**」的探求，下定自我改善和提昇的決心，徹底而全面的省思批判，目的在於朝向多重層面的圓融、重塑嶄新的生命樣態。由於觸動了某一道底線，從而喚醒內在的神祇、核心的信念或是最終的良心，猶如瀕死的觀照、生命歷程整體浮現。

🔮 正位實占解釋
人際交誼：關係遭遇難題，須審視對待他人的方式，評估或反省如何調整修復。
戀愛情緣：感情相處遇到考驗，省思自身的缺失而試圖改善，以能彌補和挽回。
事務進行：遭遇到挫折阻礙，必須檢討過去、糾正曾經的錯誤，以期度過難關。
　　　　　　代表被宣判或受裁決的事項，如參與考試、測驗、評鑑、比賽等。
金錢物質：面臨金錢財物上的損失或遇到難關，不過仍有機會尋回或拯救。

牌義沿革解疑

❧ 來歷變遷

★這張牌的主旨看似和宗教議題特別有關，其實不需視為某些特定宗教，因為各類宗教和信仰都有其警世觀念，落實為人心的最終道德，人們須根據這些道德而更新和提昇，這皆是審判的意涵。

★偉特在這個脈絡之下，加入了自己的觀點，並定義正位置的解釋為：**局面的改變、革新、復甦、演變**。

★偉特稍後時期將牌義整合為：自省自制，以免影響他人。**贖罪、悔改**和**原諒**。**活化、重生、改善，進展、升級。面臨審判，通過判決**。衡量時機妥善運用、**珍惜機緣**。而這些意義就這樣一直沿用下來。

★現今正位置的占卜運用方式，則是以審判象徵所面臨的問題和考驗，正位置就是通了試煉，而這是因為自身的領悟和決心調整。而審判的關卡來臨可說是早就註定，也可視為過去業力累積所致，甚至果報的意味比高塔這張牌還強烈，占卜時審判所代表的事況也較具針對性且個人化。

❧ 正逆轉折

★偉特的逆位定義有點與正位混淆：決定、決心，宣告、判決、協議，也有和前面這些顯然有矛盾的涵義：無力、怯懦。另外還有簡單、便利等不搭的意義。

★偉特稍後的意義是：延遲、耽誤、**蹉跎**，無法面對現實、失望，其實都是延續之前有關無力的解釋。

★而後，某些意義愈來愈明確，並一直沿用下來：**離異、分開、感情的疏遠**，以及一些不正當的行為，像是盜竊等。

❧ 逆位思考

如今審判逆位承襲的是：沒有徹底的決心，因而沒有通過考驗，導致不佳或不願見到的後果，這個「逆位不當原則」的推衍方式，與正義牌逆位的運用很類似，審判的逆位置一樣是道路的錯誤，不過這時是自身心態有問題或調整不當，也從而導致外在的不順暢。審判逆位所遭遇的是一個無法突破的難關，或者難以通過這個考驗，具體事態狀況的描述則根據問題和牌局來對照。可以這樣說，正位置已經算是躲不過的果報，但逆位是更無法擺脫或改變其負面效果的「**在劫難逃**」。

♠ 逆位實占解釋

人際交誼：歷經患難，友誼人情終見分曉。誤會難以冰釋、裂痕無法彌合。
戀愛情緣：情關難過、逃不了情劫。感情似乎走到盡頭，關係破損難以挽回。
事務進行：無法通過考驗、持續受到試煉。註定無法避免的劫數、在劫難逃。
金錢物質：財務問題、經濟危機、金錢風波。調度困難、週轉不靈。

畫面寓意解構

❧ 主角人物

審判天使：傳遞靈魂深處的聲音，上帝或最高神祇的使者，為末世審判或末日終結而降臨，宣示神旨教義或傳達天意。審判天使在上，浮現在雲端，吹響號角、宣告醒世之音。而原本沉睡在地下的人們甦醒，起身伸展。

❧ 場景佈置

地面上一片冷絕之地，冰寒的山色環繞和凜冽的空氣籠罩，地面也呈灰白，多半就是墓園所在，其中可能還有石棺打開著。無論如何，地面上一定要有呼應天使宣告的場面，甚至可排列出圖形陣式。

❧ 樣貌外觀

天使有其嚴肅的神情，具剛烈的性格，又存懷憐憫之心。

許多塔羅中都有從地下起身的人們，多為一家人，父親、母親和小孩，也可能會有一家以上的畫面。地面三人組的表情都很喜悅，因接受福音而有了生氣，人們之間的眼神互相聯繫，有彼此關懷之意。這幾人各代表某種生命特質或重要層面，如：身、心、靈，男性面、女性面，童真或世故。

❧ 動作姿態

天使雙手持號角，正在吹奏著，將聲音傳送出去，天籟直下雲霄。天使持號的角度和旗幟的飛揚方向，會根據畫面而調整。

地面上的人們歡欣鼓舞，獲得重生而充滿活力，伸出雙手好似在迎接新的人生，或是互相擁抱、彼此更增進了聯結。男、女、小孩，各有不同的動作，卻又好似在配合呼應。

圖案符號解碼

❧ 服飾裝扮

審判天使的服裝多半是簡易的素袍。頭髮顏色和形貌，與所具性格息息相關，多半帶有威儀，像頭髮可能火紅如烈焰。天使的背後有羽翼，顏色則暗示其位階層級或職務，像紫色即表示高階。地面上的人，通常都呈現裸身且晦暗或蒼白，因為是從死亡狀態下復活的。

❧ 道具配件

號角：具有宣布警醒的作用，這樣的樂器，多是宗教中所常用的。這樂器是神的發聲器，是天籟的振動，是福音的傳遞。啟示錄的預言，就是以天使吹號角宣示末世審判來臨。

旗幟：通常掛在號角之下，揭示這個審判所秉持的信念為何，呈現在旗面的圖案上。旗幟上最常見的圖案是十字，表示救贖的意念；而旗幟底色和十字符號的顏色，都有個別和組合的不同涵義。

石棺、墓穴等，象徵著使人們身心靈各層面僵化的限制和框架。

❧ 相隨配角

審判牌中的角色，主客不易分別。宣告審判的是天使，地面上的人們響應著，他們代表占卜時的當事人。從地底起身的人通常集結成群，為三人組或雙三人組等群聚。他們的動作頗為一致，沒有個別的性格和色彩，象徵失去真正自我的狀態，這點在他們起身後才開始改變。由此，地面人群原本只稱得上這一幕的臨時演員，不過卻成了畫面中的重點，反轉式地展露出劇情主角的身分。

❧ 整體營造

多重世界次元同時呈現並有聯結，場景和地面多為灰暗無生命的色調，表現出冷冽冰寒的境地，以及生命的枯槁死寂。然而其中的天使和每位受到拯救的人，動作卻都具有動感，並相聯繫呼應，尤其地面上的人可能排列出某種符號的形狀，例如 ♡，能增添更多象徵意義。整體而言，這些安排都算是種特別的張力營造。

閱牌要領提示

審判這張牌，是塔羅中重要的環節，由此與信仰和宗教層級聯結，甚至討論到靈魂重生等深入的議題，也從而增添塔羅牌的正式及嚴肅性。由畫面中審判的模式，可看出作者對於信仰觀念的態度，甚至明指偏向何種宗教。若是輕鬆而不確定，則表示崇尚新式而自由的信仰和觀念。

21 世界 *The World*

牌序結構
第二十一階大祕儀——
整體的最終階段以及最高層級，再晉級增添的後續和新生的未來。

各式別稱
宇宙、大功告成，天堂境界。王冠、花環，博士的冠冕。
時光之至尊，純然絕對。時空盡頭。

正 完美聖境　　**逆** 未臻至境

祕儀原理解析

⚜ 數字對應
21 能代表周全的世界，也具有人間的意涵，並蘊含欣欣向榮的意味。21 的加總基數為 3，於是這組數字 123 到齊，更呈現整體性。21 與 12 位數對稱相反，較強調陰性主體而結合陽性動能，因此以女神為畫面主角，並賦予交流律動、喜樂和豐富性，表現基數 3 的更高意涵。21 的尾數是 1，也具有駕馭四元素的功能，由此帶出隱含的 4 和再變化出 0，並藏置在圖案畫面中。世界以最多數字統合最終王牌的極致之理。

⚜ 象徵法則
一段旅程的終點站，也是整體人生的重要中繼站，代表到達與完成。是最高層次的躍升、進入最美好完善境界，有形和有情界的完美周全和極致。心境上無入而不自得，也代表大功告成，象徵實際面各種階段的完滿句點：畢業、樂退、升學、高遷等等，也包括這些過程中經歷的現象：多元化、蓬勃發展，還有和諧及溝通。

⚜ 內涵探索
世界，是心靈中最高層的境界，不再受到任何羈絆束縛。超脫而融合於自然韻律和宇宙節奏，也是有意識的悠遊自在、隨心所欲不踰矩的寫照。世界亦代表理想的終極目標，是心中「**完美聖境**」的顯化，達到盡善盡美的功成圓滿。這張牌中四元素俱全，占卜時表示各層面周到而完整，樣樣都是美好的，還能擴及其他層面。

♁ 正位實占解釋
人際交誼：心胸開放、接納多元、交遊廣闊，相處都能熱絡而融洽。
戀愛情緣：戀情幸福美滿無缺憾，尤其擴及到實際面的助益。修成正果。
事務進行：擴展順暢、達成目標、高度成就、共襄盛舉、貴人相助、旅遊順暢。
金錢物質：輕鬆擁有，能自主運作。財富自由。福祿雙至、圓滿豐收、心靈滿足。

牌義沿革解疑

❧ 來歷變遷

★這張牌自古以來都是美好正面的意義，自由心靈的世界女神說明了一切。

★神祕學家加深內涵為純然絕對的真理，對偉大使命的領悟，以及沉浸在神聖或神祕中。這張牌也一直是人生的象徵、以及永恆生命的報償。

★偉特根據牌序定義為：**盡善盡美的終點**、完美的最高程度、世界的復甦，在高層的精神境界代表狂喜以及自我覺知。對於占卜的事項明白指出了：**旅遊**、**遷移**等涵義，任何**航行**和**出發**、**啟程**，也已經包含了飛行。當然，尚有不可或缺的：成功和現實面的達成、得到各種成果和代價。

★偉特稍後的解說加強了這些層面：**才華洋溢、能力卓越、盡職勝任**。然而卻也帶有依賴、依附的缺點。不過現今的解釋，這些負面作用已經都放到逆位置去了。

❧ 正逆轉折

★偉特對世界逆位的定義有一個推衍的主軸，正位的移動之意在逆位轉為靜止不動，也延伸為不活躍和一成不變，或者是受到限制而不自由。

★偉特稍後時期的正逆位差異著重在完美與否，因而逆位表示著：**不完美、缺憾、功虧一簣**，未能完成預期的目標。另外像是：**沒有遠見、失望、落空**，也是其中的涵義。這些多半是以「逆位削弱原則」來推衍的，也是沿用到後來的逆位涵義。

❧ 逆位思考

如今的世界逆位，主要就是以「逆位削弱原則」，以及「逆位不當原則」來推衍的。世界逆位在運用上無論是人際、情感，還是事件狀況、物質條件，意義都是不夠完整、不周全，無法達成目標。各層面難以到達顛峰或最高境界，抑或是內心感到有所缺憾以及不安。而特別在旅遊、行動和溝通交流等具體事項，也有阻礙和不順。

若要以「逆位相反原則」解釋成整體傾覆或全毀也是可以，不過這麼一來會顯得太過嚴重了。世界逆位有其微妙之處可看待：雖不完美但也還過得去、說很糟糕卻並不至於、真要說能夠接受又感到勉強。總而言之，無論事態輕重深淺，都可以統攝為「**未臻至境**」來解釋。

☙ 逆位實占解釋

人際交誼：總是難以交心，也許交情不足，也許彼此不是很貼心。關係有嫌隙，或不太夠朋友，有可能不歡而散。

戀愛情緣：心裡覺得不滿足或不夠幸福，或許關係中偏偏遺漏了核心要素。不明確的交往、不完整的關係、不完美的結果。

事務進行：關鍵時刻只欠東風，缺少那臨門一腳，導致功虧一簣的下場。稍有缺失或者混亂，難以達到目標，最後倉促結束或無疾而終。

金錢物質：營運失誤或週轉不靈，只好認賠收場以保大局。資源不完整、物料不齊全、金額不到位。過度注重眼前實利而忽略了其他方面。

畫面寓意解構

🔱 主角人物

　　世界女神：完美無瑕的女性身姿，象徵心靈的自由境界。世界女神跟隨宇宙韻律跳著自由之舞，在花圈之中旋繞。四活物也跟著韻律擺動，好似齊聲歌頌世界人間。

　　部分古典塔羅是描繪手捧世界地球或宇宙天球的女人。

　　有極少數塔羅的世界牌以小孩為主角。

🔱 場景佈置

　　在無限空間中，以花圈圍繞一周，女神通常位於中央；四活物或四元素象徵分佈於四角落。有些牌是勾勒世界或地球的樣態，以星系或宇宙為場景。而無論主體差異多大，也都盡量呈現四元素於背景中。

🔱 樣貌外觀

　　世界女神是完美的，是心中的理想化身。女神臉型端正典雅，身型姣好而曲線優美，她的表情柔和滿足，眼神超脫而喜樂。

🔱 動作姿態

　　女神沒有固定的「立足之地」而處於動態，必定以舞姿的律動、踩著和諧韻律的宇宙舞蹈，須極力呈現出姿態的優美。

　　世界牌裡的四活物顯現出喜悅的表情，且顏色和形象鮮明，似乎更顯自由活潑。都只現出上半身或頭臉，有的牌是從雲裡冒出，並都不再面對經籍。

圖案符號解碼

⚜ 服飾裝扮

世界女神是裸身的，但因為正對畫面，也會有少許衣物遮蔽，可能根據該副牌的訴求而有尺度變化。不過通常對身上半掩的布條也可再賦予寓意，這絲絹也呈螺旋狀纏繞，隨女神舞姿而轉動飄逸，包含了許多意象可供詮釋。

女神頭上的花環，是桂冠所組成，通常與圍繞她的花圈相同材質，兩者彼此反覆呼應而形成無限空間循環。

⚜ 道具配件

女神手上的雙杖齊握著，表示統合一切二元對立、抿除一切界線。雙杖和魔法師的魔法杖很類似，其實也代表所有牌中的各種雙柱，甚至許多二人組和其他成對的組合。女神的大能以奇幻的方式統合了所有祕儀的內涵。

桂冠花圈，圍繞女神身旁，象徵著光榮與和平，也表示世界的連線、宇宙的層級、空間和次元的標示。

⚜ 相隨配角

世界女神並不孤獨，配角就是角落的四活物，他們代表四元素和四方位，或者關聯於四合一的各種象徵。四活物其實更常在世界牌中出現，而不是命運之輪，在這裡他們的形象清晰色彩鮮明，頭臉部放得較大而通常看不到全身，也不見在誦讀經書。畫面中四元素或四活物的位置排列有其講究，不同塔羅的方位對應可能因所採取的理論而有異，通常會和命運之輪牌中的位置一樣，然而呈現方式會突顯出和命運之輪有所差別。

⚜ 整體營造

天空宇宙無邊無際，圓形的花圈更增加空間感，多半置中或位於中央，而主角更在圈線結界之內，彷彿是在說「女神為世界的中心」。

四活物隨著女神起舞般悠遊自在，世界由此而多采多姿，有些牌會添加更多要素或裝飾以強調整體的繽紛。必要的是盡量營造出空間感，讓人感覺到畫面更形廣大，卻又緊密協調和融合，表現出空間與次元變化多端。

閱牌要領提示

世界，是真正壓軸的一張牌，因而格局也是最大的，揭示最終的目標和宗旨，如此幾乎就蘊藏了整副塔羅的寓意了。顯然對於層次的鋪排至為重要，由此看看畫面如何設計以呈現這種格局、在簡單的圖案中能容納些什麼，一窺作者的構圖設計功力和蘊藏其中的內涵。

0 愚人 *The Fool*

牌序結構
第二十二階或零號大祕儀──
特殊的定位，或無定序。一切的開始之前，也是一切的結束之後，混沌未明的階段。

各式別稱
愚者、傻子。瘋狂、渾人。流浪者，宮廷弄臣，小丑。
混沌，以太之靈。

正 大智若愚　　**逆** 裝瘋賣傻

祕儀原理解析

❦ 數字對應
0 為無性或中性特質，是進位元，也是接續點。0 的涵義，即是空和無。代表未進入狀況之前，一切未知不定，充滿神祕和無限的潛能。在塔羅體系內，0 也同時等於神奇的 22，基數 4 間接聯結皇帝和死神，潛力更為強大。這張祕儀的順序向來模稜兩可，愚人代表開始之前、結束之後，或者銜接和交替，也有放在其他號碼之間，甚至別於大祕儀之外或無標號。如此特殊多變，標以定位不明的 0 號再適合不過了。

❦ 象徵法則
無與空的原型、無中生有的法則，演繹成無與有、智和愚的交互辯證與弔詭。象徵最純然的原始狀態、本初樣貌、空無之境，渾然天成之姿蘊藏無限的神祕潛能。漫無目標的行動，面臨變化莫測的環境，以虛心和好奇迎向前方。跨出一步後的世界有如天壤之別，是否縱身一躍投入於未知的抉擇，需要徹底的信心與絕對的勇氣。

❦ 內涵探索
愚人，具有無比的信心和勇氣，心中沒有任何成見。他一無所有、也別無所求，腳步自由輕盈然而也是虛浮，總不著落在實際的見地上。他看似目空一切、心高氣傲，或許只是莫名忘我、混沌憕憧，甚至其實是「**大智若愚**」、保持心思單純、或者放空的狀態、可能已經身於空靈的境界。既然愚人無拘無束，也就無所評斷是非好壞了。

☼ 正位實占解釋
人際交誼：隨性而不掩飾，有時候容易得罪人，有時候卻被認為真誠率直。
戀愛情緣：面對愛情沒有多想什麼，有點放空狀態。沒對象也不打算考慮戀情。
事務進行：對手邊事務不求甚解，進行過程易出狀況，多半是誤打誤撞過關。
金錢物質：漫不經心也能得過且過，難以掌握全盤財務，偶爾還會疏漏或遺失。

牌義沿革解疑

❦ 來歷變遷

★這張牌一直是受到注目的焦點，也是變動最大的一張牌，甚至還曾經在編制之外，因而歷來塔羅家都很關注它的牌序定位，這也牽涉到它的涵義問題。

★一直到神祕學家時期，愚人仍被視為愚蠢無知、不知不覺步向毀滅的象徵，這是由於面對難以控制和非理性特質而產生的恐懼感。

★偉特所定的牌義還是有很多負面特質，雖然他在圖案上和本質上賦予許多神祕學涵義，表示可能蘊含**無限潛能**，或者有神祕力量的護持，並不僅是招致滅亡。

★偉特之後的牌義走向，就愈來愈容納更深層的意涵，而不只是輕浮或興奮躁狂，導向**熱心**以及**天真無邪**。

★現代塔羅界「愚人旅程」的觀念確立後，愚人更是代表生命**勇氣**和**追尋**的意志。

❦ 正逆轉折

★愚人逆位的牌義比正位更難捉摸，隨著正位置意義的更動，逆位置意義就更為浮動不定了，大致為：處於空泛、缺乏的狀態。

★偉特認為逆位意義與正位置相差無幾：粗心大意、輕率莽撞、無用的行為。除此之外，還以「逆位相反原則」推衍出這些牌義：冷淡、漠視、和空虛。

★偉特稍後時期，逆位仍然不脫以上意義，然而又以不夠徹底勇往直前的思考方向來推衍，導出猶豫不決和躊躇不前之意，也算是一種「逆位削弱原則」的應用。

★而後至今，愚人逆位便吸收了原本愚人的較負面意義 ── **輕率疏忽**，並加入了**虛榮**、以及**錯誤決定**的意涵。

❦ 逆位思考

愚人逆位的解釋有很多變化性，可以運用各種逆位原則推往不同方向，也可以不受這些原則限制。逆位多半設定為事況比正位難控制些，而這就等於傾向負面意義、有如「逆位負面原則」，大致方向是：揮霍無度、隨便輕率、沒有理性、躁動不安、目標定位不明確，容易受外界聲音所干擾，產生懷疑而失去信心勇氣，反而造成不利的影響。以另外的角度來看，愚人逆位代表：由於單憑本能行動或不瞭解狀況、因而招致危險或損失，也可能是明知故犯。以上種種行徑，都不外乎是以「**裝瘋賣傻**」做為掩護，彷彿也介於「逆位不當原則」甚至「逆位虛假原則」之間。

♠ 逆位實占解釋

人際交誼：態度輕浮、行為不成熟，表現出無知、任性、狂妄和莽撞等等行徑。
戀愛情緣：感情相處上我行我素，輕忽對方感受，自我感覺過於良好。蠻不在乎自身有無戀愛或桃花，也可能對關係的確認游移不定。
事務進行：踩空、擺爛、失誤。毫無主見、找不到方向。偶有瘋狂作為。
金錢物質：財務失控，無視危機存在而招致損失，時而起伏不定、甚至跌落谷底。

畫面寓意解構

❧ 主角人物
愚人：是一位年輕的人物，有點中性化，不容易看出性別，更帶著令人捉摸不定的神祕感。愚人漫不經心的行走，踩著雀躍的步伐，甚至輕盈舞動著，他像是正展開一段旅程，只攜帶簡單的行囊和竹竿，卻不知他的下一步究竟是何走向。

❧ 場景佈置
許多塔羅牌的愚人，都是踏在懸崖的邊緣上，從背後的山丘可看出其高度如何。有些牌例如埃及系統，愚人是處於深淵的岸邊。總之，愚人都會面對一種臨界線，而另一邊就是危險和未知的代表。面對險境表示冒險而無畏的心態，但之後是否向前或置身何地未得而之，營造出一個耐人尋味的懸疑。

❧ 樣貌外觀
呈現天真無邪的樣貌，現代塔羅中愚人大都是年輕而中性化的，古代塔羅其實多是留鬍鬚的男子。表情多半是陶醉或著迷的樣態，有的是一副心不在焉的樣子。有些牌的人物表情較為兇惡，是較為貶低的愚人意義。另外的特殊表現法，多半是暗示愚人有其來歷或是懷有特殊目的。

❧ 動作姿態
愚人踩著雀躍的步伐，甚至是跳舞的姿態。他的雙手在揮動，多半形成敞開狀貌。整體感覺是輕快地走著或暫時停頓，看起來要往前卻又不一定。或許他那種無謂的神態，是一種不為人知的信心堅定。

圖案符號解碼

❖ 服飾裝扮

無論哪種類型的愚人，穿扮都有其共通性。通常上半身的穿著特別繁複或花俏，但邊緣卻有點破損。這個對比也表示愚人的多面性格 —— 不修邊幅的放浪形骸，卻又喜愛花俏亮麗引人注目。這一切愛裝扮的特質，其實是種偽裝。愚人花花綠綠的衣服或許是特殊形式的法衣，上面繡有許多神祕圖案或符號，且都有其神祕學意義。愚人頭上大都戴有飾品，可能是帽子或是花圈之類，用以襯托其精神層面或意識狀態。

❖ 道具配件

至少都有帶著一根棍子，多半是撐在肩上掛行囊的竿，是唯一肩負和牽掛之物，也是他的依恃，或許也暗示有魔法作用。一些古代的塔羅可能另外多了一根手杖，等於多了個倚仗的工具，也有可能是增添懸疑效果，讓人猜測究竟哪一根杖才具有法力。

行囊：上面可能繡著圖案或符號，隱約表達其象徵意義，如老鷹頭表示精神能量的轉化。多半認為行囊裡所藏之物，代表任何所認定的特質，也是神祕和抽象的意識。

有些塔羅的愚人另一手上還持花，這也是增添神祕感的手法 —— 手拈花朵。而這朵花本身是情感和精神能量淨化的象徵，因此多為白色花朵或玫瑰。

❖ 相隨配角

這張牌的特色，是有寵物相隨在後，多半是隻小狗。寵物會跟隨愚人、同他起舞，或對愚人吠叫，甚至咬他的腳。這隻動物代表內心深處的潛藏自我，或精神上、直覺力的指引，對外界現實面的情況發出警示的聲音。各式塔羅牌中的愚人可能使用不同的動物形象，所表示的特質有些差異。狗偏向保守溫馴、貓偏向直覺冒險。也可能是較凶猛的動物，這時便可能是敵對者，像是老虎追咬愚人，也表示遭遇恐怖麻煩的事。

若說愚人牌真正的「敵對者」，可能會在前方河岸邊另有一隻動物，這當然不是寵物，而是塔羅裡少數的反派配角，扮演危險和傷害主角的角色，不同的動物有其不同屬性象徵，像鱷魚代表愚昧無知或原始能量。

❖ 整體營造

不同塔羅牌的愚人設定不一樣，取決該副塔羅的大祕儀故事，或是「愚人旅程」的大祕儀設定。但都極力營造出愚人輕鬆的神情，迥異於險阻的環境，兩者形成對比和張力，甚至畫面要經營出神奇、特別的氛圍，讓人感到有所期待或者察覺藏有蹊蹺。

閱牌要領提示

愚人，是塔羅牌中最起眼的代表牌，多半有隱藏整副牌的特殊寓意。在愚人旅程中，這張牌成為串聯整體祕儀的鑰匙，地位更形重要。愚人牌最為特殊卻又無限制，能讓創作者盡情發揮，可以朝想像力擴展、或學理內蘊上的豐富深入。這是看似最為膚淺、卻也可能是最具內涵的一張牌。

МЕМО

主篇 2

四花色解密
Four Suits and Elements

元素花色牌組結構

元素體系

⚜ 四大元素

西洋神祕學重視四元素宇宙體系，認為「四大元素」（Four Elements）是構成物質世界的元素，又可稱為四象元素：火元素（Fire）、水元素（Water）、風元素（Air）、土元素（Earth）。

其實西洋在各個文化層面上，舉凡哲理、思想、宗教、神祕學、占星學、煉金術、魔法等領域，都有四元素體系的觀念，成為共通的精神信念。

對四大元素的概念，並不是簡單地視為基本物質，實則是一種歸類，也可認定為屬性或成分。

四大元素也不專指物質、抽象的事件，甚至行為和性格各個層面，都可套用四元素去解析，這也等同於四大假合的概念，終而成為一切事物的象徵。

四元素又劃分為陰陽兩個類別：陽性元素包括火元素△和風元素△，符號皆以正三角形為基礎。而陰性元素包括水元素▽和土元素▽，符號則以倒三角形為基礎。從元素符號可以很明確其分類屬性，從中還可以看出：火元素和水元素有其同質性，符號都是單純的正反三角；而風元素和土元素亦有同質性，故兩者都在正反三角上加槓。這是四元素最基本原理，也是公認的分類。

⚜ 花色對應

塔羅承襲元素體系的觀念和傳統，也設定讓其中各個牌組與各個元素對應：塔羅牌有大祕儀和小祕儀兩部分，小祕儀包含四個牌組，每一牌組為不同的花色，每種花色選定一個器物圖案做為象徵圖騰，這個器物可以稱為「專屬物」。花色專屬物通常可用以聯結神祕學要素，於是每一花色象徵對應並代表某一「元素」。每種花色專屬物，都是使用元素的器物，以此媒介物聯結於該元素。

由此，紙牌四花色牌組對應了四大元素，這是最基本的一般對應，據此繼續拓展可以做更多內部設定。

元素到器物之間的應對，有一連串的轉折過程，這個細微的神祕學原理，會與元素性質、器物屬性，一併四花色分論中詳述。

⚜ 第五元素

西洋也有其特別的五元素觀念。在四大元素之外，還有個「第五元素」，一般性稱呼是「以太」，然而煉金術各系統中有各自不同的認定和名稱，共同點就是視為外乎這個世間的獨特高等元素。

具體的物質世界中由四元素構成，而在精神性的世界中才有第五元素。第五元素的概念超然於四元素，並且也不參與其中相互運作。

塔羅牌在小祕儀四牌組對應四元素之外，整體大祕儀序列又可視為第五個牌組，而這一串特別而重要的大祕儀，就恰如其分地代表了特殊的第五元素。總之，不管是否論及第五元素，塔羅牌都完全與元素體系緊密結合起來。

⚜ 元素串聯

　　塔羅的奧祕之理，亦是無中生有、有生萬物。萬物皆歸納為四元素，四元素之精華為四法器。四種法器衍生構成四個花色牌組，對應人生的四項層面，從而能應用於占卜。各法器的具體呈現和元素的起始，呈現為四花色的首牌，象徵四種層面的開端。

　　大祕儀中的愚人象徵「無」，從無到有的開端為魔法師，魔法師展現了有生萬物。魔法師聯結四張首牌，桌上陳列的四個器物特別是四牌組首牌中的專屬物，表示魔法師掌握四元素。由於四花色首牌連接整個牌組，牌組內各張牌代表該元素的更多細微變化，因而延伸為萬物生成。

　　一號牌魔法師直接在畫面中呈現四種法器，也就是首牌專屬象徵物，塔羅牌以此方式將五張第一號牌結合，使四牌組和大祕儀的開端接通、大祕儀和小祕儀連成一氣、並串起各個牌組。大祕儀代表第五元素，因而也就聯結了四元素和第五元素，顯示出不同元素體系之間特殊而巧妙的關聯性。這種設計強調了每張牌之間的脈絡和強力聯結，表現出其間相關性、同源性，象徵宇宙萬有一體。

　　下方示意圖就是各牌組和這幾張祕儀代表的元素關係脈絡：

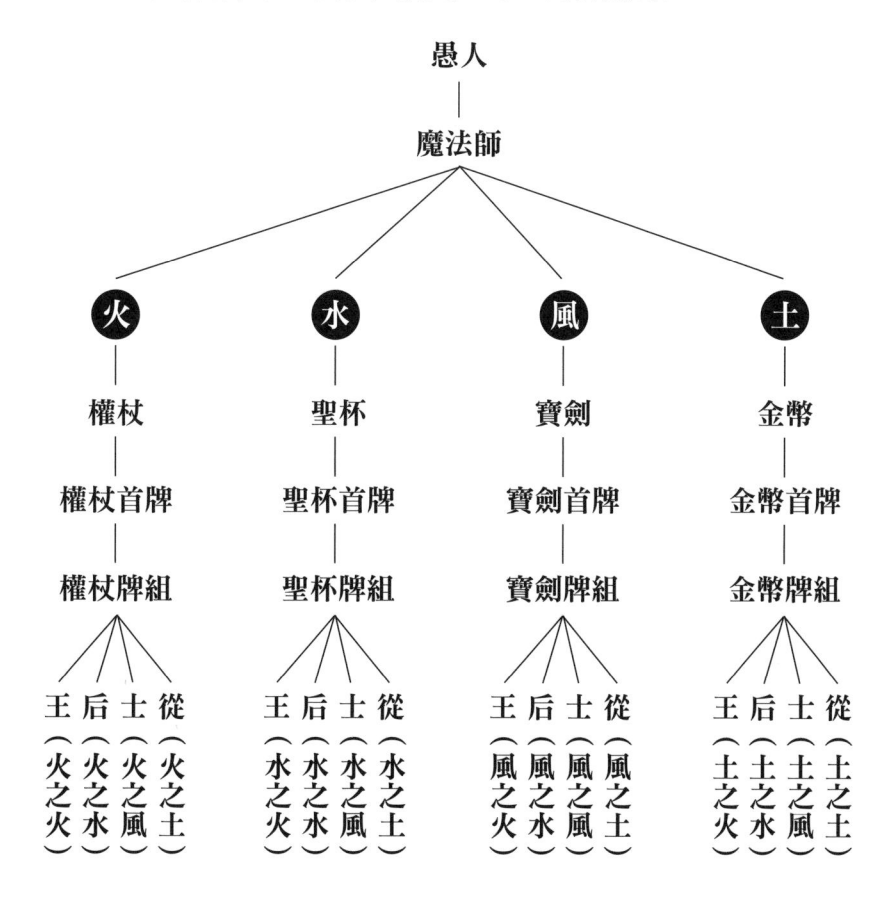

```
                        愚人
                         │
                       魔法師
         ┌───────────┬──┴──┬───────────┐
         火           水     風           土
         │           │      │           │
        權杖         聖杯    寶劍         金幣
         │           │      │           │
       權杖首牌     聖杯首牌  寶劍首牌     金幣首牌
         │           │      │           │
       權杖牌組     聖杯牌組  寶劍牌組     金幣牌組
        ╱│╲         ╱│╲    ╱│╲         ╱│╲
      王 后 士 從  王 后 士 從  王 后 士 從  王 后 士 從
     (火)(火)(火)(火)(水)(水)(水)(水)(風)(風)(風)(風)(土)(土)(土)(土)
      之 之 之 之  之 之 之 之  之 之 之 之  之 之 之 之
      火 水 風 土  火 水 風 土  火 水 風 土  火 水 風 土
```

元素關聯

❧ 次級元素生成

塔羅以大小祕儀各牌組全體配置元素是基本的一環，更深入的學理仍是基於四元素作變化，可知元素體系即是塔羅牌的神祕學主軸。前述提到各牌組以元素串聯，表示從無到有、乃至生成四元素，而後在各牌組內繼續衍生以象徵萬物，仍是透過元素分化的方式。

神祕學塔羅進一步拓展元素學理，使所有小牌都對應元素的更多變化，尤其宮廷牌中的每張牌更有細節的設定：四牌組各四張宮廷牌，以 4 x 4 = 16 各對應一張宮廷牌 — 四元素配四元素組合起來，成為十六種更細微複雜的元素，稱為「次級元素」，或者視為「成分」。例如「火元素中的火元素」為十六種次元素之一，可簡化稱為「火之火」，這些稱呼的字眼重複可能稍嫌混淆，在此採取「火元素中的火成分」的方式稱之。如此，元素的作用和變化成了宮廷牌的特色，也使宮廷牌籠罩在神祕色彩之下，增添了更多意涵。

當然，數字牌也可參與元素變化，不過並非完全純以元素對接元素，而多透過卡巴拉生命之樹的原理運作。至此可知，整副塔羅每一張牌，都可對應或配置元素。涉及到生命之樹的詳細內容本書不加闡述，而宮廷牌範圍的元素變化則會在各張宮廷牌中分別述及。

❧ 元素順序排列

四元素在基本分類之外，元素之間還有其他相互關係，例如對立或和諧等概念，須根據元素順序和排列位置來決定。就像在示意圖中的元素位置，顯示了其間複雜的交互關係。但而這裡顯示的放置法只是其中一種，因為四元素的排列方式和順序並沒有絕對的，故而不只有這種模式。元素順序和各種不同的排列方式，代表的關係網絡也就有所差異，皆有其成立之理，更由此形成各種不同的觀念和流派。

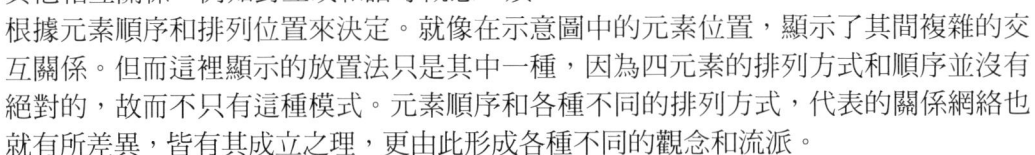

❧ 花色關係運作

對於元素之間的關係，在轉成塔羅的各花色後依然存在，更可套用在牌組之間。當然，有許多不同的理論存在，通常以煉金術等系統的理論為代表：權杖與聖杯相互對立，寶劍與金幣相互對立，權杖友好於寶劍、相安於金幣，聖杯友好於金幣、相安於寶劍。

這裡出現了幾種基本關係，優劣等差依序是：友好、相安、對立。這些理論透過特定的使用法，根據牌局分佈來判斷某張牌的元素花色能量被加強或削弱，而成為尊貴（well dignified）或失格（ill dignified）狀態，簡單說就是傾向於正面作用或負面作用，由此即得出進一步判讀訊息。

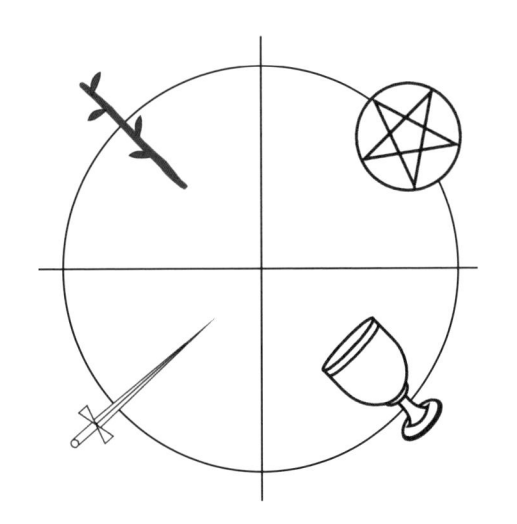

牌組花色

⚜ 元素轉化歷程

　　元素本意和花色屬物的涵義不盡相同，每種元素各有其原本的象徵意義，也可有直接的占卜作用。但需要先瞭解元素的涵義和象徵法則，還有自然現象和擬人化特徵。元素和專屬物之間的關係，是經過**元素提煉**的歷程而產生連結。專屬物是由元素提煉而出，視為元素的精華與轉化物，也是與元素最相關的器具，這過程是元素變化的重要環節，其間的轉折至為重要。花色專屬物，本身有其象徵意義，這與出自元素的意涵並不相同。在占卜時思考和象徵的依據，大多是以花色專屬物為主，而忽略了元素的象徵淵源。因此什麼意義源自於專屬物，而什麼意義源自於元素，是有必要釐清的。

　　花色專屬物的最基礎淵源為**具體形貌象徵**，而還原成基本圖案形狀，便可看待為一種**原型符號象徵**。專屬物的物質性質和功用，是牌組的主要特徵和涉及範圍，不但都是**日常**使用的**生活**器具，也具有其**社會**意義而具有**標籤**作用，由此層面可直接比擬於占卜上的各項意義，並從而理解深層涵義；這四種物品更是在信仰和法術**儀式**中的**四大法器**，從這層作用加以理解更能探索其神祕性質。

　　由這幾層屬物器具用途的象徵意義和隱喻內涵，能夠較完整的瞭解花色作用，掌握整體而多面的**牌組功能**，並能從牌組意義和實際應用的再延伸變化，歸納成整體的**牌組主題**，以此做為牌組蘊義的更多啟發。透過元素花色牌組結構的統論，接著逐一展開四花色專論，之後再進入首牌更能清晰掌握脈絡。

⚜ 花色屬物變化

　　四花色會有各種名稱和形貌變化，這因為其專屬物本來就不是絕對的配置，而是依據元素而加以選擇使用的器物。各種紙牌的四花色牌組，也包括撲克牌在內，花色專屬物雖不盡相同，然而都聯結對應於四大元素。一般塔羅牌的四花色大同小異，專屬物都是權杖、聖杯、寶劍、金幣系統，在圖案或名目上都會小有差異。有些塔羅牌將四花色系統全數更動，也有採取某牌組花色有改變，或者也可能是其他的變化方式。

元素花色名目變化比較表

元素	火	水	風	土
統合編制名稱	權杖	聖杯	寶劍	金幣
	wands	cups	swords	coins
	batons	chalices	swords	五芒星 pentacles
	staves	chalices	swords	圓盤 disks
變化花色	權杖 sceptres	心 hearts	swords	石 stones 圓 circles
差異系統	棒樁 stakes	碟盤 dishes	寶劍 swords	麵餅 loaves
	管 Pipes	碗 Bowls	箭 Arrows	石 Stones
刻意變化	閃電 lightning	水 water	彩虹 rainbow	水牛 buffalo
地方紙牌	橡實 acorns	紅心 hearts	樹葉 leaves	鈴鐺 bells
現代撲克牌	♣ clubs 棍棒	♥ hearts 紅心	♠ spades 鏟	♦ diamonds 鑽石

權杖花色

元素起源

花色來由：權杖，是根源於火元素的牌組花色專屬物。

⚜ 元素本意

火是一種能量，是每一物質所具備的，是隱藏的能源或者呈現為動力。火元素因此被視為一切事物的溫度和熱力，也呈現為動力現象。火元素象徵生命、能量，衍申為人的存在感受、意識層面、以及意志力。火元素沒有實質的形體，卻具有光和熱的現象，變化性也很大。火熱的特質聯結陽性的原則和男性特質，具有生命活力的功能，象徵人之間互動的熱情。火代表的能量和動力變化，可比喻為人的脾氣與行動反應。火元素比擬為對人們性格的影響，就是熱誠與勇氣的特質，在意識上為直觀傾向和主觀理性的運作。

⚜ 元素提煉

權杖是由火元素提煉而出的物質，與火元素有很強的關聯性 —— 權杖是木頭，木頭是火元素演變循環中的一個物質過程。木頭不是一般物質，原是有生命的活樹。樹木生長的能量來自於太陽的光與熱，這就是火元素的來源，而樹木吸收太陽能成為生命實體，樹木在被製成木頭或木柴之後，可以進行燃燒，再度還原為火元素。由此可見，木頭成為一種能源的儲藏，也就是火元素藉此寓於權杖中，以這種性質存在著。因此可以說，權杖即是火元素的中繼物質，是儲存火的媒介物。再換個角度解釋：權杖即是由火中生出的 —— 火成樹，樹成火。這是自然的循環關係，象徵火元素與生命能量的循環，生命即是火。急速發揮生命力時，就是火的燃燒，以此還原為火元素。

花色象徵

⚜ 原型符號象徵

│ 這個形狀作為最簡單的符號，是陽性的象徵，也表示男性雄風。主要是長條形狀，其實也是柱狀體，也就是立體的圖案。立體實心也暗示能夠內蘊能量而表示為火元素，這是與另一陽性元素風元素分辨的關鍵，並且也能另與許多圓柱物體產生聯結。

⚜ 具體形貌象徵

權杖的來源代表生命，就是有鬥爭的慾望，為了戰勝其他生物而求生存，以人的社會制度與方式執行人的慾望。許多塔羅牌的權杖長著葉子以象徵生命和活力，這種活木也常暱稱為「生命樹」，但這個名稱無論是中英文，事實上在各式塔羅牌中並不曾正式出現過。許多塔羅原名意義為木棍、棍棒，和生命樹一樣也是樸質風格，但略嫌少了生活實用性和社會性。有些塔羅明確地畫出了法杖、寶杖，這樣的名稱也較尊貴威嚴，卻又過於華而不實。囊括以上各式原文名目，取得兩種繪製形態的平衡點，並抓準本牌組專屬物的主要宗旨，即為職務和權力運作，因而統合定名為「權杖」。

屬物性質

♦ 日常生活

手裡握著杖有很多象徵性意義，代表掌有實際的權位，或者接掌職責任務；也代表對事務的處理，正處於執行之進程中。權杖也帶有武力，具有保護和維安功能，也可用於爭鬥衝突。

♦ 社會標籤

權杖在社會中代表職位，賦有武力與權柄的象徵，可以表示權力，具有社會性的功能，是表明身份的指標，依照高低權力所持的權杖也有區別。因此權杖代表身分地位、社會階級，當然也相對的承擔了責任。在現代與事業和工作相關，也代表事務處理、執行活動。

♦ 儀式法器

在各種宗教祭典和法術儀式上，是最需要的法器。指揮引導能量的權杖或是象徵權威的權柄法杖，都可用以擺設也能握在手中操作。專用於操作的魔法杖，代表生命力和能量的運作，能與人的身心結合而引用神祕能量。

牌組應用

♦ 牌組功能

整體權杖牌組的呈現層面：表現各種事態的狀況和變化，主要占算事業工作和職場方面，一切事務執行，以及各式行動現象。能夠顯示各種身心力量和能量強弱，因而也有關於健康。涉及各種人際互動的活躍度，以及戀愛中的熱情。

♦ 牌組主題

權杖牌組的表現主題可歸納出一個宗旨，即「執杖之法」。執杖就比擬為掌權，需有能耐善加掌握，才能發揮魄力和聲勢。重要的是達到成效，如果發號施令而無人回應服從，徒然握杖也是白費，待人接物、管理統御須有方法，才能夠順利運作下去。

名目變化

塔羅慣常名稱：wands 木杖，staves 權杖，batons 棍棒。 生命樹。
　　　　　　以上各項皆化約統稱為「權杖」。
塔羅其他變形：sceptres 儀杖。 stakes 棒樁。
歐洲地方花色對應：橡實。　　撲克花色對應： ♣ club 棍棒。

聖杯花色

元素起源

花色來由：聖杯，是根源於水元素的牌組花色專屬物。

元素本意

水是一種滋潤，多是隱藏於許多物體中，卻不可或缺的因子。水元素因此被視為一切事物與現象的內涵及成因，各種交互關係的媒介和緣份。水元素象徵人的感情和情緒、心靈層面、和潛意識層面。水是液體狀態，雖然形體不是固定的，卻能聚合且具備能流動的特色。水的柔和特質聯結於陰性原則，具有滋潤的特性和功能，可象徵情感和愛。水的流動性和形體變化，有如人的情緒時常起落多變。水元素比擬為對人們性格的影響，就是敏銳與關懷的特質，在意識上為情緒傾向和主觀感性的運作。

元素提煉

聖杯是由水元素提煉而出的物質，與水元素有很強的關聯性 —— 聖杯是水元素的精華與轉化，是水元素的變化過程，可說由水元素生出聖杯這一物品。杯子，是一種容器，可說是為水而生，存在目的就是做為盛水的工具，是讓水保持固定形狀的器皿。而水也必須透過杯子才能夠凝聚和成形，一切容器、瓶子、盆碗，以及任何凹槽，甚至河谷和低陷地勢，這些水流領域，都是廣義的杯子概念的象徵體。然而，當水被盛放在真正的杯子之中，此時更能夠發揮水元素的細微特質。藉由杯子，水能夠與人們的生活產生更密切的相關性，水透過與杯的結合發揮更多社會性和人文特質的功能。杯子，能夠裝水也能倒出水，是水元素的中繼站，是其承載物，也是媒介物。

花色象徵

原型符號象徵

Ψ、∪、∨、⌣、▽這些倒三角形的標誌，是陰性的象徵符號，以杯子的側面為形。也象徵人體，人體可比擬為聖杯，是感情的媒介物。具體的杯子是立體三維，特點是形成凹陷的空間，而正剖面觀察下的杯口則是圓形，也都是陰性象徵。

具體形貌象徵

選用立體的容器，側面為反拋物線弧度形狀，開口向上且有圓形的平面，主要就是杯子之類，也可能選用相近形態的碗缽或其他器皿。

容器具有深度可裝載物質，也象徵接納性。而杯狀器皿更能貼近情感生活、人際交流的作用，也能夠做為內心情緒的寫照，因而如果講究造型能更顯示特定意義。有些塔羅本牌組的專屬物，會直接以宗教特定儀式的聖餐禮器為形象，或以源於傳說中的 Grail 為概念，這些獨特的杯器都可以專稱為「聖爵」，但也時常和聖杯混用。

本牌組專屬物一般採用各式高腳杯，但也有如上所述的繁複變異。鑑於杯子的最高目的是接通精神心靈層面，因而囊括各式名目和繪製形態，統合定名為「聖杯」。

屬物性質

♦ 日常生活
杯子裝盛液體使用的器具，日常生活上提供飲用功能，與生活滋養相關，是很重要的器皿。除了飲水用途。更配合生活和社會文化而多所講究，杯子種類和用途有一套規範，如何配合禮儀也有制度。

♦ 社會標籤
杯子的使用，通常具有社會性，尤其是饗宴和聚會的場合中，更顯現出社交與禮儀作用。一般相處中，杯子保持的距離如何，也能看出人際親疏遠近和關係類別。聖杯沒有明顯的社會階級識別，卻隱含精神和心靈的高下，也能刻意突顯而表現於社會，成為一種另類的識別等級。

♦ 儀式法器
在各種宗教祭典和法術儀式上，都是一種不可或缺的重要法器，是最基本的擺設，做為人和精神界或神靈溝通的媒介物，或者賦予更多的重要功能，舉凡淨化洗禮等等。因此聖杯特別與宗教、心靈和神祕導向相關。

牌組應用

♦ 牌組功能
整體聖杯牌組的呈現層面：表現所有的人際關係與感情事件，特別相關於緣份與愛情。也能呈現個人內在的情緒、感受、感情、心思，以及精神和心靈的層面。以情緒的變化和情感的動向為主軸，刻劃人生的許多層面。

♦ 牌組主題
聖杯牌組的表現主題可歸納出一個宗旨，那就是：「御杯之情」。情感自內心深處而發源，需要加以調節引控，這有如一連串的蝴蝶效應。如果善於駕馭情感，那麼進而能夠洞悉緣份和安穩關係，而不會讓自身被淹沒於感情或慾望之中。關係的經營和拿捏，可比擬為拿取杯子並使用在情誼交流上。

名目變化

塔羅慣常名稱：cups 杯，chalices 高腳酒杯、儀式杯。
　　　　　　以上各項皆化約統稱為「聖杯」。
塔羅其他變形：dishes 碟盤器皿。
歐洲地方花色對應：紅心。　　撲克花色對應：♥ hearts 紅心。

寶劍花色

元素起源

花色來由：寶劍，是根源於風元素的牌組花色專屬物。

⚜ 元素本意

風即是空氣，也是大氣，其流動的現象就是風。風元素被視為概念與理型，也就是事物的原理，運作的原則。風元素象徵人的理性層面、思考認知、知識與語言。無形體和不可見的氣體，捉摸不定且變換快速，如同人的思維和創意；充斥在任何空間與縫隙之中，不可見的隱藏特質猶如設計與規劃。風的各種流通的現象，象徵人與人之間的溝通以及意念的交流，也可延伸為人際關係和社會制度。風元素比擬為對人們性格的影響，就是智慧與理念的特質，在意識上為思考傾向和客觀理性的運作。

⚜ 元素提煉

寶劍是由風元素提煉而出的物質，與風元素有很強的關聯性 ── 寶劍是風元素的轉化與昇華，是風元素演變中的一個現象過程。寶劍的運作模式，有如空氣的流動方式，劍的揮舞有如風的吹拂。劍的形狀是薄而平的，幾乎不佔有空間，然而卻又具尖與利的特質，如此能在空間中穿梭自如，在風中順勢行動。劍甚至可以穿透固體，如同空氣的無孔不入。劍這種近乎無形的器具，可以發揮強勁而銳利的力量，而空氣的無形卻能成為風的強勁。風的變化莫測，在不間歇的思緒中尋定意志，如同風的方向感，亦即為使劍的功夫。風並具備無形的傳導力，可以很溫和也可以很犀利，能夠比擬為劍氣。揮劍能夠形成風勢，然而必須依賴空氣而運作，空氣則因為寶劍得以特殊發揮。寶劍與風元素，互相呼應並證明彼此的存在，風的現象就是寶劍的作用。

花色象徵

⚜ 原型符號象徵

↑ 長直線箭頭，直條而帶刺。也可繼續轉化為這組符號：^ Λ，是陽性的刀刃象徵。縱使畫成三角形、不再是線條，也能相通，主要需呈現尖角狀，對立於彎曲弧狀。實物形貌就是薄而平面的長條尖刺狀，以匕首寶劍之物類而屬刀刃系。

⚜ 具體形貌象徵

寶劍代表思考運作，是頭腦中的主軸，猶如寶劍揮舞於風元素之中。劍是主宰性的，人以理性和智慧主宰自我。用劍需要經由修習而精進操作技藝，比喻透過修練而尋得智慧、理性和意志力。劍穿透王冠，代表劍能夠套住目標，可追尋生命中更高層次的靈光，而非運用自己的想法去侵害別人。塔羅牌中所有的寶劍都是出鞘的，可以說是鋒芒畢露，於是智慧之劍還要再加上花葉之穗，轉型為祥瑞之劍，帶來幸運福祉。本牌組名稱並無分歧，也少有不一樣的型態，同樣都是劍。由於這個牌組專屬物的終極目標，是探尋至高的智慧寶藏，因而統合定名為「寶劍」。

屬物性質

❦ 日常生活

劍是兵器、武器，不止於防身而具有攻擊性和殺傷力。刀刃類的利器之屬，其中別具特殊性和格調者始能稱為劍，因而也是特殊身份的配備。日常生活甚少出劍使用，只限於專門習練，而競技和戰場上也能用於指揮。

❦ 社會標籤

劍為利器，佳兵不祥。使劍有方法，蘊藏智慧或訣竅。寶劍的來歷是有曲折的，不只是經過粹煉而能打造出來，成劍之後，更需要一番安排或機緣才能降服化用，是凶器還是祥瑞之劍，還須經過悉心引導。佩劍的概念是一種關係締結，劍與人相配涉及名氣和資歷等層面，是一種特殊的身份標識，甚至寶劍的特質能與人格相呼應。

❦ 儀式法器

在各種宗教祭典和法術儀式上，都有儀式劍。匕首、刀刃和劍器之類都有同類的儀式功能，加強犀利的意志凝聚力，而劍特別有指揮召喚特質。運用起來可具有保護結界、劃分時空，以及防禦和驅逐的功能。

牌組應用

❦ 牌組功能

整體寶劍牌組的呈現層面：囊括許多層面的事項。可代表學業與功課，也相關於才能與智慧。占算時多運用為溝通及人際關係，其實牽涉的是心理上的作用層面，並多能感應負面的情緒。涉及遭遇難題與解決之道，許多寶劍牌的負面特質有著殺傷力，也表示不幸與厄運，這點更見於傳統的論斷牌義中。

❦ 牌組主題

寶劍牌組的主題可歸納出一個宗旨，即「持劍之心」。寶劍的主題其實都在於內心，無論是內在的思考或外在的人際，出發點和感受都存於一心。心中有智慧，劍術才會高明；秉持心思純正，劍才具有正氣和力量。須能駕御自己的內心，才能夠善御寶劍。

名目變化

塔羅慣常名稱：swords 寶劍。其他名稱都少見。化約稱為「寶劍」。
塔羅其他變形：寶劍的變形較少，因為變化為利器，還是能夠算是寶劍。
　　　　　　　可能有 knives 刀、或 daggers 匕首，特殊情況下有槍或筆。
歐洲地方花色對應：樹葉。　撲克花色對應：♠ spades 鑱。

金幣花色

元素起源

花色來由：金幣，是根源於土元素的牌組花色專屬物。

⚜ 元素本意

土是物質的具體呈現，也是萬物生長的大地。土元素因此被視為構成物質的實體、以及實際層面，並象徵人的感官能力、現實面的認知與感覺。土是固體的狀態，形貌固定而不容易變動，也便利於塑型和操作運用；具有堅硬的特質，表示穩定和安全。土亦做為哺育萬物的大地，也是母親的象徵，蘊藏豐富的功能，如同人之間的照顧與實質關懷，具體的生活以及社會的物資和經濟。土元素比擬為對人們性格的影響，就是毅力與堅持的特質，在意識上為感覺傾向和客觀感性的運作。

⚜ 元素提煉

金幣是由土元素提煉而出的物質，與土元素有很強的關聯性 ── 金幣是土元素的生成物與精華，源自土元素中的物質，也是演變循環中的過程。金幣是由金屬和各類礦物鎔鑄製作而成，是大地內所提煉出的物質，是由土元素所生，及其結晶和精華。這些物質經過轉換形成有用的物品，甚至當作公定的價值指標物而流通運用。大地生長出的作物或地下蘊藏的礦物，在滋養和使用之後又回歸大地之中，重新融入土元素，完成一個循環的過程。土元素，可成為社會中有價值的物資，而被運用過後的物質，經過回收的歷程，最終又回到土壤之中。金幣代表了土元素循環轉折的過程與媒介物。

花色象徵

⚜ 原型符號象徵

◎ ○，◯ ⊖ ⊕ 這些符號主要都是圓形，為陰性的象徵，也具有圓融和包含的寓意。圓形是平面的，圈圈也可表示領域，其內標示符號圖騰，更可增添明確定義，也因而有各種象徵。正立的五芒星☆，四方伸展而向上接通，有如人體頂天立地的形狀，從下方大地汲取養分而向上生長，是大地母神的象徵和陰性的圖示。

⚜ 具體形貌象徵

金幣和碟盤都是圓形，平面而不具立體的器物。金幣是物質的實用性功能，具有財富價值，和生存資源相關。碟盤在生活實用功能之外，是圓形的裝飾品和擺設物，可為儀式中重要的法器。傳統塔羅為一般錢幣的畫法，而黃金黎明系統直接視為神祕圓盤。克勞利承襲了圓盤（Disks）的概念，而偉特在盤面加上五芒星符號成為Pentacles，兩種都為了標榜神祕儀式和魔法意義。經偉特的發揚，後世多以五芒星圓盤儀式金幣做為牌組名稱，此即中文「星幣」簡稱的由來。無論牌組稱為星幣或碟盤，畫面情節中的錢幣作用，和財物象徵仍然不移。金色是世俗的金碧輝煌，也暗喻高層次的智慧，兼具物質和精神雙重特性，適以形容牌組專屬物，因而統合泛稱為「金幣」。

屬物性質

⚜ 日常生活
圓盤、碟子，是生活必備用品，也是時常見到的物體形狀。錢幣、貨幣主導經濟流通，已成極為重要的生活必備物品。金幣的使用就是人類經濟的運作、財產物資的歸屬擁有、以及物質層面的應用。

⚜ 社會標籤
金幣為最實用的器具，土中的精華，形成生活上必須使用的物品，累積愈多的精華就愈富有，拓為財務狀況和經濟制度，甚至延伸為市場機制和金融體系。由財物資產而生的貧富現象，不僅是個人的生存和生活品質，也形成了一種社會階級。

⚜ 儀式法器
在各種宗教祭典和法術儀式上，都會用到這個屬性類別的道具。時常做為純標誌作用，或承載他物的輔助工具，此時較容易被忽略。聖盤、聖碟、儀式盤、儀式碟，造型樣貌等同於符號圖騰標誌，其實精神性特別強大而極具重要性。

牌組應用

⚜ 牌組功能
整體金幣牌組的呈現層面：表現財務方面的變化起伏趨勢、各種金錢資產的狀況和現象。占算生活上的現實層面，經濟狀況、財務活動、物資的得失。個人的財運，生活富裕貧困，也能探究相關於工作事業的利益、各式行動的得失。

⚜ 牌組主題
金幣牌組的表現主題可歸納出一個宗旨，即「理財之道」。物質資產、金錢財富，想要保存運作或使其成長發展，都須處置打理，視為財務來規劃管理，在於有方法和原則。理財成效高下在於領悟其中之妙，到達某個境界就是一種藝術，就可稱道。

名目變化

塔羅慣常名稱：coins 錢幣，pentacles 五芒星幣，disks 盤碟，circles 圓。
　　　　　　　以上各項皆化約統稱為「金幣」。
塔羅其他變形：stones 石。　loaves 麵包。
歐洲地方花色對應：鈴鐺。　　撲克花色對應：◆ diamonds 鑽石。

首牌統論

基本說明

⚜ 首牌的意義

　　首牌是小祕儀四花色牌組中的第一張牌，原文稱為 Ace 牌。各牌組中並沒有 1 號的牌，Ace 就是 1 號牌。中文可稱 Ace 牌為「首牌」，而撲克牌的 Ace 也曾被稱為么點，這個數序位階確然是為首也是么牌。至於以「王牌」指稱 Ace 並不可行，這個術語另有所指，也是大祕儀的別稱，不能夠相混淆。

　　「ace」這個字詞源於古拉丁文，原本就有 1 的意涵，另也有單位和統一的意義。由於代表最小數字，這個詞彙在中世紀英語曾經有低劣的涵義，但後來也隨紙牌設定的更動而有所改觀，Ace 牌在遊戲中代表勝利而壓倒各種點數，也超越了宮廷牌的地位。而後這個字詞成為了傑出高手的代名詞，形容優秀卓越。各類紙牌均不寫成 1 而保留 Ace 字樣，和其他數字形成差異，讓意義更廣闊並營造神祕感。Ace 能夠同時表示 1 與統合，並隱含統領和優越之意，適能表達這些特性的名稱就是「首牌」。

⚜ 首牌的特性

　　首牌因為具有數字 1 的本質，卻又不只是 1，因此原文稱為 Ace。有起始的意義，也有統領的意味，並代表全部整體。Ace 牌是數字牌之一，但地位特殊，有別於其他數字牌，比宮廷牌還受重視，甚至能作為牌組的代表。首牌 Ace 是各花色牌組的第一號祕儀，也統領整組花色和所屬元素。塔羅牌現代仍保持選用 Ace 作為首牌位階的名稱，自是取用 Ace 這個字眼源頭和延伸的涵義，這樣才能呈現突顯其重要性和地位。

原理功能

⚜ 數序原理

　　Ace 牌就牌序定位而言，是小祕儀各牌組之統領首牌，可代表整個花色及元素，是專屬物的象徵呈現，有如牌組的國度旗幟。首牌是該牌組的重要指標，代表元素花色的所有涵義，而影響和作用力也很強。首牌為各元素之源，純淨而尚未經過分化，對應卡巴拉學理中的生命之樹第一天界原質（Sephiroth）。這個位階的數序寓意，是 1 和統合的原則，聯結該元素花色的意涵，表示該花色作用之起始，也表示元素的統合以及花色整體代表事項的進行。由此推展以下〔位階數序〕和〔主題定調〕。

⚜ 位階功能

　　首牌的共通性及單純特質使得牌旨定義和占卜應用，都可依據理論原則設定。首要主軸是：正位置皆為正面良好作用，逆位置為負面不佳作用。正位置占卜牌義的通則為：事件的開端和發生，或正在進行中，表示一切都很周全，整體統合運作，並持續發揮良好作用。首牌是行動的圖騰，具有強烈行動意涵，占卜時不必拘泥於「開始」的涵義，也可能是遇見或出現某個人事物。無論占卜何種項目，任何花色的首牌一律都表示良好的正面現象，而針對所屬花色元素的相關事項則優勢作用更強。

占卜牌義

⚜ 正位共通變遷

　　首牌有共同規則，從古牌義開始首牌本來就有著一致性。早期的牌義，即包括了開始、創新和啟動這類的涵義，也具有行動和啟程的意味。古代的各張首牌也都具有相關於家庭的項目，偉特也保存這些意義，不過後來逐漸被忽略掉。偉特還加強了事務進行中和整體運作，標明對各類項目的正面作用。偉特稍後時期，過濾了一些瑣碎的項目並釐清正逆位意義，而今整合為理論推衍原則下的牌義。

⚜ 逆位共通轉折

　　自古逆位牌義已經大致偏向負面，然而並不是全然如此。自早期就與正位置意義相呼應，多半是正位意義的相反，或是正位良好意義的減弱。現代逆位置一律都是較為負面的現象，可以統合為「轉折」，也就是行動生變、進行不順，甚至為失敗或退回。
　　首牌位階的正逆變化思考，逆位以「不當原則」定調為負面走向，再根據元素花色意涵的逆位「削弱原則」或「過度原則」判斷遭遇何種阻礙或挫折，也將整體正位牌義以「逆位相反原則」推出相應的負面狀況。首牌的逆位也適合以反向畫面的感受來解析，其實每張祕儀的逆位都可以如此應用，然而首牌的呈現特別明顯且容易理解。

形貌變化

⚜ 畫面呈現搭配

　　首牌的專屬物是主角、不是陪襯，甚至排斥其他角色出現，因而都是放大突顯地呈現、極力刻劃專屬物，通常不會出現人物。首牌是與元素最具關聯性的牌，背景中會以各種方式呈現所屬元素，甚至描繪專屬物與元素的互動現象。這點還能夠從花色專屬物本身形貌到浮現方式，屬物外圍的各種裝飾的營造，最後擴及到整體畫面搭配。煉金術系統和神祕學系統的塔羅，更會詳細地強調這一層面。
　　首牌大都是以手的掌握和捧托的方式來呈現專屬物，而手在雲端浮現是最常見的，古典塔羅和煉金術系統都以此為主，現代塔羅沿用下來。從畫面出現的是左手或右手來探究寓意是可行的，然而時常全副塔羅中都是用同一手。至於手從哪一方向伸出畫面也可以探究，通常以對稱關係符合元素脈絡，然而花色配置的方向其實並不固定，會因塔羅不同而有差異。早期塔羅雖然有手握專屬物的傳統，但是多半的塔羅牌，陽性元素花色屬物由手握著，而陰性元素並沒有。而這樣的畫面為了避免單調，多半會增添幫襯裝飾，像是彩帶圍繞或綴以花穗，數字牌的背景同樣跟隨此方式。

⚜ 花色屬物差異

　　首牌中的專屬物，無疑是該牌組中最特別的一個，也可能和牌組中某一張最貼近。花色專屬物的描繪自然需要探究，牌組內部專屬物有整體聯動性，而各張牌的專屬物樣貌又隨著位階而有變化，這些細節中隱含著些許端倪。更有塔羅牌以刻劃專屬物差異為重點，同一牌組中每張專屬物的變化就更大了，幾乎各有不同面貌，像《透特塔羅》就是刻意著墨於此，後起的心靈和新時代系列塔羅也慣於安排各階差異的專屬物。

權杖首牌 Ace of Wands

牌序結構
權杖花色之首,權杖牌組第一號祕儀,象徵權杖國度之旗幟,統領整體權杖花色及火元素。

各式別稱
火元素之源,未分化之火。
火元素之初始階段,全體火象之整合。

正 事務根源、信念把握　　**逆** 事務險阻、把握失準

祕儀原理解析

⚜ 位階數序
權杖之首牌,包含數字 1 的法則和統合性,聯結火元素權杖的意涵,融合而表現為創造、前進以及達成。權杖首牌引領並代表整體花色牌組,為火元素作用之起始、權杖相關項目的全面啟動。

⚜ 主題定調
權杖首牌象徵事務的開啟,是任務行動事件的開端、事業和工作的開創,將計畫付之實施,得到權威或接受使命。並能從而帶動對更多人事物感到興趣,促進戀曲進行、燃燒起熱情。也特別代表旅行、啟程、新階段或不同的嘗試,並且顯示精力充沛而活躍、健康狀態良好。

權杖首牌的祕儀主題為「**事務根源、信念把握**」── 手握權杖的動作態勢,已然展現了無比的信心和把握,這個出發點的心態就保證了過程和結局。

🔮 正位實占解釋
人際交誼:人際關係活躍而熱絡、主動積極交流、內心充滿熱誠。
戀愛情緣:情感熱烈、關係親密。追求熱情洋溢,引動對方情慾。
事務進行:積極的行為、有力的執行。主動進取、順利成功。代表事業順暢,接任職務或者開創,都預示前景美好。
金錢物質:金錢上能有所收穫,也能掌握得住財富。繼承或接收產業有望。

牌義沿革解疑

⚜ 來歷變遷

★在早期這張牌含有很負面的作用，某些正位置牌義的解釋竟是代表各種災難；不過也另有截然不同的涵義，那就是金錢上的幸運或是繼承。

★偉特已經一改前況，將正位置的所有負面意義去除，成為一概都是正面作用。強調首牌代表的開始意義，表示**來源**和**起點**。並根據元素內涵推衍為**活力**、導引行為的動力或因素。兩者統合起來，則為**創造**和**發明**，以及生命的**誕生**，並且也延伸出了家庭的涵義。另外一方面，也強調了權杖所代表的**事業**。

★偉特稍後時期，承襲了上述的所有正面涵義，此外還強調了遊歷方面，即是開始一段具有新意的經歷或是**冒險**。

⚜ 正逆轉折

★這張牌有關生產的徵兆，在早期是歸給逆位置的，這時期逆位置的負面傾向不是很絕對。

★直到偉特做出更動，則將正逆位牌義的正負面作用截然分別，負面意義都歸給逆位，諸如**消沉**、**衰微**、**毀滅**、**失去幸福**和快樂。

★偉特稍後時期，直接吸收正位的項目轉為負面的逆位意義，例如**錯誤的開始**、**陰霾的前景**、**計畫取消**或半途而廢、**目標無法實現**。形成每個項目都正反面相對，而各歸於正位和逆位，並且是以「逆位削弱原則」推衍出來的。另外逆位也有承襲自以往的意義，像是**生活空虛**、**苦悶**和**衰弱**。

⚜ 逆位思考

現代定義方式是以逆位原則推衍：火元素的「削弱原則」為能量不足、缺乏活力，權杖花色的「過度原則」為急速擴張。而首牌的位階「不當原則」代表各種行動遭遇困難、受阻，甚至有失敗或是撤退之意。接著以「逆位相反原則」做一番統整，可得出如下情勢：由於缺乏動能和準備，又過度心急求取，導致欲振乏力的狀況，難以順利前進和持續執行下去。如此再與正位牌義對照，而後歸結出的逆位主旨結語為：「**事務險阻、把握失準**」，主要也就是任務執行不順。

🔮 逆位實占解釋

人際交誼：交流情況不和諧，萌生不滿或厭惡的感覺。缺乏耐性、失去興趣。
戀愛情緣：戀愛的熱情消退，當初美好的感受遠去，再引不起興趣了。
事務進行：進行不順暢，方向錯誤，難以達成目標。中途受阻，遭遇挫折或失敗。
金錢物質：金錢有所損失，無力掌握、運用不當、難以控制流向。

畫面寓意解構

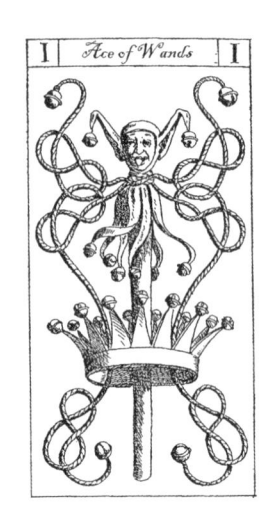

❧ 顯現方式

騰空雲霧中冒出一隻手,這是整體畫面的重點,呈現出這隻手強有力地緊握住權杖的姿態,甚至營造出抖動的狀態來突顯這股力量。少數塔羅的權杖首牌並不是以手握權杖,權杖可以佇立地面上,並且也可由孩童、天使或神話人物撐立起來。

❧ 元素互動

權杖牌組較少描繪出火的意象,首牌多以權杖本身的動感表現出力量,或者將權杖當成活樹生長萌發,以表示生命力和能量。但有些塔羅的權杖首牌,木杖背景仍有火焰,或者乾脆就讓木材燃燒,以此強調火元素的運作。

❧ 專屬搭配

權杖首牌的畫法看起來多不十分特別,但仍有寓意在其中。有枝葉的樹木形態木杖,本身就代表生命活力;並多描繪葉子從上抖落的畫面,表示被力量和行動所振落,也暗喻著更新的必然。有的塔羅畫出權杖萌芽滋長,象徵生命授與和啟蒙。少數魔法神力主題的塔羅,會描繪從木頭中燒起火焰,顯示火元素之外,也象徵點燃光明、啟動能量,隱喻一段好的啟程與開始。

❧ 整體營造

通常整體畫面會拉遠景,呈現整片廣闊和豐富的景象,天幕為萬里晴空,大地之上有山丘起伏和原野,甚至有水流穿越而過,以空間營造出權杖移動和啟程的特質。地面景物代表權杖的出發點、過渡、或終點站,多半有屋舍建築以象徵家庭或庇護所。

屬物呈現解謎

⚜ 首牌屬物特寫

　　本花色首牌的專屬權杖，通常與整個牌組中的權杖差別不大。權杖多半就是堅硬的木杖或者棍棒，呈現陽剛的象徵。然而許多塔羅中的權杖都生長著綠葉，強調是仍具有生命力的鮮活樹體，以表示蘊藏生命能量和活力，這也是牌組名稱偶爾被喚為「生命樹」的原因。有些較新的塔羅賦予全部權杖皆具華麗氣派的造型甚至刻劃細膩，這和質樸自然的木棒風格差距頗大。在宮廷牌和數字牌兩者有分別的情況下，何者質樸何者雕琢卻並不一定。至於權杖首牌比較接近於數字牌還是宮廷牌或任一位階，也定位了牌組著重的傾向。

⚜ 牌組各階評比

　　每張宮廷牌獨具特色的設計安排之下，國王專屬權杖的形貌有象徵作用，雕飾的權杖是世俗權勢的象徵，是統領群雄的標示，應當描繪出特殊感受。王后專屬權杖的形貌也有其特色考量，通常不是權柄而採取較為自然的形貌。有時候兩位陛下手中同是較為尊貴的權柄。騎士專屬權杖的形貌與行動有關，可以顯示出其武力值。侍從牌則可從權杖形貌看出和哪個位階相似而有較近的關聯。雖然這個牌組的花色代表作用和權力職位相關，尊貴的宮廷牌和數字牌之間理應有等級落差，但真正截然劃分的情況並不佔大多數。

　　古典塔羅的權杖數字牌，專屬物形狀多變形簡化，形狀接近標竿或槍矛。有畫面情節的數字牌中，如果是牌組中權杖（皆）有所差異的設定，可能會接近侍從或是首牌。有些塔羅牌的權杖雖然華麗細膩，可能還是全體牌組都共用，連數字牌也不例外。權杖的外型大小或長度不能表示重要性或獨特性，因為這是根據畫面而搭配的。

　　魔法師雖然手上握有魔法棒，桌上仍有擺出生命樹權杖，與其他元素法器並列。此外的大祕儀沒有和牌組專屬物完全相像的權杖，不過有出現許多可連結於權杖的意象，如隱士握在手中的木杖、以及愚人肩上的木竿。如果以活樹的概念看待，有些塔羅中的吊人背後的木架可能是活樹，也算是權杖的變形。另外大祕儀中許多有旗竿甚至柱子的牌，都可以視為間接與權杖有關聯。

占卜訣竅提點

權杖首牌占問各類項目都代表能夠成功順利，當然針對事業工作方面以及事務的執行是最直接有好作用的。對於其他各方面，多是以熱力活躍而帶來幫助，雖不是那麼直接，但也多有良好的效應。學業上表示懷有熱誠或是拼搏的精神，對於成績結果自能加分不少。在財務方面，憑藉幹勁和動力，能夠爭取到很大的利益，也可認為能量轉化成財務運勢。而對於愛情方面的優點，除了動力勇氣之外，也表示心中燃起熱情，這是戀情中很重要的一環，所以對此頗有助力，只是相處上不夠細膩，也不保證維繫的程度，這是其中的不足之處。

聖杯首牌 Ace of Cups

牌序結構
聖杯花色之首，聖杯牌組第一號祕儀，象徵聖杯牌組之旗幟，統領整體聖杯花色及水元素。

各式別稱
水元素之源、未分化之水。
水元素之初始階段，全體水象之整合。

正 情感泉源、細緻捧托　　**逆** 情感枯竭、捧托失調

祕儀原理解析

❦ 位階數序
聖杯之首牌，包含數字 1 的法則和統合性，聯結水元素聖杯的意涵，融合而表現為動心、交流以及完滿。聖杯首牌引領並代表整體花色牌組，為水元素作用之起始、聖杯相關項目的全面啟動。

❦ 主題定調
聖杯首牌象徵感情的起點，是戀愛和感情的萌芽、緣份的開始和關係的發展，滋生愛意並體驗親密互動，彼此得到關愛或接受照顧。一段情史的緣起，是基於美好的因。最能表示心靈啟迪、感情生活豐富而浪漫、情緒喜悅滋潤、幸福美滿的感受，尤其可維繫一切的和諧。

聖杯首牌的祕儀主題為「**情感泉源、細緻捧托**」── 保存最初的感動，猶如捧在掌中以細膩的心呵護，透過持續綿密的維護，終於得嚐甜蜜正果。

⚜ 正位實占解釋
人際交誼：各種互動關係都很融洽，充滿欣賞與鼓舞、精神上的和諧與認同。
戀愛情緣：表示愛情的開始與進行，走入一段關係中。受到愛情滋潤，感受美好、心靈豐富、精神滿足。
事務進行：各類事務都能有好的開始與順暢的進行，洋溢人情與溫馨的氣氛。
金錢物質：對財務方面也是有所助益的，尤其在心理上能夠感到滿足。

牌義沿革解疑

⚜ 來歷變遷

★早期聖杯首牌正位置的牌義紛雜，其中包括意志堅定與規則等意義。

★偉特強調聖杯相關的心靈涵義，即內心的**喜悅**與**滿足**，以「真心的家」延伸出**家庭**、**住所**與**哺育**。水元素象徵的豐富、充足也沒有遺漏，此時特別強調畫面上設計出的寓意，就是象徵幸福與**心靈感召**的聖餐桌。

★偉特稍後時期，承襲了偉特的所有涵義，也就更遠離了早期正位置的其他意義，像是**滿溢著愛與善**，**美麗**和**愉悅**以及**美好的遠景**。此外還增添了更實質層面的項目，也就是**完美**和**財富**等意義。

⚜ 正逆轉折

★早期聖杯首牌逆位置的意義與正位置洽為相反，是變動之意。

★偉特對於逆位承襲以往的變化、變革、**不穩定**等意義，並加入與他定義的正位呈相反的意義各種項目，強調**虛假之心**、敷衍的居所、**缺乏精神的感動**。這些意義大致可從「逆位相反原則」推得。

★偉特稍後時期，承襲偉特的所有逆位特點，明確論述為**不盡情的歡樂**，**沒有回報的愛**，精神貧乏和物質上的**損耗困頓**。還有相處上的**不和諧**與**意見矛盾**分歧，這點或許是從畫面倒立觀點的感受而來。

⚜ 逆位思考

現代定義方式是以逆位原則推衍：水元素的「削弱原則」為當初的悸動已經不再，聖杯花色的「過度原則」為感情需求過度。而首牌的位階「不當原則」代表各種不順暢、不和諧，甚至有分離、分裂的情況。接著以「逆位相反原則」做一番統整，可得出如下情勢：真情逐漸消逝，情緒無法表達流露，卻又需要關愛，導致相互間感情失和，關係難以持續下去。如此再與正位牌義對照，而後歸結出的逆位主旨結語為：「**情感枯竭、捧托失調**」，主要也就是人際相處不和。

☖ 逆位實占解釋

人際交誼：相處不融洽、觀念不一致、性格不搭、缺乏交流互動。
戀愛情緣：戀情尚未成熟，無法走進關係中。感情付出難以回收，空虛、不滿足。虛情假意、浮泛的戀情。
事務進行：事態變動不穩定，礙於人情難以成事，或者因感情用事而誤大局。
金錢物質：損耗與困頓，財務失衡。情緒性的花費，消耗狀況頗難控制。

畫面寓意解構

❧ 顯現方式

　　騰空雲霧中冒出一隻手，掌心托住杯子底部，或者是輕握住杯腳而托起整個杯子，這個姿態關乎感受與態度，值得關注與細品。也有許多塔羅畫面並沒有出現手，像古代塔羅大都只讓聖杯自行立著，有些可能描繪孩童、天使、神話人物等伴在聖杯旁。

❧ 元素互動

　　多半聖杯會在一片水域環境之中，從杯內湧注或冒出水來，形成水流或水柱，然後流向水域之中，形成源源不絕的循環。杯中湧出的水，就表示了感情的開始，並且流動不已，有時候水柱的樣貌或數量，也可具有其象徵意義。

❧ 專屬搭配

　　聖杯上方有白鴿銜著刻有十字記號的圓盤，將此物投入聖杯之中，杯中的水因而滿溢而向外湧出。白鴿象徵純淨聖潔的心靈以及和平安寧，也可代表聖靈本身。十字圓盤即是象徵聖體的餐餅，也比擬為心靈感召的契機。這個景象暗喻了啟動感情的關鍵，猶如愛情的靈丹妙藥，具有開啟心靈的作用，有的塔羅會依此內涵改造為不同的情節畫面，並以其他相當的事物作為象徵。

❧ 整體營造

　　畫面下方是一片汪洋，水面上開著蓮花，為純潔的象徵，也是水元素的代表物，許多塔羅在聖杯牌組中都出現蓮花。水面上呈現什麼事物依據作者而定，都可用來象徵所想強調的特質。清澈的水質配合幽微的天幕，營造出所需的空靈氛圍。

屬物呈現解謎

⚜ 首牌屬物特寫

本花色的首牌，專屬聖杯通常是較為特殊的造型，至少會刻劃得比較細緻，或者比牌組中其他聖杯大很多，以表示此一聖杯的獨特性。聖杯首牌是各種儀式專用的聖杯而不是生活用具，雖然多是高腳杯外型，卻都綴有許多標記和裝飾，甚至也有兩側的提把和加蓋。有的直接以聖禮或傳說中聖爵的形態呈現，有意區別於其他張牌的一般聖杯。首牌杯身除了一般紋飾，有些會刻意加上特定符號文字標誌，暗示來歷或其他象徵意義，例如《偉特塔羅》的聖杯首牌，杯上的字母意涵耐人尋味，隱喻此為傳說中騎士所追尋守護的聖杯或聖爵。

⚜ 牌組各階評比

整個聖杯宮廷是維護心靈的家族，所持聖杯可多加著墨，而各人物的專屬聖杯也存在獨特差異。國王專屬聖杯，時常看起來不是很有特色，但這具有號召力的聖杯仍須小有著墨。王后專屬的可說是「心靈聖杯」，可以是細緻特別的。騎士專屬聖杯是眾人追尋的聖杯或聖爵，也需要悉心呵護。侍從是護持者，有可能手上的聖杯就是騎士或王后、國王的，而如果侍從擁有獨自的專屬聖杯，多半會以此呈現職務或等級的屬性。

聖杯牌組中宮廷牌多是隆重的聖杯，而聖杯首牌並不遑多讓，甚至有時候數字牌也很特別。古代某些塔羅可能在特殊的聖杯首牌之外，另選某張聖杯的數字牌做為「商標」，畫上一些識別標誌。有些塔羅每張聖杯數字牌專屬物會各有變化，但多半塔羅中聖杯數字牌的專屬物形貌是一致的，只以些微的大小差異表現有別的細緻意涵。

魔法師四法器中的聖杯，可觀察屬於牌組中的哪一張。其他大祕儀中明顯有聖杯出現的是節制牌，通常造型就和聖杯牌組專屬物相近，刻意以此表明聯結性。星星女神手中的容器有別於節制天使的杯子，與聖杯相關性稍弱，但有些塔羅仍然是聖杯造型。另外，少數塔羅牌中的戀人或是其他祕儀，也可能有聖杯在畫面中出現。

占卜訣竅提點

聖杯首牌對於詢問各種範圍，答案當然都是肯定的，然而這張牌更貼近於情感關係和人際情誼，細膩特質對這些層面最適切有效。因而對於積極奮力的工作辦事方面，成效就比較有限，是以滋潤性帶來助益的。關於財務方面則有一種間接的保證，就是愉悅的心情多少基於某種程度的現實穩定上。至於學業則表示，維持心平氣和或者有興趣而喜悅，能夠有助於學習，然而並不保證專注程度，那麼勝算率和名次就可能亞於其他更貼切此問題的牌。聖杯首牌對於這一切都有所幫助的道理並不難理解，因為和諧總會將結果帶往更好的方向。

寶劍首牌 Ace of Swords

牌序結構
寶劍花色之首，寶劍牌組第一號祕儀，象徵寶劍牌組之旗幟，統領整體寶劍花色及風元素。

各式別稱
風元素之源，未分化之風。
風元素之初始階段，全體風象之整合。

正 智識基源、專注秉持　　**逆** 智識偏差、秉持失當

祕儀原理解析

⚜ 位階數序
寶劍之首牌，包含數字 1 的法則和統合性，聯結風元素寶劍的意涵，融合而表現為啟迪、實現以及勝利。寶劍首牌引領並代表整體花色牌組，為風元素作用之起始、寶劍相關項目的全面啟動。

⚜ 主題定調
寶劍首牌象徵意念的萌發，是思緒和靈光的乍現、計畫的醞釀和萌生，使創作或研究的啟蒙具體落實，以才華與能耐達成目標。能夠帶來人氣且溝通順暢，擁有堅定的力量和強大的決心。因而任何難題都能迎刃而解，破除障礙而化險為夷，帶領你迎向勝利、成功和奪冠的境界。

寶劍首牌的祕儀主題為「**智識基源、專注秉持**」—— 銳意專注和堅定秉持，有如信念在於手中，始能施展駕輕就熟的能耐，如此突破萬難達成目標。

🔮 正位實占解釋
人際交誼：理性相處模式，注重溝通與原則。反應靈敏和犀利。競爭上能致勝。
戀愛情緣：對感情緣分也是正面作用，雖然外在表現似乎比較高冷，內心卻藏著深層的愛意。可能是因理念而結合的愛，或者是堅定的革命情感。
事務進行：快速進行、成功在望。以智慧解決難題，在開創和革新方面頗見魄力。特別表示智識的成長，以及學業方面的發揮。
金錢物質：對此一樣表示能夠成功、獲勝、得利，甚至成效非常可觀。

牌義沿革解疑

❧ 來歷變遷

★早期寶劍首牌原本就象徵極端，代表極度的繁榮或者是極度的不幸。

★偉特也認為這是一張強大力量的牌，表示事件趨向極致或擴大增強，無論是愛或恨的力量都可能加強或極端。然而正位置已經有固定的正面意義，亦即成功、以力量獲勝、征服。並且對於畫面中一貫出現的王冠，提出了象徵的說明，認為王冠蘊含的寓意值得探索和考慮，表示所指的事件有更深的涵義存在。

★偉特稍後時期，差不多承襲這些意義，卻更清楚確定為**成功**和**權力**，以及**豐盛**、**興旺**，一樣也表示**深層的愛**和情感。另外強調了首牌的一貫意義，那就是**開創**和**行動**。也不遺漏首牌結合寶劍的特殊意義，推衍為**堅定的力量**和**強大的決心**。

❧ 正逆轉折

★早期這張牌逆位置是偏向負面的，對於婚姻關係更為不妥，尤其矛頭還指向女性。這樣的觀念偉特依然承襲下來，不過也加入了其他的應用。

★偉特將早期正位置的極端作用放到逆位置，成為擴增作用和複雜化，甚至結果是傾向負面的。特別之處是，偉特又認為逆位置有分娩、懷孕、繁殖等意義。

★偉特稍後時期，逆位置意義做了更大的調整，直接認定為**災害**、**不幸**。根據元素「削弱原則」而來的意義是**無理性**、**火爆脾氣**、**自我毀滅**以及**暴虐行徑**。另外還有根據正位置的興盛意義，以「逆位相反原則」推衍而來的是**難堪**、**障礙**以及**貧困**。

❧ 逆位思考

現代定義方式是以逆位原則推衍：風元素的「削弱原則」為學習不足、缺乏智慧，寶劍花色的「過度原則」為思緒繁雜混亂。而首牌的位階「不當原則」代表溝通方面紛擾、失序，各種人際關係發生爭執與衝突。接著以「逆位相反原則」做一番統整，可得出如下情勢：原本的規劃不夠周全或者由於過度的實驗精神，產生後續許多麻煩難以擺平，導致結局失利慘敗，甚至遭遇危機或攻擊等現象。如此再與正位牌義對照，而後歸結出的逆位主旨結語為：「**智識偏差、秉持失當**」，也就是主要癥結解決不了。

♛ 逆位實占解釋

人際交誼：人際關係失去和諧、互相傷害、厭惡憎恨、惡性競爭。
戀愛情緣：感情或婚姻不順，產生紛爭或衝突，關係出現裂痕。
事務進行：自身的失誤或他人的干預，導致挫敗或被擊倒，遭遇到困難與阻礙。
金錢物質：理財失當，招致貧困的局面，資產可能殆盡。

畫面寓意解構

❧ 顯現方式
　　騰空雲霧中冒出一隻手,伸向寶劍手握住劍柄,持立或操作著寶劍。寶劍首牌的浮現方式有較多的變化,會根據全副塔羅的整體設定所需而異。有讓寶劍直接浮現在空中的,也有少數會插在地面上,或者以孩童、天使、神話人物等豎立起寶劍。

❧ 元素互動
　　寶劍隱藏於風中,背景即是天空以表示寶劍居於大氣中,用以表達空氣風元素。通常不會刻意著墨於無形的空氣,有時會描繪出風的線條,或者以空中的雲朵浮動來表示風的流動,也讓寶劍穿梭在風中。

❧ 專屬搭配
　　寶劍首牌多數都是劍尖朝上,通常上端會套住一個王冠。王冠象徵著智慧與高貴,黃金王冠散發光芒更是無上智慧與修煉成果。寶劍套住王冠,是寶劍操練出高超技藝的成果呈現,也藉以象徵捕捉住深奧的智慧。枝葉掛在王冠兩側,象徵勇氣和勝利,綴以文采和祥瑞之氣。時常還能看到劍外閃爍的光點,色澤鮮明而形似落葉狀,可視為上帝之指的符印,代表神聖尊貴與榮耀。

❧ 整體營造
　　寶劍首牌的背景主要是天空,可能一片清澈、也可能風雲運行,這與寶劍的動態表現有關。當然也會看到下方的著落,通常有描繪出陸地,多是空曠荒原、冷山屏障。有些塔羅在這張牌的背景中,或者從劍身發出劍氣,透露出黃金黎明的微光,呼應黃金王冠的隱喻。

屬物呈現解謎

首牌屬物特寫

本花色首牌的寶劍造型,雖然看起來不一定與牌組中其他寶劍有明顯差異,但都會描繪得較為精緻,通常也是最華麗或尊貴的,具有統領群劍之尊。既然有此地位,自需要精心鑄造、細微雕琢,甚至暗指特定某「名劍」而以此為雛形,這些手法的作用都在於使這把劍特別突顯,保證和其他的劍要有所區別。一般賦予寶劍首牌「祥瑞之劍」這層意涵,而更為人周知的「智慧之劍」封號也不容忽視,這些都是造型塑造和細節刻劃的方向,而加強外部變化看來是不可或缺的,於是有了特別專屬的王冠和葉穗,這組設計是延續至今的傳統畫法。

牌組各階評比

寶劍宮廷牌的劍是真正的寶劍,各自都有特殊性,但也有共同標誌。國王專屬寶劍,介於首牌寶劍和小牌之間,是王者之劍,也是仲裁之劍,寶劍國王的角色常比擬為法官,和正義牌有相屬關係,因而國王之劍也和正義之劍有淵源。王后的專屬寶劍也很特殊,是心中之劍,也是女性之劍。騎士專屬寶劍的特殊性在於是最犀利強大、最有殺傷力的一把。寶劍侍從的劍可能模擬或接近其他宮廷牌,多半是跟隨著寶劍騎士。不過這些理想中的差異在實際繪圖中不一定能具體或明顯呈現。

數字牌中的寶劍,通常都有異於宮廷人物和首牌之劍。古典塔羅的畫法,使寶劍數字牌的屬物形狀多變形扭曲,因而與首牌大有差別。現代塔羅數字牌中各張寶劍仍有安排些小變化,只是這點多半不是很突顯。然而無論任何塔羅,整體安排的要點在於,寶劍首牌一定要最獨立特出於其他張牌的寶劍,無論這副塔羅的設計中,整個牌組中的劍身造型是否接近。

魔法師四法器中的寶劍,造型接近寶劍首牌,表明和首牌的寶劍地位相當而不亞於國王之劍。大祕儀中還有一把更強的「大祕儀之劍」,就是在正義牌中出現的那把劍,巧合的是這張牌裡也同時出現王冠,正義和寶劍牌組的聯結如此明顯而不容忽略,尤其專與寶劍首牌以及寶劍國王有直接相關。此外,若命運之輪中有司芬克斯,也會握住一柄小寶劍。

占卜訣竅提點

寶劍首牌十分強悍威力,對於成功效能更為提高,祥瑞之劍對於一般事情依然保證吉運。但是如此犀利的特性,更適合於解決疑難雜症,去除問題有如快刀斬亂麻,也表示能揮劍斬情絲。這張牌可以專治學業方面,並對於考試、評比和各方面賽事,愈有競爭性的事件勝利指標就愈強。對於企劃策略和創造力的優勢也不輸權杖首牌。人際關係方面更是正面作用,依寶劍性質是以理念為主,表示志同道合或能夠服眾,畢竟風元素有助於此。寶劍首牌於感情方面仍表示誠摯深刻的靈犀相通,也確實對於情慾層面和世俗生活面較為淡薄。

金幣首牌 Ace of Pentacles

牌序結構

金幣花色之首，金幣牌組第一號祕儀，象徵金幣國度之旗幟，統領整體金幣花色及土元素。

各式別稱

土元素之源，未分化之土。
土元素之初始階段，全體土象整合。

正 財富發源、關切掌理　　**逆** 財富傾覆、掌理失衡

祕儀原理解析

⚜ 位階數序

金幣之首牌，包含數字1的法則和統合性，聯結土元素金幣的意涵，融合而表現為播種、成長以及收穫。金幣首牌引領並代表整體花色牌組，為土元素作用之起始、金幣相關項目的全面啟動。

⚜ 主題定調

金幣首牌象徵收穫的種子，是有償勞務的起始、投資項目的根底，進展為生意的發起和財富的發跡，擴充財源走向繁榮興盛。在完善的基礎和周全的準備下，有著良好的起步，是穩定運作的保障。具有內在的安全感和強韌的心理素質，亦暗示絕佳的機會，可達到預計的成效。

金幣首牌的祕儀主題為「**財富發源、關切掌理**」── 內在品質配合外在資源，以關切的態度形成掌握的毅力，憑藉務實的打理而導向繁盛的收穫成果。

🔮 正位實占解釋

人際交誼：利益共同體、合作共榮、互相支助扶持、彼此照應。
戀愛情緣：擁有幸福感或安全感、受到照顧或恩惠、對感情關係穩固有所幫助。
事務進行：情況順利、安穩，有防護與保障，能帶來實質效益。
金錢物質：財務穩定成長，收入、進帳，獲利、賺錢，都能有非常好的成果。

牌義沿革解疑

❧ 來歷變遷

★自早期開始，金幣首牌就常被認為是最順利的一張牌。

★偉特同樣這麼認為，並賦予正位置明確的正面意義，也就是**完美**、**滿足**、**幸福**，並表明物質的收穫與心靈的充實並進，因此也有**喜樂**與心靈狂喜、入神等特殊意義。物質方面的意義，除了金錢的涵義外，更可以直接代表黃金。另外也表示個人擁有高度的才智和**理解力**。

★偉特稍後時期，幾乎跟隨偉特賦予的涵義，更為具體的說明為物質上和精神上滿足的結合，其他項目則偏向應有的物質層面，並據黃金的意義，轉化為有價硬幣或**貴重製品**，並且也代表**寶物**。

❧ 正逆轉折

★由於這張牌正位置的涵義非常好，所以逆位置也連帶不會差到哪裡去。早期的逆位置多與正位置相差無幾，像是寶藏尋獲與分配。

★偉特接受這樣的觀點，強調物質面作用與正位置差不多，仍然代表富裕和物質條件。差異只在於這對擁有者並沒有真正幫助，反而帶有其負面效應，如因財富而來的怠惰心態或罪惡。其他的負面意義項目，僅有**才智不足**的涵義，這項是由正位的意義反向推衍而來的。

★偉特稍後時期，對以往的逆位見解做了更明確的融合，即是富庶但不快樂。並突顯金幣的負面狀況：不當使用金錢或**浪費**、為物欲而**墮落**、或者是吝嗇貪心、甚至因而受欺詐和**損失**。

❧ 逆位思考

現代定義方式是以逆位原則推衍：土元素的「削弱原則」為資源不足、缺乏補充，金幣花色的「過度原則」為享用消耗。而首牌的位階「不當原則」代表各方面的運作卡關，收入難以為繼、結構不穩定。接著以「逆位相反原則」做一番統整，可得出如下情勢：原始資源條件不足，財務運作有盲點或漏洞，導致獲利或回收困難，支出開銷超過負荷而走向匱乏。如此再與正位牌義對照，而後歸結出的逆位主旨結語為：「**財富傾覆、掌理失衡**」，主要也就是理財進行不利。

☖ 逆位實占解釋

人際交誼：待人吝嗇小氣、不願付出。欺瞞詭詐、互相算計。
戀愛情緣：相處上沉悶無趣、缺乏氣氛與感覺。照顧不周、體貼不足。
事務進行：因執行不當或才智不足而失敗。浪費金錢或物資、墮落的行為模式。
金錢物質：對於財務方面都頗為不利，運作失靈，漏財、損失等狀況發生。

畫面寓意解構

❧ 顯現方式

　　騰空雲霧中冒出一隻手，掌心捧著金幣，包圍住金幣下緣，使它維持直立，透露出謹慎的心態。另外，有一些塔羅畫面中沒有手的出現，傳統塔羅則多讓金幣著地放置或直接呈現在畫面中，這時會有許多陪襯以增添變化，較古典的塔羅會以孩童、天使、神話人物等圍繞著金幣。

❧ 元素互動

　　手上的金幣多半單純，少有元素的互動，或許因為本身就代表土元素的精華，然而一定會有大地背景作為烘托。浮現或是著地的金幣，通常身於土元素或大地之中，或者交雜於大地繁茂的生長物之內，表示土元素的完全融合。

❧ 專屬搭配

　　金幣首牌通常較少專屬搭配的特殊畫法，多數塔羅這張牌的金幣會呈現出閃亮或光澤，和背景的構圖產生隱約的呼應關係，而此外少有搭配其他物件陪襯在身上，金幣本身的刻劃就是重點，上面的符號標誌或可視為搭配。另外有所變化或特別之處，就是大地之上有何景物出現，加上背景的天幕描繪，可交織營造出生機和朝氣，以展現蓬勃發展的景況。

❧ 整體營造

　　地面是主要場景，以大地呈現土元素。地上有自然景緻，更有人為的莊園、以及生產作物，這一切景象顯示萬物蓬勃而有人氣。然而多數塔羅有封閉隔絕的圍籬，由拱門可往內深入，表示整體是穩固的領域，為擁有權和歸屬感的象徵。這個界限的營造另有深意，暗示此處是一座祕密花園或者神祕境地。

屬物呈現解謎

🔱 首牌屬物特寫

本花色首牌的專屬金幣，外型通常是牌組中最大的，至於形貌和裝飾之間的差別程度，則依據不同塔羅而異。有些塔羅的金幣首牌和牌組中其他金幣差異不大，這情況下通常全體金幣形貌也都一致。金幣通常是圓盤造型，這種單純的幾何圖形予人更多發揮的空間，尤其首牌的金幣花樣成為設計重點。圓盤的變化有關這個牌組深層意涵的認定：傳統塔羅為一般錢幣的畫法，五芒星圓盤是後來的變革。《透特塔羅》在圓盤中搭配特殊圖騰，甚至擴及牌組各張牌的形貌各有差異，不少塔羅牌也跟進仿效，頗獨鍾於施加變化在金幣花色上。

🔱 牌組各階評比

由於宮廷牌的高貴性，也要求專屬物更為特殊，因此有些塔羅宮廷牌有共同特質而有別於數字牌。國王的專屬金幣也要夠大，足以突顯掌握財物的豐富。王后專屬金幣不一定亮麗起眼，但需要留意其中蘊藏奧祕這個層面，例如暗示與鏡子或水晶球之類物品相似，因而具有神祕學作用。騎士的金幣有戰利品的感覺，而侍從的金幣則像是展示品。宮廷牌中手擁首牌金幣的那個位階，應該就是經濟大權在握者。

根據通俗習慣，金幣上的紋飾和外型大小就表露了「面值」大小，金幣隨位階差異而有不同畫法，這點自古就開始有所講究了。不但數字牌和宮廷牌之間有所差別，有些創作是整組各張牌都有不同安排和變化。古代塔羅還有個傳統，可能在金幣首牌之外，另選某張數字牌作為「商標」牌，而添加特殊標誌圖案，其上的金幣也可能與其他數字牌大不相同，識別度僅次於首牌。

魔法師四法器中的金幣，多半接近於金幣首牌。其實大祕儀和金幣花色的相關畫面是最少的，魔法師之外找不出其他真正含有金幣的牌，然而透過圖案變化的方式，就能發覺出隱藏式的聯結，命運之輪整個大輪盤和金幣的圓形是相通的。另外還有比較不被注意的聯結，是將金幣圓盤上的「五芒星」符號拆解，由此也算和有些魔鬼牌中的「倒五芒星」產生了糾纏。

占卜訣竅提點

金幣首牌對於財務方面具有針對性，因此會有直接作用，也就是保證強度和速率而容易見效。占卜任何事情都好的趨向，只是其他層面的效應比較緩慢些。金幣首牌最大的優勢作用，其實是能夠帶來穩定以及持續力，這點和土元素特質相關，提供財富的作用是在其次才考量的。財務原本和事業工作最能相通，因而對事業和任務等項目也都有助益。至於學業，可知是以穩定的力量而帶來累積的成效。愛情方面的答案也都頗佳，因為除了土元素的穩定作用之外，就現實生活上實況可證，金幣代表的財力，時常感情關係的維繫發揮了很大功能。

MEMO

主篇 3
宮廷牌解密
Court Cards

宮廷牌統論

宮廷人物

宮廷牌又稱人物牌，是塔羅牌和相近似的紙牌中都具有的一系列牌，而這個存在更成為各類紙牌的共通特色。在塔羅中，宮廷牌屬於小祕儀，分佈於四個牌組花色中，各牌組皆有固定人物，代表與該花色不同互動模式的角色。宮廷牌刻意被區分出來，除了別具特色外，並有其專用功能。由於自成獨特單元，有時也被視為「中祕儀」。

⚜ 宮廷制式

塔羅有十六張宮廷牌是公定的，不同紙牌的宮廷牌張數則有差異。塔羅編制約定每個花色牌組，一定要有四張宮廷牌。即四位階編制，一般名目為國王、王后、騎士、侍從。位階編排配合小祕儀牌組宗旨，成為規格化的牌義設定：每個人物的定義和特性，皆由元素花色和位階融合推衍出來，從而有 16 種基本典型人物，若考慮逆位置的變化，則有 32 種特質人物。宮廷牌的牌義詮釋通常不以畫面圖案為主，因為這些畫面都是根據制式原則而設計，雖然許多種塔羅的宮廷牌圖案都十分講究而有個別差異，但每張宮廷牌的祕儀涵義是超越不同塔羅而一致的，畫面的圖案和細節的作用性其實並不大。

⚜ 人物通性

宮廷牌用以形容各式各樣的人，通常做為對人的個性解釋，更可代表占卜事件中的某位人物角色。當然也可以照一般方式來運用，依據涵義作用解釋問題。然而宮廷牌的占卜牌義主要仍是人物性格，並且無論如何演變，一直都能規格化地解析，所有宮廷牌具有一致的共同基底，供為推理和定義。

正位置共同點：都是正面的人物性格，以及正面的作用，依據位階花色結合而定出意義。而逆位置則是：較為負面的人物性格，位階作用出問題，元素特質過度或流失，總之是失去了優點，但花色屬物代表的特性仍然存在。正逆變化思考為：花色意涵不能抹滅，甚至會增強或過度，視為能量的濫用導致問題。因此對宮廷牌而言：位階採取「逆位負面原則」或「逆位不當原則」，元素花色則多以「逆位過度原則」。

⚜ 指定牌專論

在占卜實際應用時，宮廷牌用來代表事件中某個人物，如果算得準確可達到神奇命中和精細預測的效果，然而這種設定通常使初學者感到困擾，宮廷牌也就時常被認為是不易使用的一組牌。其實宮廷牌的人物設定有其更貼切的專用方式，就是當做「指定牌」（Significator），運用在特殊占卜模式上。大致方法是，由 16 張宮廷牌中選出一張代表占卜指定人物，所有牌之間的關係都是搭配設定好的，如此可以依照出牌推敲出劇情角色關係。這種專用法首先要選擇指定牌，有如下的方法可依循：

1. 針對當事人特質，占卜師感覺當事人符合哪張牌。
2. 針對問題的性質，依此選花色，再根據當事人決定性別位階，挑出指定牌。
3. 問卜者自選，觀看牌面以直覺挑選。
4. 問卜者抽牌，從整組宮廷牌或某位階中，抽出一張牌做為指定牌。

位階關係

🔱 宮廷變革

宮廷牌編制有如階級社會，是封建制度的縮影，隨著時代推移，制度也跟著演變，發生「宮廷變革」而出現不同的位階名目。尤其最常見的是，將最小位階的侍從替換為公主牌，這是因男女平等以及陰陽平衡的觀念增長，所以把侍從改成公主，宮廷組成變為：國王、王后、王子及公主。然而，克勞利自創設定改變宮廷牌常見的對應是，將騎士變成國王，與王后相配，王子與公主相配。

宮廷牌人物特質的詮釋隨時代和觀念差異而有所變化，但由於制式化設定，演進都有相通的脈絡，現代更可以配合心理原型來延伸意涵。基本上，四位階人物可視為父親、母親、兄弟和姊妹的心理原型，這也是如今塔羅套用家庭編制的緣由。其他變化，如部落或特殊團體的職稱，介於宮廷王室和平民家庭間，都可歸於家族制。而不管名目如何變化，同樣位階的解釋都是相差無幾的，無論是占卜或象徵心理上的涵義。

宮廷編制變化比較表

古典塔羅 泛偉特系列	國王 King	王后 Queen	騎士 Knight	侍從 Page
歐系/地方塔羅	國王 Roi / R	王后 Reine / D	騎士 Chevalier / C	侍者 Valet / V
史派若塔羅	國王 King	王后 Queen	騎士 Knight	公主 Princess
女神,宇宙,傑諄 黃金黎明系列	國王 King	王后 Queen	王子 Prince	公主 Princess
克勞利系列	騎士 Knight	王后 Queen	王子 Prince	公主 Princess
埃及系列	國王 King	王后 Queen	騎士 Knight	僕役 Knave
上古塔羅	國王 King	王后 Queen	騎士 Knight	使者 Herald
錦繡塔羅	男人 Man	女人 Woman	騎士 Knight	侍從 Page
朱鷺塔羅	男主 Master	女人 Woman	戰士 Warrior	奴隸 Slaves
心靈塔羅	父親 Father	母親 Mother	兄弟 Brother	姊妹 Sister
海因德塔羅 幻境之旅	父親 Father	母親 Mother	男子 Son	女子 Daughter
藥女塔羅	模範 Exemplar	屋舍 Lodge	圖騰 Totem	學徒 Apprentice
異教徒塔羅	元老 Elder	門人 Initiate	見習士 Novice	基本元素 Elemental
歡慶日塔羅	國王 King	王后 Queen	戰士 Warrior	基本元素 Elemental

🔱 元素成分

各花色配置元素是在神祕時期前後確認的，而且配合了位階成為元素的變化形式，每張宮廷牌祕儀都相等一種元素成分、階段或相關象徵物。這種配置法更有助於心理原型的運用，正如占星也有同樣特點，皆以元素形式特質比擬心理原型性格。其實宮廷牌編制原理本就寄託於元素原理，整個即是元素煉金術的表達，也是全副塔羅中最具元素特性和煉金術色彩的部份。宮廷編制結合元素系統更表現出規格化，也能夠聯結更多細節和延伸體系，像是卡巴拉的聖名四字母、生命之樹，以及占星術的星座和日期等等，其中聯結項目會在各張宮廷牌解說中的〔神祕學理聯結〕中列出。

位階牌義原則

關於宮廷人物牌解析，每一位階人物都有其共同特性和基本設定，後述即解說各位階特性通論。

至於其他實際人物特徵和各種細節的占卜解析，都能依據花色和位階的結構原則制定，例如年齡和性別就有幾套不同的對應法。

各式相應聯結也在每張祕儀解說的〔延伸應用解鎖〕中列出，然僅供參考，可自行斟酌。

⚜ 國王牌
位階作用：擁有花色屬物、掌控元素的人。代表權責和管理，穩定大局的情境。
人物特質：國王人物具有穩定威嚴的特質，是熟年男性的角色，年齡層較高些，和另一男性人物牌——騎士有所區隔。會因社會常態和心理狀況而有差異。基本上，指內在心境上的成熟和沉穩。
逆位變化：表示國王做得不好，管理不妥善，元素掌控不當而無法呈現出力量，這樣的影響程度可能較其他人物牌為嚴重和深廣。

⚜ 王后牌
位階作用：享受花色屬物、沉浸元素中的人。對花色懷有熱誠和關心，喜愛運用並且樂在其中。
人物特質：與國王同等位階，然而性別相異，是具成熟特質的女性，但不需特別強調年齡層，只要不是過於年輕的少女或小女孩就可符合。
逆位變化：過度使用或享受花色，沉溺的性格特質，濫用資源而匱乏，因而呈現出負面作用。

國王與王后雖有差異，卻同為陛下之尊，也都屬於王室，兩者都是採取坐姿，代表不用行動也不需要奔走和勞動。因而這兩個位階有時可歸納出共同涵義，例如年齡層有時也可設定同為 40 歲之上。其實年紀只是一種概況，不需硬性規定歲數。

騎士為一種爵位，是貴族而並非王室。如果這位階以王子為名目，則階級較高，且屬於王室成員。騎士不同於陛下而可以隨意到處移動，必須執行任務，卻仍然騎乘在馬上、有坐騎可以代步，而駕馭馳騁也表擁有一定的自主權。

⚜ 騎士牌
位階作用：追逐花色屬物、獲取元素的人，當然也因擅長此道而能獲取成功！
人物特質：人物年紀是比較年輕的男子，重點是懷有雄心壯志，並且有所專長和能力，是前途看好的人。正在追求或奮鬥的階段，處於執行任務或是主動競逐中，充滿信心也有本領達到目標，因熟練於該花色而能成功。位階和年紀並非重點，而是位階特色擁有的配備與活力，騎士具備馬匹與工具利器，有很強的動作性。
逆位變化：停頓延誤，執行失利，能力或技術不精，或者過於急躁求速導致失誤。因為追求方式出問題，可能被打敗或被競爭出局，原來掌握之物會被搶走。

宮廷牌的最小位階，處於宮廷人物與數字牌的交界，呈現變化而地位不定的現象，涵義作用具有多樣性，名稱和性質也常因塔羅種類的差異而有不同的設定。根據傳統的塔羅牌宮廷編制，這個位階一般名為 Page，本身並不是貴族，而是為宮廷貴族服務的差使，時常作為騎士跟班的職務，因此中文可稱為「隨從」。如果要將 Page 翻譯為「侍從」也行得通，甚至「侍者」也還能接受。然而「侍衛」就較為不妥了，因為這名詞是專指某種官階，並非隨從或侍從之意。而本位階的許多變體角色和英文名目中，也未曾出現和侍衛意義相符的字眼，所以並不建議使用這個名稱。

本書的宮廷牌祕儀詳解，今以「侍從」為本位階代表，其他變體在此以通論說明，提供簡易推衍牌義和作用之據。侍從最近似版的變體是僕役或奴僕，不過這其實是更為降格的。少數的「使者」則是平行版本，意義參考侍從即可。本位階的這些變體可統稱「隨從」等級，有其共同點：年齡多指青少年以下，逆位可代表更小的年齡、用以特指孩童。在性別上以中性論，雖習慣指男孩，但其實男、女皆可代用。

⚜ 侍從牌

位階作用：嚮往花色屬物、追隨守護元素的人。代表隨身之人或物品，信差或信件。

人物特質：對花色不是很純熟，尤其在運用上並沒有信心，是一個學習的角色，然而內心卻無比嚮往和認同。該領域中的見習生、初學者、新手和資淺者。具有服務的精神，背負任務和職責，通常是傳遞訊息，擔任物流或各種差事。可視為幫忙做事的角色，除了年少或年幼以外，也指地位較為低階或資格尚淺。

逆位變化：程度要比正位置差，能力上還更遜一籌，更為幼稚或退化。是個真正生手、非常菜鳥。並且更易胡搞亂來、愛鬧瞎掰，失敗和被修理得更慘，招來更為不幸的差辱。

⚜ 僕役牌

位階作用：並非主動和嚮往，多是被動、甚至被迫地必須去保護或維持花色專屬物的人。也指隨身跟班之人，甚至是指攜帶的物品。

人物特質：對花色陌生又不具熱誠，並且是更不起眼的人物，可認為連新手都稱不上，根本就不得其門而入，只是當差服役或供人使喚的角色。

逆位變化：很不甘願的進行工作，因無心造成疏失而搞砸事情，或是不被肯定而多受責備，遭遇折磨和困境。

「公主」是本位階的高級變格，屬於宮廷王室的一分子，也與侍從的意義差距較大。公主牌通常代表女性，因此整體宮廷的性別分配會更為平均，年紀的設定也會更有規則。

⚜ 公主牌

位階作用：元素剛醞釀成形，沒有行動，剛在內心萌芽生成，細心照應呵護。
人物特質：公主牌偏向心靈作用，較少負面的意思，比侍從懂事並具有氣質。
逆位變化：花色作用被壓抑或扼殺抹滅，相關計畫和行動並未成行或者取消。

權杖國王 King of Wands

牌序結構
權杖宮廷牌最高位階男性角色，
權杖花色牌組第十四序號祕儀。

各式別稱
火元素之火成分，強烈的火性物質，固態火元素。
火之父，光明之君‧火之靈。

正 熱烈領導　　**逆** 暴烈霸道

祕儀原理解析

❧ 位階數序
　　權杖牌組的成熟資深男性宮廷人物牌。根據元素位階組合而推衍出的本質是：權杖的擁有者、火元素的管理者。進一步延伸推論為：擁有權力的領導者、運用權威並具有主導氣勢的男人。

❧ 人物原型
　　心理投射的人物原型是：豪氣威勢的父親心象。在現實層面上的表現為：魄力十足、陽剛的成熟男人，豪邁而有氣勢威嚴。他有著熱烈積極的性格，待人處世慷慨大方，具備領導者的風範，是個帶頭人物。在職業身分推斷上：多為法政人士，不然就是領導或資深主管，各單位中的管理階層者。

　　以上綜述可統合出正面形象為本祕儀正位主旨：「強勢而威嚴的領導者」，並可化約為此標語：「**熱烈領導**」。

❧ 正位實占解釋
人物關係：可能遇到符合上述特性的人物出現在所占算的故事當中；也可能代表一
　　　　　位與當事人有權力管理關係的長輩或上司。
事態處境：在事態上表示掌握權力，帶領管理，運作執行成功。
　　　　　處境狀況則是在權威主導之下、大刀闊斧的局面中。
情志心緒：情志上意味著豪邁直接、熱切誠摯、慷慨大方、強勢主導。
　　　　　心緒感受則是充滿強盛和榮耀感。

牌義沿革解疑

❧ 來歷變遷

★早期的權杖國王牌義強調對於**結親是有利的**，可以代表良好姻緣。還有**繼承上的優勢**和利益，也多提及是已婚男人的身分，而且個性慈祥。這張牌也一向都與**誠懇**、**忠實**相關，更代表友好的特質。

★偉特承襲這些涵義，也相符於他對此位階的一貫定義，並特別加上了純樸**正直**的特徵。

★偉特稍後時期的涵義逐漸加強智慧、**成熟**、**友善**、富同情心等特質。後來甚至演變為具有學養和紳士風範。

❧ 正逆轉折

★早期逆位置有忠告的意義，似乎因為傳統認定這是張很好的牌，所以就連逆位也壞不到哪裡去。

★偉特對於權杖國王逆位意義的下筆也較輕，只設定為比正位置的寬大優點較為嚴厲些的特質。

★偉特稍後時期的逆位，則放棄了優點，改成真正**嚴厲**的人物形象。隨和變成**堅守規則**，簡單純樸變成深思熟慮。這些可說是以正位置統合整體意義的「逆位相反原則」來推衍的。

❧ 逆位思考

現今的方式，是規格化以逆位原則推論：權杖能量的濫用以及國王位階的不當，得出這張牌的逆位意義。從中交織而成的人物特質或當前舉止為：性格上暴烈急躁、專橫跋扈的男人。

上述這些特徵亦相符於正位特質過度發揮而形成的負面形象，經整合可歸結出本祕儀的逆位主旨：「**暴烈**的**霸道總裁**」。

🏛 逆位實占解釋

人物關係：可能遭遇上述特質的人物，產生掌控占有或緊張火爆的對待關係。
事態處境：管理不當，領導無方，喜歡耍威嚴。雖然高壓政策，但事務仍然延宕。
情志心緒：暴躁易怒、控制欲強，嚴厲要求他人。

畫面寓意解構

❦ 主角人物

權柄在握的長者 —— 權杖國王。這位長者坐在王座上，顯示他至尊的國王身分。王座定位於沙漠中的火山之旁，暗示火元素權杖國度的領域。

❦ 場景佈置

地面沙漠一片空曠且一望無際，天空晴朗而清澈無物，這些都是火元素熱力呈現的表徵。遠景中如有火山，更加強火元素象徵，並表示蘊藏強大能量。這樣的場景搭配，蘊藏著火中火的意涵。

❦ 外觀姿態

權杖國王有威嚴的神情，簡單粗獷的輪廓線條，表現陽剛男性特質。權杖國王手握著專屬權杖，執杖姿態足以表達出他的作風，牌面上時常描繪國王以權杖觸地，呈現出威嚇震撼的氛圍。

❦ 專屬搭配

寶座椅背上多裝飾著獅子、蜥蜴或龍的圖騰，在權杖人物服飾也多有這些標誌。獅子圖案為雄壯威武的象徵，領導者的風範。蜥蜴紋飾表示火元素熱烈和動力能量。龍之圖騰代表類似火蜥蜴的作用，然而這個奇幻動物更具最高權威或強大力量，匹配國王之尊貴。權杖國王的服飾造型，色澤簡單而呈對比。身穿紅袍，綠披風，模擬權杖樹木的色調。王冠外形呈現火焰狀，加強突顯火元素特質。

❦ 相隨配角

做為權杖國王的專屬寵物，都是他性格特質一面的象徵。火蜥蜴是生存在沙漠中或火山旁出沒的動物，時常做為火元素權杖花色的象徵動物。

延伸應用解鎖

⚜ 實占事件角色定位
對應角色：豪邁大方的長者，很可能是個領導人物。
關係推敲：事業相關問題之資深男角。機構資源之主事者或掌控者。
逆位角色：阻撓事況的權威者、霸道不講理的長輩。

⚜ 指定牌選用依據
符合特徵：遇見成熟穩重而有魄力的男性，選用本牌為指定牌。
因事指定：事業工作或事務問卜之熟齡男性，可以直接指定本牌。

⚜ 外貌年齡推測
一般可行用法：四十歲以上的男性，特質視指定或占卜而比照上述設定。
多種族區適用：金髮或紅髮、藍眼睛、白色皮膚，年紀在四十歲以上的男人。

⚜ 特殊項目占卜參考
顏色運用：紅色（Red）。
天氣概況：高溫烈日。
時間期限：一年。
方位走向：1. 正西方 W。
　　　　　2. 遠距南方。

⚜ 神祕學理聯結
星象設定：1. 獅子座（螺旋塔羅，一般神祕學塔羅及多數塔羅設定）。
　　　　　2. 白羊座（宇宙塔羅等少數設定）。

克勞利星象設定：天蠍座 20 度至射手座 20 度（變格為權杖騎士）。

易卦對應：1. 震卦 ☳（克勞利透特塔羅）。
　　　　　2. 乾卦 ☰（透特塔羅新詮釋設定）。
　　　　　3. 比卦 ䷇（星宿系統對應）。

地占圖形：小幸運（Fortuna Minor、The Lesser Fortune）

權杖王后 Queen of Wands

牌序結構
權杖宮廷牌高位階女性角色，
權杖花色牌組第十三序號祕儀。

各式別稱
火元素之水成分，溫暖的火性物質，液態火元素。
火之母，火焰寶座之女王。

正 熱情女性　　**逆** 驕縱氣焰

祕儀原理解析

⚜ 位階數序
　　權杖牌組的成熟女性宮廷人物牌。根據元素位階組合而推衍出的本質是：權杖的享受者、火元素的沉浸者。進一步延伸推論為：正在享受著權柄、或者沉浸在熱情之中的、興高采烈的女人。

⚜ 人物原型
　　心理投射的人物原型是：熱切急性而有主導力的母親心象。在現實層面的表現上，權杖王后可分別出幾種類型走向：一為有自我主張，能力卓越或事業有成的女強人。二為充滿磁性與魅力、甚至火辣性感、熱情洋溢的熟女。三為個性強悍、可能有點陽剛氣質。
　　雖有典型的差異，仍可統合出共同的正面形象為本祕儀正位主旨：「熱情主動且成熟堅強的女人」，並可化約為此標語：「**熱情女性**」。

🔮 正位實占解釋
人物關係：可能遇到符合上述特性的人物出現在所占算的故事當中；也可能代表一位與當事人有公務關係，或者能夠大方相處的女性。

事態處境：在事態上的面對多為，積極的鼓勵與讚賞、自然而真誠的對待。處境狀況則代表活潑熱鬧或歡心喜悅的場面。

情志心緒：情志上率性自如、活潑開朗、輕快好動而真誠熱情，充滿光明和積極。心緒感受則為熱情洋溢。

牌義沿革解疑

⚜ 來歷變遷

★早期權杖王后是一張很好的牌，正位置代表各種方面的**大豐收**。

★偉特根據這些要點加以變化，定義為財務或事業上的成功。他對於王后位階的一貫相通意義為**真誠**、正直、**親切**、友善以及貞潔，而又融合權杖涵義定出人物形象，為**純樸自然**的女性、鄉村婦女，同時又具有權杖的榮耀，並且特別強調這張牌表示出現對問卜者**有幫助和關懷的女性**。

★偉特稍後時期，承襲了以往的正位牌義，但比較沒那麼複雜，人物特質則從質樸轉趨於**魅力**和優雅。

⚜ 正逆轉折

★早期的權杖王后逆位置牌義，是正位置那些意義的減弱，並沒有很負面，例如良好的計畫和目標，只是沒有機會實現。

★偉特仍認為逆位具有好的涵義，像是熱心、關切、節儉勤奮。但也認為逆位有負面特質，只是需要根據整體牌局才能判定，他對於王后逆位的一貫定義，就是欺騙和不貞。當然也要加入火元素的負面作用，就是**嫉妒**和**情緒化**，以及權杖的負面特質，也就是**反抗**和**不順從**。

★偉特稍後時期的逆位置解釋，大致跟隨之前這些牌義，但還是有所差別，取消其中好的優點，只留下負面特質，此時可說已經一律單純以「逆位負面原則」來推論了。這樣一個女性的特質，應當脾氣頗差，其中的一種類型，也因而被認定為粗枝大葉的男人婆。

⚜ 逆位思考

現今的方式，是規格化以逆位原則推論：權杖能量的濫用以及王后位階的不當，得出這張牌的逆位意義。從中交織而成的人物特質或當前舉止為：性格上潑辣凶悍、怨忿善妒的女人。

上述這些特徵亦相符於正位特質過度發揮而形成的負面形象，經整合可歸結出本祕儀的逆位主旨：「驕縱而氣焰囂張的女人」。

♠ 逆位實占解釋

人物關係：可能遭遇上述特質的人物，產生嫉妒猜忌或怨恨不滿的相處關係。
事態處境：盛氣凌人、遇事責怪怨恨，不願順從、互相壓制，常做出無理性行為。
情志心緒：情緒起伏大，脾氣易怒、善妒、吃味，時常不悅、不快。

畫面寓意解構

❦ 主角人物

緊握權杖的女人 —— 權杖王后。這位女子坐在后座上,顯示她尊貴的王后身分。后座定位於無垠的沙漠之中,是火元素權杖國度之轄區。

❦ 場景佈置

王后身側的遠方可見到金字塔,暗示精神內涵或探索,如此明確表示所在之地,或許存有情節作用。若背景中有綠洲水源或樹蔭,表示火元素的國度中有水成分的滋潤。天空晴朗亮麗,是心境的寫照。

❦ 外觀姿態

權杖王后相貌線條簡單,可看出強勢的一面,然而也具有磁性和魅力。眼神望向遠方,顯示她的眼界和心境。權杖王后一手握住權杖,自在而安穩。大方俐落的坐姿,充滿精神並散發魅力。

❦ 專屬搭配

權杖王后的寶座椅背高起,其中刻劃著火紅獅子,扶手也有獅頭裝飾,都是火元素尊貴和熱情的象徵。服飾造型來說,火紅后袍和披風,色調與場景融合一體,暗喻沙漠般的熱情以及烈日下的火焰。有些塔羅牌會讓權杖王后另一手握著其他物品,多半是向日葵類的花卉,也可在王后身旁或紋飾中呈現。向日葵像太陽,象徵熱情和生命力,代表陽光開朗的女性,也呈現花卉具有的美感。

❦ 相隨配角

做為權杖王后的專屬寵物,是她性格一面的象徵。貓溫柔而又桀敖不馴,而黑貓更表示神祕能量和潛藏的生命力。豹等貓科動物同樣時常做為火元素的象徵動物,皆有類似於黑貓之作用。

延伸應用解鎖

⚜ 實占事件角色定位
對應角色：熱情洋溢的女人，多為掌握事務進行的女性。
關係推敲：事業、工作、旅行情節之女主角。愛情故事女配角。
逆位角色：易怒或干涉事情的女性長輩。

⚜ 指定牌選用依據
符合特徵：遇見成熟而熱情的女人，選用本牌為指定牌。
因事指定：事業人際問卜的熟女，可以直接指定本牌。

⚜ 外貌年齡推測
一般可行用法：二十歲以上的女性，特質視指定或占卜而比照上述設定。
多種族區適用：金髮或紅髮、藍眼睛、白色皮膚，年紀在四十歲以上的女人。

⚜ 特殊項目占卜參考
顏色運用：紫紅色（Fuchsia）。
天氣概況：燠熱有雨。
時間期限：九個月。
方位走向：1. 西南西 WSW。
　　　　　2. 遠距西南方。

⚜ 神祕學理聯結
星象設定：1. 白羊座（螺旋塔羅，一般神祕學塔羅及多數塔羅設定）。
　　　　　2. 射手座（宇宙塔羅等少數設定）。

克勞利星象設定：雙魚座 20 度至白羊座 20 度（變格為權杖女王）。

易卦對應：1. 隨卦 ䷐（克勞利透特塔羅）。
　　　　　2. 咸卦 ䷞（透特塔羅新詮釋設定）。
　　　　　3. 漸卦 ䷴（星宿系統對應）。

地占圖形：紅色（Rubeus、Red）

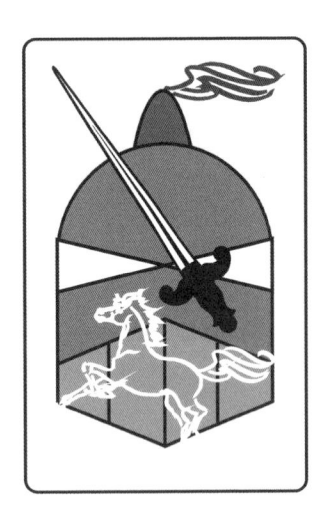

權杖騎士 *Knight of Wands*

牌序結構
權杖宮廷牌中位階男性角色，
權杖花色牌組第十二序號祕儀。

各式別稱
火元素之風成分，爆發的火性物質。汽態火元素。
火之子，控火戰車之王子。

正 熱血青年　　**逆** 火爆浪子

祕儀原理解析

⚜ 位階數序
　　權杖牌組的青年男性宮廷人物牌。根據元素位階組合而推衍出的本質是：權杖的追求者、火元素的掌握者。進一步延伸推論為：充滿雄心壯志、追求成功上進、積極掌握權勢的男子。

⚜ 人物原型
　　人物原型是心目中的英雄人物。在現實層面上的表現為：熱力爽朗、進取有為的青年，崇尚權力而致力於事業前途，在乎自我展現和成就感。

　　具有男性魅力和雄風，往來直接卻不夠細膩。在各場域中的角色，若非勇氣活力的英雄、就是魄力十足的先鋒。

　　以上綜述可統合出正面形象為本祕儀正位主旨：「熱血澎湃或性格強烈的男子漢」，並可化約為此標語：「**熱血青年**」。

🔮 正位實占解釋
人物關係：可能遇到符合上述特性的人物出現在所占算的故事當中；也可能代表一位與當事人有業務關係，或者能坦率相處的男性。

事態處境：在事態上表示追逐目標可以成功，能達到某種地位。也可能透過改變或冒險，投入新領域之中。
　　　　　　處境狀況則是熱烈奔騰、躍動激進的場面。

情志心緒：情志上意味自信心與雄心壯志，對權力與事業或某項行動感興趣。
　　　　　　心緒感受上則是衝勁十足。

牌義沿革解疑

⚜ 來歷變遷

★這張牌一開始牌義並不是很固定，早期被認為是不好的牌，正位置即表示了疏離隔閡與缺憾。

★然而偉特只保留了缺憾這個意義，給予正位置的是正面的人物特質：**積極熱切**和友好。另外基於他對於騎士牌正位置一貫的通義，強調了**旅行**或**啟程**相關的事件，並延伸推論為飛航，以及搬遷、移民，甚至與居家狀況的變化都有關聯。

★偉特稍後時期，皆跟從以往這些意義，且延伸出：**前往未知的領域**，以及**改變現狀**等意義。

⚜ 正逆轉折

★原先權杖騎士逆位置和正位置一樣是負面的意義，尤其指女性的不幸遭遇、在婚姻方面受到挫折。

★偉特把負面的意義歸於逆位，賦予他對騎士逆位的通義：人際關係上的**不和諧**、**爭執**、分開、決裂，事件和遭遇上則是**中斷**和**阻礙**。

★偉特稍後時期，延續了這些意義，並強調了**預料之外的轉變**，這是以正位置的轉變涵義加劇而推衍出來的，可以說是「逆位過度原則」。而人物形象也偏向**粗魯**，這種氣質甚至可用以形容帶有江湖味或是流氓氣的。

⚜ 逆位思考

現今的方式，是規格化以逆位原則推論：權杖能量的濫用以及騎士位階的不當，得出這張牌的逆位意義。從中交織而成的人物特質或當前舉止為：性格上衝動火爆、莽撞自大的男子。

上述這些特徵亦相符於正位特質過度發揮而形成的負面形象，經整合可歸結出本祕儀的逆位主旨：「冒失的火爆浪子」。

♠ 逆位實占解釋

人物關係：可能遭遇上述特質的人物，產生競爭較量或摩擦衝突的交互關係。
事態處境：競爭受挫失利、預料之外的轉變、事務遭遇阻礙而中斷。關係不和諧，感情或婚姻不順。
情志心緒：感到錯愕或驚恐、憤恨不平，心中有強烈挫折感或沮喪。

畫面寓意解構

❧ 主角人物
馬背上揭揚權杖的男子 ── 權杖騎士。紅馬奔馳在廣漠的沙丘之間,騎士在沙漠之中無畏艱難地前行,他正在歷經火元素權杖國度之境地。

❧ 場景佈置
這位男子騎著紅鬃烈馬,正行經金字塔之旁,金字塔暗示精神內涵或探索,而如此明確顯示所在地,可能為了表達情節作用。天空光亮無雲,是明快心境的寫照,也是火中之風的景緻描繪。

❧ 外觀姿態
權杖騎士長相很有英氣,而且神情威武。他的馬匹前腳揚起,騎士的身姿剽悍,表示威勢與往前衝的決心,表現出騎士的熱切,期待這段旅程的展開,他必須到達目的地以完成使命。

❧ 專屬搭配
權杖騎士的服飾造型,是全副盔甲武裝,亮橘黑紋外袍裹身,黑色的陪襯更添尊貴感,顏色和紋飾同樣呈現火元素象徵。盔甲飾以紅色羽毛,形似馬尾,象徵火焰,突顯火元素熱烈如火的特質。

❧ 相隨配角
權杖騎士的專屬座騎,是他性格另一面的象徵呈現。他所駕馭的馬匹多為紅棕色,以配合權杖騎士的烈火熱力,馬鞍的顏色也和服飾相搭配。

延伸應用解鎖

⚜ 實占事件角色定位
對應角色：開朗陽光的年輕人，可能是位冒險者。
關係推敲：事業、工作、旅行、冒險情節之男主角。愛情故事男配角。
逆位角色：故事中想以暴力解決事情的人。

⚜ 指定牌選用依據
符合特徵：遇見活力充沛、年輕氣盛的男子，選用本牌為指定牌。
因事指定：前途、事業問卜之成年男性，可以直接指定本牌。

⚜ 外貌年齡推測
一般可行用法：二十歲以上、未滿四十歲的男性，特質視指定或占卜而比照上述設定。
多種族區適用：金髮或紅髮、藍眼睛、白色皮膚，年紀在四十歲以下的男人。

⚜ 特殊項目占卜參考
顏色運用：深棕色（Maroon）。
天氣概況：熱有風。
時間期限：六個月。
方位走向：1. 正西北 NW。
　　　　　　2. 遠距東南方。

⚜ 神祕學理聯結
星象設定：1. 射手座（螺旋塔羅，一般神祕學塔羅及多數塔羅設定）。
　　　　　　2. 獅子座（宇宙塔羅等少數設定）。

克勞利星象設定：巨蟹座 20 度至獅子座 20 度（變格為權杖王子）。

易卦對應：1. 益卦 ䷩（克勞利透特塔羅）。
　　　　　　2. 履卦 ䷉（透特塔羅新詮釋設定）。
　　　　　　3. 明夷卦 ䷣（星宿系統對應）。

地占圖形：限制（Carcer、Prison）

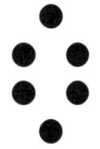

權杖侍從 Page of Wands

牌序結構
權杖宮廷牌低位階角色，
權杖花色牌組第十一序號祕儀，處於銜接權杖數字牌之位置。

各式別稱
火元素之土成分，持續的火性物質，火元素之爐。
火之女，火焰公主之閃耀。火之殿堂玫瑰。

正 熱心少年　　**逆** 狐假虎威

祕儀原理解析

⚜ 位階數序
　　權杖牌組的少年宮廷人物牌。根據元素位階組合而推衍出的本質是：權杖的嚮往者、火元素的維護者。進一步延伸推論為：嚮往權威、渴望成功、維護權力結構和體制的躍勁少年。

⚜ 人物原型
　　權杖侍從就社會心理上的標籤印象來說，是個事務運作見習生。在現實層面上的表現為：嚮往管理經營、執行任務的少年男女，由於充滿熱誠和興趣，導致經驗不足卻躍躍欲試，難免輕率粗糙。

　　以上綜述可統合出正面形象為本祕儀正位主旨：「權力結構中的基層成員」，並可化約為此標語：「熱心少年」。

🏠 正位實占解釋
人物關係：可能遇到符合上述特性的人物出現在所占算的故事當中；也可代表一位與當事人有事務交涉關係的下屬或晚輩。

事態處境：事態是學習或模擬如何管理，拿捏權力的行使和公器的運用。
　　　　　　處境狀況則為熱情激動的氛圍。

情志心緒：情志上意味表現發揮，或一時驕傲得意。
　　　　　　心緒上則是感受到爽快、雀躍的心情。

相應占問：代表公物信物遞送者、執行公告或宣告者，一切告示信函和公文。
　　　　　　占問物品時表示以下隨身物 —— 出示身分的各種證件，名片或會員卡、識別證、通行證，以及鑰匙。

牌義沿革解疑

❧ 來歷變遷

★早期的權杖侍從牌義鎖定為人物，強調少年人，以及**使者**、**信差**，甚至是密探之類的角色，並且也和尋人或**徵求**等任務相關。

★偉特給予的角色職務承襲了以往定義，著重於攜帶重要訊息，並且具有**忠誠**特質。在占卜功能上，他認為可以代表戀人，也可以視為敵手，也有可能表示受到**讚揚**或**獎賞**，不過這些判斷都要根據牌局而定。偉特也說明需要根據花色特質來演繹牌義，其實整體的正位置的意義設定得很模糊。

★偉特稍後時期的牌義，偏重於人物形象，強調真誠可靠的特質，無論是善意的陌生人、或是忠誠的友人。

❧ 正逆轉折

★原本權杖侍從逆位置就特別跟**壞消息**相關，可以說是正位置涵義的「逆位負面原則」推衍而得，也就是將訊息視為負面的。

★偉特對此闡釋而加上流言散布和負面報導，也賦予他對侍從逆位的一般定義，即是心理上**混亂焦躁**、猶豫不決，和缺乏安全感。

★偉特稍後時期，統合了以上這些意義，並著重於負面的消息傳佈的情況，**嚼舌根**或八卦，以及因為這些新聞而**受傷害**或不愉快。

❧ 逆位思考

現今的方式，是規格化以逆位原則推論：權杖能量的濫用以及侍從位階的不當，得出這張牌的逆位意義。從中交織而成的人物特質或當前舉止為：性格上好高騖遠、炫耀浮誇而欠缺自省。

上述這些特徵亦相符於正位特質過度發揮而形成的負面形象，經整合可歸結出本祕儀的逆位主旨：「狐假虎威而自以為是的小咖」。

☗ 逆位實占解釋

人物關係：可能遭遇上述特質的人物，產生互相嫌惡的牽涉關係。另外可表示有人嚼舌根，也可能是得到壞消息、負面的報導或評價、不佳的成績或業績。

事態處境：濫用職權，拿著雞毛當令箭的作風。不純熟的執行運作和表現態度，氛圍浮躁。

情志心緒：內心焦躁不安、急切而又擔憂，或許因受到批評而傷到自尊，也可能是利慾薰心而後自食其果。

相應占問：接收到事務、政策相關的負面或不利訊息通告。
占問物品時，表示證件、鑰匙等權杖隨身物的損壞或遺失。

畫面寓意解構

❧ 主角人物
　　手執權杖的少年 —— 權杖侍從。這位少年獨自挺立在遼闊的沙漠之中，在火元素權杖國度境內，執行他的任務使命。

❧ 場景佈置
　　權杖侍從站在古文明的金字塔旁，這樣明確表示所在之地，與其他張牌的場景相同，表示了這幾張牌之間相屬或相近關係的情節。通常場景和權杖騎士是連接一氣的。

❧ 外觀姿態
　　權杖侍從神情的閃亮，可看出他正付出熱誠，認真投入於他的任務當中。他將權杖安插在地上，站立的姿態顯示出他正要宣告新的訊息。權杖侍從手按觸權杖的模樣，讓人感受到他的躍躍欲試。

❧ 專屬搭配
　　權杖侍從全身橘紅綴以黑色花紋，為較醒目的配置。黑蜥蜴圖騰紋飾，是火元素權杖花色的象徵物，代表深層的能量。服飾如果和騎士相近，則表示兩者間的主從關係。權杖侍從服裝的色澤如同樹木，和地面搭配恰可呼應火中之土。

❧ 相隨配角
　　權杖侍從的專屬寵物，是他性格某一面的象徵和補充表露，並也能代表訊息傳遞作用。火蜥蜴在沙漠中或火山旁出沒，時常做為火元素權杖花色的象徵寵物，更是權杖侍從形象的具體投射。

延伸應用解鎖

⚜ 實占事件角色定位
對應角色：活潑動感的少年，或者是位熱心者。
關係推敲：有助於劇情進行發展的小配角。
逆位角色：故事中的搗亂者、喧嘩好動的小孩。

⚜ 指定牌選用依據
符合特徵：遇見青春活潑、表現高亢的少年少女，選用本牌為指定牌。
因事指定：未來、前途、事件問卜之青少年，可以直接指定本牌。

⚜ 外貌年齡推測
一般可行用法：二十歲以下的少年男女，特質視指定或占卜而比照上述設定。
多種族區適用：金髮或紅髮、藍眼睛、白色皮膚，年紀在四十歲以下的女人。

⚜ 特殊項目占卜參考
顏色運用：黃色（Yellow）。
天氣概況：熱而乾燥。
時間期限：三個月。
方位走向：1. 西北西 WNW。
　　　　　　2. 近距南方。

⚜ 神祕學理聯結
一般星象設定：夏季星座 ── 巨蟹座、獅子座、處女座。

克勞利星象設定：春季星座 ── 白羊座、金牛座、雙子座（變格為權杖公主）。

易卦對應：1. 頤卦 ䷚（克勞利透特塔羅）。
　　　　　　2. 豫卦 ䷏（透特塔羅新詮釋設定）。
　　　　　　3. 小過卦 ䷽（星宿系統對應）。

地占圖形：男子（Puer、Boy）

```
    ●
    ●
  ● ●
    ●
```

聖杯國王 *King of Cups*

牌序結構
聖杯宮廷牌最高位階男性角色，
聖杯花色牌組第十四序號祕儀。

各式別稱
水元素之火成分，澎湃的水性物質，固態水元素。
水之父，波浪之君．水之靈。

正 溫和領導　　**逆** 用情唐突

祕儀原理解析

⚜ 位階數序
　　聖杯牌組的成熟資深男性宮廷人物牌。根據元素位階組合而推衍出的本質是：聖杯的擁有者、水元素的管理者。進一步延伸推論為：擁有豐沛的感情世界、情感歷練豐富的男人。

⚜ 人物原型
　　心理投射的人物原型是：慈祥寬大的父親心象。在現實層面上的表現為：深諳人情世故的成熟男人，關懷和照顧他人溫暖周到，給人充分安全感，帶有父愛或家長特質。對於關係和感情的分寸，他能拿捏得恰到好處。在職業身分推斷上：大致是走高階專業路線，不然就是身為學者或從事教育，也可能為藝術和人文領域的人士，再者或許和宗教信仰相關。

　　以上綜述可統合出正面形象為本祕儀正位主旨：「和藹可親、承擔包容的長者」，並可化約為此標語：「**溫和領導**」。

🔮 正位實占解釋
人物關係：可能遇到符合上述特性的人物出現在所占算的故事當中；也可能代表一位與當事人有良好情誼關係的長輩或上屬。

事態處境：事態呈關懷照顧或庇蔭保護，有整體感、歸屬感，在幸福安全情境中。處境狀況可能有人持續關心自身、環境祥和融洽。

情志心緒：情志上意味著充滿慈祥愛心、和藹親切、慷慨寬宏、關注照顧。心緒感受則是溫暖熟悉、歸屬感或家的感覺。

牌義沿革解疑

⚜ 來歷變遷

★早期正位置包含許多負面的涵義，像是男性的身體健康問題，並且也是偽善的幫助。這些涵義或許源於花色與位階結合的人物特質，只不過是朝向負面來推衍。後來正位置的負面涵義還是逐漸清除掉了。

★偉特以專業人士意涵配合花色，將職業身分定位於**藝術**和**神職**。但因為也認定國王代表具有經驗而善於管理，所以也可以是法律、商人、實業家、科學家。由聖杯推出個人特質為：俊美的外貌，具有創造的天賦，且**令人信賴**。另外在事件上，對問卜者**支助相挺**或公正以待。

★偉特稍後時期的牌義，容納了以上的涵義，並更強調了**學養氣質**、**體貼周到**、**虔誠**、**善良寬大**等，屬於元素花色的正面特質。

⚜ 正逆轉折

★早期聖杯國王逆位置涵義就比正位置更為負面，代表了**損失**以及**不利**。

★偉特加強正逆位的差異，將逆位視為更重大的損失，並加上他一貫賦予國王逆位的性格，**不正直**、不真誠和不負責任，以及行為上的邪惡行徑和名聲。事件方面就推論為**欺騙**、掠奪和不公道的交易。這些內容比對正位意義的項目，可知這是種「逆位相反原則」的推論。

★偉特稍後時期承襲了這些意義，也將逆位的人物形象解釋為：**藝術家性格，詭詐**而無美德的人。

⚜ 逆位思考

現今的方式，是規格化以逆位原則推論：聖杯能量的濫用以及國王位階的不當，得出這張牌的逆位意義。從中交織而成的人物特質或當前舉止為：性格上世故深沉、暗地留情的男人。

上述這些特徵亦相符於正位特質過度發揮而形成的負面形象，經整合可歸結出本祕儀的逆位主旨：「用情唐突的大齡熟男」。

☗ 逆位實占解釋

人物關係：可能遭遇上述特質的人物，產生情感拿捏不當或失控的現象，形成逃避或欺瞞的對待關係。

事態處境：不負責任的態度，欺瞞和蒙蔽，遇到黑心交易而損失。

情志心緒：不夠真誠，產生心機或邪念。過度的藝術家性格，無法有擔當。

畫面寓意解構

⚜ 主角人物

聖杯高舉的長者 —— 聖杯國王。這位長者坐在王座上，顯示他至尊的國王身分。王座定位於汪洋大海之中，立於小島上，海洋正是水元素的疆域、聖杯的國度。

⚜ 場景佈置

王座孤立於海上，表明國王能掌握水元素，控制水的流向而移動。一側水面上有船駛過，而另一側可見到海豚在跳躍著。船隻為海上運行交流的工具，暗示具有容載量和保護作用。

⚜ 外觀姿態

聖杯國王相貌比較隨和親切，表情更是生動，刻劃了感情豐富以及和藹可親的特質，而他的眼神機靈，透露出內蘊智慧。有些聖杯國王一手握著聖杯，另一手會握著短柄王權寶杖表明身分和尊貴權力，以增添國王威勢，也隱含著水之火的寓意。實而，一派輕鬆是他的自然氣度。

⚜ 專屬搭配

寶座裝飾以貝殼或水生動物，甚至王座本身就是貝殼，水中物都是水元素的呈現。貝殼象徵心思細膩，具有美感設計感的神祕構造。海藻是海中的生產物，也是生產力的象徵。他的服飾造型多為藍袍綠衣的組合，呈現出海洋風味、水元素的表徵。如果加以金色披風，更顯出尊貴。國王另一手所握之物，可以象徵其性格之外的身兼職務。

⚜ 相隨配角

做為聖杯國王的專屬寵物，都是他性格特質一面的象徵。海豚表示溫和的性格，活躍而深情悠遊於海洋中。海中的大型動物，自是水元素的相關動物，而海豚足以代表聖杯國王，其他海裡的大魚也與海豚有相同的作用。

延伸應用解鎖

⚜ 實占事件角色定位
對應角色：有親和力的長者,也可能為調停角色、中間人、仲介者。
關係推敲：感情故事中的資深男角,或者是父執輩。
逆位角色：上了年紀而不夠檢點的大叔。

⚜ 指定牌選用依據
符合特徵：遇見成熟穩重的和善男性,選用本牌為指定牌。
因事指定：愛情問卜之熟齡男性,可以直接指定本牌。

⚜ 外貌年齡推測
一般可行用法：四十歲以上的男性,特質視指定或占卜而比照上述設定。
多種族區適用：棕色頭髮、灰或藍色眼睛、白色皮膚,年紀在四十歲以上的男人。

⚜ 特殊項目占卜參考
顏色運用：紫色(Purple)。
天氣概況：豪雨。
時間期限：一年。
方位走向：1. 正東方 E。
　　　　　　2. 近距西南方。

⚜ 神祕學理聯結
星象設定：1. 天蠍座(螺旋塔羅,一般神祕學塔羅及多數塔羅設定)。
　　　　　　2. 巨蟹座(宇宙塔羅等少數設定)。

克勞利星象設定：寶瓶座 20 度至雙魚座 20 度(變格為聖杯騎士)。

易卦對應：1. 歸妹卦 ䷵(克勞利透特塔羅)。
　　　　　　2. 蠱卦 ䷑(透特塔羅新詮釋設定)。
　　　　　　3. 同人卦 ䷌(星宿系統對應)。

地占圖形：大幸運(Fortuna Major、The Greater Fortune)

聖杯王后 Queen of Cups

牌序結構
聖杯宮廷牌高位階女性角色，
聖杯花色牌組第十三序號祕儀。

各式別稱
水元素之水成分，純淨的水性物質，液態水元素。
水之母，海洋寶座之女王。

正 溫柔女性　　逆 情慾流動

祕儀原理解析

❧ 位階數序

聖杯牌組的成熟女性宮廷人物牌。根據元素位階組合而推衍出的本質是：聖杯的享受者、水元素的沉浸者。進一步延伸推論為：正在享受著感情的美好、沉浸在愛和幸福之中的女人。

❧ 人物原型

心理投射的人物原型，是溫柔慈愛而細心的母親心象。對於聖杯王后，不用考慮是什麼類型，她就是女人中的女人，溫柔體貼的性格，感情豐富細膩，氣質優雅，浪漫而富情趣。極具愛心、關懷、包容、與同理心，也是母親中的母親。在現實層面上，會因情況而有些許細微差異，但都同樣是人們心目中的理想女性典型。

以上綜述可統合出正面形象為本祕儀正位主旨：「溫柔體貼且感情豐富的女人」，並可化約為此標語：「**溫柔女性**」。

正位實占解釋

人物關係：可能遇到符合上述特性的人物出現在所占算的故事當中；也可能代表一
　　　　　位與當事人有情感關係或相處融洽的女性。
事態處境：事態為戀愛機緣的來臨，愉快而美好的相處，羅曼蒂克的情境。
　　　　　處境狀況則表示身於溫情或風花雪月的氛圍中。
情志心緒：情志上沉浸在浪漫感情中，享受戀情的幸福、關懷伴侶。
　　　　　心緒上感受到甜蜜浪漫。

牌義沿革解疑

⚜ 來歷變遷

★這張牌一直都與愛情相關，也是女性特質的代表。然而早期的正位意義卻有著偏向負面的形象，認為代表情感曖昧的女人。

★偉特更動意義為良好形象的女性，具有屬於王后的一些特質，就是包括忠貞、正直、**真誠**、**親切**、**善良**、**友好**，除了有愛心之外，還有更多的品德和氣質，並且也強調聖杯所代表的**溫柔**和**美麗**。在角色上更認定為完美的妻子和母親，對問卜者關係是一位幫助或關懷照顧問卜者的人。還有著其他與聖杯相關的正面作用，包括**愛的智能**、**夢想中的禮物**，還有各種**幸福**、**愉快**和成功。

★偉特稍後時期，聖杯王后正位涵義差不多和以往相同，甚至有更為正面的特質，具有了智慧和遠見。

⚜ 正逆轉折

★早期的聖杯王后逆位牌義和正位置相差不會太大，有時候甚至是偏好，尤其針對婚姻而言，更是令人稱羨。

★然而偉特對逆位加上了負面效果的但書，表示縱使是卓越的女人，她也是**不值得信賴**。對於王后逆位的早期定義並沒有放棄，也具有狡詐或邪惡、**不正當**和**墮落**的行為等意義。這樣就包含女性的各種正負面形象，這些特質顯得頗為紛歧。

★偉特稍後時期的詮釋，解除了這些紛歧，聖杯王后逆位就演變為全然負面的涵義，也可說各項都是根據正位置，以「逆位負面原則」轉變推衍過來的。

⚜ 逆位思考

現今的方式，是規格化以逆位原則推論：聖杯能量的濫用以及王后位階的不當，得出這張牌的逆位意義。從中交織而成的人物特質或當前舉止為：性格上多情善感、迷惘依賴的女人。

上述這些特徵亦相符於正位特質過度發揮而形成的負面形象，經整合可歸結出本祕儀的逆位主旨：「放任情慾流動的女子」。

⚜ 逆位實占解釋

人物關係：可能遭遇上述特質的人物，產生依賴糾纏或缺乏真誠的相處關係。
事態處境：或許身陷於不正當和墮落的行為、不值得信賴的感情之中。
情志心緒：沉迷夢幻、感情氾濫，情緒過度而無理性、性格依賴而黏膩。

畫面寓意解構

🔱 主角人物
　　坐擁聖杯的女人 —— 聖杯王后。這位女子坐在后座上,表示她尊貴的王后身分。后座位於海岸邊的沙灘上,水元素聖杯國度之疆界。

🔱 場景佈置
　　王后身於水與陸地的交界,陸地和海水都接觸於腳下,象徵情感的落實。海洋環繞著她,遠處屏障也保護著她。地面上的鵝卵石,具有美麗繽紛的色彩,藉以反映她內心的繽紛和生活情趣。

🔱 外觀姿態
　　聖杯王后是最為美麗的人物,相貌呈現優雅氣質,神情之中充滿著夢幻。聖杯王后時常被描繪成這樣的姿態:凝望著聖杯正在出神,似乎杯中有著景象般,表示她的心靈徜徉於夢境之中。

🔱 專屬搭配
　　寶座可能在被水環繞的陸地上,通常有著色彩豐富的裝飾,或別緻的造型,像是椅背塑造成貝殼狀。還可能有許多天使雕像,天使象徵善良而美麗的心,暗喻溫暖關懷的內在。聖杯王后以純淨白袍和藍白披風相間,表示海浪波紋,整體造型與海洋或水域完全融合在一起,也暗喻水之水。而整體設計上以純淨或華麗的風格為兩大走向。

🔱 相隨配角
　　做為聖杯王后的專屬寵物,是她性格一面的象徵。如果能看見水裡的熱帶魚,這樣的魚類象徵最美麗燦爛的水元素,而魚群自在悠閒的漫遊,如同聖杯王后夢幻般的心思。貝殼則象徵細膩深度的回憶,也代表美感和神祕性。

延伸應用解鎖

❧ 實占事件角色定位
對應角色：溫柔嫵媚的女人，也可能表示治療者、撫慰者。
關係推敲：愛情故事之第一女主角。
逆位角色：感情用事的傻女人。

❧ 指定牌選用依據
符合特徵：遇見溫柔氣質的成熟女性，選用本牌為指定牌。
因事指定：愛情問卜的女性當事人，可以直接指定本牌。

❧ 外貌年齡推測
一般可行用法：二十歲以上的女性，特質視指定或占卜而比照上述設定。
多種族區適用：棕色頭髮、灰色或藍色眼睛、白皮膚，年紀在四十歲以上的女人。

❧ 特殊項目占卜參考
顏色運用：藍色（Blue）。
天氣概況：霖雨。
時間期限：九個月。
方位走向：1. 東南東 ESE。
　　　　　2. 遠距西方。

❧ 神祕學理聯結
星象設定：1. 巨蟹座（螺旋塔羅，一般神祕學塔羅及多數塔羅設定）。
　　　　　2. 雙魚座（宇宙塔羅等少數設定）。

克勞利星象設定：雙子座 20 度至巨蟹座 20 度（變格為聖杯女王）。

易卦對應：1. 兌卦 ☱（克勞利透特塔羅）。
　　　　　2. 坤卦 ☷（透特塔羅新詮釋設定）。
　　　　　3. 歸妹卦 ䷵（星宿系統對應）。

地占圖形：白色（Albus、White）

```
● ●
 ●
● ●
● ●
```

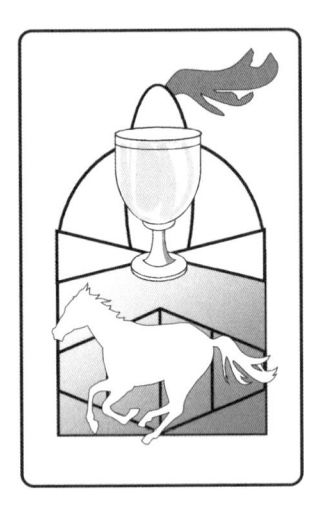

聖杯騎士 Knight of Cups

牌序結構
聖杯宮廷牌中位階男性角色，
聖杯花色牌組第十二序號祕儀。

各式別稱
水元素之風成分，揮發的水性物質，汽態水元素。
水之子，佈水戰車之王子。

正 溫馴青年　　**逆** 花花公子

祕儀原理解析

❦ 位階數序

聖杯牌組的青年男性宮廷人物牌。根據元素位階組合而推衍出的本質是：聖杯的追求者、水元素的掌握者。進一步延伸推論為：追求戀情和浪漫情懷、掌握愛情心思和緣份關係的男子。

❦ 人物原型

人物原型是心目中的白馬王子。在現實層面上的表現為：浪漫多情、文質彬彬的青年，重視情感和感受，對待伴侶溫柔體貼，能為愛情或對象付出。具有豐富內涵，心思比較細緻，或者賦有藝術和創意的男性。這是聖杯騎士唯一的典型形象，雖然有著各別不同的想像空間和差異。

以上綜述可統合出正面形象為本祕儀正位主旨：「翩翩佳公子、藝術家或文藝青年」，並可化約為此標語：「**溫馴青年**」。

⚜ 正位實占解釋

人物關係：可能遇到符合上述特性的人物出現在所占算的故事當中；也可能代表一位與當事人有情感關係或相處融洽的男性。

事態處境：在事態上投入浪漫情境中，追求對象成功機會很大。
處境狀況為身於有禮貌有風度的氛圍中。

情志心緒：情志上可能墜入情網，傾心於某個對象，全心對待呵護伴侶。
心緒感受方面則為瀟灑顧盼，充斥浪漫情懷。

牌義沿革解疑

❦ 來歷變遷

★這張牌原本有傳令兵或信差的涵義。早期就與抵達有關，另外的代表事件，就是遇到貴人、帶來意外之財。

★偉特大部分遵循傳統牌義，並加入他對騎士正位的通用涵義，延伸為**出發**、**赴約**、**進行**、**邀請**、委託以及**鼓勵**、激發。不過對於聖杯花色的意涵，就比較沒有明顯加強和發揮了。

★偉特稍後時期，這張牌的正位置意義多半承襲既有涵義，只增添了騎士的挑戰特色，衍申為**接受挑戰**和**面臨機會**。

❦ 正逆轉折

★早期聖杯騎士的逆位置意義，一直都偏於負面，表示個性不好的男人。這個解釋方向一直到後來都是很明確的。

★偉特也著墨於人物的負面特質，以花色涵義推衍出**欺瞞**、**狡詐**、**口是心非**的行為以及詭計。更貼切於聖杯水元素的是，過於軟弱或敏銳纖細的特質。這些可說是由元素的「逆位過度原則」推論法而得。

★偉特稍後時期的聖杯騎士逆位涵義大致相同，但更強調遇到這類人物的出現。

❦ 逆位思考

現今的方式，是規格化以逆位原則推論：聖杯能量的濫用以及騎士位階的不當，得出這張牌的逆位意義。從中交織而成的人物特質或當前舉止為：性格上輕佻放縱、蒙蔽自欺的男子。

上述這些特徵亦相符於正位特質過度發揮而形成的負面形象，經整合可歸結出本祕儀的逆位主旨：「公子哥兒或花花大少」。

☖ 逆位實占解釋

人物關係：可能遭遇上述特質的人物，產生曖昧尷尬或牽扯不清的交互關係。
事態處境：追求感情不成功，可能與情敵競爭落敗。或者是情感不夠專一，因多情而導致感情問題。
情志心緒：過於敏銳纖細，易受到挑逗和刺激。優柔寡斷、心性不穩定。

畫面寓意解構

🌸 主角人物
馬背上輕撫聖杯的男子 —— 聖杯騎士。
白馬漫步在溪河岸邊,騎士的前方面臨一道水流,他來到了水元素聖杯國度之濱。

🌸 場景佈置
這位男子身騎白色寶馬,如今正面臨一條河流,他將在河畔停駐或深入水中,還是跨過這道天然界線呢?這未知的體驗值得探索。天色晴朗配合水面的清澈,隱約感到微風的吹拂,表明水之風的心境和場景。

🌸 外觀姿態
聖杯騎士是相貌最俊美的騎士。他雖然在馬上,眼神仍然朦朧夢幻,顯示出他浪漫的性格,且充滿靈感、想像力豐富。聖杯騎士的馬匹輕巧的踱步著,動作優美如同騎士身姿,典雅而和諧。他身為騎士只為了追尋理想,並非喜好武力。

🌸 專屬搭配
聖杯騎士的盔甲外有藍底水紋外衣,襯托溫文儒雅的色彩。他戴著有羽翼的頭盔,表示輕盈清柔,並暗示天使般溫和善良。衣飾上如果繡著紅色的魚,就代表深藏感情和內涵的象徵,紅色是熱情的散發。

🌸 相隨配角
聖杯騎士的專屬座騎,是他性格另一面的象徵呈現。他所駕馭的馬匹多為白馬,以配合聖杯騎士的純淨浪漫,馬鞍的顏色也和服飾相搭配。

延伸應用解鎖

⚜ 實占事件角色定位
對應角色：多情浪漫的年輕人，也可以是個夢想家。
關係推敲：愛情故事之第一男主角。
逆位角色：故事中感情面的失意者。

⚜ 指定牌選用依據
符合特徵：遇見風采迷人或斯文有氣質的男子，選用本牌為指定牌。
因事指定：愛情問卜之男性當事人，可以直接指定本牌。

⚜ 外貌年齡推測
一般可行用法：二十歲以上、未滿四十歲的男性，特質視指定或占卜而比照上述設定。
多種族區適用：棕色頭髮、灰色或藍色眼睛、白皮膚，年紀在四十歲以下的男人。

⚜ 特殊項目占卜參考
顏色運用：深藍色（Navy）。
天氣概況：風雨。
時間期限：六個月。
方位走向：1. 正東北 NE。
　　　　　2. 近距西方。

⚜ 神祕學理聯結
星象設定：1. 雙魚座（螺旋塔羅，一般神祕學塔羅及多數塔羅設定）。
　　　　　2. 天蠍座（宇宙塔羅等少數設定）。

克勞利星象設定：天秤座 20 度至天蠍座 20 度（變格為聖杯王子）。

易卦對應：1. 中孚卦 ䷼（克勞利透特塔羅）。
　　　　　2. 革卦 ䷰（透特塔羅新詮釋設定）。
　　　　　3. 需卦 ䷄（星宿系統對應）。

地占圖形：結合（Conjunctio、Union）

　　　　　　● ●
　　　　　　　●
　　　　　　　●
　　　　　　● ●

聖杯侍從 Page of Cups

牌序結構
聖杯宮廷牌低位階角色，
聖杯花色牌組第十一序號祕儀，處於銜接聖杯數字牌之位置。

各式別稱
水元素之土成分，停滯的水性物質，水元素之爐。
水之女，海洋公主之潮流，水之殿堂蓮花。

正 溫吞少年　　**逆** 受挫初心

祕儀原理解析

⚜ 位階數序
　　聖杯牌組的少年宮廷人物牌。根據元素位階組合而推衍出的本質是：聖杯的嚮往者、水元素的維護者。進一步延伸推論為：嚮往戀愛、憧憬愛情、維護且看重感情層面的純情少年。

⚜ 人物原型
　　聖杯侍從就社會心理上的標籤印象來說，是個愛情人際見習生。在現實層面上的表現為：嚮往感情世界的少年男女，雖然充滿思慕的純情，然而尚不太懂得感情的真實面、也不擅長表達或互動，顯得自己生疏稚嫩。
　　以上綜述可統合出正面形象為本祕儀正位主旨：「感情世界的初心者」，並可化約為此標語：「溫吞少年」。

☂ 正位實占解釋
人物關係：可能遇到符合上述特性的人物出現在所占算的故事當中；也可能代表一位與當事人有情誼互動關係的下屬或晚輩。
事態處境：事態上有心儀對象但追求技巧生疏，具誠懇的優勢，但不一定能成功。處境狀況則是身於有點八卦的氛圍中。
情志心緒：情志上表示以純真的心靈細心呵護、珍惜、崇尚感情。
心緒上則感受到羞怯、喜悅、憧憬等情緒。
相應占問：代表禮物遞送者、文藝作品遞送宣告者，一切私人信件和情書。
占問時表示以下隨身物 —— 增添美感和人緣的物品，身上的飾物、攜式鏡子、化妝用品。

牌義沿革解疑

⚜ 來歷變遷

★ 這張牌原本意義就偏好，正位置尤其是代表**好消息**，不過卻又相關於少年人的愛情失利，可見其實在早期牌義就顯得有所矛盾了。

★ 偉特將意義往正面移動，除了是新聞消息和回應以外，賦予侍從正位置一貫的設定，即**專注誠懇**與**勤勉好學**的形象，並根據聖杯特質認定為外貌美麗的年輕人。在占卜上，表示問卜者能遇到願意**提供支助的人**。

★ 偉特稍後時期幾乎都跟隨這些意涵，只是較強調忠誠和有助益的人，以及值得信賴的助手。

⚜ 正逆轉折

★ 早期聖杯侍從正位置的牌義略有搖擺，逆位置卻並未因此轉向為正面，而是表示遭遇各種阻礙。

★ 偉特賦予一貫的逆位意義：**紛亂焦躁**、表達上的不實、**欺瞞**，或者**逢迎諂媚**。並根據聖杯的特質，推衍出**依賴**與**誘惑**。

★ 偉特稍後時期，除了跟隨這些意義外，另包含了聖杯負面涵義而來的，行為上的偏差越軌，以及過於**敏感**和**脆弱**的性格。這仍是根據「元素過度原則」所推衍出的意義。

⚜ 逆位思考

現今的方式，是規格化以逆位原則推論：聖杯能量的濫用以及侍從位階的不當，得出這張牌的逆位意義。從中交織而成的人物特質或當前舉止為：性格上殷勤逢迎、唯諾怯懦而欠缺自信。

上述這些特徵亦相符於正位特質過度發揮而形成的負面形象，經整合可歸結出本祕儀的逆位主旨：「不擅愛情而時常受挫的入門者」。

🔮 逆位實占解釋

人物關係：可能遭遇上述特質的人物，產生互相厭煩的牽涉關係。另可表示有人造謠、傳八卦、不實報導，也可能收到錯誤訊息，或收到被拒絕的回覆。

事態處境：人際往來缺乏誠意，行為空泛、沒有準則和規律。情感表達不受肯定、遭到拒絕，氛圍很八卦。

情志心緒：情緒敏感、憂鬱悲傷，易受外界影響而動搖打擊。依賴感和無助感油然而生、缺乏信心和勇氣、充斥退縮的心態。

相應占問：接收到情感、交誼相關的負面或不利訊息通告。
占問物品時，表示首飾、妝物等聖杯隨身物的損壞或遺失。

畫面寓意解構

❦ 主角人物
手持聖杯的少年 —— 聖杯侍從。
這位少年獨自站立在船隻的甲板上,在水元素聖杯國度之域,執行他的任務使命。

❦ 場景佈置
聖杯侍從站在船隻甲板上,從背景可以看到海水波浪高低起伏,整個人是在水域之中,船板代表水中之平地,卻又一起在水中隨波濤起伏,這是以情感為命運的暗喻,載浮載沉的特質。被水包圍的甲板平地,成了水中之土的寫照。

❦ 外觀姿態
聖杯侍從的長相特別清秀,面貌姣好,顯得纖細而中性化,呈現出謙虛和上進之心。這是他任務的必經旅程,低頭與手上的聖杯中探出頭來的魚對望。多半些微側身,以兩腳不同彎曲度的姿勢站立著,表示正緊張專注中。

❦ 專屬搭配
聖杯侍從服飾造型的顏色柔和粉嫩,多為粉紅搭配粉藍,是感情滋潤的顏色。在場景中或身上衣物的紋飾上,出現的花朵多為蓮花,象徵純真潔淨的心靈,以及對於美好感情的盼望。

❦ 相隨配角
聖杯侍從和杯中小魚的關係密切,是他的心靈投射或感情寄託,很多塔羅都會著墨類似的安排。小魚細緻和稚嫩,象徵情感的幼苗,多從杯中冒出頭來,表示新奇與陌生。小魚和人物相對眼,暗示主角的自我對話,或者在省視內心、呵護感情。

延伸應用解鎖

⚜ 實占事件角色定位
對應角色：純情的少年，一位關注者。
關係推敲：有關故事轉折或主角感情變化的小配角。
逆位角色：妨礙情勢發展的小角色、纖細敏感的小孩。

⚜ 指定牌選用依據
符合特徵：遇見誠懇真摯的少年少女，選用本牌為指定牌。
因事指定：感情問卜的未成年男女，可以直接指定本牌。

⚜ 外貌年齡推測
一般可行用法：二十歲以下的少年男女，特質視指定或占卜而比照上述設定。
多種族區適用：棕色頭髮、灰色或藍色眼睛、白皮膚，年紀在四十歲以下的女人。

⚜ 特殊項目占卜參考
顏色運用：深青色（Teal）。
天氣概況：毛毛雨。
時間期限：三個月。夏季。
方位走向：1. 東北東 ENE。
　　　　　2. 遠距西北方。

⚜ 神祕學理聯結
一般星象設定：秋季星座 ── 天秤座、天蠍座、射手座。

克勞利星象設定：夏季星座 ── 巨蟹座、獅子座、處女座（變格為聖杯公主）。

易卦對應：1. 損卦 ䷨（克勞利透特塔羅）。
　　　　　2. 姤卦 ䷫（透特塔羅新詮釋設定）。
　　　　　3. 中孚卦 ䷼（星宿系統對應）。

地占圖形：女子（Puella、Girl）

寶劍國王 King of swords

牌序結構
寶劍宮廷牌最高位階男性角色，
寶劍花色牌組第十四序號祕儀。

各式別稱
風元素之火成分，激烈的風性物質，固態風元素。
風之父，氣息之君‧風之靈。

正 銳利領導　　**逆** 偏頗強硬

祕儀原理解析

⚜ 位階數序
　　寶劍牌組的成熟資深男性宮廷人物牌。根據元素位階組合而推衍出的本質是：寶劍的擁有者、風元素的管理者。進一步延伸推論為：擁有豐富智慧寶庫、發揮學問和思想影響力的男人。

⚜ 人物原型
　　心理投射的人物原型是：堅持原則的父親心象。在現實層面上的表現為：理智冷靜的成熟男人，智慧而有理念，思慮周密嚴謹。他的個性講理而較為冷峻嚴肅，魅力來自思想和學問的光彩。在職業身分推斷上：多為學者、研究者、科學家、或者是教育者，以及各種高深專業人士如醫師，也可能是法政相關領域、掌握與制度有關的事務。由於是重視理念的人，也可能是社會運動者、思想改革者、觀察批判者。
　　以上綜述可統合出正面形象為本祕儀正位主旨：「專業人士、學術代表或意見領袖」，並可化約為此標語：「**銳利領導**」。

⛩ 正位實占解釋
人物關係：可能遇到符合上述特性的人物出現在所占算的故事當中；也可能代表一位與當事人有學識課業，或思想理念關係的長輩上司。
事態處境：在事態上面臨裁決定奪，可能涉及法律事件，成竹於胸或者堅持立場。處境狀況是周詳規劃並有英明睿智的首領，具指導原則或有智者獻計。
情志心緒：情志上正是頭腦清晰、見解獨到銳利，秉持原則與一貫作風。心緒感受則為理念充實、沉著應變、處之泰然。

牌義沿革解疑

❧ 來歷變遷
★最早寶劍國王的涵義就相關於這些職業身分，諸如律師、議員、醫生等類**高階層的專業人士**。

★偉特據此賦予的牌義是，**政府機構**等相關事宜和運作，以及**相關於法律**和任何審理判決的相關事務。

★偉特稍後時期偏重人物特寫，納入偉特對國王位階的共通特質，配合寶劍而更強調專業性和才智，成為具高度**分析能力**、**行動力**和**決斷力**強，而且穩重、經驗值、以及指揮若定的特質更是被強調。也可以說，正位置意義充滿智者和思想家的形象。

❧ 正逆轉折
★這張牌的逆位一直都是很負面的意義，人物形象是壞男人，而相關法律的事件是險惡訴訟以及警告。

★偉特為這張牌賦予國王逆位皆然的邪惡行徑，就是**背信**和**不忠誠**，且更強調殘酷暴行。將固執特質與寶劍負面的偏頗特性，結合成為**固執己見**。這些推論是由「位階不當原則」和「元素過度原則」而來的。

★偉特稍後時期的寶劍國王逆位，負面形象更嚴重，**偏激**和破壞性都增強，也表示引發衝突事件。

❧ 逆位思考
現今的方式，是規格化以逆位原則推論：寶劍能量的濫用以及國王位階的不當，得出這張牌的逆位意義。從中交織而成的人物特質或當前舉止為：性格上嚴苛壓抑、剛愎武斷的男人。

上述這些特徵亦相符於正位特質過度發揮而形成的負面形象，經整合可歸結出本祕儀的逆位主旨：「思想偏頗的強硬人士」。

⚜ 逆位實占解釋
人物關係：可能遭遇上述特質的人物，產生爭執對立或苛刻激烈的對待關係。
事態處境：不符現狀的因應措施、改革方法不正確，不公義的判決，失去信用或者動搖立場。
情志心緒：觀念偏頗、批判過度，偏重理論而看不清現實。

畫面寓意解構

🔱 主角人物
　　寶劍貼身的長者 —— 寶劍國王。這位長者坐在王座上，顯示他至尊的國王身分。王座定位於高山之巔，摩天的雲間深處，表達出風元素國度的意境。

🔱 場景佈置
　　背景中，雲的位置很低，表示位置的高聳。背景可清晰見到幾隻鳥，在不遠處的遠方可見到樹木，表示領域仍然含括實地。鳥於天空中飛行，暗示領空範圍，並突顯風的刻劃。風的線條表示心思如風般迅速敏捷，以及爽颯的性格，亦象徵風中之火。

🔱 外觀姿態
　　寶劍國王呈現智者深思熟慮的嚴肅樣貌，神情大義凜然，表現出一個判官應有的態度。寶劍國王的動作姿態表明正在執行的事情，他身前高舉著劍，可表示掌理著審判，他控制了生殺大權，並且也是行使正義。

🔱 專屬搭配
　　寶劍國王的寶座裝飾並不多，椅背高長平板，上有著蝴蝶的浮雕刻鏤，全是灰階色調，代表權威、尊貴，並且不帶情緒。服飾造型方面，整體以藍白相配或淡色系代表風的顏色。紫色披風，為智慧的象徵顏色，表露出這位男性智慧豐富的內在。國王慣常頭戴王冠或便裝王帽，王冠之外也可加層帽裝，或在其內安戴護頂便帽。

🔱 相隨配角
　　做為寶劍國王的專屬寵物，都是他性格特質一面的象徵，多以飛翔動物對應於風元素。蝴蝶表現心靈高潔，瀟灑飛舞也象徵精神的蛻變和淨化。飛鳥表示心思在高空中遨翔，呼應大氣的脈動。老鷹則為猛禽，比一般飛鳥的意志力堅定，力量也更強大。

延伸應用解鎖

❦ 實占事件角色定位
對應角色：智慧風範的長者，可能也扮演了仲裁者。
關係推敲：學業、專業相關之資深男角。組織或團體之幕後主使者。
逆位角色：控制思想或掌握情資的老謀深算者。

❦ 指定牌選用依據
符合特徵：遇見成熟沉穩而理智的男性，選用本牌為指定牌。
因事指定：學業應考或特殊問卜之熟齡男性，可以直接指定本牌。

❦ 外貌年齡推測
一般可行用法：四十歲以上的男性，特質視指定或占卜而比照上述設定。
多種族區適用：黑髮、綠色或褐色眼睛、深色皮膚或黃色皮膚，年紀在四十歲以上的男人。

❦ 特殊項目占卜參考
顏色運用：黑色（Black）。
天氣概況：暴風。
時間期限：一年。
方位走向：1. 正北方 N。
　　　　　2. 近距東南方。

❦ 神祕學理聯結
星象設定：1. 水瓶座（螺旋塔羅，一般神祕學塔羅及多數塔羅設定）。
　　　　　2. 天秤座（宇宙塔羅等少數設定）。

克勞利星象設定：金牛座 20 度至雙子座 20 度（變格為寶劍騎士）。

易卦對應：1. 恒卦 ䷟（克勞利透特塔羅）。
　　　　　2. 旅卦 ䷷（透特塔羅新詮釋設定）。
　　　　　3. 師卦 ䷆（星宿系統對應）。

地占圖形：道路（Via、The Way）

　　　　　●
　　　　　●
　　　　　●
　　　　　●

寶劍王后 Queen of Swords

牌序結構
寶劍宮廷牌高位階女性角色，
寶劍花色牌組第十三序號祕儀。

各式別稱
風元素之水成分，潮溼的風性物質，液態風元素。
風之母，空氣寶座之女王。

正 犀利女性　　**逆** 偏激作風

祕儀原理解析

❦ 位階數序
　　寶劍牌組的成熟女性宮廷人物牌。根據元素位階組合而推衍出的本質是：寶劍的享受者、風元素的沉浸者。進一步延伸推論為：享受思考研論的樂趣、或者沉浸在思索和記憶中的女人。

❦ 人物原型
　　心理投射的人物原型，是情感內斂、管教嚴格的教師型母親心象。寶劍王后比較複雜而難以捉摸，在現實層面上，大致可歸為幾種類型：一為獨立自主的現代女性，有獨立思考的想法和見解。二為女學者、女智者，或者女性專業人士。三為女性主義者，奉行某種理念的女人。四為具有防禦心態的女人，可能感情曾經受創，內心孤獨悲傷。

　　雖有不同類型的差異，但都具有犀利的共同特質，可統合出正面形象為本祕儀正位主旨：「重視理念而思想犀利、風格獨具或捍衛自我的女性」，並可化約為：「**犀利女性**」。

⛩ 正位實占解釋
人物關係：可能遇到符合上述特性的人物出現在所占算的故事當中；也可能代表一位給予當事人冷淡隔閡感受或關係難測的女性。
事態處境：事態為人際關係較為疏離，保持君子之交，孤獨寂靜的自處階段。
　　　　　處境狀況代表遇事犀利剖析、沉默低調應對。
情志心緒：情志上意味著漠然而不抱熱情、低調或凝重、排斥與孤獨感。
　　　　　心緒上的感受是冷靜淡然。

牌義沿革解疑

❧ 來歷變遷

★這張牌在古代紙牌占卜術中，早就是非常負面的形象，不但代表了**孀居**，甚至被看做是位黑寡婦，不然就是一位性格恐怖或運勢**悲悽的女人**。

★偉特接受以往定義的這些人物特質，不過已經開始有所調整，許多特質轉為比較不那麼陰暗了。

★偉特稍後時期，改寫為曾經遭遇逆境的女性，而至於那些負面遭遇也逐漸取消，代以個性的**冷漠**和**難以捉摸**。正位置意義加強王后位階應具備的優點，那就是正直。寶劍的花色優點當然也考慮進去了，成為**機智敏銳**的特質。不過**孤獨**的境遇，以及**分離**、悲悼等特質仍然保留了下來。

★而後至今的階段，寶劍王后的解釋有更大幅的調整，逐漸轉而朝向心理層面的詮釋。現今縱使是同樣性格的形容方式也有所不同，這張牌被看待的觀點，已經和古時候很不一樣了。

❧ 正逆轉折

★原本就具有比正位置更甚的負面意味，逆位人物特質就是代表一個惡女，而占卜時表示問卜者將會生病。之前這張牌的恐怖形象和負面的意義，就這樣逐步都分派到逆位的解釋上了。

★偉特認為除了具有王后逆位皆然的惡行之外，特殊之處則是**冥頑不靈**、**偏激**而**假道學**，不但過於拘謹並且更為**機詐**，而這些都可歸結為整張牌的「逆位負面原則」。

★偉特稍後時期的逆位牌義差不多，但已經較著重在心理層面上，像是**報復、仇恨心態、心胸狹窄**和壞脾氣。占卜時也常認定，從關係上來說，這張牌逆位置代表的是險惡的敵人。

❧ 逆位思考

現今的方式，是規格化以逆位原則推論：寶劍能量的濫用以及王后位階的不當，得出這張牌的逆位意義。從中交織而成的人物特質或當前舉止為：性格上冷漠孤僻、偏執狹隘的女人。

上述這些特徵亦相符於正位特質過度發揮而形成的負面形象，經整合可歸結出本祕儀的逆位主旨：「作風偏激的女性」。

☙ 逆位實占解釋

人物關係：可能遭遇上述特質的人物，產生拒絕往來甚至決裂或翻臉的關係。

事態處境：人際關係隔絕疏離，各懷猜疑或有心機。採取或遭遇偏激的行徑，以悲情訴求進行報復，或濫用意識型態抗爭。

情志心緒：內心創傷嚴重，否定感情封鎖情緒、思想過於偏激或執著、不然就是冷眼旁觀或冷漠以對。

畫面寓意解構

❦ 主角人物

堅持寶劍的女人 —— 寶劍王后。這位女子坐在后座上,表示她尊貴的王后身分。后座定位於高原之上、天際之下,暗示風元素寶劍國度的領空。

❦ 場景佈置

雲霧聚集而低沉在王后身旁,表示位置頗高,似乎也是心境高絕的寫照。空中有淡淡的孤鳥形跡,或許是隻身孤影的投射。遠方也有樹木和水流,刻劃身為王后的滋潤性和水成分。

❦ 外觀姿態

神情看來凝重而內斂,顯示了她對悲傷的瞭然,寶劍王后一向有複雜的心境,擁有過去的特殊經歷。王后的姿勢也隱約表露內心深處的悲傷或創傷,多半一手垂直舉起寶劍,劍柄靠在她王后尊椅的扶手上,可感受到一種無奈的堅持。另一手伸出並將手臂抬起,有如表達拒絕否定的意思。

❦ 專屬搭配

寶劍王后的寶座裝飾簡單,椅背末端捲曲如雲朵造型,無色彩是雲淡風輕的調調。椅上刻著蝴蝶表示心性高潔以及精神的蛻變和淨化,天使浮雕也暗示仍懷有愛心。她的服飾造型多以白色后袍為主,披風是藍底繡上雲朵為襯,反映出寶劍王后的心境,雲朵表示心性自由、輕盈而高尚潔白。

❦ 相隨配角

做為寶劍王后的專屬寵物,是她性格一面的象徵。飛行的鳥,象徵王后的心思在高空中遨翔,並做為寶劍風元素的具象呈現。

延伸應用解鎖

❧ 實占事件角色定位
對應角色：具有冰山美人特性，冷眼旁觀的人。
關係推敲：特殊項目或是學業問題之女主角。愛情故事之女殺手。
逆位角色：孤僻偏執的年長女性。

❧ 指定牌選用依據
符合特徵：遇見較成熟冷豔或是專業形象的女性，選用本牌為指定牌。
因事指定：學業應考或人際問卜之女性，可以直接指定本牌。

❧ 外貌年齡推測
一般可行用法：二十歲以上的女性，特質視指定或占卜而比照上述設定。
多種族區適用：黑髮、綠色或褐色眼睛、深色皮膚或黃色皮膚，年紀在四十歲以上的女人。

❧ 特殊項目占卜參考
顏色運用：銀色（Silver）。
天氣概況：風雨交加。
時間期限：九個月。
方位走向：1. 南南東 SSE。
　　　　　2. 近距東方。

❧ 神祕學理聯結
星象設定：1. 天秤座（螺旋塔羅，一般神祕學塔羅及多數塔羅設定）。
　　　　　2. 雙子座（宇宙塔羅等少數設定）。

克勞利星象設定：處女座 20 度至天秤座 20 度（變格為寶劍女王）。

易卦對應：1. 大過卦 ䷛（克勞利透特塔羅）。
　　　　　2. 賁卦 ䷕（透特塔羅新詮釋設定）。
　　　　　3. 蠱卦 ䷑（星宿系統對應）。

地占圖形：傷心（Tristitia、Sadness）

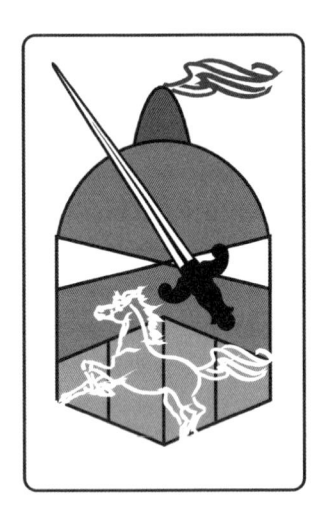

寶劍騎士 Knight of Swords

牌序結構
寶劍宮廷牌中位階男性角色，
寶劍花色牌組第十二序號祕儀。

各式別稱
風元素之風成分，清爽的風性物質，汽態風元素。
風之子，御風戰車之王子。

正 鋒利青年　　**逆** 玩家殺手

祕儀原理解析

⚜ 位階數序

　　寶劍牌組的青年男性宮廷人物牌。根據元素位階組合而推衍出的本質是：寶劍的追求者、風元素的掌握者。進一步延伸推論為：追求資訊和聰明才智，掌握智識並展現才能的男子。

⚜ 人物原型

　　人物原型是心目中遙不可及的獨特人士、或是新議題的先驅者。在現實層面上的表現為：理智機靈、本領高超的青年，優秀的佼佼者，但性格較為冷酷高傲。具有清晰鋒利的思辨力或口才，行徑灑脫而自我，重視自由和理想。只有這麼一種抽象的類型，就是如此自恃甚高，給予他人極酷的形象感受。

　　以上綜述可統合出正面形象為本祕儀正位主旨：「才華洋溢而技藝卓越的高手」，並可化約為此標語：「鋒利青年」。

♛ 正位實占解釋

人物關係：可能遇到符合上述特性的人物出現在所占算的故事當中；也可能代表一位給予當事人特別感受或各式相處狀況的男性。

事態處境：任何疑難迎刃而解，任何競爭無往不利，凡是追逐都可獲得，而速度和成效也最快。
處境呈現出鋒芒畢露或搶眼奪目的狀況。

情志心緒：情志上冷酷而犀利的，對於目標則能一心前進、旁無他鶩。
心緒上充滿志氣遠大的自我感受。

牌義沿革解疑

❧ 來歷變遷

★古代這張牌特別指軍人身分，身居士官等公職，也因此對相關身分的問卜者非常有利。然而由於相關於士兵，也就脫離不了戰爭征伐，也就帶著不幸意味。

★偉特對這些定義修正了許多，雖然正位置的牌義中也有災害、毀滅、破壞和戰爭，然而對死亡的論斷，強調需要參考其他牌面始能定論。其他的負面項目也多少與此相關：面臨對立或阻力，以及負面情緒的仇恨和憤怒。

值得注意的是，偉特也增加了許多正面的特色，如相關於士兵的**英勇**和**防禦**，以及**技術**和**能力**。而這些推論似乎與強烈的性情有關聯。

★偉特稍後時期，還是承襲了征伐鬥爭的意義，不過已逐漸導向正面，強調年輕的特徵，英雄的行徑及**冒險犯難的精神**，但也具有**戰略能力**和諸多才能，應該也包括勝利。往後至今，更多正面特質還是在持續在增加。

❧ 正逆轉折

★古代逆位置仍然是負面的意義，看起來卻沒有比正位置凶險，大約是**爭論**和**搶奪**，造成破壞性的結局，甚至是男人之間為了贏得女性芳心的鬥爭。

★偉特大致承襲了這些涵義，並以騎士逆位的通義，形容人物的特徵，也就是以「逆位相反原則」，將正位置的有能力，轉為**無能**、**輕率**、魯莽和奢侈。

★偉特稍後時期也一樣承襲以往的各項目，較偏向「逆位不當原則」推得：由於衝動或者自滿吹噓的不當態度而造成**失敗**。繼續運用理論推衍，還可以得出：要酷、太跩，或者**過於招搖**的特質來形容這號人物。

❧ 逆位思考

現今的方式，是規格化以逆位原則推論：寶劍能量的濫用以及騎士位階的不當，得出這張牌的逆位意義。從中交織而成的人物特質或當前舉止為：性格上心高氣傲、逞強自負的男子。

上述這些特徵亦相符於正位特質過度發揮而形成的負面形象，經整合可歸結出本祕儀的逆位主旨：「玩家或殺手級人物」。

♤ 逆位實占解釋

人物關係：可能遭遇上述特質的人物，產生爭奪惡鬥或反目成仇的關係。

事態處境：面臨鋒利尖銳的情勢，遭遇失敗與打擊，受傷或損失慘重。

情志心緒：脾氣剛硬、自尊心強烈，然而方向並不正確。容易受到激擾，從而做出錯誤的決定。

畫面寓意解構

⚜ 主角人物
馬背上揮舞寶劍的男子 —— 寶劍騎士。白馬疾馳在荒原之上，騎士在風中飆速，幾乎已經成了風的化身，融入風元素寶劍國度中。

⚜ 場景佈置
這位男子身騎疾影神馬，不斷前行奔騰。背景勁風捲雲，表示速度極快，然而空中仍然可見鳥影，遠方也仍有樹木。藉由樹木和雲影描繪出秋風掃落葉之勢，騎士逆風前行，可見其性格叛逆無畏。

⚜ 外觀姿態
寶劍騎士神情犀利，無懼地往前衝，刻劃出典型的英雄神貌和形象。寶劍騎士的馬匹疾速前行，就像在驅逐敵人，勢如破竹。他握劍的姿態純熟而犀利，擊敗對手絕對不是問題。這個破風之姿，傳達了風之風的隱喻。

⚜ 專屬搭配
寶劍騎士的服飾造型，是盔甲色調一致而平淡，猶如融入風元素之中。其外纏著紅色的布，隱約透露出內在有一顆熱烈的心，也可用深色或黑色調來呈現犀利和強勢力道。身上可能有蝴蝶紋飾，表示瀟灑飛舞以及心思純淨。如果有鳥類的紋飾，則代表思緒或訊息的傳遞。

⚜ 相隨配角
寶劍騎士的專屬座騎，是他性格另一面的象徵呈現。他所駕馭的馬匹多為淡色，以配合寶劍騎士的飄忽無形，馬鞍的顏色也和馬匹、服飾相搭配。天空中的飛鳥，象徵心思在高空中遨翔，與騎士相互呼應。

延伸應用解鎖

⚜ 實占事件角色定位
對應角色：率性傲氣的年輕人。
關係推敲：所有故事中最殺的男主角，殺手級人物介入劇情中甚至搶戲。
逆位角色：故事中耍酷的反對角色。

⚜ 指定牌選用依據
符合特徵：遇見風格獨具或者超酷殺氣的男人，選用本牌為指定牌。
因事指定：事務或專業相關疑難問卜之男性，可以直接指定本牌

⚜ 外貌年齡推測
一般可行用法：二十歲以上、未滿四十歲男性，特質視指定或占卜比照上述設定。
多種族區適用：黑髮、綠色或褐色眼睛、深色皮膚或黃色皮膚，年紀在四十歲以下的男人。

⚜ 特殊項目占卜參考
顏色運用：灰色（Gray）。
天氣概況：勁風、寒。
時間期限：六個月。
方位走向：1. 正西南 SW。
　　　　　2. 遠距東方。

⚜ 神祕學理聯結
星象設定：1. 雙子座（螺旋塔羅，一般神祕學塔羅及多數塔羅設定）。
　　　　　2. 水瓶座（宇宙塔羅等少數設定）。

克勞利星象設定：摩羯座 20 度至寶瓶座 20 度（變格為寶劍王子）。

易卦對應：1. 巽卦 ☴（克勞利透特塔羅）。
　　　　　2. 蒙卦 ䷃（透特塔羅新詮釋設定）。
　　　　　3. 訟卦 ䷅（星宿系統對應）。

地占圖形：損失（Amissio、Loss）

```
 ● ●
  ●
  ●
 ● ●
```

寶劍侍從 Page of Swords

牌序結構
寶劍宮廷牌低位階角色，
寶劍花色牌組第十一序號祕儀，處於銜接寶劍數字牌之位置。

各式別稱
風元素之土成分，乾燥的風性物質，風元素之爐。
風之女，勁風公主之迴旋，風之殿堂蓮花。

正 伶利少年　　**逆** 學藝不精

祕儀原理解析

位階數序
寶劍牌組的少年宮廷人物牌。根據元素位階組合而推衍出的本質是：寶劍的嚮往者、風元素的維護者。進一步延伸推論為：嚮往專精才藝和技能的少年、維護其所學領域的激進少年。

人物原型
寶劍侍從就社會心理上的標籤印象來說，是個學識技能見習生。在現實層面上的表現為：嚮往特殊技能和才藝的少年男女，一心期待能儘快學有所成，雖然目前階段仍然不得要領，但也仍把握每次任務和實習機會盡情發揮，總是有敏捷利落的表現。

以上綜述可統合出正面形象為本祕儀正位主旨：「才藝技能和智識領域的學徒」，並可化約為此標語：「伶利少年」。

正位實占解釋

人物關係：可能遇到符合上述特性的人物出現在所占算的故事當中；也可能代表一位與當事人有資訊和消息傳遞關係的下屬或晚輩。

事態處境：在事態上變化莫測，可能是探聽內情，或發揮運用所學和長才。
處境狀況則為紛雜多元的局面。

情志心緒：情志上意味著小心翼翼、全心投入、盡力表現。
心緒上則感受到學習頗有心得，很想要露一手。

相應占問：代表文物書籍遞送者、公文法律遞送宣告者，一切書信文件和訊息。
占問物品時表示以下隨身物──通訊功能的器物機具，包括電話卡、手機、筆電。

牌義沿革解疑

♜ 來歷變遷

★寶劍侍從自古就特別與**消息**有關，也代表**密探**和**間諜**之類的差使，這類的涵義在往後逐漸成為這張牌的重點。

★偉特的正位置意義根據這些傳統論調，甚至更加強化，許多意義幾乎都意指特務機關或者情報單位、監視或**刺探**等行動、以及這些相關事物。

★偉特稍後時期才更動較多這些屬性，然而人物性格仍是依此設定出來的：**敏捷**、**機靈**又**謹慎**，具有敏銳洞察力、善於察覺分辨，以及**揭露祕密**。當然這些意義，也符合於侍從位階配合寶劍蘊義合成而推導出的牌義。

♜ 正逆轉折

★寶劍侍從逆位置的意義根據正位置變化，將原本正位的消息轉為**令人震撼的消息**，已見比較偏於負面。

★偉特也認定逆位為**意料之外**或**無預警下的消息**，並代表疾病和各方面的困難惡劣狀況，這或許是考量到這張牌的土成分作用，由此可以代表身體。

★偉特稍後時期的逆位牌義幾乎都跟隨前期這些定義，又以「逆位削弱原則」推衍原來的正位置項目，例如間諜被揪出來、**祕密被揭發**了，此外則為無力抵抗強大的力量，這些意義都具有失敗的意味。

♜ 逆位思考

現今的方式，是規格化以逆位原則推論：寶劍能量的濫用以及侍從位階的不當，得出這張牌的逆位意義。從中交織而成的人物特質或當前舉止為：性格上眼高手低、吹噓賣弄而欠缺自知。

上述這些特徵亦相符於正位特質過度發揮而形成的負面形象，經整合可歸結出本祕儀的逆位主旨：「學藝不精又四處亮招的菜鳥」。

♛ 逆位實占解釋

人物關係：可能遭遇上述特質的人物，產生互相猜忌的牽涉關係。另外可表示有人散布流言、震撼的消息、噩耗，也可能是診斷出疾病、或者得知敗跡。

事態處境：遇到難題困擾，或是踢到鐵板而出糗。由於伶牙俐齒、好辯爭勝、急於表現，以致才疏學淺的原形畢露。

情志心緒：好勝好強而精神緊繃，或者一時愛現、興奮過頭，造成失誤。

相應占問：接收到法律、應試相關的負面或不利訊息通告。
　　　　　　占問物品時，表示手機配件等寶劍隨身物的損壞或遺失。

畫面寓意解構

🔱 主角人物
　　手撐寶劍的少年 —— 寶劍侍從。這位少年獨自屹立在崎嶇的山岩上，在風元素寶劍國度之界，執行他的任務使命。

🔱 場景佈置
　　寶劍侍從在較低的山腰，他行經的路上，地面崎嶇路途坎坷，岩石刻苦而冷峻。烏雲密佈而狂亂，山風呼嘯，氣氛肅殺而詭譎，這整體場景也是風中之土的刻劃。遠方有樹木存在，是寶劍宮廷牌都有共同景物，也暗示人物有故事相關性。

🔱 外觀姿態
　　寶劍侍從神情緊張，眼神警覺而靈敏，高度聚精會神的行進，任務執行中、使命必達的決心。寶劍侍從輕巧靈活的穿梭在山徑，從姿態可看出身手矯健。雙手緊握寶劍向上舉起，好似是依恃著劍，又似在保護著劍。回頭看向來時路，是為了警戒身後可能埋伏或跟蹤的敵人。

🔱 專屬搭配
　　寶劍侍從的服飾造型是淡黃底色，外加灰色暗色外衣，和場景的地面一致，這是隱匿保護的作用，也是風中之土的色調。

🔱 相隨配角
　　這些專屬寵物，是寶劍侍從性格某一面的象徵和補充表露，並且代表訊息傳遞作用。蝴蝶表示心性高潔，瀟灑飛舞的自在，也象徵精神的蛻變成長。飛鳥象徵心思在高空中遨翔，以及訊息傳遞。

延伸應用解鎖

⚜ 實占事件角色定位
對應角色：聰慧的少年，可能是位探聽者。
關係推敲：牽涉到劇情變化轉折的關鍵配角。
逆位角色：搗亂或攪局的旁人、反應機伶的小孩。

⚜ 指定牌選用依據
符合特徵：遇見靈活聰明的少年少女，選用本牌為指定牌。
因事指定：事件或學藝問卜中的年少或資淺者，可以直接指定本牌。

⚜ 外貌年齡推測
一般可行用法：二十歲以下的少年男女，特質視指定或占卜而比照上述設定。
多種族區適用：黑髮、綠色或褐色眼睛、深色皮膚或黃色皮膚，年紀在四十歲以下的女人。

⚜ 特殊項目占卜參考
顏色運用：白色（White）。
天氣概況：高壓。
時間期限：三個月。
方位走向：1. 北北西 NNW。
　　　　　2. 遠距東北方。

⚜ 神祕學理聯結
一般星象設定：冬季星座 —— 魔羯座、水瓶座、雙魚座。

克勞利星象設定：秋季星座 —— 天秤座、天蠍座、射手座（變格為寶劍公主）。

易卦對應：1. 蠱卦 ䷑（克勞利透特塔羅）。
　　　　　2. 屯卦 ䷂（透特塔羅新詮釋設定）。
　　　　　3. 大過卦 ䷛（星宿系統對應）。

地占圖形：龍尾（Cauda Draconis、Dragon's Tail）

金幣國王 King of Pentacles

牌序結構
金幣宮廷牌最高位階男性角色，
金幣花色牌組第十四序號祕儀。

各式別稱
土元素之火成分，堅硬的土性物質，固態土元素。
土之父，大地之君・土之靈。

正 務實領導　　**逆** 守財刻薄

祕儀原理解析

⚜ 位階數序
　　金幣牌組的成熟資深男性宮廷人物牌。根據元素位階組合而推衍出的本質是：金幣的擁有者、土元素的管理者。進一步延伸推論為：擁有財務資源、能夠運作金錢財富的熟年男人。

⚜ 人物原型
　　心理投射的人物原型是：供應與照顧的父親心象。在現實層面上的表現為：掌握財富資源的成熟男人，講究實際而老謀深算。他可說是最穩重與踏實，卻也是最固執的人，節儉或慷慨在一線之間。在職業身分推斷上：可能是位富人、有錢人、財主、甚至暴發戶，也可能是具有商業頭腦的經營者，是老闆、商人、或企業家，甚至是經濟的帶動者。
　　以上綜述可統合出正面形象為本祕儀正位主旨：「擁有財富而善於經營的業主」，並可化約為此標語：「**務實領導**」。

🔮 正位實占解釋
人物關係：可能遇到符合上述特性的人物出現在所占算的故事當中；也可能代表一位與當事人有財務上的分配或支助關係的長輩或上司。

事態處境：在事態上表示經營得利、財務充裕、營運狀況良好。
　　　　　　處境狀況則為穩定安心，可能有人照應。

情志心緒：情志上重視現實面，想要掌握占有，關切安全和保障，不乏滿足物慾。
　　　　　　心緒感受則為滿足踏實而有安全感。

牌義沿革解疑

❧ 來歷變遷

★早期金幣國王即以相關的職業身分代表牌義，諸如商人、教授等。

★偉特也認定此位階代表具有身分地位的專業人士，加上金幣土元素就更強調能力和才幹，以及對現實面的認知與**理解力**、**商業**和**財務的智能**，並且因為這些能力而達到成功。偉特個別賦予這位人物的性格特質，是英勇的品格。

★偉特稍後時期，完整地以花色元素結合位階的人物形象：經驗豐富和**善於管理經營**，具有品格和智慧。並表示**可靠安穩**的角色關係，無論是朋友或交往對象，相關事件也都是有利的，表示有能力從生意或投資中**賺錢獲利**。

❧ 正逆轉折

★自古這張牌的逆位置意義一直都比正位置負面些，人物形象也多半代表邪惡的老男人之類的。

★前期這些特點，和偉特給予國王逆位的一貫涵義相符，因此他也著墨在惡行和墮落腐化等特質上。由於土元素的負面作用，也使得固執更嚴重，成為乖僻、**倔強**。虛弱和**浪費**、墮落的涵義，則是金幣的過度濫用，都是採取元素「過度原則」，當然也包括了國王的「位階不當」問題。至於**鋌而走險**的行為，可認為是從正位的勇氣，以「逆位過度原則」所推得。

★偉特稍後時期，金幣國王逆位意義仍然相差無幾，只是更強調墮落和**貪欲**，這是由於緊密結合了元素花色的作用而來的。

❧ 逆位思考

現今的方式，是規格化以逆位原則推論：金幣能量的濫用以及國王位階的不當，得出這張牌的逆位意義。從中交織而成的人物特質或當前舉止為：性格上倔強吝嗇、頑固昏庸的男人。

上述這些特徵亦相符於正位特質過度發揮而形成的負面形象，經整合可歸結出本祕儀的逆位主旨：「守財刻薄的金主」。

逆位實占解釋

人物關係：可能遭遇上述特質的人物，產生財務糾紛或產權傾軋的相互關係。

事態處境：經營不善、財務困難、因冒險投資而賠本、喪失既有權益、奢糜享受而浪費損失。可能想要收割某些利潤，卻難以進行實施。

情志心緒：由於墮落和貪欲，一時迷惑和糊塗鑄成錯誤。

畫面寓意解構

🔱 主角人物

　　金幣入懷的長者 ── 金幣國王。這位長者坐在王座上，顯示他至尊的國王身分。王座定位於城堡外的莊園，是自然與繁榮的交界，更是土元素金幣國度的領土。

🔱 場景佈置

　　場景似在城牆之旁，背景即可看見一整座城堡與廣大領地，全身被包圍融入，富裕氣派的刻劃。城堡代表安穩的庇護、穩固的財富保障。葡萄藤蔓是豐富生產的表徵，連結於葡萄酒暗示高貴和饗宴。

🔱 外觀姿態

　　金幣國王看似臉色相當深沉，表露出他的堅定和固執，而眼皮下垂瞇起，讓人感受到他的傲慢心態。金幣國王一手扶著金幣，一手握住王者權柄，多半不會讓手空閒著。他的腳底如果踩著他物，尤其是動物，更可表現出他頤指氣使的動作，顯露掌握資源的大權氣勢。

🔱 專屬搭配

　　寶座裝飾華麗氣派，椅背兩端與扶手前端，都裝飾有公牛頭，象徵生生不息。金幣國王的服飾造型，多為深藍綠服裝，大都繡著葡萄圖案，這種花色繁複的裝飾法，目的是讓國王能夠融於場景中，給人感受土之火的意象，也就是生命力融合到雄厚大地中。

🔱 相隨配角

　　做為金幣國王的專屬寵物，都是他性格特質的象徵。國王腳底踩著的野豬為富裕的象徵，也表示繁殖、增產，以及與豢養、保有。牛是踏實的精神，並以耕作帶來財富。山羊為向上的積極精神，以及旺盛生命力。兔子溫馴又有動力，並且象徵繁殖力。

延伸應用解鎖

⚜ 實占事件角色定位
對應角色：固執富有的長者，多半可視為供應者。
關係推敲：財運問題之資深男角。機構資源主事者、老闆、金主。
逆位角色：老頑固或吝嗇老頭。

⚜ 指定牌選用依據
符合特徵：遇見成熟穩重而有擔當的男性，選用本牌為指定牌。
因事指定：財務問卜之熟齡男性，可以直接指定本牌。

⚜ 外貌年齡推測
一般可行用法：四十歲以上的男性，特質視指定或占卜而比照上述設定。
多種族區適用：黑髮、黑眼睛、黑色皮膚，年紀在四十歲以上的男人。

⚜ 特殊項目占卜參考
顏色運用：橄欖色（Olive）。
天氣概況：乾冷出太陽。
時間期限：一年。
方位走向：1. 正南方 S。
　　　　　　2. 近距北方。

⚜ 神祕學理聯結
星象設定：1. 金牛座（螺旋塔羅，一般神祕學塔羅及多數塔羅設定）。
　　　　　　2. 摩羯座（宇宙塔羅等少數設定）。

克勞利星象設定：獅子座 20 度至處女座 20 度（變格為金幣騎士）。

易卦對應：1. 小過卦 ䷽（克勞利透特塔羅）。
　　　　　　2. 小過卦 ䷽（透特塔羅新詮釋設定）。
　　　　　　3. 大有卦 ䷍（星宿系統對應）。

地占圖形：群眾（Populus、The People）

● ●
● ●
● ●
● ●

金幣王后 Queen of Pentacles

牌序結構
金幣宮廷牌高位階女性角色，
金幣花色牌組第十三序號祕儀。

各式別稱
土元素之水成分，滋潤的土性物質，液態土元素。
土之母，大地寶座之女王。

正 現實女性　　　**逆** 拜金逐利

祕儀原理解析

❧ 位階數序
　　金幣牌組的成熟女性宮廷人物牌。根據元素位階組合而推衍出的本質是：金幣的享受者、土元素的沉浸者。進一步延伸推論為：享受金錢財富、或者沉浸在物質和金錢打理中的女人。

❧ 人物原型
　　心理投射的人物原型，是照顧周到的全能保姆型母親心象。在現實層面的表現上，金幣王后都是重視實際面的女性，然而可分別幾種類型差異：一為看重物質或崇尚金錢的女人，不免有愛錢、拜金、現實、勢利的特質。二為貴婦或者出身為千金名媛，是懂得生活和享受金錢財富的女性。三為賢慧能幹的女人，勤儉持家而純樸務實，打理金錢的能力強，從而發家致富，可說是賢慧而有幫夫運。

　　雖有典型的差異，仍可統合出共同的正面形象為本祕儀正位主旨：具現實意識並著重財務的賢妻良母或貴婦名媛」，並可化約為此標語：「**現實女性**」。

🜚 正位實占解釋
人物關係：可能遇到符合上述特性的人物出現在所占算的故事當中；也可能代表一位與當事人有財務往來或實質照應關係的女性。

事態處境：事態是享用財物及享受生活、或是打理經濟財政。
　　　　　　處境狀況表示富庶的景氣。

情志心緒：情志上意味著幸福溫馨、有安全感和踏實感，並懷著期待和希望。
　　　　　　心緒上感受到舒適安穩，可以安心享受。

牌義沿革解疑

⚜ 來歷變遷

★早期金幣王后的正位牌義與聯姻很有關聯，表示幸福美滿的婚姻，尤其對於男性問卜者而言更佳，也表示得到豐富的贈禮。而後來牌義的演變，都是簡單的看待成**富裕、安康、繁榮興旺**的現象。

★偉特已經加入了心理上的**安全感**，以及自由、舒坦的感受，而在人物形象方面，自不乏王后的基本特質：忠貞、優雅而善良親切，並加入金幣土元素的作用，賢淑而**慷慨**、熱心，並且有著雍容華貴的氣質。

★偉特稍後時期延續這些屬於王后的特質，然而更升級增添了**仁慈**的女性，以及高尚的靈魂。

⚜ 正逆轉折

★這張牌的逆位早期就是完全負面的特質，也包括疾病的現象。

★偉特當然賦予他對王后逆位的一般定義，那就是邪惡、不正當的行為、**缺乏責任**。並且也融入了金幣的相關意涵，像是：**缺乏安全感、擔心焦慮、患得患失**，都是基於實際面而生的。

★偉特稍後時期大都延續這些意義，更完全結合金幣土元素，強調責任與信任的危機，實際層面的挫折，以及**虛幻的願景**和期待。這些逆位意義，也都可以視為是根據正位置的意義以「逆位負面原則」轉變而來。

⚜ 逆位思考

現今的方式，是規格化以逆位原則推論：金幣能量的濫用以及王后位階的不當，得出這張牌的逆位意義。從中交織而成的人物特質或當前舉止為：性格上逐利奢華、虛榮攀比的女人。

上述這些特徵亦相符於正位特質過度發揮而形成的負面形象，經整合可歸結出本秘儀的逆位主旨：「拜金女郎或敗家女」。

🔮 逆位實占解釋

人物關係：可能遭遇上述特質的人物，產生干擾生活或拖累經濟的相互關係。
事態處境：濫用金錢、享受過度、敗家或處置不當，愈趨嚴重而產生財務問題。
情志心緒：崇尚物質面卻不務實，可能對於金錢需索無度，或者缺乏安全感、患得患失的心態、不然就是對財富或保障有虛幻的期盼。

畫面寓意解構

❧ 主角人物
身懷金幣的女人 —— 金幣王后。這位女子坐在后座上,表示她尊貴的王后身分。后座位於花園樹林之內,也就是土元素金幣國度的領地。

❧ 場景佈置
樹葉和草坪營造出綠色的景緻,身處莊園所屬的自然場地中,顯示富裕豐收的優渥狀況,包含水流會更呼應土中之水。花果表示豐碩的結果,而花朵則表示生活的浪漫、重視美感以及感情豐富,兩者都是收成和生命繁殖力的象徵。

❧ 外觀姿態
金幣王后的樣貌,應描繪出端莊和絢的美,她的神情寧靜而專注,有別於聖杯王后的深情流露。金幣王后的動作姿態更為內斂,她的雙手緊擁著金幣,眼神凝望懷中金幣,好似出神凝思一般,這個動作類似於冥想,彷彿能探索深沉心靈的本質。

❧ 專屬搭配
寶座裝飾了許多的花紋,還有山羊頭的雕刻造型,屬於大地系的形象物,表示滿是豐饒的土元素。服飾造型主要配合土元素的繽紛大地,多以深色褐色的基調加上紅色與綠色的相配,暗示這位女性沉穩內斂和給人安全感的性格特質,具備堅毅的耐性。

❧ 相隨配角
做為金幣王后的專屬寵物,是她性格一面的象徵。她的身邊通常出現兔子,代表溫馴又有動感,並且象徵繁殖力,如是野兔則代表更強的活力和野性,這類半寵物半獵物的動物最能搭配金幣王后。不同塔羅會安排不一樣的動物,在象徵上會小有差異。牛是踏實的精神,耕作帶來財富。山羊為向上的積極精神,生命力旺盛。

延伸應用解鎖

⚜ 實占事件角色定位
對應角色：精明賢慧的女人，有時也是支持援助者或者撫育者。
關係推敲：財運問題之女主角。愛情故事的第二女主角。
逆位角色：成事不足的女性友人。

⚜ 指定牌選用依據
符合特徵：遇見較成熟務實的幹練女性，選用本牌為指定牌。
因事指定：財務或感情、家庭問卜的女性，可以直接指定本牌。

⚜ 外貌年齡推測
一般可行用法：二十歲以上的女性，特質視指定或占卜而比照上述設定。
多種族區適用：黑髮、黑眼睛、黑色皮膚，年紀在四十歲以上的女人。

⚜ 特殊項目占卜參考
顏色運用：青色（Cyan）。
天氣概況：雪或寒冷。
時間期限：九個月。
方位走向：1. 南南西 SSW。
　　　　　　2. 近距西北方。

⚜ 神祕學理聯結
星象設定：1. 摩羯座（螺旋塔羅，一般神祕學塔羅及多數塔羅設定）。
　　　　　　2. 處女座（宇宙塔羅等少數設定）。

克勞利星象設定：射手座 20 度至摩羯座 20 度（變格為金幣女王）。

易卦對應：1. 咸卦 ䷞（克勞利透特塔羅）。
　　　　　　2. 同人卦 ䷌（透特塔羅新詮釋設定）。
　　　　　　3. 隨卦 ䷐（星宿系統對應）。

地占圖形：喜樂（Laetitia、Joy），

　　● ●
　　● ●
　　　●
　　● ●

金幣騎士 *Knight of Pentacles*

牌序結構
金幣宮廷牌中位階男性角色，
金幣花色牌組第十二序號祕儀。

各式別稱
土元素之風成分，鬆動的土性物質，汽態土元素。
土之子，拓土戰車之王子。

正 精實青年　　**逆** 紈絝子弟

祕儀原理解析

⚜ 位階數序
　　金幣牌組的青年男性宮廷人物牌。根據元素位階組合而推衍出的本質是：金幣的追求者、土元素的掌握者。進一步延伸推論為：追逐金錢財富和資源、掌握並善於運用理財工具和機制的男子。

⚜ 人物原型
　　人物原型是心目中的多金公子或事業新貴。在現實層面上的表現為：擁有財富或努力勤奮、前途受到看好的績優股青年，重視財富和發展，理財或賺錢能力強。具有專業能力和才幹，精練實際且講究效率。可分為兩大不同的類型：一為勤奮有為的青年，並非倚賴出身背景，以自身的奮鬥而培養能力、獲取資源，進一步達成目標。另一為富家子弟，或者說天生掌握資源，因而也深諳這一塊領域。
　　以上綜述可統合出正面形象為本祕儀正位主旨：「精明幹練且專注投入、前景有望的才俊」，並可化約為此標語：「**精實青年**」。

♠ 正位實占解釋
人物關係：可能遇到符合上述特性的人物出現在所占算的故事當中；也可能代表一位與當事人有財務往來或實質互助關係的男性。

事態處境：事態方面表示正在賺錢、業績良好，或財務上可望成功。
　　　　　　處境狀況正面臨打拚務實、經濟成長的階段。

情志心緒：情志上信心堅定而沉穩實在，重視並期待實際成果。
　　　　　　心緒上表示很有現實感，並且渴求追逐金錢或財務穩定。

牌義沿革解疑

❧ 來歷變遷

★古代金幣騎士就是比較偏向吉利意義的牌，正位置所指的人物，是有助益的男人，並且也可以指有利的事件。

★偉特大約遵照這些涵義，加上他對此位階形象的觀感，解釋為**奮發上進**的年輕人；並加入土元素的作用，表示具有正直、**專心**、**關注**的特質，更不乏強烈的**責任感**，事件上則是實用和有效的。

★偉特稍後時期的正位置意義差不多，但更為強調土元素和金幣花色的特質，強調人物形象為**成熟可靠**的人、耐性堅定的人、以及有擔當的人，具有條理組織和辦事能力，並且使命必達。

❧ 正逆轉折

★早期金幣騎士逆位意義似乎就是從正位轉折過來的，大致上的意義都與失去工作有關聯。

★偉特據以推論為事件上的停滯或歇息，人物特質則為**遲鈍**、**怠惰**、沉寂，這些也可說特別以「逆位相反原則」所推得。而偉特由騎士逆位而推得的定義為粗心大意的不佳態度，以及沮喪、**挫折**的不順情境。

★偉特稍後時期，一樣強調不利工作的態度，並加入了**缺乏決斷力**或迷失方向。在人物心理方面的描述為心胸狹窄、**觀念受限**。這些也都與逆位的元素作用相關，是元素或花色的「削弱原則」所推得。

❧ 逆位思考

現今的方式，是規格化以逆位原則推論：金幣能量的濫用以及騎士位階的不當，得出這張牌的逆位意義。從中交織而成的人物特質或當前舉止為：性格上唯利是圖、故步自封的男子。

上述這些特徵亦相符於正位特質過度發揮而形成的負面形象，經整合可歸結出本祕儀的逆位主旨：「紈絝子弟或少爺姿態」。

逆位實占解釋

人物關係：可能遭遇上述特質的人物，產生利益衝突或合作失利的實質關係。

事態處境：理財投資失誤、財源和機會爭取失敗、失去工作或事業受挫、專業能力或態度不受肯定，生計產生困難。

情志心緒：焦慮煩惱，為未來生活或經濟擔憂，苦無方法改善。觀念和心思不夠開闊遠大。

畫面寓意解構

🔱 主角人物

馬背上高捧金幣的男子 —— 金幣騎士。黑馬徐行在原野之中，騎士身側可見山脈岩層，他將要開闢土元素金幣國度的大地。

🔱 場景佈置

這位男子騎乘著一匹黑馬，來到這片廣大土地。草地、岩脈和遠方小丘陵構成了複雜的地形，蘊藏豐富多變的潛能。地面上的植物生長繁茂，暗示未來將蓬勃發展的可觀前景。

🔱 外觀姿態

金幣騎士長相厚實，臉色沉著，表情專注認真，是位顯得實際而剛強的年輕人，懷著堅定的信心和計畫。他的馬匹腳步好似將要停止，好似思忖著是否該停留下來。騎士捧著金幣，但眼神卻朝更遠的地方望去，這動作暗示心中有更遙遠的目標和夢想等待實現。

🔱 專屬搭配

金幣騎士身著厚重盔甲，顏色也是深色，套著厚實的深棕色外衣，搭配成大地的顏色，也是他性格的寫照。背景明朗而光彩，隱喻空氣微風的氣息，呈現出土之風的景象。

🔱 相隨配角

金幣騎士的專屬座騎，是他性格另一面的象徵呈現。他所駕馭的馬匹多為深色，以配合金幣騎士的穩重踏實，黑色的馬匹更象徵潛能無限，馬鞍的顏色也和馬匹、騎士服飾相搭配。

延伸應用解鎖

⚜ 實占事件角色定位
對應角色：深沉自我的年輕人，以金錢財物影響故事的男性。
關係推敲：財運問題之男主角。愛情故事第二男主角。
逆位角色：故事中現實面的無能者。

⚜ 指定牌選用依據
符合特徵：遇見重實際和成效的男人，選用本牌為指定牌。
因事指定：投資理財或前途問卜之男性，可以直接指定本牌。

⚜ 外貌年齡推測
一般可行用法：二十歲以上、未滿四十歲男性，特質視指定或占卜比照上述設定。
多種族區適用：黑髮、黑眼睛、黑色皮膚，年紀在四十歲以下的男人。

⚜ 特殊項目占卜參考
顏色運用：綠色（Green）。
天氣概況：寒冷多風。
時間期限：六個月。
方位走向：1. 正東南 SE。
　　　　　　2. 近距東北方。

⚜ 神祕學理聯結
星象設定：1. 處女座（螺旋塔羅，一般神祕學塔羅及多數塔羅設定）。
　　　　　　2. 金牛座（宇宙塔羅等少數設定）。

克勞利星象設定：白羊座 20 度至金牛座 20 度（變格為金幣王子）。

易卦對應：1. 漸卦 ䷴（克勞利透特塔羅）。
　　　　　　2. 漸卦 ䷴（透特塔羅新詮釋設定）。
　　　　　　3. 晉卦 ䷢（星宿系統對應）。

地占圖形：獲得（Acquisitio、Gain）

金幣侍從 Page of Pentacles

牌序結構
金幣宮廷牌低位階角色，
金幣花色牌組第十一序號祕儀，處於銜接金幣數字牌之位置。

各式別稱
土元素之土成分，豐沃的土性物質，土元素之爐。
土之女，山丘之回音公主，土之殿堂玫瑰。

正 踏實少年　　**逆** 不諳實作

祕儀原理解析

⚜ 位階數序
　　金幣牌組的少年宮廷人物牌。根據元素位階組合而推衍出的本質是：金幣的嚮往者、土元素的維護者。進一步延伸推論為：嚮往金錢財富、維護經濟體制、期待日後有能力致富的天真少年。

⚜ 人物原型
　　金幣侍從就社會心理上的標籤印象來說，是個理財投資見習生。在現實層面上的表現為，嚮往賺錢和投資致富的少年男女，雖然努力按部就班學習和模擬，但是運用方針與操作手法都尚未純熟，距離獨立實作還須繼續磨練。
　　以上綜述可統合出正面形象為本祕儀正位主旨：「職場業界的新鮮人」，並可化約為此標語：「**踏實少年**」。

☂ 正位實占解釋
人物關係：可能遇到符合上述特性的人物出現在所占算的故事當中；也可能代表一位與當事人有財務傳送或供應關係的下屬或晚輩。
事態處境：在事態上表示能力不足或資金不夠雄厚，尚未真正賺錢獲利或回收。
　　　　　　處境狀況則為，環境有些許物質的誘惑力。
情志心緒：情志上意味全神貫注、興奮地投入。
　　　　　　心緒上則感受到讚嘆，想望或渴求某種目標。
相應占問：代表財物遞送者、帳單遞送宣告者，一切財務報表、帳單或收據。
　　　　　　占問物品時，表示以下隨身物 —— 貨幣作用的物品和配備，包括錢包、皮夾，紙鈔、零錢，以及各式金融卡。

牌義沿革解疑

❧ 來歷變遷

★這張牌早期即代表少年人，並且懷有任務，或者是一位低階士兵。

★偉特的正位置牌義仍賦予侍從一貫代表的訊息和資訊、以及**傳遞提供者**。人物形象也是**專注用心**和**學習研究**的精神。配合土元素的蘊義，推論為**獎賞**、規則，以及運用和管理。

★偉特稍後時期整合了以往的牌義，並以元素與位階的融合，推論出的牌義為尋找**新點子**和不切實際的改良。

❧ 正逆轉折

★早期的金幣侍從逆位置意義，以失去正位置的優勢為論據，表示遭到降級、或者是**被剝奪權益**。

★偉特加入了金幣花色「過度原則」負面作用的考量，也就是**浪費奢侈**、**放蕩消耗**。當然也不乏侍從逆位的一貫意義，在消息方面是不利的。

★偉特稍後時期，逆位延續這些意義，另外以位階「負面原則」推論而得出人物性格方面，是**不切實際**與**反叛**。整體牌義以「相反原則」來推論，原本的精明轉為思考上有問題，導致**認知不清**、**邏輯出錯**、**思緒紛亂**等特質。

❧ 逆位思考

現今的方式，是規格化以逆位原則推論：金幣能量的濫用以及侍從位階的不當，得出這張牌的逆位意義。從中交織而成的人物特質或當前舉止為：性格上不切實際、遲疑怠惰而欠缺自律。

上述這些特徵亦相符於正位特質過度發揮而形成的負面形象，經整合可歸結出本祕儀的逆位主旨：「不諳實作又誤判市場的生手」。

🔶 逆位實占解釋

人物關係：可能遭遇上述特質的人物，產生互相排斥的關係。另外可表示有人散布不滿的聲音、不利的消息，也可能是接獲負債催討、債務帳單。

事態處境：浪費奢侈、財務失控，由於出紕漏和差錯，遇到實際面的困難。可能環境或消息面充滿利益的誘惑。

情志心緒：思緒打結、認知不夠清楚。意志不堅定、受到迷惑。

相應占問：接收到財務、物產相關的負面或不利訊息通告。

占問物品時，表示錢包、金錢、卡片等金幣隨身物的損壞或遺失。

畫面寓意解構

🔱 主角人物
　　手捧金幣的少年 —— 金幣侍從。這位少年獨自佇立在空曠的田野中，在土元素金幣國度之地，執行他的任務使命。

🔱 場景佈置
　　背景看出是遼闊大地，身旁有一片草地植被，遠方為岩石山巒，刻劃出大自然各種地貌的結合，這些都是土中之土的描繪。地面很豐富多元，更有繁花繽紛。植物樹木象徵樸質毅力、耐性堅持，而樹木成林則表示茂密繁盛。這和騎士的樹林可以呼應，而山脈也可與金幣宮廷牌連接。

🔱 外觀姿態
　　金幣侍從的面貌端正而有點嚴肅，正呈現出全神貫注的表情，有如完成任務得到寶物後的檢視。金幣侍從的動作姿態是雙手捧著金幣，好似緩緩地高舉起來，透過光線長久凝視，仔細關注端詳這枚金幣。

🔱 專屬搭配
　　金幣侍從的穿著像一棵樹，棕木綠葉，整個看起來似乎是從地面上長出來的，等同於完全的結合，是生命力從大地滋養而成長茁壯的象徵，且為土中之土成分透露於外的暗喻。

🔱 相隨配角
　　金幣侍從的專屬寵物，是他性格某一面的象徵和補充表露，並也能代表訊息傳遞作用。通常出現的寵物可能與前述宮廷牌相同，只是互動關係的呈現不一樣。

延伸應用解鎖

⚜ 實占事件角色定位
對應角色：能幹的少年，一位服務者。
關係推敲：有關環境局勢演變的小配角。
逆位角色：疏於職守的派遣者、中規中矩的小孩。

⚜ 指定牌選用依據
符合特徵：遇見關心注重實際面的少年少女，選用本牌為指定牌。
因事指定：金錢物質問卜之年輕男女生，可以直接指定本牌。

⚜ 外貌年齡推測
一般可行用法：二十歲以下的少年男女，特質視指定或占卜而比照上述設定。
多種族區適用：黑髮、黑眼睛、黑色皮膚，年紀在四十歲以下的女人。

⚜ 特殊項目占卜參考
顏色運用：亮綠色（Lime）。
天氣概況：乾燥且無風。
時間期限：三個月。
方位走向：1. 北北東 NNE。
　　　　　2. 遠距北方。

⚜ 神祕學理聯結
一般星象設定：春季星座 —— 白羊座、金牛座、雙子座。

克勞利星象設定：冬季星座 —— 魔羯座、水瓶座、雙魚座（變格為金幣公主）。

易卦對應：1. 艮卦 ䷳（克勞利透特塔羅）。
　　　　　2. 觀卦 ䷓（透特塔羅新詮釋設定）。
　　　　　3. 頤卦 ䷚（星宿系統對應）。

地占圖形：龍首（Caput Draconis、Dragon's Head）

MEMO

主篇 4
數字牌解密
Pip Cards

數字牌統論

　　數字牌是小祕儀的宮廷牌之外的部分，各張牌由數字和花色所構成。數字牌的牌義主旨是根據數字順序配上花色意義變化而來，不同花色的相同數字會有一些共同的狀態。必須瞭解的是，數字牌上的數祕意義，多根據編制系統內的順序數位而推得，並非完全與生命靈數的涵義等同。

　　由於首牌地位特殊，著重在象徵性和統合性，因而有別於其他數字牌，在本書中的劃分就區隔開來，本章「數字牌解密」的內容範圍只包括二號牌至十號牌。這 36 張數字牌，除了由數位花色綜合出的主題之外，另再加上情節畫面而增添變化，囊括的涵義多根據傳統沿革而來。這樣多元豐富的意涵，正適合針對占卜事件做詳細狀況的分析。

　　數序作用有一部分和卡巴拉學理有關，生命之樹的十大原質天界就對應於十階數字牌，每個原質的意涵或天界行星的屬性，都融貫在數序共通意義裡，甚至成為左右牌義導向正面或負面的關鍵。像是對應第五原質「嚴厲」的五號牌都是負面作用，而對應太陽天界的六號牌表示順利並常被提到和太陽相關，至於八號牌的定義為何難以捉摸也可從中一探究竟。闡釋這個浩瀚學理的塔羅都是為數不多的特殊專牌，本書設定原本就是對生命之樹系統點到為止，因而不再深入闡述，併入數字牌序統合說明。

數序牌義原則

⚜ 二號牌
作用主軸：二號牌代表兩者的關係與分合。兩股力量相當，各層面的對比性很強。
變化方向：事件多是雙方「結合」或是彼此「協調」；負面現象則表現為「分裂」、「抗衡」。

⚜ 三號牌
作用主軸：三號牌表示情緒化的作用，是歡欣喜悅或者相反的意義。三也代表超過二股力量、至少三方的組合，也就是多方共同進行之意。
變化方向：事件主要作用表現為「制衡」與「共享」；負面現象則表現為「紛亂」與「失利」。

⚜ 四號牌
作用主軸：四號牌是靜止之牌，是一種停頓現象，當然也有穩定的作用。
變化方向：正面呈現的是「恬逸」、「安穩」；負面則表示為「退縮」、「固執」及「停頓」。

⚜ 五號牌
作用主軸：五號牌都代表變動，多是混雜和散亂的狀況，傾向比較負面的涵義。
變化方向：正位主旨卻一概是負面的「失落」、「散亂」現象；逆位都較為正面，為事件的關鍵與「重整」。

⚜ 六號牌

作用主軸：六號牌主旨都是順利，呈現花色的良好作用，正巧可以用六六大順來喻稱。也多包含享受、滋潤，流動、溝通等意義。

變化方向：正位都是事件進行「順利」、並且結果「成功」；逆位都是負面現象，像是「沉迷」或者「落敗」。

⚜ 七號牌

作用主軸：七號牌都和想像、思考有關，是花色再增添、加料的作用，多了那麼一層虛幻的面貌，可當做受到 7 的靈數意義影響。

變化方向：往好處想，都屬於事件面臨某種「突破」；但也易呈現出負面的現象，像是「糾葛」、「紛亂」的狀況。

⚜ 八號牌

作用主軸：八號牌代表了集中的力量，或花色作用凝聚成為另外一種狀況和局面。

變化方向：如果有好的現象，應為事件整體的「扭轉」；負面現象則為全面的「膠著」、黏滯不前、無法動彈。

⚜ 九號牌

作用主軸：九號牌表示即將面臨最後尾聲，也就是該花色牌組的最終境界，高度加強花色特質，由此推衍出牌義。

變化方向：某種特性「充份」的發揮，正面現象可說是事件走到了最後，達到「成果」；但負面現象為「困頓」、「匱乏」和不順。

⚜ 十號牌

作用主軸：十為全然徹底的作用，可視為極致之後再附增一級，時間也可往後繼續延伸。10 的基數是 1，有整體花色合一的意味，表示統整為一體。

變化方向：完全「解決」、「了結」可擔保往後持續發展，有決定性的功能存在；負面現象為「危難」，事態程度嚴重，或是不完美、無法完整。

數字牌逆位思考

各張數字牌主旨原意的正負性質不一定，有的牌是正位置卻是負面意義，可知上述各數序所提及的正負面作用，並不等於正位、逆位牌義；而且也不是同樣數字的四張牌，就是一律正面意義或負面意義，數序法則只涵蓋通性而無涉正逆位置。每張數字牌的逆位置意義必須各別推衍，先確認這張牌的正位置涵義，再從正位推論而得。

關於數字牌逆位原則的應用，可依據以下情況而定：正位主旨為正面意義的牌，逆位牌義多使用「逆位不當原則」、「逆位相反原則」推衍而得。正位主旨為負面意義的牌，逆位牌義多適用「逆位超越原則」、另外同樣可使用「逆位相反原則」導向正面意義。而正位主旨為中間涵義難辨正負的牌，逆位大多使用「逆位不當原則」、或者「逆位超越原則」來推衍。

權杖二 *Two of Wands*

牌序結構
權杖牌組第二張數字牌，權杖作用的初步展現綻放。

元素衍化
火元素最有衝勁和展現力量的階段，也是火元素的最強烈呈現形式。

正 統御管理　　**逆** 駕馭不住

祕儀原理解析

⚜ 數序導向
　　二號牌原則與火元素權杖蘊意的組合，首先是行動和意志上的接觸與協調，也代表權力的整合或分裂。力量的結合或抗衡，形成正負面兩種相反作用；朝著正面的進展，就是合作與互相扶持，這個導向也是本祕儀主旨和正位置牌義。

⚜ 主題定調
　　統御管理：兩根權杖其實是兩股力量的的統合，一起運作後更突顯駕御的重要，兩方勢力既要並行不悖，又需相互配合，管理與控制必須得宜，若能發揮集中指揮的核心權力，才更利於統合下的整體運作。

⚜ 內涵探索
　　權杖二代表擁有和掌握、駕馭和支配，管理運作能力很強，有擔當和充分的魄力。在事業方面能順利進行，並享受權勢和富裕。如果說正位置中有何負面特質，那就是野心慾望過強，或是因為任務過於艱鉅，造成心理上的負擔或障礙。

🔺 正位實占解釋
人際交誼：在人際關係上主動出擊，贏得他人交情。彼此合作無間。
戀愛情緣：感情方面表示觸碰撞擊出熱情火花，有結合的趨勢。
事務進行：由於積極進取的態度、負責盡職的精神，並擅長管理運作，事務進行都能有好成果。
金錢物質：能夠管理運作一切，充分掌握資源，得到實質的成果。

牌義沿革解疑

❧ 來歷變遷

★這張牌在古代紙牌占卜術中，正逆位意義相差無幾，正逆位中也都包含有正面和負面傾向的意義。

★然而在煉金術系統中，認定這張牌代表極為**強大的力量**，縱使可能較難控制，卻是一張優異的牌。黃金黎明和透特系列塔羅，更以強大的正面意義為這張牌的主旨。

★偉特承襲了古塔羅的定義，於是正逆位中都有苦難、懊惱、煩憂之意。然而在正位置中卻有著極為正面的意義：富有、**榮華**、**高貴**、幸福，這是因為偉特也在煉金術系統的影響之下，他本人明瞭也宣稱權杖二存在著不相容的牌義。

★由於偉特想要同時接收這些牌義，所以容納了些許的矛盾，而這也是導致偉特之後時期，這張牌的意義始終有點模糊的原因。

❧ 正逆轉折

★古代到偉特之後，這張牌的逆位都保有了些正面特質，然而負面特質還是居多，舉凡：**驚訝、憂煩、恐懼**。而後逆位的負面意義仍逐漸增多。

★於今牌義朝向單純化演變，依照煉金術神祕系統的認定，權杖二是強大的能量，走向正面積極的演變也是必然的，而在正逆區別的原則之下，逆位置的意義就愈加趨向於負面，主要就是內容一致化，不再正負吉凶作用混雜不清，那些良好的意義都刪除了。

❧ 逆位思考

如今，權杖二逆位置意義主要採取「逆位相反原則」的思考，也就是將正位置的好運都變成相反的。逆位象徵內心的積極進取已不再，個人自信心喪失了，甚至煩惱和擔憂；合作上不順利和障礙，互相之間難以協調平衡；遇到挫折打擊，失去權勢和地位。而這些情況也可推斷或許有敵手從中作梗。

☆ 整合以上各項綜述，歸納出的逆位主旨結語為：「**駕馭不住**」。

🔯 逆位實占解釋

人際交誼：管理不當而失去民心，支持度大幅滑落。合作失利而拆夥，意見互有牴觸，終於分道揚鑣。

戀愛情緣：兩人情感不協調、背對背，甚至產生衝突、可能分開。

事務進行：管理不妥善、難以統合或融合、分裂。中途受到衝擊。

金錢物質：財務管控不當，有所損失。由於有人抽資，從而不能繼續運作。

故事情節解說

🔱 劇情演繹

　　本祕儀主題是「統御管理」：通常是以男性為主角，做為相關於領土主權統御的角色，也表達陽性積極的意味。主角人物的穿著，顯示了所屬的時代和背景，以及本身的階級地位。城牆上觀望的城主，可以是任一階級封地領主，大到首領人物，而至少也是一名城堡戍衛之長。

　　領主與權杖的關係是牌義變化所在，主角沒有握住任何一根權杖的情節設定，通常會在權杖豎立而成的雙柱「門檻」之間，這樣的動作是單純地表明所有權的宣示。一手握住一根權杖，表示掌握自身的優勢和權力，獨立自主而統御權力強。

　　另一根權杖表示他人方面的力量，或許成為並肩的依靠，從而形成現在穩固的局面。然而這支權杖是如何佇立或由誰在握，也是詮釋牌義的關鍵，這突顯出另一方的狀況如何，也可以從中看出雙方之間的關係。

　　手握兩柄權杖的情形，則表示一次要協調兩邊，合作和合併的意味很強，偶爾也會出現兩難並必須致力維持均衡的情況。一手齊抓兩根權杖，則表示強力掌控一切，或者雙方的融合已非常緊密，不需要再費心協調。

🔱 整體營造

　　因有領域的觀念，所以權杖二畫面通常以城堡為場景，表示領地而象徵相關的資產。領土外的背景，通常描繪成很遼闊，所囊括的領域和地方，就是未來想要擴展的範圍和內容。

　　跟隨《偉特塔羅》的畫面，也通常附帶地球儀在主角手中，象徵心裡模擬擴展的慾望和思量。這也成為本張牌的圖案特徵之一，縱使不是握在手上，也會在畫面中其他地方，甚至也以球體延伸出各式豐富的設計變化。

　　有些塔羅在這張牌中會畫出特殊的圖幟，除了增加神祕感外，也是強調主角的特殊身分淵源。

屬物呈現解謎

⚜ 幾何排列形貌

雙杖的圖式，就表示了雙方的接觸和組合，可以形成並進、合作或者是競爭。這種意義的表達，可以排列成以下的形狀：

$$V 、 \wedge$$

其實最常見到的排列方式，則為兩根權杖交錯，然而通常不會排成垂直的十字形狀，多是斜向交叉的 X 字形，以此表示兩股能量的撞擊和爆發，並且可以形成強大的力量：

$$X$$

⚜ 畫面融入安置

兩根權杖並立，這種排列等同於塔羅中雙柱的涵義：

$$||$$

通常出現這樣排列的畫面，就是在暗示門檻和關卡，以此做為標誌，確立一個地標和領域，成為一道區隔的界線，可以在此內管理統轄，或者進一步往外擴展。

由於圖案簡單，權杖直立並列的方式，也可能以變化外型顯示出其他意義，例如以權杖直接構成雙柱型態和樣貌，甚至畫出真正的雙柱而取代了權杖。

$$||$$

占卜訣竅提點

多數人對權杖二印象不深刻，其實這張牌是很特別的，可以說是權杖牌組中、甚至全部數字牌中最強而有力的一張。這股能量起於不可抗拒的雄心壯志，也能轉化而產生權力、威勢等作用。

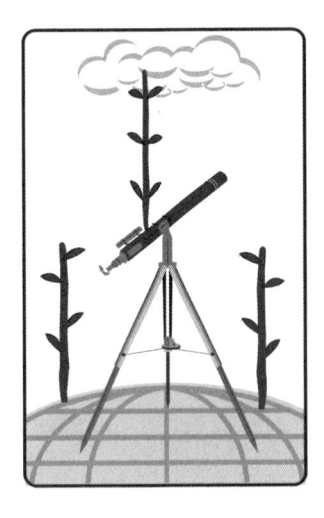

權杖三 Three of Wands

牌序結構
權杖牌組第三張數字牌，權杖作用的進一步擴展延伸。

元素衍化
火元素的移動和傳遞能力，火元素的擴張形式。

正 實力擴展　　**逆** 裹足難行

祕儀原理解析

⚜ 數序導向
三號牌原則與火元素權杖蘊意的組合，所形成的正面作用是成長和擴展，並且能夠增添外援，各股勢力互相制衡而產生運作機制。負面的狀況則是這些力量互相牽制，產生摩擦而行動失利。本祕儀主旨和正位置牌義，採取正面作用意義。

⚜ 主題定調
實力擴展：三根權杖，始能跨出界線，因而有進一步的向外和擴展，並且背後的實力和後盾已是充分而強大，足以往前擴張領域，可理解為平面式的延伸而非堆疊。所擁有的雄厚資源，也能促進蓬勃發展，未來生機無限。

⚜ 內涵探索
權杖三是進一步的擴展、事業上的擴張，冒險的行動有所斬獲。並且代表協商、交易和生意上的往來，或是共同協力合作、有援助和依靠；個人則具有樂觀進取和冒險精神。這張牌也有旅行和遠遊的涵義，過程暢通而順利。

☖ 正位實占解釋
人際交誼：交流互動頻繁熱絡，交遊更是十分廣闊。接受奧援。
戀愛情緣：感情有進展，加入更多元素，相偕遊歷、增添豐富趣味。
事務進行：喜歡嘗新和冒險，能向前邁進，事務的擴展和進行都很順暢。
金錢物質：從交易流通中能夠獲利和賺錢，也許會有人支持或資助。

牌義沿革解疑

❧ 來歷變遷
　　★自古以來權杖三的牌義就非常駁雜，有時很積極樂觀，有時是悲傷不幸，還包括許多不同層面涵義，像是聯姻與事業方面。正逆位通常有所差異，但是好壞意義仍時常相混淆與對調。

　　★煉金術系統賦予這張牌極為正面的特性，認為能量的發揮十分和諧，在意義上為：具備**實力**和**內涵**。

　　★偉特同時承襲古代和煉金術系統涵義，整體雖偏向良好的意義，然而也仍夾雜著幾項負面作用存在。這時的牌義已經與**商業**、**貿易**有深入關聯，正位置的意義尤其著重：**事業上的成功**、**新的擴展**。

　　★往後的演變中，這張牌時常連正位意義都被定義得模糊不清，也就是因為早期牌義的歷史因素造成的。

❧ 正逆轉折
　　★偉特承襲古代涵義，認為權杖三是一張很好的牌，因而擴及到逆位置也定義出許多正面意義，像是停止厄運、減輕不幸、結束煩惱。當然同時也有負面意義，像是：**辛勞**、**失望**等等。

　　★偉特之後的時期，為了朝向便利於解釋，演進方式還是根據煉金術系統和偉特的定義做一番調和，有關正逆位的分別也從模糊而逐漸清晰。

　　★最後正逆位意義也各自朝向單純化，統合定為正位置一律是正面意義，而逆位置則為負面意義。

❧ 逆位思考
　　如今權杖三的正逆位意義分明，多以「逆位相反原則」和「逆位負面原則」來推衍逆位意義，既然正位置的定義如此良好，那麼逆位置的意義就顯得很負面了：多半表示事務進行失利，遭遇阻礙或面臨困難；原因可能是個人的退縮封閉而裹足不前，從而拖延受阻。也表示提供的支援和幫助可能有問題，或許是別有用心的不當動機。

　　☆ 整合以上各項綜述，歸納出的逆位主旨結語為：「**裹足難行**」。

⚜ 逆位實占解釋
人際交誼：心態放不開，人際交流較封閉，甚少對外往來。由於方法不妥，人脈擴展不起來。
戀愛情緣：感情沒有進展，互相之間講不開、關係難改善。漸行漸遠。
事務進行：營運不當、事業擴張不成功，或者因為擴張而造成失利。
金錢物質：交易拖延阻礙，因而造成損失。營運失當，財源擴展不成功。

故事情節解說

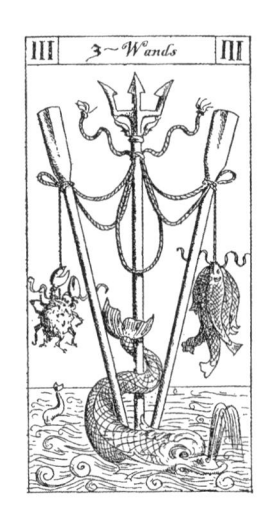

❦ 劇情演繹

　　本祕儀主題是「實力擴展」：多半以男性做為力量擴展的運作者，然而也可見以女性為主角的畫法。主角人物的站立位置是牌義思索的重點：三根權杖通常會以雙柱外加另一柱的方式來表現，雙柱一樣是領域界線的標誌，另一柱是前進或後退的方向指標。

　　主角站在雙柱之間、還是雙柱之前或之後，可以看出他目前的處境和未來的動向。手握第三根權杖，有前進和擴展的意義，然而卻是在初步的階段。如果雙柱在前，而手握其中一根，也代表擴張領域，但卻是實際已完成和持續進行中。

　　從主角如何握杖，能看出行為作風偏於保守或積極。有雙手握住雙柱，甚至三杖都握在手中的畫面，都表示全盤掌握的意義。

　　有些塔羅會出現兩個或更多的人物，雙柱代表原先的一方，而另一權杖為新加入或外來的一方，帶來合併或支援，象徵新增的支柱。也可將一根權杖架在雙柱上方，形成更完整的門檻，表示對既有的管轄信心，並成為對外交流貿易的窗口。

❦ 整體營造

　　通常主角眺望著平坦而空曠遼闊的場景，其中包括了水域或海洋，甚至可以看到遙遠的彼岸，或許還有小城鎮，象徵遠方的擴展理想。

　　海面和船隻，表示海洋貨物以及貿易交流。船隻的描繪是許多塔羅的重點，多半不會遺漏掉。這張牌比較少有其他道具配備。

屬物呈現解謎

✦ 幾何排列形貌

圖式可排列成三角形，象徵完整與和諧：

三槓交錯為六角星符號，表示力量集中於一點：

則表示有幾股力量強勁地聯結起來。

✦ 畫面融入安置

三根權杖可視為雙柱再加上另一柱子，三點成為一平面，表示往外延伸新的空間。

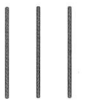

雙柱代表原本的領域，加上一柱往外拉出去的動向，象徵領域擴展的意味明顯。

雙杖外加一杖，也表示有外來資助以及附增力量，能夠據以繼續擴展。

三根權杖的組合，也表示多方的聯合交流。

占卜訣竅提點

時常對於權杖三的牌義時常和權杖二混淆不清，其實箇中差異很明顯，兩張牌是有關係，這關係就在於是接續的，所以兩者肯定大有分別，權杖三是基於權杖二架構下，進一步擴展開來的。

權杖四 Four of Wands

牌序結構
權杖牌組第四張數字牌，權杖作用的穩固和靜止。

元素衍化
火元素的靜止作用，為火元素的最穩定形式，最適合引導及善加運用。

正 穩定周全　　**逆** 紕漏動搖

祕儀原理解析

❦ 數序導向
　　四號牌原則與火元素權杖蘊意的組合，正面作用是安全穩固，強有力的保護與庇蔭，組織架構完善，負面狀況則是停頓和固守而缺乏進展的動力，或者是相反地失去了這些作用。本祕儀的主旨和正位置牌義，是導向正面作用的意義。

❦ 主題定調
　　穩定周全：猶如四根柱子，象徵穩固的建築，屋宇的棟梁給人安全感受。不但穩固安定，對未來也有保障，是絕佳的保護和庇蔭，而且其中樣樣周全，並可延伸至許多方面：感情搭配、伴侶聯姻、成家立業、開張設店。

❦ 內涵探索
　　權杖四雖有著奮鬥和突破困難的意味，所幸這個階段已經過去了，目前是休養生息的恬逸日子，甚至非常安定繁榮，不但受到保護，並能得到豐收果實或完美成果。各種層面和關係也是如此，組織團體都和諧穩固，連戀情也十分甜蜜美好。

☗ 正位實占解釋
人際交誼：相處很和樂，特別是家庭成員或團體之間，能同心協力。
戀愛情緣：伴侶關係更是緊密，兩人一條心，與家人旁者也相處和諧。
事務進行：局面穩定而安全，有庇蔭和保護，一切興隆旺盛。
金錢物質：豐收的現象，生意營收興旺，並能安然保有這一切。

牌義沿革解疑

❧ 來歷變遷

★原本權杖四是很正面的意義，甚至被當成超級好運牌，不只是具有**穩固**的作用。而且正逆位置的涵義相差不多，同樣都很正面。

★煉金術系統也是強調穩固安定和美好周全的主旨，幾乎是**完美**的代名詞，而煉金術系統本不講究正逆位差異，於是歷來在正逆位的劃分上，便一直保持正逆位意義不分明的設定。

★偉特承襲了之前的各種說法，但也沒有將正逆位牌義分別清楚，同樣都代表**安穩**和**庇護**。雖然正位置涵蓋面廣泛，有局勢上的**安詳**，**和諧**，協調，也有實質面的收成興旺繁榮，但是正逆仍各自有不同的好項目，甚至於逆位置也有美好、安康的景況。

★偉特之後的時期，逐漸分別出正逆位差異，自然是往正位置導向正面意義，而逆位置就分配了負面意義了。

❧ 正逆轉折

★權杖四的涵義可說近乎完美，古代占卜術中，無論正逆位都視為非常良好的作用，像是家中可能有喜事之類。不只如此，甚至逆位中幾乎沒有負面意義。

★偉特延續以往的定義，權杖四逆位置也代表美好、幸福、興盛，這樣的逆位使用法延續了很久。

★後期的牌義演變下來，因為正位和逆位區隔的需要，將正位置定義為良好的意義，而原先逆位置中的美好意義部分，都轉而分派給正位置，並且再根據正位置推衍出相對應的逆位置意義，於是有了像是不穩定、不平靜的相關解釋。

❧ 逆位思考

如今逆位置的意義是根據正位置各項目，以失去、減損、或毀壞，來推衍出相對的負面特質而定的，代表原本穩固安定的局面，變成了動搖而不平靜，庇護的效果不再，內心也失去了安全感。可知以「逆位相反原則」即可推得，然而其中帶著「逆位削弱原則」，以此推衍的答案會更細膩：失去安定繁榮的局面，甚至形成不穩定的環境或不安的心情，並且美麗是褪色的、快樂是不徹底的、戀情是不成功的。

☆ 整合以上各項綜述，歸納出的逆位主旨結語為：「**紕漏動搖**」。

⚜ 逆位實占解釋

人際交誼：分散鬆散，不夠團結一致。分立、出走開分店，或者是拆夥。
戀愛情緣：感情相處不和諧，關係出現了不穩定的情況。彼此有隔閡嫌隙，或因延遲而破局。分家或分居。
事務進行：根基不穩、事業動搖。失去保護傘或支柱，事態搖搖欲墜。
金錢物質：財務基礎不夠紮實、或者出現漏洞，從而導致流失。金錢難守。

故事情節解說

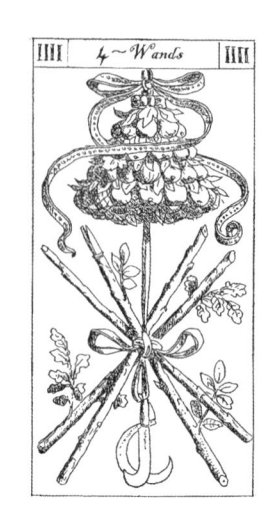

劇情演繹

本祕儀主題是「穩定周全」：這個涵義一直很固定，畫面概念也都是同源。將四根權杖化為四根柱子，支撐起一個空間，而這範圍內就是一個庇護所。如果四根權杖不是架成柱子，也多排列出一個完整的領域。

身在其中的人物通常都不是孤獨的，這會有互相照應的感覺。有的牌畫出小倆口，甚至有的牌畫出了一家人、包括小孩子。一群人或一家子在其內歡天喜地，也像正在進行慶典或歡迎儀式。當然也可以描繪任何相關於家庭或室內的活動，而且多是歡喜之事，因為本祕儀就是偏向歡樂的。

這片場所內還應有盡有，裡面放進什麼物品就表示主角們擁有什麼，並可配合他們的行動而設置。通常前方還會掛起花圈等裝飾物，更顯示出喜悅以及光耀，直接象徵喜事或光彩臨門。

後面的背景更描繪出居住的設施和建築，有時候還會畫出城堡，表示更堅強的後盾，加深安穩保證和蘊藏豐富的意涵。而當有些牌沒有畫出人物時，這些景觀就更顯得必要了。

整體營造

通常四柱之上或之間會掛著花圈，暗喻新居落成的祝賀，或是開幕的誌慶，以及對這保護所的禮讚。花圈上有什麼裝飾品，就象徵這要表達的內容：有果實就是有豐收和好生活。而花圈的掛法也會有所不同，表示不一樣的歡慶緣由。

主角手上拿著的東西，會更直接表示他們正在舉辦什麼活動。城堡表示穩定的保障，是同質重複的象徵作用，因此其實也可以不用畫出。場景中還可能包括建造物橋梁花園、以及山陵等地勢，都是在刻劃園地中涵蓋的內容。

屬物呈現解謎

❧ 幾何排列形貌

四杖都是長條狀，除了能夠豎立四柱之外，也可構成正方形和菱形，表示穩定和堅固的領域：

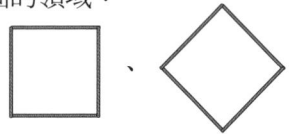

□ 、 ◇

如果是交疊在一點上，組成米字形，同樣表示力量很強大，也是均勻平衡地分佈，更顯示出可以由中心伸展到四面八方的概念。

※

❧ 畫面融入安置

四根權杖的豎立能形成穩固的局面，這圖形總讓人聯想到建造物和架構物的支柱。只要有四根棍棒，就能架出穩固的帳棚庇護所，而如果四柱是堅固粗壯，甚至是鋼筋鋼骨，就會營造出一座堅固無比的建築。

四根柱子無論如何排列，總能形成四邊形的支柱，總之是很好的支撐物，像是：

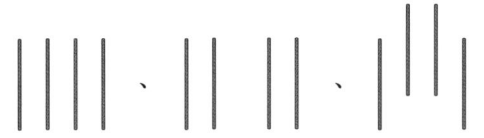

|||| 、 || || 、 ||||

如果兩柱形成一個門檻來看，兩兩交錯之下就有許多個門檻，營造出多重空間交錯感。由此看來，一定也能造成完整而充分的保護作用。

M

占卜訣竅提點

歷來正位牌義幾乎都是好的方面，占卜時不用懷疑地把這張牌當成大好的牌即可，不但各種塔羅的權杖四都是不錯的涵義，且遍及各項目都幾乎具有針對性的專屬好作用。

權杖五 *Five of Wands*

牌序結構
權杖牌組第五張數字牌,權杖作用進入最中間階段的銜接和轉折。

元素衍化
火元素的受限和爆破狀態,能量受到擾亂而反彈,表現出不穩定的爆破力量。

正 衝突爭鬥　　**逆** 重整亂局

祕儀原理解析

⚜ 數序導向
五號牌原則與火元素權杖蘊意的組合,容易形成混亂和複雜的局勢,競爭激烈的負面狀況,失去均衡,原有的權益受損。而較為正面的作用則是重整這些亂局。本祕儀主旨、常態定義和正位置牌義,導向以負面作用意義為主。

⚜ 主題定調
衝突爭鬥:五根權杖所形成的凌亂,加上火元素的動力,交織成難以控制的局勢,並且具有火熱、暴烈的特質,是火力十足的狀況。內在的熱力多發洩在較量、競賽、爭奪、互鬥,造成立場糾紛以及利益衝突的火爆場面。

⚜ 內涵探索
權杖五是動作感特別強的一張牌,顯示混亂激烈的局勢,而這些事件正在進行當中。面臨競爭角逐的情況,各方都互相槓上了,輕易就發生爭執和吵架。這是浮上台面的明爭,或許顯得粗糙魯莽,但卻不是暗地的勾心鬥角。

🔮 正位實占解釋
人際交誼:對立衝突的局面、意見分歧,發生吵架或鬥爭,甚至可能暴力相向。
戀愛情緣:感情不睦、紛爭鬥嘴,吵得火熱,關係摩擦損傷。
事務進行:面臨強力競爭和挑戰,處於人事複雜而緊繃的環境之中。
金錢物質:互相爭奪利益,在激烈競爭後或許能得到所求,但也可能各蒙損失或兩敗俱傷。

牌義沿革解疑

❧ 來歷變遷

★在早期紙牌時期，權杖五這張牌的內涵不全然都很負面，甚至也有掙錢、賺錢的意義在，包羅的範圍頗為廣泛。

★就煉金術原理而言，權杖五的確是張代表**混亂**、**紛擾**的牌，幾乎都導向負面意義，就算使用正逆位意義的方式區隔，也都很難往好的方向推論。

★偉特承襲了這些觀念，不過卻認為正位置仍有優點，就是由**奮鬥**和**爭取**而致成功，逆位置則與正位置有些微差別。

★偉特之後的牌義，保留了正逆位有差別的特點，卻將正位置直接改為**激烈鬥爭**的明顯情況，而逆位置則為較不明顯的情況。

❧ 正逆轉折

★從最早開始，這張牌的正逆位就是很混淆的，不但意義多元，各自也都有好有壞，而且正逆還可能有雷同的意義。值得注意的是。這時期的正面意義已經有這樣的解法：透過爭執而**轉為優勢**的可能。

★由於煉金術系統不太在乎正逆位，這張牌整體趨向負面作用，但正逆位之間沒有多大差別。

★偉特定義的逆位，包含的負面情況似乎有比正位置輕微或不那麼直接：矛盾、爭論、訴訟，另外還有欺騙的意義。

★更往後有針對這張牌的逆位作出一些認定，意義多為：**情況有所改善、不再那麼混亂了**。這也顯示了權杖五朝著逆位比正位的意義更好的方向走。

❧ 逆位思考

權杖五的牌義在統合過後，由於正位置是如此負面的作用，從而逆位置就不再那麼負面了，要和正位有所分別的情況下，就只會顯得比較正面。使用「逆位超越原則」將問題加以轉化，視為衝突已經過去，或者至少轉為不激烈的爭鬥，如：暗濤洶湧、以及台面下的計較。更代表在事情暫時擺平的善後階段中的各種事宜。當然也可能有更為正面的超越或改善，甚至有辦法能夠化解問題和心結。

☆ 整合以上各項綜述，歸納出的逆位主旨結語為：「**重整亂局**」。

🔶 逆位實占解釋

人際交誼：關係衝突的狀態下，盡力恢復和諧、擺平亂象。
戀愛情緣：激烈爭執過後的冷靜或不悅，撫平情緒、床頭吵床尾和。
事務進行：營運混亂後盡力平復，處理爛攤子、收拾殘局。

故事情節解說

劇情演繹

本祕儀主題是「衝突爭鬥」：這個意義涵蓋面稍廣，畫面也會有些微變化，不過多半不約而同地營造出緊張的氣氛和激烈的場面。五根權杖的應用，通常是當做武器，拿在手上而揮動著，用來打擊他人。因此也需要有不止一個人物，才能互相產生衝突，多半以配合花色點數而安排五個人各握一根棍棒，且彼此揮打鬥毆。

這麼多人的爭鬥場面，會有各種對決的狀況，有的畫面是五人混戰，有的是分成幾方對壘。而人物的動作激烈或是和緩也有一些差別，若是棍棒接觸到了身體，就顯示了比較嚴重的衝突。

有些場景是兩人互相決鬥，而不是多人的亂局。有些塔羅會畫出明顯的爭奪意味，表明鬥爭的原因和目的何在。

少數的塔羅畫面情節是單一的主角，通常是描繪緊張或緊急的事態。有的情節即是遭遇到了危難，而主角以權杖做為工具，在混亂之中對抗環境，從而度過了危難。

整體營造

這張牌通常人物很多，但是其他器具卻少見，因為已經以權杖當做工具武器了，這也表示較無立即致命性，但傷害程度仍可大可小。需要注意的是人物的穿著，通常是以他們的裝扮和顏色，來辨認彼此的立場和歸屬派別。

場景所在的地面通常崎嶇不平，表示環境也是險惡的。而每人所在的位置高低起伏不一樣，也暗示著因為地位不平等而引發的鬥爭衝突，並且也暗喻各自的階級和立場並不相同。

屬物呈現解謎

❧ 幾何排列形貌

五杖還可以形成五個方向，五角形等排列方式。雖可獨立出一根，但地位並沒有那麼特殊，也只顯示出整體看來有所衝突的形勢，以下列圖示為例：

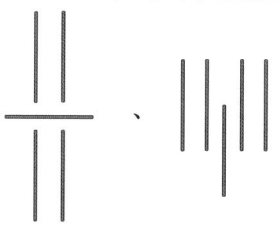

❧ 畫面融入安置

五根棍棒，較難排列和呈現出特殊圖形，通常會顯得凌亂，感覺上破壞了四柱的整齊和穩固。因此也表示更為複雜的關係，以及難以統合的狀況。

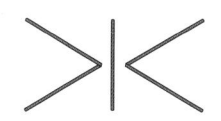

其實還是能夠整合出特殊的局面，讓五杖具備各種不同方向和角度，算是比較激烈的配合，但不免經過一番紛擾、摩擦和爭執！

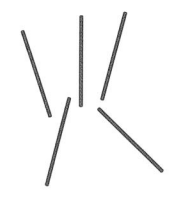

凌亂的畫面也表示狀態不穩定或正在崩毀，是一種局勢的變動，或許也算是一種創新的局面吧！

占卜訣竅提點

權杖五算是最混亂的一張牌，這個印象是很好記的，此外還有火力十足、充滿動態等特色，這些特色應用在各種層面上，只要發揮能力串聯起這幾個特性，就會很好理解和應用。

權杖六 *Six of Wands*

牌序結構
權杖牌組第六張數字牌,權杖作用的下半階段開張、光大。

元素衍化
火元素的穩定運作,處於最均衡發揮的狀態,能夠良好控制,引導出各種能量形式,發出光芒。

正 勝利榮耀　　**逆** 失誤落馬

祕儀原理解析

⚜ 數序導向
六號牌原則與火元素權杖蘊意的組合,正面作用是行動順利而成功凱旋,達成目標或安然晉升。負面作用就是反轉的狀況,能量不順暢而受創,結局落敗或是挫折,不然就是沉迷在虛榮當中。本祕儀主旨和正位置牌義,導向正面作用意義。

⚜ 主題定調
勝利榮耀:六根權杖是能量熱力交會發出光芒,處於最美麗的時期,代表輝煌亮麗的表現,莫過於以勝利和榮耀來形容,代表光輝燦爛、容光煥發而神采飛揚,並且均衡而有美感。

⚜ 內涵探索
權杖六是凱旋光榮,因獲得成功而贏得眾人掌聲,受到支持和擁護。個人不但有了名聲,在地位上也有所晉升。在一般事件上的進展順暢,心態和行動皆樂觀積極,充滿歡欣鼓舞的氣氛。也可能是得到期待已久的好消息,心願能在努力下達成。

🔮 正位實占解釋
人際交誼:人緣良好、人脈廣闊,受眾人歡迎或擁戴。眾所矚目,群體中的焦點。
戀愛情緣:受人青睞和仰慕,而這些風光多少也能對於戀愛運有加分或幫助。
事務進行:順利進行而達到成功,榮獲勝利或是晉升加級。
金錢物質:物質層面有利。付出能得到預期的代價,可能獲得獎金或得到資助。

牌義沿革解疑

♣ 來歷變遷

★權杖六的牌義並不是一直很固定，然而自古至今的各家說法，正位置還是以正面意義居多。

★煉金術原理設定權杖六為完全正面的意義，成為**榮耀**、**光輝**與**勝利**、**成功**的代表牌。而後這張牌整個提昇，這個認定被眾人跟從。

★偉特也承襲了以往的這些涵義，正位置採取完全正面的意義，逆位置則定義為負面。權杖六的正位意義明顯而容易理解，不外乎就是**大獲全勝**，自此之後也成為牌義很清晰的一張牌。

★偉特之後的時期，延續偉特和煉金術系統的牌義，正位置的牌義為正面光明積極，並且一直沿用至今。

♣ 正逆轉折

★權杖六這張牌的主旨定義如此鮮明，因此正逆位的意義和差距也很分明，逆位置明顯地呈現了相反於正位置的意義，主要就是**失敗**、**落馬**。

★偉特對權杖六逆位的定義頗為細膩：樹立敵人、敵手出現、面對戰場的**恐懼**，以及延期、背叛不忠等等。

★從歷來演變來看，逆位置很單純而沒有什麼歧異，也一律偏向較為負面的意義。由於正逆位的意義相反，所以表現出落差頗大的成敗好壞。

♣ 逆位思考

權杖六自傳統以來的許多意涵，就可以說是以「逆位相反原則」推衍而得，主軸是逆位置不免就成為失敗的象徵，縱使仍然從事件中能有所獲，也只是短暫一時的，甚至是不穩定和虛幻的假象。落敗從而也與敵人浮現相關，並且由於充滿了不榮譽，也延伸為不盡力或不忠誠。現代的理論推衍，逆位置則直接定為正位置的良好作用轉為負面的意義，各方面項目的好壞也都是正逆相對的。

☆ 整合以上各項綜述，歸納出的逆位主旨結語為：「**失誤落馬**」。

☗ 逆位實占解釋

人際交誼：光環消退、失去愛戴，嚴重的話是遭受唾棄。人緣不復以往。
戀愛情緣：不再那麼受到青睞和重視。遭受冷落、或者忽視不屑。失意。
事務進行：營運不當、事業擴展不成功。績效滑落、正在走下坡。挑戰失敗、比賽敗北、失誤飲恨。
金錢物質：頓失良機，煮熟的鴨子飛了。掉錢。經濟狀況大不如前。

故事情節解說

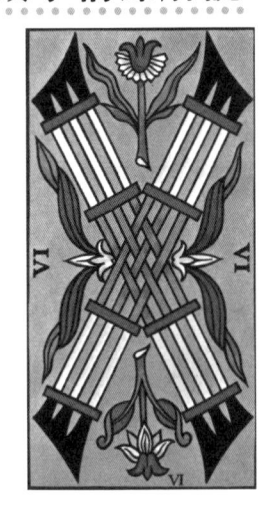

🔱 劇情演繹

本祕儀主題是「勝利榮耀」：代表榮耀光輝和勝利成功，畫面通常要表明獲勝的緣由，以及得勝後的歡慶。主角可能是競賽的勝出者、或者完成某項任務的英雄、或者在一番成就後的衣錦還鄉，他贏得了某種資格或光榮。

有時候是表示新手或低階者的晉級，有時是比賽中的衛冕成功。多半是以男性為主角，也便於配合遊行時眾人的喝采。

圍繞主角或夾道歡呼的群眾，表示有許多人和主角的立場是一致的。並顯示能夠集合群眾的力量，具有群策群力的後盾。然而不一定要有配角和群眾，只要有主角獲勝的畫面即可。

甚至也可以沒有人物，只以權杖排列出凱旋般的門廊。有的塔羅會展現強大力量或高亢的意志，自身散發出來的容光，而不是外在賦予或是由得勝而來的。這些畫面縱使不完全相似，意義卻仍然一致。

🔱 整體營造

主角通常騎在馬上，較有威勢和風光，也能夠表示位階提昇。馬匹本身也具有行動的力量，馬匹通常也有配備和飾物，頭上戴著馬鞍而身上套著布服，加強表示尊貴的身分地位，也暗示可能有封為騎士而晉升的可能。

桂冠花圈是這張牌很重要的象徵物，主角多會帶在頭上，表示奪冠或受嘉勉。有的畫面六根權杖上都有花圈，至少也會有一根權杖上頭掛著花圈。不同塔羅縱使畫面不一樣，但幾乎都會有花圈以象徵勝利榮耀。

屬物呈現解謎

❧ 幾何排列形貌

六柱，還能夠排列成：

||||||　、　|| || ||

或是構成完美的六邊形。這些表達方式，也都能想像為完美和光榮。

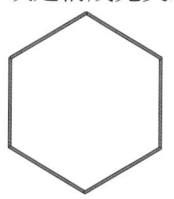

❧ 畫面融入安置

六根棍棒能有許多種對稱的排列，主要是分成兩組或分成三對的方式。而每對權杖又能有不同變化，像是：

||　、　V

於是可以組成如下列各式排列變化：

||V　、　|V|　、　VV

縱使排列稍微隨性，也都不至於太凌亂，甚至有一定的秩序在其中。各組權杖能表達不同涵義，像 V 字形就是勝利的象徵。無論怎樣統合，六杖都不脫榮耀和成功，舉例如下：

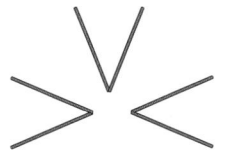

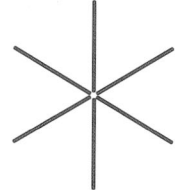

><　、　✳

占卜訣竅提點

權杖六是一張小騎士牌，宮廷四騎士牌外的一張數字騎士牌，表示這張數字牌等於平民升級了，象徵春風得意、升官晉爵，也可將騎士的意義和功能賦予其中，只是此作用力比正規騎士牌來得小。

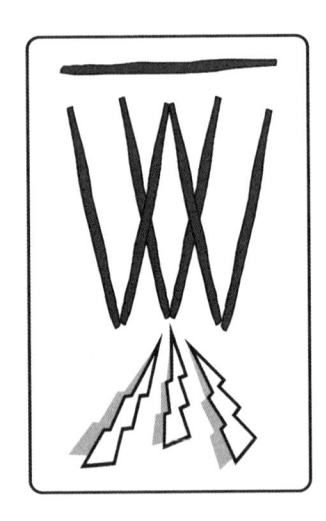

權杖七 Seven of Wands

牌序結構
權杖牌組第七張數字牌，權杖作用的新貌和驟變。

元素衍化
火元素的變異和不均衡的狀態，火的性質游移不定，造就炫麗色彩，能如煙火燦爛，也可能如炸藥般危險。

正 英勇果決　　**逆** 寡不敵眾

祕儀原理解析

❧ 數序導向
七號牌原則與火元素權杖蘊意的組合，正面作用是獨當一面、英勇無比的表現，能改變現狀或是突破重圍、成功解決問題。負面的狀況則是匆促成軍，以致局勢紛亂不堪、或是衝突糾葛不斷。本祕儀主旨和正位置牌義偏向正面意義。

❧ 主題定調
英勇果決：純粹行動加上智慧，就要突顯反應力。不只是運動敏捷的反應，決斷力更突顯火元素權杖不僅止於動作和行為，內在的魄力擔當和勇氣的素質，也是以寡敵眾、出奇制勝的情勢。

❧ 內涵探索
權杖七雖然都會遇到危難或緊急事件，是明確而顯著的狀況，但卻有著堅強的防禦力和先決優勢，能夠解決問題、度過難關，具備良好的危機處理能力。正位置是成功的保證，雖然面對艱難的局勢，但終能抵禦他人的攻勢，獲致勝利、取得先機，更表示本身的勇氣和英明果斷、急智機靈。

▲ 正位實占解釋
人際交誼：受到敵手攻擊或他人抗衡，但終能解決、打敗、或降服敵對者。
戀愛情緣：感情上及時挽回，打敗情敵、驅散競爭者。
事務進行：事態非常緊急，需要當機立斷，才能安然度過難關，並且反敗為勝。
金錢物質：保衛自身權益，得到戰利品，獲取掌控權和所有權。

牌義沿革解疑

⚜ 來歷變遷
★這張牌的意義很紛雜，原本有遇到障礙的意思，不然就是協商或競爭的狀況，但也有獲勝與得利的意味，另外也和言語或文字的各種強度的辯論有關。

★煉金術原理和偉特都認為這是很強勁的一張牌，演進到後來就融合成許多正面積極意義：代表高人一等的**優勢**，憑藉無比的**勇氣**，可**擺平一切阻撓**而**獲得勝利**成功。

★以往的這些意涵都在 RWS 的畫面中巧妙統合起來，另外偉特還特別定義了有關於**商業競爭**、**業務上的交手**、**談判**等等。

★偉特之後的時期，權杖七正位置牌義的演變也都不脫以上這些意義，有許多描述風險的景況，但在結局上還是比較偏向正面。

⚜ 正逆轉折
★權杖七牌義自古演變的情況，早期雖然有點混雜，然而逆位置也逐漸與正位置有區別，而今各項目的意義都是正逆位之間的差距頗大。

★偉特對權杖七逆位的定義就清晰多了，大都是以正位置意義的相反情況，除了競爭結果失利外，還形容了面對危難或敵人的反應並不果決，而是**困惑**和**焦慮**。

★後來牌義趨向單純明瞭的方向，逆位置定義仍從正位置著手即可，同樣都是遇到對手或敵人，正位置是優勢與克服，在逆位置的情況則是被對方所擺平，也就是**失敗**和**挫折**的意義。

⚜ 逆位思考
權杖七固定採取逆位置情況和正位置相反的意義，也就是「逆位相反原則」，以寡敵眾變成寡不敵眾。因為本身缺乏優勢和能力，或者由於事出突然，而措手不及、反應不過來，難以因應狀況，於是遭遇到危難和被害，從而造成損失。其中也有很多情況類似「逆位削弱原則」的作用，例如：不夠果斷、決心不強，很可能緊張、焦慮或遲疑、猶豫，甚至感到茫然困惑，在這些狀態下很難面對危難、處理問題。

☆ 整合以上各項綜述，歸納出的逆位主旨結語為：「**寡不敵眾**」。

☗ 逆位實占解釋
人際交誼：被眾人攻訐，遭受埋伏。有如被吞沒、被壓倒。
戀愛情緣：感情挽回不及、覆水難收。一時不察、痛失良機。
事務進行：緊急事故、措手不及、危機處理不當。自己栽跟斗、或是被拉下來。
金錢物質：交易拖延阻礙，造成損失。被他人掠奪、併吞、吃掉。

故事情節解說

🔱 劇情演繹

本祕儀主題是「英勇果決」：慣常以男性為主角，表現警覺、果斷與勇氣，幾乎都有對立的場面，以突顯主角面臨挑戰的表現。主角握住一根權杖，面對其他六根權杖，表示以一抵六、以寡擊眾、以少勝多。

主角展現的是一夫當關萬夫莫敵之姿，抓住的權杖表示緊急的權宜和有效方式。六根權杖代表與主角對抗的立場，這些持杖者若隱若現或全不露面，並且可以分散或聚集起來。

主角握棍和回擊的姿勢，以及所處環境的刻劃，比擬為面對困難時採取的方式。多半會呈現出擊的勇氣和力量，並暗示須一次解決難題的緊急。有的情節主角面對的是權杖設成的障礙或柵欄，必須要去突破，比較著重在面臨危難的環境。

重點是主角需要面對強大的外力，畫面中以其他人的幾根權杖呈現，而如何面對則是故事詮釋的想像空間了，如何因應這些情況需要延伸探討。不同塔羅的權杖七，畫面故事情節可能不大一樣，但是蘊含的意義應該都大同小異。

🔱 整體營造

場景的地勢是判讀的指標，可看出主角所處局勢的優劣，也可暗示原本所居的地位高下。主角通常是站在高地，以便於居高臨下，才能克服萬難，打敗這些敵手或侵略者。

然而還要注意地面上的變化，有些畫面的主角是跨站在中隔水流的兩塊地上，表示本身所處環境雖高但卻十分險惡，且有分裂崩解之虞，主角也需同時面對和解決。這張牌較少出現其他配備或道具，背後的天空通常也別無長物。

屬物呈現解謎

❧ 幾何排列形貌

七杖的許多排列法，都會有居中或獨立於外的一根權杖：

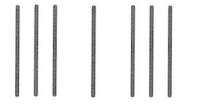

| | | | | |

這一杖定是特別顯著鮮明的，表示有別於其他權杖的雙方。

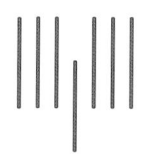

| | | | | | |

❧ 畫面融入安置

七根棒子，顯得難以均勻分配，然而拆解成一和六，是最容易的方式。

這樣的安排，突顯了這一根權杖，而這一根是橫向或直向並不重要，重點是與其他六根分別出來。一夫當關，是這一根權杖的象徵。而六根權杖方向一致，表示另一股對立勢力的整合。

占卜訣竅提點

具有急忙的意味，有突然的外力作用導致，需注重雙方力量消長，事態是由於力量不均衡所致，但結果會傾向某一方。抽到這張牌不見得是好事，雖然危機處理很妥當，但是也揭露了總有個危機的前提存在。

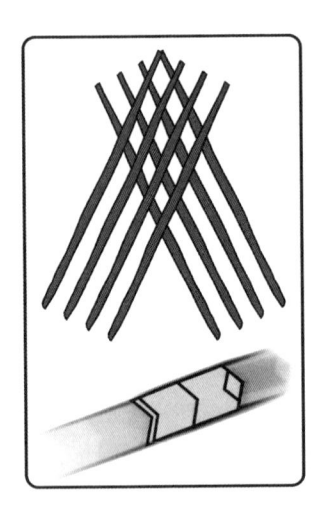

權杖八 *Eight of Wands*

牌序結構
權杖牌組第八張數字牌,權杖作用的集結統合。

元素衍化
火元素的高速進行,火元素集中和衝刺的力量,造成速度和強大動能。

正 速捷激進　　**逆** 欲速不達

祕儀原理解析

❧ 數序導向
八號牌原則與火元素權杖蘊意的組合,正面作用是整體力量結合集中,朝一致方向發展,形成新的局勢,達成高度功效和目標。負面的狀況則是進程緩慢,膠著在原來的階段,沒有進展和功效。本祕儀主旨和正位置牌義,較偏向正面作用。

❧ 主題定調
速捷激進:八根權杖表示多而充分,這樣的力道顯得過激,卻以畫面的整齊來呈現尚保持平順。整合力量而激發前進,形成快捷和速度,又有敏銳、激動之意,無疑代表著全力前進,與交通行動很有關聯。

❧ 內涵探索
權杖八具有動態,主要表示移動以及速度,由此推衍為旅行、遊歷,並代表空中旅程,而且是順暢的旅程。其他事件的好壞並沒有很絕對,在不同層面上的意義需要轉折,例如應用在個性上就是很熱切、或者很急躁,甚至有突兀的表現。

正位實占解釋
人際交誼:人際交流快速頻繁,關係和感情熱切但不夠深入。
戀愛情緣:性急、激情、熱情如火。情慾熾熱,有著燃燒的內心。
事務進行:行事衝勁十足,事務能夠迅速進行,但顯得匆促粗糙。
金錢物質:在物質方面或許能獲得眼前的利益,但過於急切仍可能會壞事。

牌義沿革解疑

❧ 來歷變遷

★這張牌本身沒有很明顯的吉凶好壞，只描述一些遭遇和現象，而正逆位意義也沒有差很多，不然就是有的偏好、有的偏壞的混淆現象，在歷來的解釋就是這樣，而其中最重要的項目就是**旅程**和**熱戀**。

★偉特給予權杖八更好的意義，或許有些受到煉金術相關神祕學的影響，除了是**迅速敏捷**，即將到來的行動，更是重要的快件訊息、並且是**大好消息**，未來更是朝向美好結局的保證，並且也是「**愛神的箭**」。

★偉特之後時期權杖八的演變，就轉而將正逆位的分別拉開，將正位置意義設為偏好，而逆位置意義則偏向負面，以這樣的方式來定調。

❧ 正逆轉折

★偉特對於這張牌逆位的定義都偏向不和諧，並給予正位置牌義中許多項目負面的情況。其中強調了這幾個項目：**爭吵不和**，內部的爭執，更多是家庭紛爭，以及**偏激**的道德觀念。

★而後延續偉特的做法，並拉大正逆間的相異，將正位置確定在能夠導致完好效果，而逆位置是相反的方向和作用力、行為方式也是相反過來的。

★傳統的家庭紛爭以及感情的反向推論，逆位尤其在愛情方面有很特別的涵義：例如急切的八支丘比特之箭，從正位置轉為逆位置的時候，就成了**嫉妒**之箭，而不再是愛情之箭了。

❧ 逆位思考

權杖八的逆位意涵，可用「逆位相反原則」來推衍。在進行方面就是速度減緩，遲緩拖延，甚至停滯不前。當然無論事件或是旅程，都有不順暢的現象。逆位也是力量的分散與瓦解，不再凝聚、整合，或方向不一致、甚至產生分歧，其實也等於用到了「逆位削弱原則」。另外也代表在情緒和相處上，產生不和諧與爭論，感情上有嫉妒、抱怨等情況。

☆ 整合以上各項綜述，歸納出的逆位主旨結語為：「**欲速不達**」。

⚜ 逆位實占解釋

人際交誼：焦慮急躁、激昂的態度。失控的情緒。過度囂張。
戀愛情緣：情緒激動、感情失控，關係相處產生衝突。
事務進行：營運積極、行事激烈，卻驟然停頓、或者缺乏方向感。
金錢物質：急功近利，反而易失落。狀況突然急轉直下。

故事情節解說

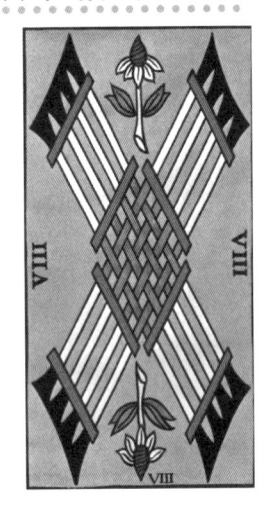

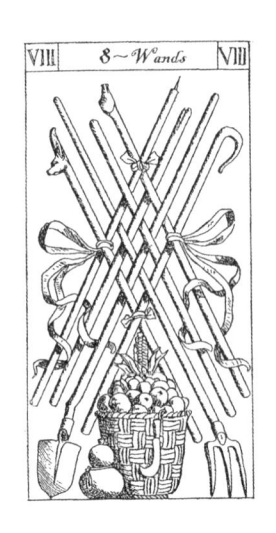

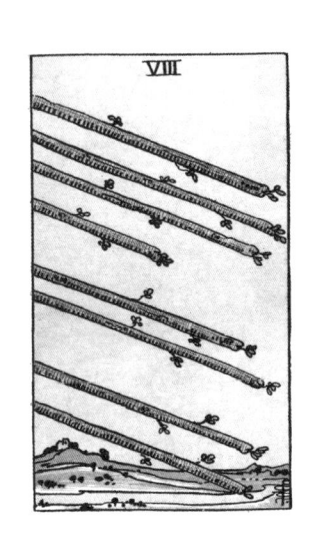

🏵 劇情演繹

本祕儀主題是「速捷激進」：畫面多描繪權杖在空中飛舞，多半是全數聚集而方向一致，排列出整齊的畫面。通常沒有具體的故事情節，也沒有主角人物，只描繪出這個飛躍的現象，表現迅速的動作與強勁的力道。

權杖的排列方式相關於速度和整體力量的協調。部分塔羅權杖的聚集方式特殊，旋捲進入雲中，這種力量較多變而猛烈。有的畫面是權杖往上飛躍，如弓箭或飛鏢般射出。而環境是在天空中，隱喻了在空中和飛行的涵義。

少數塔羅會讓人物出現，很可能人物就在空中飛騰、伴隨著權杖一起向前衝刺。也有的是人物在權杖中穿梭、跳躍、翻騰，或者是操作這些棍棒，以這些動作表現敏捷和迅速。

另類一點的塔羅，也會附加馬匹等與速度相關的意象，甚至直接畫上飛行器以表示飛行。雖然畫面不盡相同，但多半脫離不了起飛、空中、速度，以及敏捷等意象，由此也間接意指了交通和到達。

🏵 整體營造

通常畫面是整片風景，遼闊而空曠，以距離寬廣表現出速度飛快。多讓權杖呈現於天空中，是為了表示跨越、起飛，跟飛行飛航相關的涵義。空中出現雲霧，表示位置很高以外，也呈現了權杖突破障礙的感覺。

地面通常是平原中有略微起伏的山丘，也有河流經過，陸地上出現的房子代表家或住所。這些都是權杖飛越的景緻，暗示跨越高低水陸障礙，是一種無遠弗屆的交通運輸。這張牌通常無人物出現，當然更無配備和道具。

屬物呈現解謎

❧ 幾何排列形貌

八杖的圖形變化比較少，感覺起來相差不大，都是整合與一致性很強，例如：

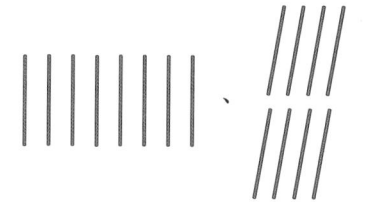

| | | | | | | | 、 / / / /

❧ 畫面融入安置

八杖排列在一起，會形成一大片，感到是整合起來的強大力量。整齊劃一的八根權杖方向一致，但卻不是乖乖陳列在地上，是從天而降，表示臨時而匆促，並且具有動態感。因此就組成了一個平面，也能表示力道集中運作。

兩者部分也能交錯如下圖所示，或運用如下 V 字成對的排列方式，可展現如下：

/ / / / \ \ \ \ 、 WWW

占卜訣竅提點

由權杖八可聯想到力量、速度或是飛行，除了動作就是形容詞，抓對了特點就會很好解析。只要和權杖七分清楚就好了，權杖七是被動之下然後採取的及時反應，權杖八卻是主動進擊的。

權杖九 Nine of Wands

牌序結構
權杖牌組第九張數字牌,權杖作用的極致階段。

元素衍化
火元素最高和極致的狀態。由於火力強大,導致並不容易控制,須謹慎操作處理。

正 堅毅保衛　　**逆** 全面倒戈

祕儀原理解析

⚜ 數序導向
九號牌原則與火元素權杖蘊意的組合,正面作用是充分的權力行使,能發揮極致的力量,行動成果良好。只是這種力量難以控制和整合,而負面的狀況則是遇到極大衝突和阻礙困難,遭受嚴重打擊。本祕儀主旨定義是正面和負面作用參半。

⚜ 主題定調
堅毅保衛:九根權杖也算是最高權能指標,所以此境地必須要有防禦保護。如此多的權杖,最好分配為各方勢力分頭抵禦,也很適合排成柵欄一道防衛。可能由於編制太大而不夠精簡,會顯出緊張過度和耗能的狀態。

⚜ 內涵探索
權杖九表示有潛伏的危機,包括暗處的敵人和難料的變動。而因應這些情勢,也採取了防禦和捍衛、藩籬和屏障等措施,代表必須盡力保有自身的權利、緊握住自己的職位、堅持既有的紀律和規範、守住最後的防線和舞台。

🔮 正位實占解釋
人際交誼:人際或職場上氣氛詭譎緊繃,感到隔絕、孤立、甚至敵意。周遭或許有小人環伺,隨時要保持防備、不可掉以輕心。

戀愛情緣:對於感情防衛心強,拒人於千里之外。對既有的關係控制慾強。

事務進行:事情進行不是很順利,有隱藏的危機,必須加以防禦且謹慎面對。

金錢物質:守住僅有的權益,目前所擁有的能保有。守護珍貴的物品。

牌義沿革解疑

❧ 來歷變遷

★歷來的解釋大致是遇到一個事態的變化，雖然有可能是難得的機運，但比較有可能是極大的危機，到時這個**外力威脅**可能會比〈權杖〉七還大，必須採取防禦措施。

★這張牌很多層面的涵義被保留了下來，正位置的解釋好壞兼具，並不是絕對的，偉特認為權杖九並不是一張好的牌，然而其中又包含著好的作用。偉特的正位意義有：**對立、抗衡、危機四伏、猛力突擊**，當然防禦和警覺性很嚴密，而回擊力也並不弱。

★正位置中的正面作用後來才愈來愈突顯，尤其是**防禦、保衛、堅毅的力量**等等，逐漸成為主軸。權杖九正逆位一向分明，或許也因為逆位置原本就是更為負面的意義。

❧ 正逆轉折

★自古演進以來，權杖九逆位總是承擔這張牌的負面意涵，諸如：**障礙，逆境，災難**等等，都是較有確定性且較為嚴重的結果。無論正位置意義如何，逆位置會具有更不好的意義。

★偉特認為權杖九的牌義為可能會遭遇到對手的攻擊，而逆位的情況似乎是指此時採取反擊則會破壞秩序，不然就是造成嚴重後果，然而若不行動又會被擊垮。也有可能是遇到其他的逆境或障礙，因而陷入**困頓**當中。

★相較來說，正位置不好的意義較少，而正位的意義也都可和逆位成組相對，這也是後期至今的牌義走向。

❧ 逆位思考

如今權杖九逆位以「逆位相反原則」推衍，根據正位置代表強勢對立的張力、潛藏著爆發的能量，由此逆位也可以認為是經歷爆發後的慘況，或者無可避免的衝突過後的結局。許多負面情況也有可能是能量不足、導致防禦力不夠而造成的，也可能是掌控力不足而難以控制局面，這種種情況都可以說是以「逆位削弱原則」的觀點做出的推論。

☆ 整合以上各項綜述，歸納出的逆位主旨結語為：「**全面倒戈**」。

☗ 逆位實占解釋

人際交誼：大勢已去，維持不住了。陣局潰堤、椿腳反噬，有可能受到背叛。
戀愛情緣：感情難以挽回、彼此翻臉不和，忍耐很久終於潰堤。
事務進行：進行途中被攔截、被撂倒，受到攻擊、入侵。
金錢物質：財務曝光，受到覬覦，金錢可能遭到剝奪。失去本金、血本無歸。

故事情節解說

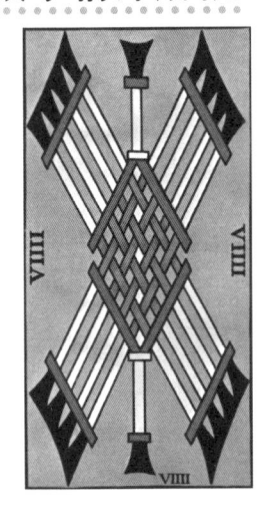

🔱 劇情演繹

本祕儀主題是「堅毅保衛」：這個涵義頗耐人尋味，需探究畫面中權杖的特殊作用。將權杖排列起來可以成為屏障，具有界線和保護隔絕的作用，更能實際發揮防禦力量。更講究來說，每一權杖都代表一個職務或崗位，如此共同組成嚴密的防禦工事。

主角手中握著的那根權杖，也可視為其中一個職務，同時代表了主角想要保護的東西，或許是自身的權位和利益。權杖的排列方式也有深意，有些畫面的柵欄有一空缺的位置，而這根脫隊的權杖正被主角緊握住。這說明了主角與團隊的關係特殊，防禦和堅守的立場複雜。

這個緊握第九根權杖的男人，他的神情是這張牌的重點，由此可以判斷出心態為何。有時是恐懼地保住既得利益，或者貪婪的占有，也可能只是防守他人的掠奪。許多牌的情節安排差異就在於此，所畫出的臉和目光朝哪一面，表情神色如何都是詮釋的空間。

甚至連全身的姿態，握杖或持杖的方式，都可能有生動變化。有些塔羅的權杖排列方式比較不同，也不一定握住一根權杖，可能是圍繞著主角或是在權杖陣列中迷失。

🔱 整體營造

這張牌的畫面很密，很少加入其他物件。只有主角的裝扮是要注意的重點，這表示他的地位和立場，以及性格與心境的表徵。像是頭上綁著白布條，即表示固執自限和緊繃的精神狀態。

主角站立的位置也值得注意，從地面的分界劃分加以觀察，說不定能分辨出不同的涵義。遠方景物可以表示整體所處的大局勢狀況。

屬物呈現解謎

🌸 幾何排列形貌

九根權杖，最平常的方式就是排成一列，讓人感到充滿畫面：

||||||||||

此外，一樣也可以安排突顯出特別的一根，同時呈現出並排多數和歧出獨一的意義，也藉以營造出對比。

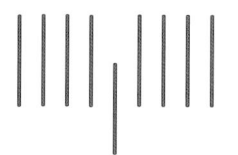

||||| |||

🌸 畫面融入安置

九杖，這數量極多的木棒，可直接排為一列，形成一道屏障，做為柵欄或籬笆，表示隔絕或保護的作用。況且 9 數通常需要強調力量整合，不能夠太凌亂，因此多半相連成列。

然而有時候，在整齊之中卻又獨立出一根權杖來，並且在排列中隱約能看出空缺的位置，這是特別設計的圖案，表示這根脫隊的權杖是特殊的，可能是賦予權柄或機會等等意義。而這根權杖握在前面主角的手上，暗示這是精心的選擇或者即時把握住的機會，也隱喻了緊抓不放的意味。

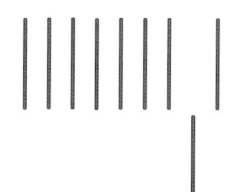

|||||||
　|

占卜訣竅提點

主旨搞清楚就好解釋應用了，一般雖知患得患失的心境，但定義卻不夠明確，而且別忽略了加上第二意義，也就是防禦和保衛，這是一直都存在、卻容易被學習者忽略的牌義。

權杖十 *Ten of Wands*

牌序結構
權杖牌組第十張數字牌,權杖作用的結束和新契機。

元素衍化
火元素的最終狀態。尾聲之後的餘響,整合之後融為一體再晉級,燃燒殆盡後,朝新的走向繼續薪傳下去。

正 重責大任　　**逆** 壓倒釋放

祕儀原理解析

⚜ 數序導向
十號牌原則與火元素權杖蘊意的組合,正面作用是一次解決所有問題,想讓事情或任務徹底完成。然而這是很難達到的,通常落得半途而廢,使自己面臨困難。更為負面的狀況是因為重擔負荷而累倒,本祕儀主旨定義導向負面作用意義。

⚜ 主題定調
重責大任:最多數量的權杖,其實並沒有帶來好處。權杖十由於加級和過度,造成重擔而讓人無法承受,反而成為艱鉅的責任。隨時間顯得愈來愈沉重,承擔起來卻不堪負荷,過程和結果都是難以有成。

⚜ 內涵探索
權杖十的意義是被壓得喘不過氣來,努力維持下去拚到底,雖然頗期待完成任務,但目前情況確實非常難熬。況且心中真正的熱情會消失,因為已經成了不得不的重擔而非興趣了,更有可能因太過沉重而難以招架。

☗ 正位實占解釋
人際交誼:負責盡職於身肩的重擔,無暇顧及情誼,且也不見支援的人。
戀愛情緣:感情受到施壓,迫於無奈負責任,感覺已經麻木。外界壓力大,致使無心於感情層面。
事務進行:事務繁多、而且壓力極大,進行得十分疲累,但效率並不佳。
金錢物質:難以獲得大錢財。扛著財務重擔。雖然勞碌但酬資微薄。

牌義沿革解疑

❦ 來歷變遷

★權杖十這張牌歷來有很多不同的解釋，像是很幸運的作用，尤其是財運上的獲利，誠懇與榮耀這類的牌義也曾出現過。但較差的狀況也有人運用，這些不太一致的狀況一開始就存在著。

★煉金術系統對權杖十這張牌的內涵詮釋，則是偏向負面的作用，尤其指隱含著極大的**危險性**。

★這些矛盾偉特都保持了下來，他認為這是一張有著許多涵意的牌，而許多的解釋是無法被協調的。不過他已經定調了，這張牌主要意義是**壓迫**，強調了其中的**責任**和**重擔**，縱使成功也有後遺症。

★偉特之後時期的正位牌義，則擷取其中的壓力，解釋愈來愈鎖定在**辛勞繁重**，逐漸過濾掉那些不相干的項目。

❦ 正逆轉折

★權杖十歷來至今的正逆位作用，都是兩者相差不大，逆位置的意義雖混雜，但原來就是以偏向負面的意義居多。

★偉特對這張牌的逆位置定義為：矛盾、困難、陰謀，以及與此類似或相關的事件，此時的內容已經比正位置還要有一致性。

★往後逆位置意義詮釋空間更大了，可能是**不支倒地**、也可能是**拋下重擔**，而這些解釋看來都像是正位置的一種解套，也就形成了逆位意義比正位意義稍好的趨向。

❦ 逆位思考

權杖十逆位置的發展方向多樣，有許多未知的空間可供推衍，有許多可能的狀況，好壞參半或不一定。總括來說，是已經放下了重擔，但也給人倒下去的感覺，可以是擺脫了負擔，也可以是被壓垮了。或許這些意義都比正位置稍好，但也沒有全然正面，縱使是正位的負擔意義的解套，也是由於負載超重而不支倒地。這個逆位推衍方式是整副牌少見的「逆位加重原則」，然而就情況而言其實也是「逆位超越原則」，雖然不算是絕佳的作用，至少也是一種解套或解脫。

☆整合以上各項綜述，歸納出的逆位主旨結語為：「**壓倒釋放**」。

❦ 逆位實占解釋

人際交誼：承受不住來自眾人的壓力，或者一蹶不振、或者就此攤牌、宣洩壓力。
戀愛情緣：放棄苦守堅持、拋開沉重負荷。得到喘息空檔、暫時紓緩。
事務進行：撐不下去、累倒、不再堅持。忍受不住，被壓垮倒地不支。人仰馬翻。
金錢物質：負擔不起、最後一根稻草、財務頻臨破產。揹債、負債受累。

故事情節解說

🔅 劇情演繹

　　本祕儀主題是「重責大任」：通常將十根權杖詮釋為重擔，而讓一位男人來承受。十根權杖綑成一束壓在身上，顯示了壓力極為沉重。不然就是一把抓起全部而彎身，表示權責或工作已經過量。每種畫法都有姿勢的差異，表現出勞碌和疲累的程度不一。

　　至於接受這些權杖的起因，牌中不一定有說明，可能是自願或迫不得已。也有可能是權力和利益因素使然，有些牌直接表明權杖十正處於位高權隆，因而需要有所省思和謹慎。

　　有些塔羅的情節，並不是主角本身去扛起權杖，而是受到外力壓迫，或被權杖打擊到身體，甚至已呈現跌倒的姿勢。少數的牌是主角面對十根權杖，卻都沒有承受甚至接觸，只是身居這些權杖的陣列之中。

　　這張牌也隱含了孤獨之感，只有孤軍奮戰才會勞累至此，並且勞碌與高位也造就孤獨。有些塔羅會特意強調孤獨感，十根權杖組成障礙，主角必須獨力撥開。可從而總結為含辛茹苦，而箇中辛酸無人知。

🔅 整體營造

　　屋舍常會在場景中出現，代表工作場地或家庭，總之是主角為之負起責任的地方。然而家是休息的地方，這時房子會安排在濃蔭之下。如果房子是工作場合，則代表這段路程的目的地。無論是工作或休息之處，主角與這座房屋的距離，也可以呈現出主角還要走多少路程，估計還要扛多久的重擔才能卸下。

　　有時候場景會有圍牆或柵欄在一旁，表示受限制和阻礙困難。而地面平坦或崎嶇也透露了主角行路無阻或更形艱難。

屬物呈現解謎

❦ 幾何排列形貌

十杖，無論怎樣排列，都容易給人有密佈的感覺，讓人透不過氣來。

簡單的排列成一列，或是兩列，都會有類似的感覺。如：

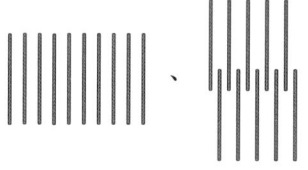

||||||||||| 、 |¦|¦|¦|¦|¦|

全部交錯也是常見的排列，如下所示：

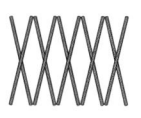

XXXXX

❦ 畫面融入安置

十杖的整體性很強，多半都將十合成為一，由於十表示全部象徵物整體的結合，所以捆成一束是最常見的方式，這樣也表示集中在一起，象徵全力以赴，像是下圖：

當然，整束權杖可以形成重力的感覺，表示承受壓力頗大，這個重擔如果過度就會支撐不住，會被壓垮而倒地。

占卜訣竅提點

十號牌有後續性，也包含之前的故事，因此特別需要交代前因和後續。權杖十是轉折大的十號牌，更需要注意銜接前後。可從提問中或牌局中歸納，勾勒出來龍去脈。

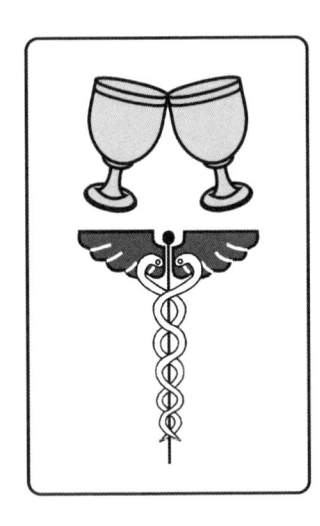

聖杯二 Two of Cups

牌序結構
聖杯牌組第二張數字牌，聖杯作用的初步交流。

元素衍化
水元素的舒暢流通，最美好和諧的作用，也是最浪漫的形式。

正 情愛結合　　**逆** 消退隔閡

祕儀原理解析

❧ 數序導向
二號牌原則與水元素聖杯蘊意的組合，正面意義是感情和關係的協調，進一步是雙方結合在一起。而負面的狀況是感情和關係的不和睦，彼此相處狀況不佳，甚至分開或離別。本祕儀主題和常態定義、正位置牌義，導向正面作用意義。

❧ 主題定調
情愛結合：這張牌的主題很簡單，就是人世間的情愛，但要注意的是跟大祕儀戀人牌、以及跟其他聖杯牌或有關戀愛的牌的差異。聖杯二可能算是最純正於戀情本身的一張牌，以內心的感覺為重，關係則為其次，至於與之牽涉的其他議題都較不相關。

❧ 內涵探索
聖杯二是單純的情愛，大祕儀的戀人是人生方向抉擇的重要關係。其他小牌的戀情都有受到某種環境的限定，然而聖杯二是沒有受到世俗壓力下而產生的戀情，純粹是互相的吸引力。當然，有很多針對各種層面的用法仍是比照戀人牌，獨特性是在於突顯戀愛層面的細微之處。

🔮 正位實占解釋
人際交誼：任何相互關係都是良好的，相處很和諧、也有好感。
戀愛情緣：問親密關係和愛情，都是美好幸福和熱烈。代表交往或戀愛追求成功。
事務進行：面對事情都感到很快樂，和諧愉悅，合作上很順利也會帶來好運。
金錢物質：財物交流保持禮尚往來。維持均衡和合理的收支。

牌義沿革解疑

❧ 來歷變遷

★ 聖杯二代表情愛的意味明顯，自古沒有更改，這等同於祕儀永久設定，歷來這個主軸沒有變過，只有其他周邊項目會有小差異。

★ 自古以來一向都是表示戀情的順暢和**甜蜜**，以及雙方**結合**的可能，這類的解釋讓聖杯二成了數字牌中**愛情**的代表牌。

★ 不同系統的像是煉金術學理也是相同涵義，偉特以降也幾乎不曾動搖，可說都很堅決鎖定於愛情。

★ 不過實際上可能並不止於此，這張牌應是一張大好之萬應牌，除了愛情以外其他方面也都能適用，所有人際關係和**合作**都是**和睦、協調**，此外在事業、**娛樂**、勞逸都相宜，名聲、金錢、名利兩雙收，各種人生要項都是成功的，這是古塔羅既有而偉特接收的牌義內涵。

❧ 正逆轉折

★ 原本聖杯二正逆位只是呈現方式稍有不同，好壞差異沒那麼大，甚至逆位反而更專門於愛意情慾。

★ 到了偉特開始才盡力做正逆位的區隔，雖然正逆位牌義都以感情為主軸，但有明確區分逆位是一種**激情**。

★ 後來正逆位的區別逐漸被重視，演變至今，就成了正面現象集中在正位置作用上，而逆位置則顯示了負面現象，不只限於戀愛或伴侶關係的**不和諧**或**分手**，在各項目正負面牌義的分別都是一致的。

❧ 逆位思考

聖杯二的逆位置顯示了相處上不能平等，各層面的交流有隔閡，熱情消退了，不能給予對方所想要的，也可以說是個人的慾望強於關係的維護。簡易來說，以「逆位相反原則」可以推衍出各式逆位的意義，在其他各種關係上，也是類似的不和睦的現象，比擬到合作方面相關事項，則為遭遇阻礙不順利。正位置還牽涉到人生要項的成功，那麼逆位置在這些方面就變得不夠成功了。

☆ 整合以上各項綜述，歸納出的逆位主旨結語為：「**消退隔閡**」。

⚜ 逆位實占解釋

人際交誼：關係不和睦，互相看不順眼，對立、誤解，嚴重的話是決裂。
戀愛情緣：愛情消退。彼此有隔閡，不合、分離、分手。或是戀愛追求不成功。
事務進行：合作不起來，難以配合，互相牴觸不協調。因心情差而影響事務。
金錢物質：合作不利，可能因為分配不均而反目、破局、或拆夥。

故事情節解說

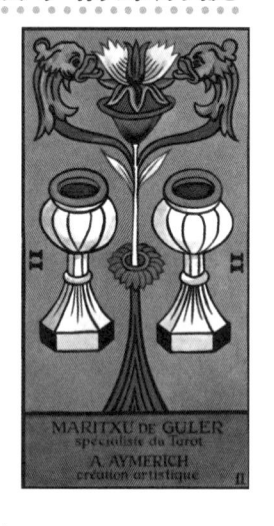

🔅 劇情演繹

本祕儀主題是「情愛結合」：這是非常明確的方向，因此不同塔羅中的畫面，並沒有變異太多的現象，幾乎很少有例外的。構圖意念大致都不脫離男女主角飲用交杯酒，也就是一對戀人的劇碼，看作者要怎樣詮釋和變化了。

通常杯子的位置是關切重點，兩杯之間的高低和距離都隱含著微妙的意義，代表親密程度以及相互地位。而兩位主角人物舉起酒杯的姿態，可看出彼此間的感情狀態和具體相處模式。

這張牌的特色，是與大祕儀的畫面情節很類似，並且多半也有守護在兩人背後的角色，做為見證者或警惕告誡者，是愛神或是天使，或者是兩人交融的意象呈現。當然，這只是保守一點的畫面，小倆口若是更為親密，通常也容不下後面的天使或見證者了。

有些塔羅的男女主角動作就很親熱，更為明顯地顯示出戀愛關係，甚至有的牌會有接吻等動作，感情更為熱烈。周遭環境與主角之間的調配也要注意，鏡頭和景物遠近多會配合雙方的親密度而有變化。

🔅 整體營造

通常背景中央上方都會出現如戀人牌般的見證者，然而比較不具人形，主要用以揭露雙方的內在關聯。只要相關於彼此交融陰陽結合的符號，都可以使用。雙蛇杖代表纏綿交流的能量，也有出現陰陽太極符號。獅子頭是煉金術的熱力物質，並且也能做為見證者的頭臉。如果是火紅色，就是熱情的象徵。

兩人所在的場合，與雙方的相處有關，空曠或隱密暗示著兩人親密程度。遠景小山丘和房子，表示未來兩人的戀愛的走向。

屬物呈現解謎

❦ 幾何排列形貌

一般大約可排列如下圖,這些排列都只有些微差異,上下排列的交流象徵,可以很明顯地看出。

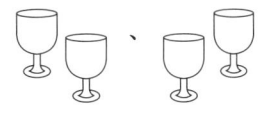

❦ 畫面融入安置

兩個杯子的圖形讓人想到應是並列在一起的,也容易感覺是表達彼此之間的相互關係,因而可以象徵結合和盟約。

兩個杯子的位置平列,表示平等對待互惠。如果杯子有高低差異,一個杯子將液體注入另一個杯子中,則表示關懷。總之,都是各種互相之間的關係。杯子特別能呈現動態感,可以展現互動狀態,這點下圖應該展露無遺:

可知,兩個杯子特別是雙方關係的象徵,因此牌義也大都一樣,少有脫離雙方情感交流的涵義,兩個杯子之間的距離,可表示關係親密程度,另外也可以利用杯子的傾斜角度,來顯示更為生動的相互對待方式。

占卜訣竅提點

聖杯二就是一張「小戀人」牌。簡單來說,當成和戀人牌一樣作用就好理解掌握了,先瞭解影響力稍弱於大牌的戀人牌即可,進一步學習的時候再去釐清兩張牌之間的更多差異。

聖杯三 Three of Cups

牌序結構
聖杯牌組第三張數字牌,聖杯作用的動態激盪。

元素衍化
水元素發揮力量和特性,是暢快清澈的感受,如流動的河川一般。

正 歡慶娛樂　　**逆** 放縱脫軌

祕儀原理解析

⚜ 數序導向
三號牌原則與水元素聖杯蘊意的組合,正面作用是情緒的愉悅,處在共享歡慶的場面,也有和樂的感情。由於是多人的關係,負面的狀況下則容易變質,成為互相牽制的情形,甚至在感情上變成複雜的狀況,第三者甚至會介入兩人關係中。本祕儀主旨和正位置牌義,導向正面作用意義。

⚜ 主題定調
歡慶娛樂:這張牌的意義看起來很好解釋,但實際運用上不是很容易。相關朋友方面的事項都是好的,屬於心胸開闊的情感,是友情和友誼的代表牌。相關於慶典的各方面,舉凡節慶、歡慶場合,節日、度假,各式娛樂嬉戲、歡欣鼓舞。另外跟豐收有關,物質面的充足是基礎點,以此才有能力享受歡慶和娛樂、愉悅地休閒和度假。

⚜ 內涵探索
聖杯三代表的快樂,是多人一起的眾樂樂,當然可以包括兩人的戀情和朋友之間相處的歡樂,然而仍有別於聖杯二專指雙方的關係限定在愛情的部分,聖杯三的情誼更多是友情。至於歡慶所需的娛樂,也可發揮到各種藝術、表演、演藝等領域的欣賞與從事;更別忘了特別賦予這張牌的療癒功能。

🔮 正位實占解釋
人際交誼:朋友關係良好而愉快,相處感到歡愉、快樂,共同娛樂、彼此分享。
戀愛情緣:由於鎖定的是友誼,有關愛情關係的詢問,代表對此沒有幫助。
事務進行:事情進行很愉悅,勞逸結合。狀況和成果都讓人感到滿意。
金錢物質:物質上很豐碩,財務方面收穫還不錯,也能充分享受。

牌義沿革解疑

❧ 來歷變遷

★聖杯三的許多意義都充滿正面愉快的情緒，擁有**豐富的情感**。在紙牌占卜術中意義較為混亂，大致是人際關係和決定的猶豫。

★而在古塔羅時期，會較明顯的傾向朋友之間的**歡樂**，而且仍然是萬應的好牌。

★偉特大都跟隨以往的牌義，正位置可以代表任何事項的完美、**滿意**、**實現**、成功，而開始拉開逆位的差距。偉特之後的正逆位占卜牌義，就更分明出正逆位的差異和正負面作用了。

★這張牌有個重要主旨意義，那就是「**療癒**」，在以往牌義演變中，曾經在正逆位的涵義中都出現過，偉特也採取過相關意義，並且後來分配於正位，因此現今多以聖杯三正位代表治療之相關意義。

❧ 正逆轉折

★原本聖杯三逆位置的意義雖然和正位置小有差別，但沒有很明顯的負面作用，有關於事務和行動方面，接受委任、結束與達成都屬於逆位。也有些特別的項目曾游移在正逆位意義之間，像是療癒。

★偉特的逆位置已經有過度而來的**放縱**意義，而對於關係之間的變化和**失序**方面也愈來愈被注重。也確立了更負面的涵義：**失去美好**的擁有，包括物質、情緒、記憶，或者是關係。

★偉特之後的正逆位占卜牌義，就分明出逆位是較為負面的意義了，早期事務和行動方面等較正面的涵義在這時期都不再提及了，取而代之的意義是失去曾經擁有的美好。

❧ 逆位思考

聖杯三在愛情方面正位本沒那麼純然的好，因為並不完全專注在兩人世界上，在逆位時就更為不妙，尤其直接占問愛情的時候，或許由於數字的涵義讓人覺得情況很弔詭，可能第三者相關的問題會浮現。其他方面包括過度享樂、放縱奢侈、不知感恩等意義。總之都是在平和當中出現狀況，這一切都符合使用「逆位不當原則」的推衍。

☆ 整合以上各項綜述，歸納出的逆位主旨結語為：「**放縱脫軌**」。

❧ 逆位實占解釋

人際交誼：朋友之間失去和諧，有可能產生一些紛爭而影響情誼。
戀愛情緣：問戀情則多半雙方不和睦，恐有第三者介入的可能。或許出軌。
事務進行：脫序、放縱，不依規矩，脫離計畫。嬉戲、沒有工作氣氛。勞逸不均。
金錢物質：沒有節制地濫用資源，遊玩娛樂嬉戲的花費過多。

故事情節解說

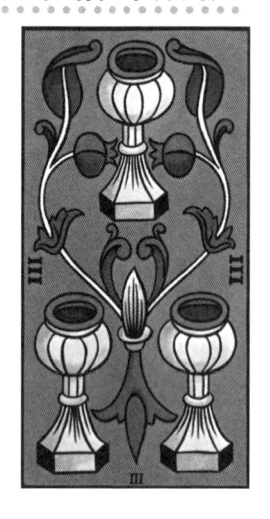

❧ 劇情演繹

本祕儀主題是「歡慶娛樂」：亦即歡欣鼓舞和慶祝，與娛樂和藝術也有關聯。主要畫面多描繪生活中遇到喜事而雀躍，眾人一起高舉杯子歡慶暢飲，多半還要表示出豐盛，受到賜予而歡欣感激。

三個女人共襄盛舉是本祕儀的特點，多會將西方三女神組的觀念融入，多為模擬其神色姿態的呈現。並由此表示女人之間及友人之間的情誼。而所表露的興高采烈情緒，多半只是一時的激昂和感動，是生活中必要的點綴而不是常態。

三個人之間的關係，是牌義變化的重點，不過只有些微的差異。極少見的變化牌種，會將主角更換為三個男性。有些塔羅只安排一位女性主角在畫面中，可說是女神三合一的意象，也表示一個人的喜樂情緒。

有的塔羅則只畫出異性的兩人，也表示情感的歡愉，有點像聖杯二，然而聖杯三擁有更多浪漫和周邊享受，而不是只描述在一起，聖杯二卻不能只放一位主角，必須成雙成對且男女均衡，由此可見此兩張牌的差別。

仍有少數塔羅會將三人行表現成小倆口之外的第三人介入，例如夫妻之外還有一個小孩。有些則是三人的聯歡外，另有他人加入。

❧ 整體營造

主角是三女性，地面上多會堆放著許多豐盛的果實，表示豐收和禮物、賞賜，也表示時值節慶或喜事、盛宴。通常都伴以有花葉的場景，展現田園或自然風光，花朵更隱喻女主角們的美善。

牌義與才藝相關，可以表現出藝術天分，尤其是動態的表演，主角們自身發揮之外，有些牌或許會有樂器等道具出現。

屬物呈現解謎

❧ 幾何排列形貌

若是平行排列，表示情誼交流：

然而，多半不會完全平行，至少會有上下參差的感覺。大多數的牌，三個杯子都是直接排列成三角形的，更象徵了藝術和美感：

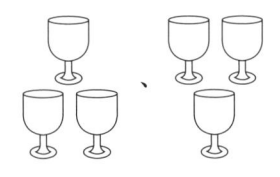

、

❧ 畫面融入安置

三個杯子，可當成是二加一組成，感覺是二結合後生出新的一個。三個杯子讓人感到眾人同樂共享，而不是小倆口的私情，是一種附增感情——友誼，並代表協調、分享以及歡樂情緒。

如果是平行排列，表示關係平等，不平行則表示有上下之分別，然而，這並沒有改變同樂的意義，因為重點是在於有數量為三的杯子，這就已經象徵了共同飲食的饗宴意味！

占卜訣竅提點

這裡的牌義變化或許讓人感到解讀起來會很複雜，其實思考上頗為單純，檢驗感情是否變質就是以正逆位判斷。當然也可以不採取此方法、忽略變質這回事，但祕儀主題和逆位主旨這兩個標題就是最正規的解釋，還是須從這裡下手。
另外，這張牌也是療癒之牌，以及小女神牌。

聖杯四 *Four of Cups*

牌序結構
聖杯牌組第四張數字牌,聖杯作用的平穩停滯。

元素衍化
水元素的靜止狀態,有如一灘死水,沒有波動、缺乏流通。

正 恬逸平靜　　**逆** 坐立不安

祕儀原理解析

⚜ 數序導向
　　四號牌原則與水元素聖杯蘊意的組合,正面作用是情感關係和情緒的平穩,但負面的狀況則會感到無聊沒趣,缺乏刺激,關係停滯而不再有進展。也可能因為追求安逸而有怠惰的態度。正負作用之間沒有明確分別,因而本祕儀的導向可以說是中性的。

⚜ 主題定調
　　恬逸平靜:聖杯在平靜中引動未來的變化,所以不是死氣沉沉的,而是恬淡安逸、平淡靜態。杯具裡面並不是完全平靜無料的,只是被蓋住了沒有被察覺。應該是屬於舒服的感覺在其中,因而也成為遐思。

⚜ 內涵探索
　　聖杯四的主要意義是代表陳舊而平淡無奇的生活,在感情世界裡覺得無趣和枯燥。這是指內在的情緒感受,關係目前都還是平穩的,但其中缺乏火花和刺激因素,心中不免期待新鮮的事物來臨,往內探索靜態、隱性的求道。

🔮 正位實占解釋
人際交誼:低調面對各種人際關係。覺得無趣、意興闌珊。
戀愛情緣:感情平淡,相處感到單調無趣,寂寞難耐。
事務進行:事業找不到新的方向和動力,事務進行讓人覺得平板無趣。
金錢物質:財務錯失良機,狀況停頓沒有進展,然而尚不虞匱乏。

牌義沿革解疑

⚜ 來歷變遷

★ 聖杯四的涵義有許多變化，正逆位置意義也不會差太多，不同時期的各式解釋，正逆位置的意義常是相互顛倒的。

★ 這張牌在較早時期以及神祕學、煉金術系統中，被認定的意義都是具有混雜性或矛盾的，大致像是代表愉悅卻又有苦惱、**煩悶**之意。

★ 偉特開始稍作整合，而後這張牌才習慣被認定為正位置偏負面，而逆位置轉向好的意義。偉特給予正位置的負面的情況，在於**無聊**、**厭倦**，或許這是源於**不滿足**的內心深處。

★ 這張牌後來逐漸定調為**情感的平淡**，然而也不代表很好或很壞，正逆兩種位置也沒有差距很大。

⚜ 正逆轉折

★ 而逆位置原本有好有壞，偉特卻賦予了許多正面的意義，又相較於正位的負面，後來也就如此對應的沿用下來。

★ 自偉特以來，逐漸形成正逆位對立，且逆位置偏向正面意義。以正位置無趣之意義為基礎，逆位則反轉成與新意相關的：**新鮮**、**有趣**、充滿**刺激**。不過並未擴大正逆位的好壞作用和感受上的差距，這點至今仍然不變。

★ 而後的解釋，逆位置跟許多四號牌一樣，具有重獲和彌補的意義，也代表各方面的除舊佈新、**重新尋獲喜悅**。

⚜ 逆位思考

逆位置的聖杯四，不再是平淡無趣的感受、停擺的生活。更不是對既有關係的厭倦，反而是重修舊好。更代表新的事物面臨或產生，包括新的人際關係，新的戀情，以及其他新點子、新興趣、新的生活方針。大致可以用「逆位相反原則」，然而因為正負面意義並不明顯強烈、正逆位本就差距不大，所以很多部分可以用「逆位超越原則」來推衍，縱使從正面意義中也可以導出有超越意涵的具體項目。

☆ 整合以上各項綜述，歸納出的逆位主旨結語為：「**坐立不安**」。

☗ 逆位實占解釋

人際交誼：潛伏很久終被挑動，耐不住寂寞，被拉抬出來、復出。
戀愛情緣：覺得感情生活有點趣味了，也可能是另外尋找刺激，春心盪漾。
事務進行：事況有了動靜，喚起了前進的意願，但也容易分心不務正事。
金錢物質：財務狀況終於有了起色，也能夠較寬裕地運用金錢。

故事情節解說

✦ 劇情演繹

本祕儀主題是「恬逸平靜」：要表現的是沉寂但平穩的情緒，並沒有不滿或者不悅，更稱不上憂鬱。雖然很可能覺得無聊平淡，但也有機會求得恬逸和領悟。許多畫面是一個男人孤獨沉寂地坐在樹下，像是在納涼歇息，但也有可能是在靜坐悟道。他像是正在沉思，或許心裡感到百無聊賴，或許正靜心感悟。

《偉特塔羅》的構圖將杯子安排得很特別，主角凝視三個杯子，而一個杯子從空中冒出，象徵心靈浮現的一個意象，或是一種渴望和幻想。有的牌是畫出天使捧來一個杯子，或是畫出已經接觸到或者收下這個杯子的畫面。

有的塔羅是四個杯子都同在現實面的安排，少數塔羅是四個都在夢幻之中。有的塔羅將情節稍做更動，描繪女人坐在庭院中小憩的夢境，或是延伸為沉思靜心或求道過程中所遭遇的的各種誘惑。

大多數情節都是一人為主，強調孤獨的特質，刻劃個人私密的想像世界，因此很少有更多人物出現的情形。不過，無人的畫面倒是有的，以四個杯子的描繪為重點，像是填滿各式物品或長出花朵，也是一種靜與美的孤寂。

✦ 整體營造

樹木是這張牌很重要的搭配，它是主角的依靠，也代表另一個聲音，甚至是主角的一個分身投射，而樹的樣貌和品種也有其象徵意義。

樹根地面高聳起來，讓主角的棲身處更為清爽明朗。主角的姿勢多為坐姿，並以神態表現出精神面和個人境界如何。雲中浮現杯子，表示幻想刺激，或是心中開始有夢。

屬物呈現解謎

❦ 幾何排列形貌

這樣的排列頗有逸思之意：

而縱使是極為整齊的排列方式，也有特殊意義，像下面這圖案是不是從中發現了「空洞」感覺？還是覺得蘊藏著無限可能呢？

❦ 畫面融入安置

四隻杯子，一般是平版的放置方式，象徵平穩的日常生活，或者是正式的、嚴肅的場合，不再是娛樂歡暢的日子。表達出沉寂、無趣、枯燥，心中不滿足，無奈地接受等意義。

四杯，也可以視為三加一的組成，這原是有別於一般的特殊設計，不過後來卻蔚為盛行，因為可以表現豐富意涵，這樣的排列顯示平板之外，內心卻若有所思，存有遐想而不完全是沉寂。

占卜訣竅提點

聖杯四算是有梗的一張牌，在規範牌義之時，已納入了預留變化的可能性，因而有一些些的懸疑成分在其中，可供設想未來各種不同的發展。而且儘管正逆位牌義有差異，都可以這樣運用。

聖杯五 *Five of Cups*

牌序結構
聖杯牌組第五張數字牌，聖杯作用中段的秩序調整。

元素衍化
水元素波動起伏不定，混亂了情緒，是一種漩渦。五激擾了四的死水狀態。

正 失落憂鬱　　逆 走出陰霾

祕儀原理解析

❧ 數序導向
　　五號牌原則與水元素聖杯蘊意的組合，正面作用是感情和關係的重整，和情緒的改變。但多半呈現的是負面的情況，諸如失望與失落感、不悅的情緒、對感情有抱怨、關係不夠協調極需要改善。所導向的祕儀主旨定義和正位置牌義，為負面作用意義。

❧ 主題定調
　　失落憂鬱：聖杯凌亂傾倒，衍申為失意無語，也就是心情不好、一種失落的感覺、悲從中來的情緒，包含憂傷、鬱悶、頹廢等一切負面情緒。這並不是受到激烈打擊，而是某種事與願違的失望感受。

❧ 內涵探索
　　聖杯五大約是代表失去和挫折，像是在愛情和婚姻方面、以及合夥或繼承方面，都可能出現不順心的情況。尤其是感情層面上，關係不和睦或破裂，甚至遭遇到背叛或不相等的對待，因而形成失望、沮喪，深深地影響到內心。

⚜ 正位實占解釋
人際交誼：人際關係不太好，友誼並不和睦，或者彼此相處不來。
戀愛情緣：戀情失望沮喪、失落失意、憂鬱悲傷，可能遭遇了分離吵架情況。
事務進行：受情緒干擾而影響到不同層面，漏掉了重要的訊息。
金錢物質：財物有所損失，漏財、金錢流失掉了，失去了心愛的東西。

牌義沿革解疑

⚜ 來歷變遷

★聖杯五的牌義一直很混亂，時而偏好、時而偏壞；有時一些項目正逆位意義都不錯，另外有些項目卻都很糟糕；也會有某些項目有好壞差異的狀況，但又不一定是在正位或逆位。

★這張牌在煉金術的元素涵義並不好，整張牌偏向於負面能量，這個觀點影響了往後時期，所以也多半被視為負面情緒和**感情困擾**的牌。

★偉特對這張牌的定義受到這兩種影響，接受煉金術系統的定位而認定是負面的牌，對於古典時期涉及人生各大領域項目的好作用，則改為雖然遇到好事但其中也不乏**缺憾**。

★偉特之後的時期，「**不符合期待**」逐漸成為重點，也有可能是受到《偉特塔羅》畫面的影響，都是偏向**失望**、**心情低落**的主旨。

⚜ 正逆轉折

★自古逆位置的意義牽涉也很廣，有些值得注意的項目，像是消息、親族、先祖等等，也強調開始或計畫已經是錯誤了，也有回歸或**回復關係**的說法。

★自偉特開始，聖杯五逆位意義就比正位好且強有力，例如：結盟、聯姻。更有代表性的論法是：代表事態不佳，但其中或許還殘留些好的情況，或者從此開始**好轉**。

★偉特之後的時期，正逆位意義愈加形成很大的差距，由於正位置是強烈的負面情緒和情況，而逆位置就轉而為偏好的結果。

⚜ 逆位思考

如今聖杯五逆位置，使用「逆位超越原則」推衍，表示從正位的沉痛中跳離、從憂鬱陰霾走向世界。逆位置表示會有好轉的跡象，原本正位置的負面情緒和狀況，都將會一掃而空。無論是情緒、關係、戀情，或是具體事務，都有機會復原或重新發展，具有失而復得、重逢重聚、或是復合之類的可能性，以及因此而帶來的喜悅。

☆ 整合以上各項綜述，歸納出的逆位主旨結語為：「**走出陰霾**」。

⚜ 逆位實占解釋

人際交誼：對友誼或人際交流失望，逐漸調整心情，能夠面對他人。
戀愛情緣：在對戀情失望過後，揮別過去，或者期待和對方重修舊好。
事務進行：無心工作但仍盡力撐下去，試圖讓自己走出陰霾。
金錢物質：痛定思痛之下，決心不得不整頓財務，或許仍然無奈地進行。

故事情節解說

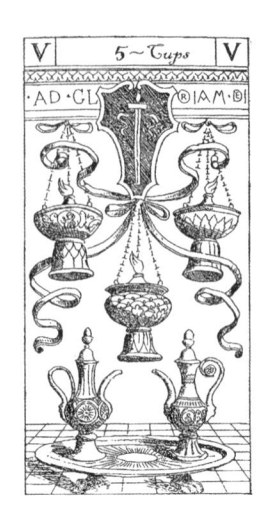

🔱 劇情演繹

　　本祕儀主題是「失落憂鬱」：畫面要傳達情緒的低落、不悅、以及悵然若失的感覺。一般從主角人物的姿勢和外表，就可以看得出心情的反映，他多是僵直地佇立，別過頭去低頭不語，並且全身穿著漆黑。

　　杯子的排列也耐人尋味，通常是三杯翻倒而背後的兩杯直立，但位置和主角方向也都能更動。有的塔羅五個杯子全都直立未倒，也有的是杯子全倒的狀況，有的牌的杯子甚至是存在幻境之中。

　　主角人物的動作多相差不大，然而面朝何方通常有不同的意向，可以用這些差異來評估憂鬱的狀況和程度。這些表現方法都是強調失意的結果，但引發的起因是什麼則需要深入推敲，留下很大的想像空間。

　　牌面盡量強調孤獨，單一主角在畫面中，會感到更為落寞，就像是一個人獨自喝著悶酒，無人傾訴。但也可安排後面有人安慰，然而主角仍難以消愁，表示他仍沉浸在心中的沮喪鬱悶中。

　　有些牌更為生動，在倒翻的杯中尋找殘存的餘溫。有些牌則畫出了兩人互相背對背的失和狀況，直接交代出不如意的原因是情感問題。

🔱 整體營造

　　場景多為人物站在岸邊，因此會出現河流、橋梁，甚至彼岸的景物。流水，是愁緒的表現，抽刀斷水水更流、悵望江頭江水聲的意象。橋梁，象徵回頭或離去的考量，也是溝通管道。

　　彼岸，暗喻未來的希望和走向；彼岸的城堡，是潛意識中嚮往的庇護所。

屬物呈現解謎

❦ 幾何排列形貌

很少是排成一列的五個杯子：

多有變化性甚至強調不整齊，至少會排成如下圖，是代表不滿意，缺憾的感覺：

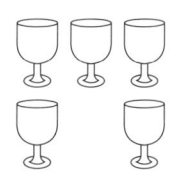

這個排法，則象徵交錯的各種情緒，不同層面的感受：

❦ 畫面融入安置

　　五個杯子，是很難完善放置的，通常不容易排列整齊。所以畫面中的五杯多趨向凌亂，也藉以顯示主角情緒混亂、甚至心思矛盾，因此無暇顧及杯子擺置，甚至故意弄亂翻倒。將杯子傾倒放置的狀況，也因此常見於聖杯五。

　　杯子翻倒可以延伸為，在杯子使用過度後，耗盡虛脫等精神萎靡不振的象徵，有如酒醉一般。

占卜訣竅提點

這張牌含有傷懷、憂鬱和悲痛的感覺，感情方面走向低潮。聖杯五與聖杯四兩張牌是有差異的，刺激度不一樣。聖杯四代表無趣，也是自己感受到對現況的嫌棄，而聖杯五是混亂不平靜，是遭遇到不利的實際狀況，並非只是自己的觀感或體驗。

聖杯六 *Six of Cups*

牌序結構
聖杯牌組第六張數字牌，聖杯作用的下半階段開張、輝煌美麗。

元素衍化
水元素最穩定而均衡的狀態，順暢律動、柔和溫馴而寧馨，是最美麗的形式。

正 溫馨愉悅　　**逆** 嫌隙裂痕

祕儀原理解析

⚜ 數序導向
六號牌原則與水元素聖杯蘊意的組合，正面作用是感情關係的和諧順暢，保持情緒的愉悅。負面的狀況則是沉溺在回憶中，或是耽誤在兩人相處的氣氛當中，忽略了更廣泛的層面。本祕儀主旨定義和正位置牌義，導向正面作用意義。

⚜ 主題定調
溫馨愉悅：聖杯排好好的，代表累積已久的良好感情、情誼深厚。固定不動的現象，就是塵封的往事、歷程，而這都是良好的心情和回憶。雖不是激烈澎湃的，熱烈激昂，然而卻是可以持續下去的溫馨感受。

⚜ 內涵探索
聖杯六是溫馨安寧的情境，當然包括各種感情的和諧。也延伸到照顧撫育，因此也關聯到小孩子和童年時光，純真的心境和青澀的戀情，更進一步聯結到過往回憶、往日情懷以及思鄉情緒。

🔯 正位實占解釋
人際交誼：人際關係良好，尤其是長久的情誼、溫馨的友情。
戀愛情緣：兩小無猜的戀情。喚起回憶，勾起美好的感受。
事務進行：事務進行算是順利，有時容易沉浸於過去，難以開拓新展望。
金錢物質：在金錢和物資上能夠分享，並且也不虞匱乏，只是沒有很大的進展。

牌義沿革解疑

⚜ 來歷變遷

★ 這張牌一向帶著溫和的涵義，由此發展出相關的感情和情緒狀態，與**小孩**、**童年**有關聯，也牽涉到**回憶**以及**過往光陰**。這樣的意義內涵到後來，就一直歷經各時期而保留下來。

★ 另一方面，關於「新」和「未來」的涵義，應該算是從偉特開始刻意闡發的，原本隱藏在正位置中，而後逆位置更明顯提到，並且與正位代表的過去相對照，過去和未來的關聯是相對性的，可以說這張牌跟時光很有關係。

★ 偉特調整了正逆位置的意義的差別，將較好的意義留給正位置，不過因為正位置涉及過去，有時候也會有陳舊、消逝或沉溺過去的評價，不是全然完美的意義。

★ 偉特之後的時期，發展的方向是，正位置本身先定義明確，例如代表過去、記憶、舊時光，許多意義是由此延伸的，而逆位置也跟著調整定位或據以推衍意義。

⚜ 正逆轉折

★ 偉特對聖杯六的設定是，稍差一點的作用就留給了逆位置，有些層面雖傾向負面，但由於牌旨溫和的前提，都不至於太激烈或糟糕。

★ 偉特的「新」意放在正位置不免混淆不清，而將新的概念和**未來**設定給逆位，以相對於正位的過往相關意涵，並持續推衍為向前看、**期待**、**新發展**。這個更為合理的方式，也在後來繼續採用。

★ 偉特之後的牌義也都有相同的設定，主旨牌義和正面意義都分派給正位置，逆位置的項目多是正位的相反或較負面的意義。

⚜ 逆位思考

聖杯六的逆位置，通常被視為正位置的相反作用。破壞了安全感以及和諧穩定的關係，也因而造成彼此的裂痕。當然這張牌的正逆位不單只是好壞意義的問題，因而逆位置並非「逆位負面原則」，而是真正的「逆位相反原則」，完全是正逆互異的相對性，例如正位的「過往」與逆位的「未來」、回憶與展望，還有陳舊與新鮮等對比。

☆ 整合以上各項綜述，歸納出的逆位主旨結語為：**「嫌隙裂痕」**。

🔯 逆位實占解釋

人際交誼：情誼自然淡掉逐漸疏離。喜新厭舊或出現裂痕嫌隙。成長歷程的淘汰。
戀愛情緣：感到不再美好純真，溫馨感受、往日情懷不再。對以往的情誼懷疑或有不安全感。遺忘過去，不再眷戀從前、回不去了。
事務進行：拋開過往雲煙向前看，更新、迎向未來。
金錢物質：財務上新的路線，除舊佈新，更新態度重來。

故事情節解說

劇情演繹

本祕儀主題是「溫馨愉悅」：需表達寧靜溫馨的情感，美好的點點滴滴回憶，也是純真的代名詞。那麼主角當然是孩童，通常至少有一對男孩和女孩，牌義可以聯結到與兒童相關的幼保、幼教以及童年，並推衍到從前的美好時光，以及過往的回憶。

有的塔羅著墨於回憶這一點，以泛黃或黑白的圖案表現出回憶中的畫面，甚至有年老與幼年的對比，可知這張牌與時光也很有關聯。

花園中的場景，令人感到溫馨，累積的感情應給人厚實的感覺，於是多會在聖杯中裝滿了泥土而生長出花朵。所有這些象徵都貼近於純真的感情，由小孩子之間的相處關係，看出所要表達的意境。多以孩童的遊戲表示真摯的情誼，也延伸為不及愛情的關係。

如果認定是小倆口的戀情，也是偏向於兩小無猜、青梅竹馬，較為溫馨而非激情。有的塔羅表達的是較為成熟的愛情，甚至是浪漫熱情，這樣也無不可。有的塔羅表達的是人物與大自然或動物之間的和諧關係，而這也與童稚純真的心有關。

整體營造

杯子內裝的實物是長期累積而成的，表示是實在而不是幻想或激情引發的。況且杯子是放置於城堡土地上的，表示真實境地，杯中內容都是真實的過往。開出花朵是目前的情感呈現，純潔而美麗的象徵。

聖杯六所在背景的安排，多位於城堡花園之深處，表示孩童受到安穩的照顧和保護，甚至還有守衛看護。

屬物呈現解謎

❧ 幾何排列形貌

無論是整齊的六個杯子，或是參差的排列，都隱含著六個聖杯的美感：

❧ 畫面融入安置

六的排列通常是有規律和美感的，而六個聖杯，更是可以說只能排列出美好的形狀。較一般的排列為：

其他的變化也都相差無幾，除非刻意弄亂，但既然能排出美麗的畫面，當然也不需要特別去變化了。

六個杯子的涵義很豐富，而通常不脫離漂亮美麗，也象徵著美好情緒以及融洽的關係等等。很多畫面會讓杯中裝滿，或讓花朵盛開，表示豐盛、滿足，也象徵著回憶。

占卜訣竅提點

聖杯六算是一張模稜兩可的感情牌，原本就是代表純情，然而卻反過來會成為曖昧牌。可以是友誼、也可以是愛情，端看占卜者怎麼詢問。和聖杯二最大的差異，就在於一個屬於成人世界，而這張牌則是代表純真的童心。

聖杯七 *Seven of Cups*

牌序結構
聖杯牌組的第七張數字牌，聖杯作用的另類道路。

元素衍化
水元素的特殊形式，可以比擬為一種噴泉，具有虛幻的美麗形式和光澤。

正 夢幻想像　　**逆** 幻滅清醒

祕儀原理解析

❧ 數序導向
　　七號牌原則與水元素聖杯蘊意的組合，正面作用是感情的新進展和增添情趣。但通常會出現負面的狀況，就是過度的思緒和想像，編織出很多虛幻的情境，混淆了現實感。所導向的祕儀主旨定義和正位置牌義，採取沉浸於想像中的詮釋。

❧ 主題定調
　　夢幻想像：聖杯浮在空中，其實也就是想像的情境，有如飄在空中虛幻世界。聖杯七代表做白日夢，沉浸在幻想之中；然而繽紛絢麗的想像世界，也是屬於自己的精采，縱使虛幻而不切實際、脫離了現實層面。

❧ 內涵探索
　　聖杯七代表模糊不清的幻境，許多慾念和想像，七情六欲蠢蠢而出，甚至計畫或行動也都是不切實際的。縱使看起來很具體的擁有或成功，其實卻是虛假而短暫的，如夢幻泡影一般。優點應該是想像豐富、創意十足，觀想能力也很強。

♤ 正位實占解釋
人際交誼：人際之間的關係多半是虛幻的，自己所編織想像出來的。胡思亂想。
戀愛情緣：單戀、一廂情願。不切實際的單相思、過於虛幻的愛意。美夢、綺想。
事務進行：事情並非想像的那樣，沉浸在虛構的情境之中，搞不清楚實際狀況。
金錢物質：沒有實質的收穫，無用的理財計畫，貪念慾求但無法獲得。

牌義沿革解疑

❧ 來歷變遷

★這張牌是一張不穩定的牌,所以意義也會時常飄移,原本多包涵著選擇和決定的意味,但後來被省略掉了。多半正逆位置的意義會有所差距,在許多層面上,逆位置還會偏向好的作用。

★偉特釐清正位置的**想像**是屬於**虛幻**、於實際無補的,而對於決心和行動已經從正位往逆位偏移,以符合正逆互異。有意識地設定正逆位置為相反作用,一個是虛幻想像、而另一個偏向實際。

★偉特之後的時期,定義為**幻想、白日夢、虛構的戀情**、短暫的成功。此時更加明確分辨正位和逆位的作用,正位著重在想像的精神次元,逆位才是著重在具體的現實世界。

❧ 正逆轉折

★自古以來逆位意義也是一直紛亂著,原本逆位好像就比較強勁,是一種達成或實現的力量,並且也開始相對於正位置的意義。

★偉特的逆位置定義,是由正位置的不切實際轉換為逆位置的回歸人世間,像是明朗和清楚、具體和實際這一類的意義。總之都會比正位具體些,無論具體程度如何,像是計畫、意圖,都比純粹想像稍微實際些,至於**決斷**與**執行**則有別於正位的耽溺和沉浸。

★偉特之後的時期,愈來愈明確地認定聖杯七正逆位的相反差異,正位置停留在虛幻和想像世界當中,而逆位置是相反地**走回現實**面,尤其是想像的**落實**成為重點,類似的涵義如:**具體化**、顯化等等。

❧ 逆位思考

如今對聖杯七逆位置的解讀,都表示比較重視實際,從虛幻中清醒過來了,走向現實面中,這是採取「逆位相反原則」來推衍的,由於是回到現實而比較不能說是「超越」。逆位在態度上,是務實而果決明快的,不會拖泥帶水或不清晰,甚至可以說清明而具有智慧。亦代表無用的慾望和想像轉化成為意志力,能夠有真正的獲得或達成。

☆ 整合以上各項綜述,歸納出的逆位主旨結語為:「**幻滅清醒**」。

⚱ 逆位實占解釋

人際交誼:發現真相,使人驚覺、錯愕的情況,從沉溺中清醒。
戀愛情緣:措手不及的接受殘酷的事實,不再被迷惑了,從美夢中清醒過來。
事務進行:搞清楚當前狀況,撥開迷霧重圍,面對現實、看清方向。
金錢物質:面對現實問題,不再做白日夢、發財夢。開始願意腳踏實地。

故事情節解說

劇情演繹

本祕儀主題是「夢幻想像」：畫面要呈現出想像中的精神的世界，因此大都將七個杯子畫在雲霧裡，表示這是虛幻之物。並多會讓每個杯子裝不同的物件，具體表示內心所想要的是什麼。

杯中物是為了進一步詳細描繪所幻想的範圍及慾望的種類，然而也可填入不同顏色的液體，甚至不一定要盛裝東西，只要讓杯子浮在雲端或空中，就表明了這是幻象。杯子也可被雲霧遮擋，或是區隔出界限，不一定要在上方浮著。

主角人物背對著畫面，面朝浮杯的幻想世界，他的動作是對著幻境的反應，彼此要有所互動。主角的面目多半是模糊的，背影看起來都是男性，強調女性為主的情節應有其他特殊意念。也由於重點在於杯子的刻劃，甚至可以不用出現人物。

從杯中看到幻象的呈現方式，也具有多變性，像是在鏡子中或水盆、水晶等各種靈視方法中浮現。有的還描述主角被幻象擊倒，甚至以延伸出的「誘惑」之意來構思。有些塔羅牌，會稍微加強現實感覺和行動意志，以強調理想落實，畫成編織嚮往藍圖，而不純然是空想幻覺。

整體營造

雲霧表示幻境，象徵心中的想像投射，也因而杯中裝什麼都被視為虛幻。想像內容豐富與否，也可以從杯中物看出。主角的呈現衣著裝扮，也是黑暗詭異，以增添幻覺感受。除主角與雲內杯子之外，即無其他道具物件。

整體情境著重於沉浸在不切實際的狀態中、或者陶醉於心靈世界的描繪，要看創作者抱持的理念與如何經營。

屬物呈現解謎

❦ 幾何排列形貌

　　七個杯子的排列，通常會兼具變化和具有整體感的形狀，最常見的是如下二圖，這兩種排列方式都是七的象徵，有如星體七曜，或是七芒星圖案，是種理想的編織。

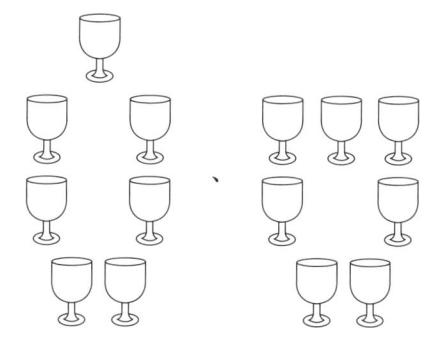

❦ 畫面融入安置

　　七個杯子，或許比六杯的美好更甚，因為又增添了一個，然而這樣一來就略為脫離現實了。七杯的排列位置雖多不整齊，但方向一致，能夠錯落有致。這些圖式表示理想性，多象徵遐思、遐想，以及幻想、幻境，而在現實面上卻是難成或者破滅。

占卜訣竅提點

這張牌其實並不含糊，究竟是虛幻還是真實，可以分得很清楚，只不過虛幻與真實之間，連占卜師也很難以評斷孰優孰劣；優缺點應該因人而異，回到現實和沉浸想像世界，都是無可厚非的。

聖杯八 *Eight of Cups*

牌序結構
聖杯牌組第八張數字牌，聖杯作用的承先啟後。

元素衍化
水元素的澎湃狀況，也像是瀑布般，朝固定的方向大量傾洩。

正 追尋離棄　　**逆** 徘徊反顧

祕儀原理解析

⚜ 數序導向
八號牌原則與水元素聖杯蘊意的組合，正面作用是在感情和情緒層面上想要有一個整體的轉變，但是常形成負面的狀況，就是會放棄和割捨一段感情，不然就是膠著在目前關係中，不知如何取捨。本祕儀主旨定義和正位置牌義，表面看似負面而深意中有其正面性。

⚜ 主題定調
追尋離棄：聖杯八的主題顯得比較複雜，可能是追尋、也可能是離棄，這必須能夠拿捏得當。兩種走向都囊括於主旨中，其實是因為在深入層面上有所相關，追尋和離棄兩者並存表面上是矛盾，但這並非模糊混淆，追尋提昇總需要有所割捨與放棄。

⚜ 內涵探索
聖杯八主旨如今走向更為單純化的解釋，表示對既有的情況，採取一種退縮、羞怯的情緒和態度，也是朝向另一個新的未知方向的意味。因而多導向放棄原本的初衷，不再抱持希望，甚至揚棄可行的機會。

🔺 正位實占解釋
人際交誼：對關係不夠滿意，因此想要放棄，或者另謀發展。
戀愛情緣：意欲放棄目前的戀情，想要完成自我，或者決意另尋新的伴侶。
事務進行：事務進行不順，沒有完成就半途而廢，重新來過，另尋出路。
金錢物質：目前沒有得到，必須繼續追求和等待，或許會割捨放棄。

牌義沿革解疑

❦ 來歷變遷

★聖杯八的牌義其實莫衷一是。在紙牌占卜的正逆位意義沒有相差很多，而牌義內容跟後來的也不太一樣，有許多論法是有關戀情、豔遇和婚配的。

★煉金術神祕學系統、克勞利、偉特的看法都不一致，有許多層面混雜在其中。

★偉特自己也提到《偉特塔羅》的聖杯八在畫面表達的意涵之外，也有更多可能矛盾的牌義。而他強調的層面是：情緒的沮喪低落、**放棄幸福**、**冒險進取**，也有歡樂、溫馨以及羞怯、謙遜的特質。

★偉特之後時期的牌義變化，多半都有保留這些項目，然而整個牌旨愈後來愈走向心靈解讀的層面，更直接地詮釋《偉特塔羅》畫面為求道的探索，牌義也就多與此相關：**缺憾、探索、割捨、追求更高目標**。

❦ 正逆轉折

★逆位置最開頭的意義還真不錯，從古老的完滿如意，到後來就逐漸複雜難明了。

★偉特對逆位的定義為：美妙歡愉、幸福盛宴，有的和正位牌義也很接近，跟隨著正位置而混亂。

★偉特之後的逆位牌義，是根據偉特的傳統，並且有更多的正面意義：**不放棄**原有的堅持，**繼續努力**以達到成功。直到後來正位置才偏向放棄、以及其他傾向於負面的牌義，而逆位置也從而定向為較佳的意義。

★由於心靈導向的觀點，原本負面的意義受到肯定，例如視正位的割捨有斷捨離精神；有些逆位意義像**決心不夠**也就成了差評。這張牌的正負作用本就有其深意。

❦ 逆位思考

聖杯八逆位置的意義以「逆位相反原則」推衍，恰能解釋歷來各種逆位牌義的緣由，正位較為負面的意義在逆位轉好，像是「放棄」就轉而為努力不懈，正位代表的失意的情緒，變成激昂或興高采烈、甚至是歡慶盛宴。這個慶賀暗示找到了喜悅美好和幸福快樂的契機或道路，這過程好似是一種補完，也是正位意義缺憾的相反。如果使用「逆位削弱原則」，則可推出難以割捨、重新回頭，決心不夠徹底之類的意義。

☆整合以上各項綜述，歸納出的逆位主旨結語為：「**徘徊反顧**」。

❦ 逆位實占解釋

人際交誼：應付心態的交際，不好意思拒絕他人。受到一些狀況導致內心拉鋸。
戀愛情緣：感情若即若離，或要離不離拉拉扯扯，關係糾纏不清，難以割捨緣份。
事務進行：行進躊躇、來回反覆，沒有立定方向和決心。
金錢物質：對支出或進財都下不了手，平白錯失良機，因而可能損失。

故事情節解說

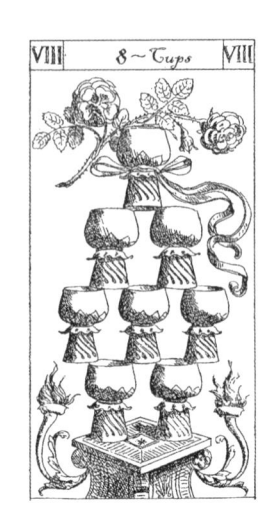

❧ 劇情演繹

本祕儀主題是「追尋離棄」：內涵較為多元而不易捉摸，所以畫面情節的變化也很多。通常會見到留下背影的主角，他似乎捨棄了眼前代表情感的聖杯，轉身離去，朝遠方的未知前行。我們不知他的心中，究竟渴望停留還是渴望離開。

畫面中的杯子如何擺放，可以看出原本所處的情境，完好的放置暗示感情狀態是完整的。偉特系的杯子排列呈現出一個空缺，暗示有不為人知的缺憾需要填補和追尋，來自於心中完美或更高境界的追求，或者是另有其他的目標。

有的塔羅會畫成杯子被打翻，情緒顯得比較激憤，也有鬱悶默默喝酒的情況，稍類似於聖杯五，這都表示對原本的關係感到受挫。

畫面中的流浪者多為男性，為追尋自身理想而出發。以女性為主角的牌義，代表覺醒的意識，並且心情更為細膩。同樣是想離開，卻可以刻劃成躊躇思量或依依不捨。

有的塔羅畫面是出發後的歷程，甚至到達目的地的心境。當然也有塔羅描繪主角手捧聖杯，強調求道的氣氛和心境。少數的塔羅會直接並明確地畫出兩人別離的場面，尋求更高境界的意味則較薄弱。然而兩人的情節也可表現得比較和諧，男女主角共望著遠景思索著未來。

❧ 整體營造

許多主角都手握梧杖，表示攜帶著自身的原則宗旨，以及既有的本領；從他身上的穿著可以看出嚮往的目標，多是體現求道的精神，不由聯想到與隱士的相似。

水流與路徑，是未來的方向寫照，地勢崎嶇路途蜿蜒，未來道路艱辛並不好走，到達目標或尋得真理、獲得真愛，並不是容易的事。

遠方景緻是黑暗，月亮掛在夜空，隱喻在未知中摸索而目標明確。如身在建築內，象徵與外隔絕和出發的困難度。一條向前指引的路是很重要的，也可以轉化為其他表現方式。夜空的月和水域旁蜿蜒的路，這畫法明顯地聯結於月亮牌。

屬物呈現解謎

幾何排列形貌

整齊疊起八個杯子,表示豐富而無變化如下左圖,或者類似右邊這樣的形狀。

畫面融入安置

八杯很容易排列整齊而一體,表示情緒穩定,以及心境平和。只是這樣的排列易流於刻板,因此會尋求一些變化,像是下面這兩種特殊排列,是經過設計的留心安排,而不是隨意或混亂的放置,暗示這是用心感受之後的結果。

這樣的排列圖式,表達出八杯或許讓人感到無趣,但也僅止於有形或物質的停滯,然而心靈卻能夠遠離或超越!聖杯八夾雜著沉寂落寞與欣喜繽紛的兩種情緒方向,透過精心設計而能同時蘊含。

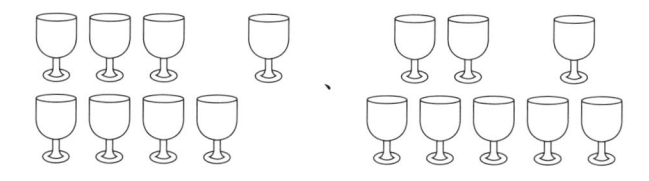

占卜訣竅提點

聖杯八跟寶劍二有類似的情況,各種不同的塔羅給這張牌的涵義可能有些微差異,但都可依據「祕儀主題」中的幾種走向來設定,甚至顧及畫面圖案作用,照此學習和使用便能清楚明瞭。此外,由於主角形象很接近大祕儀的隱士,內在特質和願望目標也都一致,因此這張牌也可暱稱為「小隱士」牌。

聖杯九 *Nine of Cups*

牌序結構
聖杯牌組第九張數字牌,聖杯作用的的極致階段。

元素衍化
水元素最滿足漲潮的狀態,洋溢著水的柔和美麗。

正 得意享受　　**逆** 膨脹昏頭

祕儀原理解析

❧ 數序導向
　　九號牌原則與水元素聖杯蘊意的組合,正面作用是情緒的滿足、生活的充實、以及感情關係的平和。然而負面的狀況則是情感失意、關係受挫,情緒感到低落、不安全、和不滿足。本祕儀主題、常態定義和正位置牌義,導向正面作用意義。

❧ 主題定調
　　得意享受:處於志得意滿的狀態下,因為對於現狀欣喜愉悅,已經達到某種程度,適足以享受完美的整體感受。過去的想望都已如願以償、圓滿成功達陣,正值得意須盡歡之時。對於未來也仍滿懷希望,不變的是夢想成真的保證。

❧ 內涵探索
　　聖杯九表示完滿的感受、美好的感覺和情緒,並且是基於現實面的,而不是空泛的純精神愉悅,所以物質生活方面也是安康滿足。能夠達成與獲得,也意味得以盡情享受這一切,充滿歡樂和愉快的氣氛。

⚜ 正位實占解釋
人際交誼:皆大歡喜的局面,獨樂樂或眾樂樂的饗宴,人際互動暢快。
戀愛情緣:感情上相處興高采烈,達到想要的進展。
事務進行:事務進行順利和諧,並且能夠輕鬆安逸的運作,對此自信滿滿。
金錢物質:能夠獲取很多利益,財務豐收大好,物質享受不缺。

牌義沿革解疑

❦ 來歷變遷

★古代對聖杯九有很特別的看待，早期代表占卜本身、或者占卜所指事務的達成，在功能上很類似特效指定牌。

★聖杯九這張牌一直都是滿意充足的象徵，不過也隱含了許多繁雜的意義在其中，包括心靈精神感動或**心願達成**的意義。

★偉特為了將聖杯九的牌義與聖杯十區隔，設定為囊括物質上的滿足快樂，但對這張牌涵蓋多種涵義也沒有統一。不過這時候大部分的意義都是好的居多，除了**自信滿滿**，還包含**和睦**與**滿足**，更不乏優勢和**勝利**、**成功**。

★偉特之後的牌義，也就一直沒有更動這種趨向，維持差不多的意思，不過古代的牌義也有人使用。這時期主要是逆位的涵義有了改變。

❦ 正逆轉折

★最早對於聖杯九逆位的設定，原本就是和正位相差無幾，都有很正面的意義，隨著時代逐漸和正位意義的差距越來越大。

★偉特則做出特殊設定，降低逆位意義的優勢，並點出有不夠完美和**瑕疵**之意，雖然其中有良好意義在，但因力度不足而不夠穩定，有點「逆位削弱原則」之意。

★從偉特之後，聖杯九逆位置朝向於負面意義演變，以分辨與正位置的差異，甚至有些項目，正逆位的差距頗大。

★時至今日，聖杯九逆位置可直接設定為正位置的反面意義，如**不完美**、**未達成**之類的涵義。

❦ 逆位思考

聖杯九逆位置，是所有正位置的情況的逆轉，直接以「逆位相反原則」即可推衍出。逆位置就代表事情不完滿、一切的失當和錯誤、以及各種損失，是情緒的失落、低調沉悶的日子、和種種不對勁的感覺。關係上面臨著不和諧，個人行為上過度放縱或不當的自由，也表示失去可靠和穩定。由於正逆差距頗大，也可用「逆位負面原則」一律往負面意義推衍逆位牌義；甚至可以使用「逆位過度原則」來解釋自信過頭的吹噓作風。

☆ 整合以上各項綜述，歸納出的逆位主旨結語為：「**膨脹昏頭**」。

⬥ 逆位實占解釋

人際交誼：過度吹噓膨脹、樂觀過頭、打壞關係。不願分享、寧可獨樂樂。
戀愛情緣：過度自信吹噓，忽略對方感受，終究惹人嫌棄。
事務進行：因為錯誤評估、過度樂觀、看不清真相，終而導致失敗。
金錢物質：奢侈生活、浮華作風。嚴重的狀況甚至可能坐吃山空。

故事情節解說

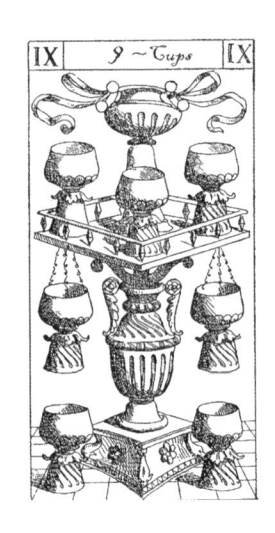

🔸 劇情演繹

本祕儀主題是「得意享受」：旨在形容個人志得意滿的情緒，幾乎多以單一人物出現。主角獨自坐，享受快樂欣喜片刻，這是人生的美滿自信的境界。也代表心想事成，願望達到的無比喜悅。

多半塔羅是描繪男性的歡樂以及志得意滿，給人驕傲得意的感覺。但這樣有時候看起來卻會引起反感，因此也有很多牌是以女性做為主角。

女性主角可以表現出比較細緻的情懷以及深刻的感動，除此之外還能帶出另一重要主題——心想事成。這張祕儀也有做為心願牌的傳統，女人對於心願達成的感受和情感寄託的態度，是較為貼切的。

尤其是讓杯子浮在雲端，配合女性的夢幻心境。女主角的畫面通常比較靜態或偏重內心戲，為了避免流於平板，也有較為動態的變化畫法：讓女子隨喜悅的心起舞，杯子圍繞於四周。

仍有少數的牌是描繪兩人親熱的畫面，表現雙方融合成一體的喜悅。也有的塔羅描繪女人和小孩的互動，也是一種內心的幸福喜悅與滿足。

🔸 整體營造

佈景是什麼即表示目前處境和遭遇，以及透露出為什麼感到滿足。帳棚表示一時的舒適與收穫。生活狀況也可由主角與杯的關係透露出，而聖杯的擺設位置表示其得意之處、或者呈現內心的目標。

主角的位置和動作姿勢，代表著內心的細微狀況，雙手抱胸或昂首抬臂都是不同的肢體語言。多半會有椅子，給主角人物坐著，這樣會顯得比較安穩舒適，才能泰然自若。

屬物呈現解謎

幾何排列形貌

九個杯子，通常都會有將畫面整個填充的感覺。當然，九個杯子也可以排成一列：

或者是如下二個圖交錯相疊，一樣都很有氣勢。

畫面融入安置

九杯已是極多的杯子，可以象徵一種滿足。由於九數需要強調力量整合，且不能顯出凌亂，因此合起來圍成圓拱狀排列。

九杯高舉或置放高處，這樣陳列出來，除了表示儲存起來慢慢享用，以及心中的滿足感之外，更有著向大眾展示或炫耀的意味。情緒高昂的極多杯子，呈現透露出極為滿意的內在。

占卜訣竅提點

這張牌其實精神物質兩相宜，尤其切勿認為互相有所牴觸。而最重要的特色就是，這張聖杯牌比較自我，無論主角性別是男還是女，所以重點不在於描述共通的情感和交流，而是在於形容個人的內心感受，多半是自我情緒高昂、感覺良好。

聖杯十 Ten of Cups

牌序結構
聖杯牌組第十張數字牌，聖杯在極致階段後的餘緒和新脈絡。

元素衍化
水元素滿足充溢，並且將繼續蔓延下去，源源不絕的狀態如汪洋大海。

正 幸福美滿　　**逆** 低潮落差

祕儀原理解析

⚜ 數序導向
十號牌原則與水元素聖杯蘊意的組合，正面作用是感情面非常完滿，徹底完成人生的各種關係，並更進一步綿延下去。負面的狀況則是，遭遇不和諧和情緒的低潮阻塞。本祕儀主旨定義和正位置牌義，採取正面作用意義。

⚜ 主題定調
幸福美滿：聖杯十是整體的情感層面，代表最幸福美滿的生活，情感方面最完善極致的階級。要強調周全完滿的感情和充足的愛，並且有許多好運和幸運，有如美麗的彩虹更帶來希望，應該也不乏浪漫情懷。

⚜ 內涵探索
聖杯十很明顯地是幸福和美滿的涵義，個人的情緒和精神層面上都很圓滿，各種情感關係也都和諧美好，可以擴及到各個層面。這張牌很著重家庭關係，是全家和樂融融的象徵，無論是伴侶、家人、親子手足，都充滿了親情而有愛。

⚜ 正位實占解釋
人際交誼：所有的關係都感情不錯，尤其家庭更是美滿和樂、親子互動良好。
戀愛情緣：鎖定專問戀情，則是圓熟之愛，並且親密如家人般美好。
事務進行：事情都能順利進行和完成，並能夠受到讚揚和肯定。
金錢物質：物質上的收穫不見得很多，但能夠讓你感到值得和滿足。

牌義沿革解疑

❧ 來歷變遷

★聖杯十從古至今一直都是極為**好運**的一張牌，集合了各個層面的正面狀況，並且影響力很強，且已經視**婚姻**為重點了。

★唯有煉金術系統，在牌義上有些小小的差異，由於認為元素配置沒有絕佳，隱藏著某種奇怪行徑的可能性，因為這個緣故也就沒有大為盛讚這張牌。

★偉特完全承襲古塔羅的詮釋內容，似乎不受煉金術神祕學的影響，認定正位置意義為：**完滿，心滿意足，完熟的愛**。特殊用法是代表一群人、團體、或群落。

★後期的演變不太更動這些既有的設定，牌的主旨和正位置既然沒有疑義，那麼逆位置的作用演變如何，就是探討的重點了。因為主旨牌義實在太好了，那麼逆位置的涵義也會很極端。

❧ 正逆轉折

★從最早時期，聖杯十的牌義在逆位方面就包括爭吵、以及悲傷等負面情緒，而且已經開始強調程度激烈了。

★由於聖杯十的正位意義非常優異，此時逆位卻形成了不同方向的選擇：究竟是跟隨正位意義轉為弱化不足而稍微遜色，還是徹底相反成為極端負面的作用？

★偉特其實還是受到煉金術系統的影響，認為這張牌的問題是一種隱患，把可能的缺失歸到逆位時的呈現。

★後來的時期，聖杯十因應正逆位區隔的趨勢，逆位的設定朝向和正位相反的意義，並且負面作用的程度愈發嚴重：代表家庭問題和負面情緒，發生**爭執**或關係不和睦，心中有**不美滿**、**不幸福**的感覺，甚至以**暴躁**、**盛怒**之類的情緒相向。

❧ 逆位思考

在家庭關係上，出現了一些問題和狀況，成員之間有紛爭或意見不合。生活方面流於瑣碎和繁雜無章，缺乏照應和整頓，內心的情緒也需要平撫。家庭以外的各種人際關係，友誼和愛情方面，也都是不和諧的。看來都是正位置的相反，而且一律趨於負面，這情況也表示聖杯十以「逆位相反原則」和「逆位負面原則」推衍的結果幾乎等同，而那些偏激的負面作用，端以「逆位削弱原則」是推不出來的。

☆整合以上各項綜述，歸納出的逆位主旨結語為：「**低潮落差**」。

❧ 逆位實占解釋

人際交誼：成員之間互相不和諧，感到待不下而各自散去。
戀愛情緣：彼此之間吵架、仇視、極度憤怒、翻臉、惡臉相向。
事務進行：散亂不協調，難以進行。因一些感情限制使得發展困難。
金錢物質：錢的問題頗為嚴重，違反理財規則或失去章法，因而導致虧空。

故事情節解說

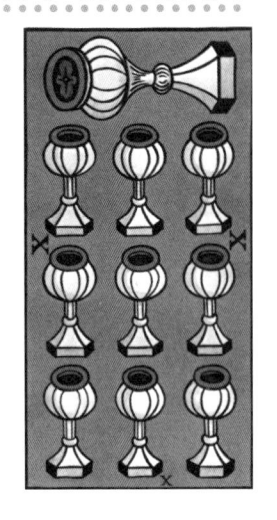

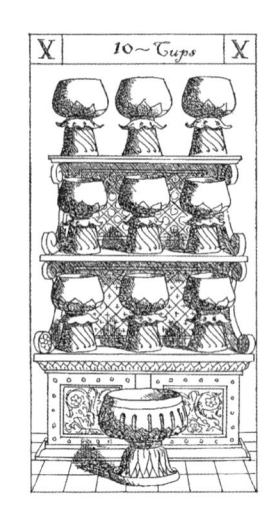

🌼 劇情演繹

　　本祕儀主題是「幸福美滿」：主要表達親情、愛情等幸福人生的寫照，多半以全家和樂為場景，表現美滿家庭的內心感受。重點就在於小家庭的和樂，因此多會有全家福的場景出現，夫妻子女的共處與融洽。而安全的家庭居處是很重要的，多半也會著重住所房子的建築。雖然需要表現家庭的和樂與溫暖，卻不需有人物的限定，也不一定全家人都要出現，甚至可以不用畫出人物。

　　而如果沒有人物，那麼家園的描繪就成為主要重點了。這時多呈現出城堡莊園，甚至有高山為屏障或建築在山上，這都表示安定穩固有靠山。

　　有些塔羅並非表現全家福的涵義，而是純由兩人構築的世界，這也是一種幸福的感覺。讓彼此雙手共握一個聖杯，或是一起捧著全部的聖杯，都可以表現出關係緊密、感情深厚或者是互相扶持。

　　當然也會有單一人物出現的畫面，有的牌只有唯一女主角坐著，十杯水圍繞而滿溢出水來。也有塔羅一改這些意象，只畫出情感豐沛，以象徵方式來表達主題的，像是十個聖杯的特殊安排或是以水元素精靈出場的畫面。

🌼 整體營造

　　天空中的一道彩虹，聯結起聖杯，做為聖杯的背景，彩虹是美好的希望和願景，也是心靈的橋梁。既然描繪家庭，那麼建築物是很必要的，具備表示安定穩固的家，物質有一定程度的安穩，有精神面但不虛幻，這是真正的和樂。

　　周邊環境場景有河流、山坡，描述共同生活園地，以及各自發展的空間。優美的環境就是心境寫照，晴朗的天氣更是心情開朗的描繪。

屬物呈現解謎

❧ 幾何排列形貌

十個聖杯可以拆成兩段疊放：

或是任何其他放置方式，一樣能造成滿足的視覺，暗喻心中所感：

❧ 畫面融入安置

　　十杯，是全滿而又溢增的感覺，由於十表示全部象徵物合而為一，所以都要有整體結合感，因此將十杯連接，排成一道圓弧狀，以表達真正的幸福美滿。

　　這些聖杯更有如彩虹般，背景飾以七彩，象徵一切美好的心靈境界、美麗人生。而圓弧的柔和排列形狀，非常適於表達聖杯十的祥和溫馨。

占卜訣竅提點

聖杯十是包涵萬應的感情類別、所有關係項目的一張牌，可以說是聚集一堂，和其他聖杯牌的意義甚至畫面都可以結合起來一起看。需要區別的是，聖杯十代表小小的溫馨家庭，這和指涉大家族的金幣十號牌是相差很多的。

寶劍二 *Two of Swords*

牌序結構
寶劍牌組第二張數字牌,寶劍開始真正運作、思索的開端。

元素衍化
風元素冷而銳利的思想力量,首先是溝通對談、辨證思考,以及彼此意見的交會。

正 對峙和解　　**逆** 索性放棄

祕儀原理解析

❦ 數序導向
二號牌原則與風元素寶劍蘊意的組合,表示思想的結合或抗衡對峙。正面作用是形成均衡的局面。負面的狀況則是兩難,或者兩股力量僵持不下,不然就是失去均衡。本祕儀主旨定義和正位置牌義恰好呼應了這些導向,也顯得模稜兩可。

❦ 主題定調
對峙和解:不同的意志分裂形成二元,雙方的關係有著各種階段的過程變化,從對峙和對立的僵持不下,然後是實力均衡下的冷戰堅持,最後進展到和解或和平相處,這些階段的不同狀態都是有可能性。因為旗鼓相當、勢均力敵,沒有辦法分出高下;形勢可能複雜而弔詭,在維持平衡的同時、也進入了一個對立的僵局。

❦ 內涵探索
寶劍二是思想的對立和矛盾,從兩難中尋求平衡點,但其實並存著兩種思緒,只不過維繫住了統合性。這也顯示了某種堅持的性格和沉穩的耐性,才能營造這種風雨中的寧靜,通常是剛毅而非溫和親暱的。這樣的局勢應該是一種冷戰式的和平,或者是互相牽制的狀態,由此實力相當的兩方可營造出高度的惺惺相惜。

☖ 正位實占解釋
人際交誼:產生對立的立場,可能維持均衡或形成僵局。
戀愛情緣:兩人的思緒和意見不一致,彼此僵持不下,需相互妥協。
事務進行:事情因意見不同形成兩難局面,難以抉擇取捨,需要仔細衡量評估。
金錢物質:由於想法矛盾、態度躊躇不前,沒有積極爭取,因此也難以獲利。

牌義沿革解疑

❧ 來歷變遷

★這張牌有很多人解釋成和諧與和平，甚至代表親和力，這是煉金術和黃金黎明系統的論調。

★然而偉特認為並非如此，於是這張牌產生了分歧的意見。他對寶劍二正位取用的意義是**平衡**、友誼、勇氣、驚喜。他並認為這張牌身為寶劍花色，不太可能代表感情或慈善的力量，在實占上除非牌局中其他出現的牌，顯示了**和諧、滋潤**的良好狀況。

★《偉特塔羅》的寶劍二畫面表達得很含蓄而模稜兩可，這情境也是偉特的本意所想呈現的，亦即同時並存這些定義，而《偉特塔羅》確實統整了寶劍二最適切的意涵。

★由於《偉特塔羅》畫面顯示的兩把寶劍，無論如何是一種**張力**，就突顯了**分歧**和**僵持**的作用，在偉特稍後時期開始，牌義是沿著這個走向而來的，而和平之意已較為人忽視，如此一直至今。

❧ 正逆轉折

★寶劍二的逆位意義，自古一直都是和虛假詐騙或欺瞞不忠等相關，可以理解為這是因為思想上的對立，從而採取非正面的因應方式，因此造成了**口是心非**和雙面性的狀態。

★偉特仍賦予正位置較好的意義，而將較為不好的意義放入逆位置中，也就是沿用了古牌義的逆位解釋。而後許多人對逆位的負面意義應是跟隨偉特意見的。

★後人還原《偉特塔羅》畫作之圖案本意，將僵局、僵持、對立矛盾等狀況納入寶劍二正位意義之中，而逆位置就是**解除、放棄**，這些意義並不是很負面。然而這張牌至今仍有著多元化的各種解釋，何況是逆位置。

❧ 逆位思考

從正位推導至逆位的解釋，主要是放下堅持與化解矛盾，那就是超脫現在情境，很明顯是以「逆位超越原則」。這個結局或許會讓原有的和平破局。但如此可能已經做出了決定和抉擇，而不會再停滯不前了，不一定真能解決問題或找到答案，但至少不再陷入僵局，甚至完全棄之不理，以此擺脫糾結。

☆ 整合以上各項綜述，歸納出的逆位主旨結語為：「**索性放棄**」。

⬥ 逆位實占解釋

人際交誼：一方的想法勝出，或者同時因厭倦了僵持而放棄。
戀愛情緣：感情關係從冷戰或僵局轉入互相妥協或敷衍的階段。
事務進行：不再猶豫不決，果斷下定決心，做出了某種選擇。
金錢物質：放下堅持，著手進行規劃，但尚未能夠見到起色。

故事情節解說

🝠 劇情演繹

　　本祕儀主題是「對峙和解」：具有許多層面的意義，從對峙到化解僵局甚至和平均勢，這過程中的每種狀況都有可能，根據所偏重的涵義而有不同的構圖。由於主旨的方向並不一致，情節與構圖的變化空間也就非常大。

　　《偉特塔羅》的構圖即是女子手執兩把寶劍，蒙著雙眼，在海岸邊緣坐著，背對潮汐起伏。這幅畫面表達了許多值得探索的內涵，看似有關兩個方向的抉擇，表露內心兩種意見產生的衝突或矛盾，也暗示有如分裂或對峙的局勢，然而也是一種靜心的等候和理解。

　　類似的構思一直被許多塔羅所採用，而主角人物也都是女子，以表示審慎細密的心思。對於主角的處境卻有所更動，有的會增添危機重重的感覺，甚至走在繩索上。有些構圖感覺詭異但不緊張，同樣是女子在水岸邊沉思，而兩劍插於地面上。

　　若以雙方壁壘對峙的主旨，就有截然不同的構圖，兩人以劍相抵觸形成僵局，或加入人物雙方談判的場景。有的塔羅是互相爭鋒的局面，兩人對望的意念之爭，蒙眼出擊或選劍，都是以求一搏而分勝負的對決。

　　至於化解對立，合作共生以及和平的牌義，則以雙劍合併、劍尖的接觸或是劍身的交錯，並以氣氛較為祥和的畫面來表達。

🝠 整體營造

　　場景多蘊藏變化的伏筆，月亮、潮水，都是影射強度的張力，並且都會隨時間而有變動。時常在海岸陸地與水的交界，增添臨界線的感覺。水裡有礁岩，甚至可看到對岸，都是為了暗示未來的瞬息萬變。

　　水的危險可用更具體的深淵來表達，並以跌入的可能來增添危機感。而詭譎緊張的氣氛，則多以夜晚來營造。主角的臉上如有蒙眼布，則是加強心靈層面的效果，表示傾聽海浪的韻律，或內心深處的聲音。

屬物呈現解謎

⚜ 幾何排列形貌

兩支劍的排列，不脫以下的幾種形狀：

△、✕、⋁

各自可以代表不同涵義，對峙、分裂，以及約定結盟，這也完全符合寶劍二的各種意義範圍。

⚜ 畫面融入安置

兩把劍因為是武器，給人的感覺比較不是互相合作，而比較會是對立的狀況。這象徵了立場上或意見上，個人和他人雙方的對峙和拉鋸，結果或許是分裂、或許是和平，大概不脫離這些範圍。

╱╲、╲╱、‖

雙劍合一的使用，也需要左右開弓，須高度磨合後，才能夠運用自如配合得天衣無縫，所以平順合作的情況其實較不多見。

占卜訣竅提點

每種塔羅的寶劍二牌義幾乎都不一樣，原則是都不脫離「祕儀主題」的範圍，皆從其中涵蓋的不同階段擇為本牌描述的現象，多以僵局或抗衡為主旨，也有的牌是以和平為標題。所以一定要注意牌畫面和內容解說，也因此這張祕儀畫面呈現的地位倍顯重要，也從而成了一個特點。

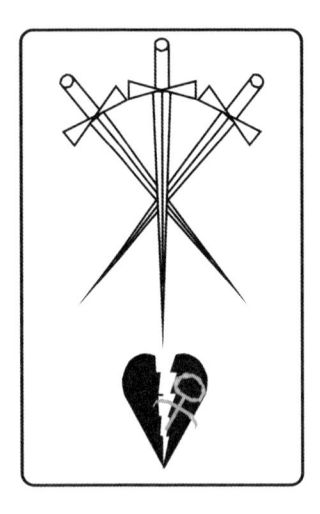

寶劍三 *Three of swords*

牌序結構
寶劍牌組第三張數字牌,寶劍作用的深邃力量。

元素衍化
將風元素往下拉的沉重力量,有如一種冷冽沉寂的高氣壓。

正 傷心悲痛　　**逆** 創痛療癒

祕儀原理解析

❧ 數序導向
三號牌原則與風元素寶劍蘊意的組合,正面作用是理智地隔絕冷漠超然,冷而尖銳的力量加強聚焦,而負面的力量很強,並且較常形成受到傷害的狀況,思緒紛亂,感情失利而傷心欲絕。本祕儀主旨定義和正位置牌義,採取的是負面意義。

❧ 主題定調
傷心悲痛:三劍穿心,被突然而尖銳的事件打擊,是種震撼的認知,戳中心坎。集中在某一點上的清晰刺激,沒有上麻醉藥般的錐心之痛。此即所謂的心理上的傷害、情感上的受傷,接著會有難過的感受,並將留下傷痕。

❧ 內涵探索
寶劍三以悲情為基調,傷心欲絕的感受刺痛心靈。可能源於環境有殺傷力的因素存在,遭遇到與他人的爭執衝突或是分離決裂,多半是突發的狀況和改變、或是不願意接受的事實,才會帶來如此深刻的刺激和痛徹心扉。

🔮 正位實占解釋
人際交誼:受到極大的傷害,原因是無情的作風,使人心寒而感到創痛。
戀愛情緣:感情遭受傷害,事實難以接受,被刺痛傷神,陷入傷心欲絕的情境。
事務進行:事情很不順利,可能遇到難以解決的麻煩,使你憂心忡忡。
金錢物質:物品或金錢的喪失帶來苦惱。或者表示錯過或損失珍貴至寶的心情。

牌義沿革解疑

❧ 來歷變遷
★寶劍三的意義並不是都很糟糕的，自古有很多不同的解釋，好的與壞的意義其實都曾並存，而正逆位置的分別也沒有交代清楚。

★煉金術系統開始，對此元素變化定義為深暗力量，開啟了這張牌黑暗面的意涵。

★直到《偉特塔羅》創作出有名的三劍穿心畫面問世，加強了「心」受到傷害的意象，之後這張牌就一律較少正面解釋了；偉特對正位置下的定義就著墨於此：**傷心欲絕、分離、關係破裂**。

★偉特之後時期，正位置的意義就這樣延用了下來，確定為：**受傷**與**悲情**。而逆位意義也逐漸清晰，定為處於後悲傷階段的情況。

❧ 正逆轉折
★早期寶劍三的逆位牌義也很稀奇古怪，時常和正位是差不多的意思，又時常和正位置沒什麼相關性，而能歸納出的傾向頂多是偏向於無序感。

★偉特的逆位占卜意義，和正位差不多：心神渙散、**混亂失序**、無法集中思緒和振作精神。

★偉特之後的時期，給予寶劍三逆位比較適當的設定，根據正位置的受傷與悲情，定義出逆位處於悲傷後的階段，表示已經有所損害、也留下了傷痕，既然錯誤確實造成、只好尋求因應措施。

★在悲痛過後採取的因應措施有很多方向，也許是**遠離**、也許是直接面對，無論如何都算是一種**療癒**歷程。有可能得到**撫慰**和**痊癒**，也可能彌補無效、甚至繼續傷懷。

❧ 逆位思考
在悲傷之後，必然是傷害的處理和事件的轉折。當事人可能面對和化解，不然就是逃避。因而可能是逃避壓抑，也可以是忘記淡化，讓心理或實際上疏遠相關一切。主要以「逆位超越原則」推衍，寶劍三逆位甚至整個以超越為重點，也就是強調療癒。他人也可能彌補和撫慰當事人，最後或許能夠減輕傷痛或者真正痊癒，而最差的狀況則是依舊焦慮不安、感到痛苦、無法釋懷。

☆整合以上各項綜述，歸納出的逆位主旨結語為：「**創痛療癒**」。

♤ 逆位實占解釋
人際交誼：曾經令人痛心的友誼，如今再回首已能泯除恩仇。
戀愛情緣：感情創傷終於能夠平息，從悲情的傷痕中復原。兩人關係可能自此平淡或者形同陌路。
事務進行：痛定思痛，在創傷過後，回復狀況或向前看，已有能量迎接未來。
金錢物質：在金錢財物的損失之後，重新出發。再度買回失去的東西或者更新。

故事情節解說

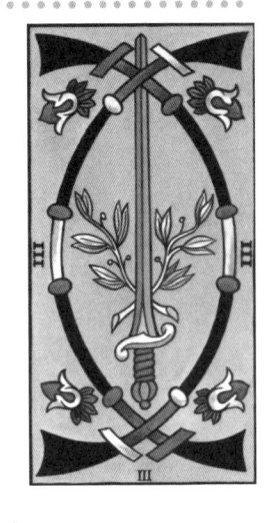

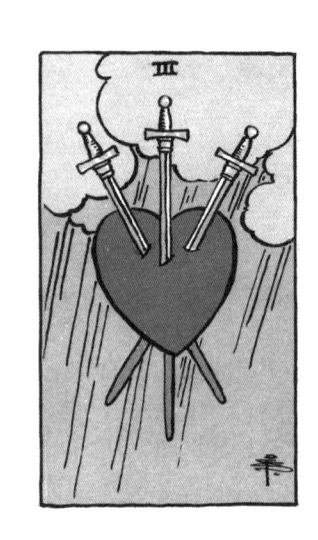

劇情演繹

　　本祕儀主題是「傷心悲痛」：很明確地發揮了寶劍作用、劍的犀利特質；由於三把寶劍力量的強大，所以會顯現出殺傷力，加上命中和聚集而特別強勁。自《偉特塔羅》以來多是以三劍穿心為構圖，主要畫面即是大紅心居於畫面中央，而三把劍由外插入其中，並沒有人物的出現。

　　許多塔羅也以同樣的畫面傳達傷心悲痛的意念。據此而加以變化的塔羅也很多，像是讓刺入心臟的劍有人把持。有的塔羅不但有三劍穿心的畫面，另還附帶相關的人物和情節。

　　就是因為穿心的畫面容易讓人感覺不舒服，也有一些塔羅並不遵循這種畫法，何況沒有以劍傷心的構圖，也能以情節來描繪相同的意念。這些塔羅的畫面營造就很多樣了，較類似的畫面是三劍分別朝向悲泣的主角人物，或是三劍飛越空中穿透雲霧，而顯現出尖銳的冷冽。

　　相差較多的畫面情節感更強：三個人物一起哀悼，或是孤獨的主角佇立冷冽場景中。有的主角正在傷心於某個狀況，像是被欺騙、背叛、掠奪，也有主角因傷心或羞愧的情緒而以劍自殘。

　　當然，這麼多不同構圖，所表達的內心感受也就略有差異，不過都不脫離相同的範圍，也就是圍繞在祕儀主題。

整體營造

　　傷心的背景多是一片愁雲慘霧，有如陰霾籠罩。天空顏色，也是一片灰暗。通常各種變化畫面，都以淡淡的雨絲為襯底。

　　以人物故事情節構圖的，也多是營造淒涼的景象，多半以夜晚和雨天等場景，或者伴以路燈。也有以影子、夢境等意象，做為心理的恐懼或傷害根源。

屬物呈現解謎

❧ 幾何排列形貌

三劍集中排列，使劍尖集中於一點，這樣的形式寶劍力量比較緩和，暗示透過協約或是控制以凝聚力量：

另外的排列，除了三角形之外，有更多的變化方式，像是：

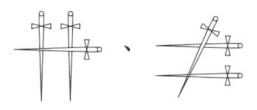

這些圖式多有互相牽制的感覺，每把寶劍可代表不同方面的立場，藉由多方的差異和交錯，營造出整體局勢緊張嚴肅。

❧ 畫面融入安置

三把劍，其實給人的感覺就是犀利的表徵，這個特質設計成圖形，就是三根直線，貫穿於一點，結果形成六角星的圖案：

這是很集中而切中要害的。這個特殊的形式，強調凝聚於一個焦點上，具有強勁而聚集的殺傷力，對於心靈上的殘害很大，多表示悲傷和心痛。

占卜訣竅提點

寶劍三已經成為很容易解析的一張牌，幾乎可以說連路人看了都秒懂，所以占卜師的解析需要更為細膩和別緻。當然，比較難以理解的會是逆位置，許多寶劍牌也都有這種特色，占卜師加深詮釋的難度，同時就是加強解牌的高度。

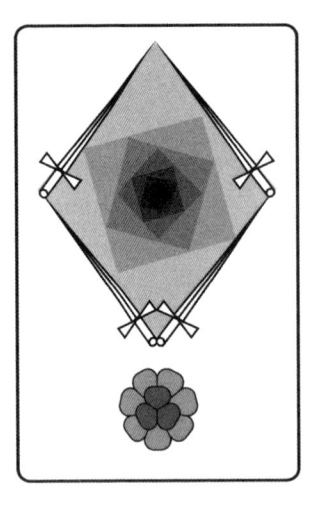

寶劍四 *Four of Swords*

牌序結構
寶劍牌組第四張數字牌，寶劍作用的平息，思考的停頓。

元素衍化
風元素被密封起來，正處於靜止、停頓和凝聚的狀態。

正 沉寂休養　　**逆** 勉力奮起

祕儀原理解析

❧ 數序導向
四號牌原則與風元素寶劍蘊意的組合，正面作用是能夠藉此休養生息，醞釀下一步驟的開始。然而負面的狀況則是停頓不前，逃避退縮的心態，自閉而孤立。所導向的祕儀主旨定義和正位置牌義，屬於好壞參半的狀況。

❧ 主題定調
沉寂休養：風的靜止表示平息，以躺著做為象徵，代表相關以及類似的所有狀況：休息、睡眠、休養、養病、沉默、死寂等等；並可比喻為休兵卸甲，由此探索走向沉寂的原因。感情方面的寂寥、沉悶平板，也是相同意象的延伸。

❧ 內涵探索
寶劍四的意義是休養生息和補充供給，而這時候的狀態是很低調的，甚至像是閉關或隱居，而孤單沉寂和隔絕是難免的。目前的引退狀態，也許是之前遭遇生病、受傷、或其他變故；這時只具備基本的保護措施，而警覺和應變能力是降低的。

⚜ 正位實占解釋
人際交誼：人際交流不熱絡，甚至停頓，猶如隱居的狀態，缺乏往來互動。
戀愛情緣：關係仍在，但感情幾乎走到冰點，不再有深入的交流。被封印的情感。
事務進行：事情停頓不前，沒有新的計畫或執行動力，較適合修復和休養階段。
金錢物質：物品不再擁有，財物縱使沒有損失，也不太有進一步獲利的可能。

牌義沿革解疑

❧ 來歷變遷

★這張牌向來都與停頓相關，也一直都表現死氣沉沉的感覺。原本就是張不怎麼吉利的牌，呈現了寶劍的特色，甚至可能家庭事業同時**翻覆**，不然就是合作方面出了狀況。所幸這些問題也沒有嚴重到失去轉圜的餘地，只是可能是在逆位的情況下才代表能夠解決。

★偉特定義主要以思緒的停息為相關，可以延伸為各種**休息**，正在治療或復原中的狀態，或是解除壓力、讓**思想沉澱**下來。這時的心情平靜，然而孤立**隔絕**，也延伸為**隱居、退休**等狀態。

★偉特的牌義已經排除掉較早期那類嚴重不順的作用，而以後的牌義演變也都承襲偉特的定調，逆位意義也是慢慢跟隨正位意義演進的。

❧ 正逆轉折

★早期寶劍四逆位置就是比正位置好，甚至是正位置低落狀況的翻盤現象：面臨的問題如果妥善因應處理的話，是能夠解決而達到成功的，這種翻轉局勢的情況特別呈現於逆位，有點像寶劍十的逆轉勝。

★偉特繼續加強這種特質，將逆位的翻轉劣勢解決問題，直接化為積極的意義：智慧、經營、管理、以及成功。

★偉特後期不再那麼強烈翻轉寶劍四的正位意義了，減輕為**復甦**和**奮起**，也就是成功的保證度沒那麼強了。

★於今寶劍四逆位置所推衍之定義，仍然和以往相去不遠。由於正位意義包含停頓的各種可能狀況，其實中性或負面的情況居多，而逆位做為正位的相反，則是不再躺著或不再停息的狀況，可直接視為：**重新來過、失而復得、東山再起**。

❧ 逆位思考

透過「逆位相反原則」推衍，逆位置是醒過來和起身之意：有可能是生病痊癒，但也可能是被迫起床、抱病奮起，至於是否康復和恢復元氣、則須視狀況而定。經過整頓之後重新站起來，意味重獲所失去的，奮發向上而重振聲威；恢復了活絡和生機，表示靈敏和警覺、或是獲得嶄新智慧。這個奮起甚至也象徵為覺醒、甚至是一種頓悟。

☆ 整合以上各項綜述，歸納出的逆位主旨結語為：「**勉力奮起**」。

❧ 逆位實占解釋

人際交誼：從沉默中發聲，浮上檯面。出關面對大眾，清晰地處理人際。
戀愛情緣：相處終於破冰，開始能夠互動和交流。感情如甦醒般進展。
事務進行：從沉寂中復甦，起身奮發去進行。接續之前的任務，東山再起。
金錢物質：奮力振作拯救財務，使經濟狀況融冰，景氣復甦重獲生機。

故事情節解說

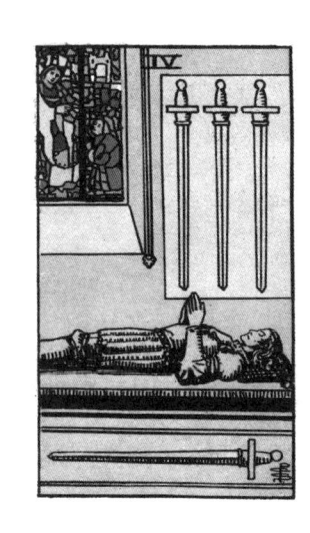

❧ 劇情演繹

　　本祕儀主題是「沉寂休養」：所要表現的是停頓的情勢，也就是劍的殺傷力休止，思緒和活動都靜止。劍的放置可以透露出休兵狀態，以配合牌義和畫面情節。主角通常正處於休眠的狀態，多半是男性人物平躺著。

　　寶劍的排列會根據環境而有所變化，可豐富畫面的涵義。《偉特塔羅》將三把劍掛在牆上劍尖向下，床底下隱藏另一把劍。這個構思並沒有很多塔羅跟從，對於四劍排列大部分都有自己的意見：四把劍方向一致，而不同塔羅的方向不同，或者四劍都在插在地上，懸掛或放置於某處。

　　會有較大變化的自然是主角人物的動作，「躺下」除了休息，還有許多相關的聯想，包括睡眠、累倒、生病甚至長眠。然而有些塔羅著重「休息」的概念，這就不一定非要躺著，不少塔羅畫面的人物就是坐著，甚至有讓人物浮在水面，強調輕鬆釋放的感受。

　　有些塔羅強調的是休兵這個意念的延伸，這樣就連整個情節都不同了。例如四個人物同時放下劍來，表示休戰和放下執著；或者是躲過追殺危難，擁有一時喘息的機會。雖然這些畫面變化豐富，卻都可以歸納為相關涵義的範圍內。

❧ 整體營造

　　環境場景，可猜測過去未來狀況發展。場景在室內，表示封閉且受保護。在教堂之內表示被刻意放置，有人照顧的感覺。窗戶的彩繪圖案，隱喻為夢、以及聖潔的洗滌和願望。

　　人物躺在什麼物件上面，可看出原意要表達處於什麼狀態。其實偉特的設計原意是人形棺，這個緣由本為不祥，因而不一定需要採用，後來的牌也幾乎都改換畫法了。因此視為人物躺在床上即可，而床下除了寶劍以外，也可以設計為隱藏了什麼玄機。

屬物呈現解謎

❖ 幾何排列形貌

四劍自可以排成各種四角形，也可以有更多變化，感覺像是封鎖現場：

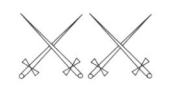

也可整齊而重複的排列，或是兩兩接觸交錯卻又保持狀態，則可聯想到門禁森嚴：

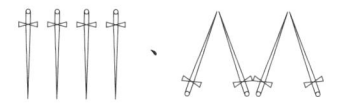

❖ 畫面融入安置

四把劍的排列乍看無奇，四角形應是可推想而得的。然而四劍實可包含兩兩成組而交互作用的特色，構成對峙中的對峙，形成一種僵局。因此寶劍四一般多代表停滯、休息、等待、暫緩，或者終止。

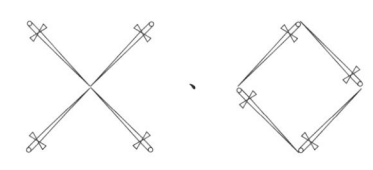

四的圖案通常會從固定中求變化，因此寶劍四也多半不死板，在平穩中暗藏玄機。有些情節畫面將其中一劍更動位置，在平行的三把劍之外，深藏在底下，這象徵在停頓當中隱藏或醞釀著微妙的變化：

占卜訣竅提點

寶劍四算是寶劍牌組之中，正逆位意義比較好分辨的一張牌，而正位牌義也是容易解析的。畢竟正逆位變化，即是躺下與起身的差異，這樣也就較易於辨別和記憶了。

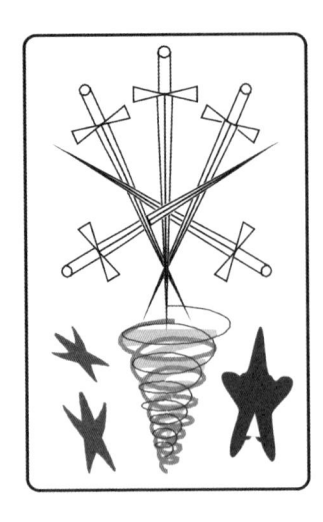

寶劍五 *Five of Swords*

牌序結構
寶劍牌組第五張數字牌，寶劍作用在最中段的重整。

元素衍化
風的動向分歧，如同亂流般紛亂，思考的方向很多元，思想動態和路線產生糾結。

正 挫折打擊　　**逆** 撫平言和

祕儀原理解析

❦ 數序導向
　　五號牌原則與風元素寶劍蘊意的組合，負面的狀況則是思緒和立場的紛雜混亂，無謂的爭辯模糊焦點，失去了原本的宗旨，就如同劍之間的互砍、平白受傷害。正面作用可說是腦力激盪，或許因刺激而有精彩的感受。本祕儀主旨定義和正位置牌義就是採取這些負面意義。

❦ 主題定調
　　挫折打擊：寶劍的殺傷力，就是強烈的負面作用，呈現為言語的犀利和可怕的行徑；對關係、情感、心理之外，就是名譽上的損害、人事層面或其他破壞性的後果；代表事項進行中途的受挫和折損、事態的驟變、以及各種失敗。

❦ 內涵探索
　　寶劍五代表的意義為內在思緒混亂，失去真正理智而有損條理。發揮在身外，則為意見紛歧產生矛盾衝突，好強爭勝的態度產生摩擦、互相激烈攻訐，造成無謂損失的後果。除了引發爭辯之外，攻擊和詆毀在所難免。

♛ 正位實占解釋
人際交誼：人際中充斥詭異的氛圍、環境風雲變色，謹防小人有什麼動作。
戀愛情緣：感情關係很糟糕，彼此批判謾罵對方，甚至互相傷害詆毀。
事務進行：事態複雜而牽扯，許多糾紛和意見衝突，終究沒有實質助益和進展。
金錢物質：金錢方面或珍貴物品有所損失，本身處理失當，或遭人拐奪誘騙。

牌義沿革解疑

❦ 來歷變遷

★這張牌的意義一直都不是很好，自古就代表著紛亂。除了主要的現象是爭執以外，還代表著敵人朋友之間關係的錯綜複雜局勢。而紛爭所造成的影響力和破壞力可小可大，也可能涉及到許多不同層面。

★偉特接受了這些定調，包括正逆位的分辨，同樣認為正逆位意義大致都相同，都是頗為負面的狀況。正位意義多為**受到打擊**或者和名譽相關的問題：名譽不佳、**聲名受損、遭人毀謗**、人格攻擊之類的相關情況不勝枚舉。

★偉特之後牌義有了些變化，並且正逆位置的意義開始有了分別。正位置對於敵友關係做出總結和闡發：**敵人興起**，但有辦法可以打敗敵人，縱使只是一時的佔上風。此時各種項目的正負面分配，卻又有了新的混淆，紛亂的現象仍舊存在。

❦ 正逆轉折

★寶劍五正逆位置意義原本差不多，並且都是偏向不好的，這點就和權杖五不一樣。逆位意義諸如：悲傷、哀痛、挫敗。

★偉特的逆位意義大致和正位意義相同，其中有分別也有合流，演變至此反而更為複雜。逆位置則很可能遭遇到攻擊和挫敗，而敵手或許正因得勝而耀武揚威，甚至連支持你的朋友也可能遭到波及。

★直到偉特之後的時期，正逆牌義的明顯差異才發展完成，逆位置有些牌義是從正位置的相反意義而來：**弭平損失、導正錯誤、收拾殘局**。

❦ 逆位思考

寶劍五逆位置是收拾殘局的情勢，是正位置牌義狀況下的還原舊貌，可透過「逆位超越原則」推衍出來：彌補爭訟過程造成的損失，並重新因應和調整關係。由於遭受到打敗擊垮，正處於虛弱匱乏的狀態，恢復自己的名譽，然而也有可能計畫要對敵手討回公道。

☆ 整合以上各項綜述，歸納出的逆位主旨結語為：「**撫平言和**」。

⛨ 逆位實占解釋

人際交誼：在紛爭分歧的亂象之後，採取和諧的措施，嘗試言歸於好、或者回頭檢討、以期達成共識。

戀愛情緣：雨過天晴，盡力撫平情緒、抹去傷痕，期許能夠重修舊好。

事務進行：因爭吵而無力、放棄或逃避事務，或是面對現實收拾殘局、重新整合。

金錢物質：盡力打平財務的收支狀況。面對以往混亂的爛帳，開始著手處理整頓。

故事情節解說

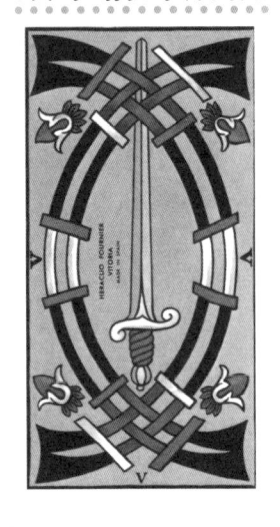

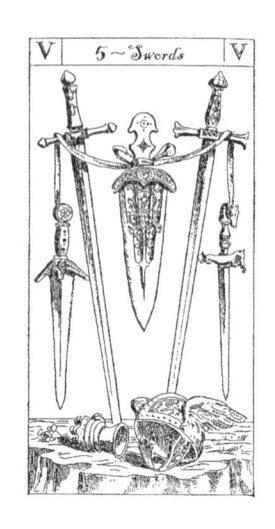

❦ 劇情演繹

本祕儀主題是「挫折打擊」：這個涵義本就較為混亂，恰如各種畫面也都不一致，人物表情是研判牌義的焦點。主旨多鎖定在：互相攻擊、分出勝敗，以及遭遇危難、挫折。

《偉特塔羅》畫面營造的是男人之間的混戰情景，以一位勝利者做為主角出現在近景，並刻劃出邪惡或詭異的笑容，呈現出一種不當的心態。多半的塔羅模擬這個爭鬥後的局勢，並著重於贏的人高高在上、而輸的人在下慘狀；更慘的變化呈現，就像在水面木筏上的生死之爭，輸的人被推到水裡；或者是懸崖邊的爭鬥，不敵的結果是摔落谷底。

有些塔羅對爭議相鬥的意念，表現得比較不那麼嚴重，改以兩人彼此間切磋琢磨，或僅止於嚇阻作用、以及驅逐趕跑對手。有的塔羅較偏重於詭異心態，對主角的刻劃較為細膩、特殊，甚至代換成女性。

有些塔羅主旨差異較大，是表達危機處理的情況：以五劍插在地上配合各種情節，像是身處風雨中拔劍抵禦；或者五劍插地而主角平躺著，不然就是人被埋入地面；少數塔羅更強調巨大的障礙和嚴重的困難，也有描繪人物被五把劍架住的。由此可知寶劍五畫面的確變化多端。

❦ 整體營造

背景有低沉的捲雲，增添詭譎恐怖的氣氛。所處場地分隔成兩種境地，區分勝利失敗的處境和落差。海面情況表示危險、沉浮難定。場景面海而無路，表示背水一戰、必決生死勝負。而對岸或許是未來的希望，或者雙方爭取的目標。

環境若是在冰天雪地之中，表示漠視冰冷的周遭。若是沙地，或許暗示可以埋葬對手，這是本張牌早期兼有之牌義。

屬物呈現解謎

❧ 幾何排列形貌

　　五劍可以交錯成為五芒星，也可連接成五角形，不過這樣的排列並不多見。通常是特殊的整體對稱圖形，尤會突顯出中軸的孤立：

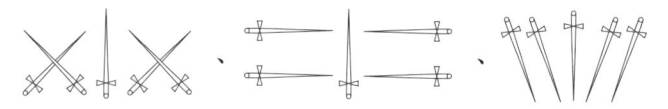

　　而下圖特殊的那柄劍，居中掣肘整體局面：

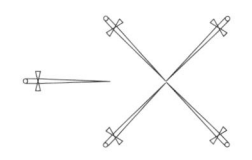

❧ 畫面融入安置

　　五把劍的排列，總會有一把較為突出，以二分法或三分法都不能平均，無論如何都是寶劍揮動的爭鬥場合，也因此是針鋒相對的象徵。五角本易有鋒芒，與寶劍結合更見銳利，通常會有一劍脫穎而出，顯示尖銳凌厲。

　　寶劍五就是與紛爭、激辯和凌亂有關，當然也擺脫了沉寂而生動，算是一種腦力激盪。五劍的排列多力求特殊，像有些情節畫面中的五把劍，是類似這樣的安排：

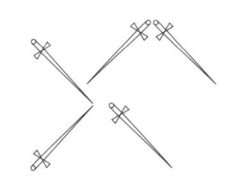

　　此圖示具有以上所述的各種特性。

占卜訣竅提點

寶劍五牌義向來令人感到莫衷一是，實因代表詭譎的局勢，主旨即是「敗」字，然而這個字有點模稜兩可，無論勝負方都能使用；「挫折打擊」的結局是兩敗俱傷，若一定需要分出勝負，端賴畫面情節中的角色認定即知分曉，而當事人就是失敗或被打敗、遭受挫敗的那一方；關鍵在於鎖定小人當道的意涵，知道這是一張小人牌，當道者是勝利者，被霸凌的是嘗到敗跡的當事人！

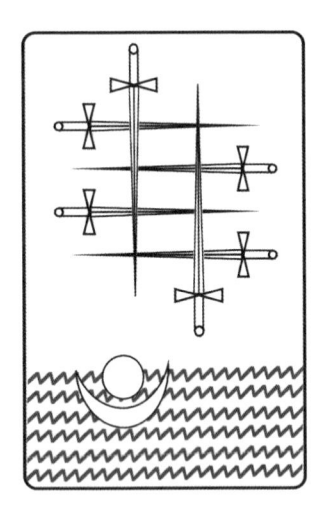

寶劍六 *Six of Swords*

牌序結構
寶劍牌組第六張數字牌，寶劍作用下半階段開張、恢復秩序。

元素衍化
風元素和緩均衡的狀態，恆定平和，可視為微風輕輕吹拂般。

正 企劃安排　　**逆** 翻船泡湯

祕儀原理解析

⚜ 數序導向
　　六號牌原則與風元素寶劍蘊意的組合，正面作用是思考與溝通的順暢與和諧，遇事能夠成功解決。負面的狀況則是逃避現實，迷失或走錯方向。本祕儀主旨和常態、正位置牌義，所導向的是正面作用意義。

⚜ 主題定調
　　企劃安排：六柄寶劍齊聚明示詳確的思考力、發揮風元素的正面功能，整齊排列或是特殊幾何圖形，都象徵特意的企劃和安排、以平安到達目的地為宗旨。船隻啟程不但代表航行，也相關於順流逆流、迎風逆風，這些都喻指因應環境的策略。

⚜ 內涵探索
　　寶劍六即是順利和暢通之意，在旅途溝通或思緒上，或是解圍脫困皆然。事務情況有如船到橋頭自然直，緊湊但並不驚險。另包括出發、啟程、旅行、航線、路途，尤其代表水路旅行，也可以象徵使者、委託運送、或護送保衛等事項。

🔮 正位實占解釋
人際交誼：人際圈風平浪靜，溝通狀況順暢，相處上也感到輕鬆。
戀愛情緣：感情和諧，彼此能溝通，想法觀念一致而協調。
事務進行：問題能夠迎刃而解，透過企劃安排，可安然度過難關，達到理想目標。
　　　　　　也表示深謀遠慮，預先安排得宜。
金錢物質：物品金錢的運送、傳遞，或者是經手，也可能得到又再度流失。

牌義沿革解疑

❦ 來歷變遷

★這張牌的意義一向具有爭議性，而歷來正逆位的意義好壞也都常有對調更動。最早的意義頗為單純，就代表順暢的旅途。

★《偉特塔羅》畫面雖然是乘船渡河，承襲了**旅程順暢**之意，但偉特給予的定義仍不明確，正位置成為權宜之計，這是解決疑難的一個**謀劃策略**。

★偉特之後的時期在正位意義上，增添了隱憂之類的解釋，著墨於堅持**克服困難**、焦慮之後的成功，多半表示逃開、**避難**或**解決問題**危難，而局勢上和情緒上都有些許的煩惱憂慮。

★由於煉金術的意義是偏好的，這個系統也一直保持原來的純粹順暢面貌。因而如今也趨於正面意義，也逐漸摒除了解套、避險的涵義。

❦ 正逆轉折

★最早時期寶劍六的意義就很有流動性，當時逆位置的意義比較複雜，其中有：承受法律訴訟的不利宣判。

★偉特的寶劍六正位意義成了以化解問題為重點，而逆位置仍然複雜多變，甚至包含有宣告和表白的意義。

★偉特之後的時期，逆位置仍承襲前期的意義，仍為表白、宣布、無用的提案、以及形成僵局。

★如今以積極來理解正位置，縱使背後有所隱憂、但頗有樂觀希望能解決。而逆位置則都以較為負面的意義解釋：**阻礙不順、計畫泡湯、風險危難、中途折損**。

❦ 逆位思考

寶劍六逆位置意義為事情進行的障礙，無法解決問題、難以脫逃困境，計畫和提案難以實施，也表示溝通方面的受阻和不和諧。另外還有旅途不順暢的暗示，尤其是水路旅行和親水活動都不宜。以上使用「逆位相反原則」都可推衍而出；也可理解為「逆位負面原則」，以此推衍的結果則是「無風不起浪」、半途遇到危難。

☆ 整合以上各項綜述，歸納出的逆位主旨結語為：「**翻船泡湯**」。

❧ 逆位實占解釋

人際交誼：原本良好的關係竟發生齟齬，甚至因為發生某些狀況而鬧翻。
戀愛情緣：感情經不起風雨的考驗，可能因意見相左溝通不良而鬧僵。
事務進行：不順利、計畫趕不上變化，企劃失誤或方向偏差，遭遇到波折而失利。
金錢物質：遇到難以預測的風險，或者評估錯誤而蒙受損失，甚至可能蕩然無存。

故事情節解說

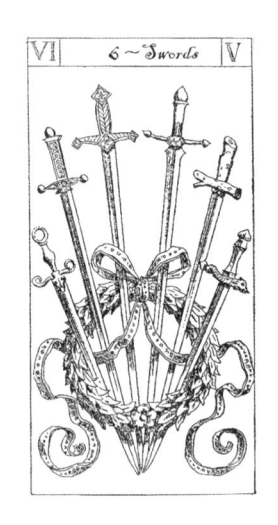

🔱 劇情演繹

本祕儀主題是「企劃安排」：涵義較為抽象，或許因為具有多重可能性，畫面中呈現的情節要點會比較不明確。大多數塔羅都是順水行舟的構圖，以渡河到彼岸的情節為主，呈現各種不同變化。

舟上的乘客多是婦女攜帶小孩，表示一種保護照顧。不可遺漏掉擺渡的人，他多半代表幫助者，以及掌握技術和資源的人。划舟前行表示有預設目的地，離開岸邊是有安排的計畫，船隻、水流都表示解決問題。插於船沿的劍，也有保護和秩序的意味。

當然，潛藏的危機和風險難免，畢竟是在水中船上，不及陸地安穩。有些塔羅更以橋上或是路途藏有劍，來表達閃避危險。有以兩艘船甚至多艘船互相照應的方式。有些塔羅則表達面臨不如預期的難題需要解決，到達河岸邊卻發現沒有船隻接應。

也有運用陸地場景的構思，人物穿梭小路而通行。畫面中還有一個要點是，透露出目標所在和引導的方向，有些塔羅會加入引路者或相關工具。另外還有很多變化，因為祕儀主題是企劃安排，可以詮釋為策劃謀略，也是一種智識與科學的象徵。而也有少數塔羅表現的是，溝通順暢與輕鬆自在的情況。

🔱 整體營造

整體場景是在水上，是另一種通行管道。陸地在遠方彼岸，彼岸是目標也是希望，更是未來的改變提升境界。最重要的道具自是乘載工具──船隻，是溝通交流工具，也是因應環境的工具。

划船的槳是度過危難的關鍵物。擺渡人則是度過危難的幫助者。這張牌意味著天使指路，或是引路甲蟲等，也代表心靈的指導者，洞悉方向的高等能力。

屬物呈現解謎

❧ 幾何排列形貌

六劍的基本形狀是六角形，本就象徵著設計、思維、研究，甚至學術、科技。

分成兩半直立的劍，類似雙屏而其中存在空間，像是：

平行排列的方式，能類比為水流波紋，或是船隻兩側的槳，與航行多有關聯性。

❧ 畫面融入安置

寶劍六的排列可以很有造型，營造成特殊設計下的平衡感。而六把劍放置一起，並且分兩邊，而相隔的兩列，又形成了保護作用。

而下圖這種整齊的設計和排列，也顯示了一種井然有序，隱喻著順暢和流通，並能象徵一種溝通，或者延伸為順水推舟。

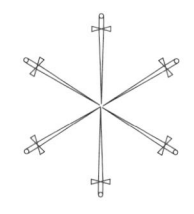

占卜訣竅提點

流動、過關，是本張牌的重點，看成將要遇到危難來解，其實會失去本意的。真正暗示在於人物表情，背後有故事或玄機在，但這應是事件的前提，危難其實在過去已然形成，並不需要想到後面會翻船，故事已有深刻的背景可供闡發，完全用不著加入這類無中生有的懸疑！

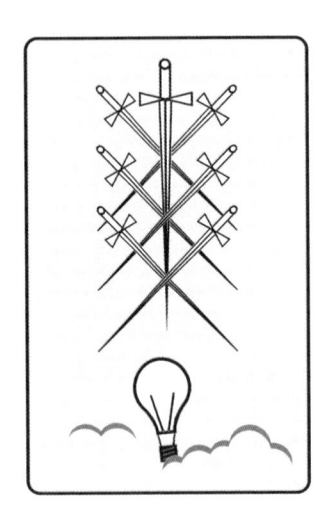

寶劍七 *seven of swords*

牌序結構
寶劍牌組第七張數字牌，寶劍作用的變異。

元素衍化
風元素的激發狀態，像是一種亂流，激擾的、突發的氣流。

正 投機冒險　　**逆** 鋌而走險

祕儀原理解析

❦ 數序導向
七號牌原則與風元素寶劍蘊意的組合，正面作用是突破現狀，找出點子化解危機，但有時會陷入思緒糾葛，難以判斷的負面狀況，甚至因而誤蹈法網。所導向的祕儀主旨定義和正位置牌義有點負面，卻也含有些許優勢。

❦ 主題定調
投機冒險：不是很整齊規則、卻又不只是凌亂，正可謂機巧的特性，很有創意點子和獨特性，比較另類或不符合常軌。在複雜環境實況下，採取投機取巧或冒險犯難的精神，也恰能足以解決難題，甚至有更大的斬獲。

❦ 內涵探索
寶劍七是內心有所企圖或希望、心願或幻想，不然就是因應環境困難和壓迫，從而萌生構想，然後設計成形、採取行動，因而也具有盡力而為的堅忍毅力。不過這些構思多半是具有風險的方法，必須信心十足才能有所斬獲。然而這僅是過關或一時得逞，並非真正的成功和長久之計。

正位實占解釋
人際交誼：交友的誠意不足，群體之間互相打著盤算，暗著來些勾當。
戀愛情緣：感情不是很真誠坦率，有點不安分，私下可能有些不軌想法或舉動。
事務進行：用非常手段來面對或解決問題，以投機取巧的方式達成目的。
金錢物質：投機方式取財，或獲得目標物是透過一些特殊管道或非正規的管道。

牌義沿革解疑

來歷變遷

★這張牌在早期階段就意義多變，包含許多好壞兼具的矛盾。正位同時代表好運也代表黑暗的人，好運如承諾富足收入，被保障後的鄉居生活。逆位置意義多和言語有關。

★到了偉特的解說，也是認為這張牌的意義較為複雜，然而牌義已經以**打破成規、發揮想像、創意機伶**為主了。正負面導向仍不明確，正位牌義的事件發展成或失敗都有可能，且還包括爭吵和激惱之意。

★偉特之後的牌義，仍維持偉特時期的調性繼續發展，然而稍微更動而固定了方向，代表一時的、局部的、或**片面的成功**。

正逆轉折

★早期的逆位置開始有忠言勸告的意義，不過這聲音可能被忽略。

★偉特的寶劍七逆位承襲了來自前期的意義：有益的忠告、進言勸告、教誨，也有毀謗或胡言亂語。

★偉特之後時期，整頓了這張牌的逆位置，將勸告改為不明確的建議，雖可能較為慎重，然而已經比較偏向負面意義了。另外還將**爭執、中傷、胡言亂語**等，也全分給逆位。

★現在對這張牌的設定是，無論正逆位出發點都是一樣的，是一種打破規則的思考或舉動，根據問題和牌局而變化，正逆位的差異在於指出了是成功或**失敗的結局**，而逆位置解成慎重或打住的答案，則多已經排除不用了。

逆位思考

寶劍七逆位置代表的是一種隨性的、越軌的思考和行徑，不為世所容。是一種胡思亂想和胡言亂語，會觸蹈法網而被逮到。也是混亂分雜的各種溝通，包括誤解和無用的勸告，爭執和互相中傷詆毀。可知這張牌的逆位無論以「逆位負面原則」或「逆位不當原則」都可做出結果相當的推衍。

☆ 整合以上各項綜述，歸納出的逆位主旨結語為：「**鋌而走險**」。

逆位實占解釋

人際交誼：互相打探窺伺，心機很重、爾虞我詐、各懷鬼胎、互揭瘡疤。
戀愛情緣：感情上有偷雞摸狗的現象，甚至背地裡偷吃亂來，並很可能被抓包。
事務進行：走捷徑、鑽漏洞，或者各種雞鳴狗盜的行徑。不聽勸告，容易栽跟斗、被人揭發或逮到。
金錢物質：可能是不當獲利或非法所得，然而偷雞不著蝕把米、終將得不償失。

故事情節解說

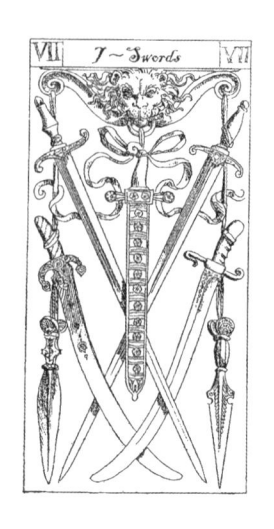

❦ 劇情演繹

本祕儀主題是「投機冒險」：名稱和畫面都很明確，看得出與投機和計謀相關，也脫離不了冒險的情境，雖因此得以有許多發揮空間，但這些意義都落在一定的範圍之內。

一般主角都表現出偷雞摸狗的姿態，也多出現在兩軍對壘的危急局勢中，可能先前潛伏在敵對陣營中探聽消息，此刻正從裡面逃出而要離開。這號人物貌似探子或間諜、甚至是個小偷，不然也算是雞鳴狗盜之輩，這樣的風格很少以女性為代言。

主角的動作姿態也相關於情節變化，並與寶劍的安排有關，多半畫出這號人物正在趁機脫逃，但目的是設下埋伏或陷阱以保護自己和我方。因此這些劍可以當做防身利器或埋伏陷阱，也可以是戰利品。有些主角抱走全部的劍，一手挽住或雙手都拿劍。

許多塔羅在場景營造上比較有差異：雖然一樣是潛逃，卻沒有軍營的背景；也有純粹是逃難脫困的畫法；有時候會畫出看著地圖，甚至有兩個人一起前往探險，這些構圖更著重於策略謀劃。

寶劍七的特色就是不正面交鋒，而情勢卻比寶劍五緊急。這張牌也有其他較不相關的變化主題，然而也不脫複雜多變的局勢或詭譎隱密的氣氛。至於是投機還是巧計，是創意還是暗中行事，畫面情節並沒有透露出定論。

❦ 整體營造

軍營表示強大和有備而來的敵對陣營，暗示面臨極為困難的處境，看看作者畫出多大的陣容，並且衡量距離遠近。帳棚表示配備強大。炊煙，表示有人正在活動。旗幟標明所屬旗下。

從主角人物裝扮可看出身分、性格、目前所處狀況。地面分野，分辨區域是在敵方還是我方。有的塔羅中有配角出現，像是狐狸等動物，表示機靈詭詐，出沒神祕。

屬物呈現解謎

✦ 幾何排列形貌

七劍可參差錯落排列，也可分半排列成兩種圖案再組合，也多半總會有一把劍居於最特殊位置，這些圖式都能暗示在環境中周旋進而經營局勢：

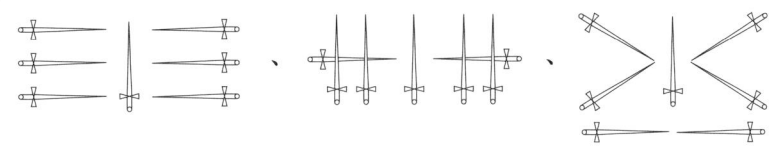

下列排法具有靈巧性，可以由此聯想到取巧得勝。

✦ 畫面融入安置

七支寶劍，排列和組織較具難度，因為七角耀眼而不馴：

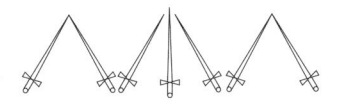

機巧和智囊，是寶劍七劍的特色，因此七劍的排列組合，要考慮如何表達機變運用，為了這因素須尋求更多變化：

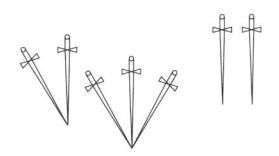

上面的圖示是將劍分成兩部分，在情節畫面上就是將幾把插在地上，另外幾把抱在手上。每一劍各有不同的功能展現，這情形表示有特殊策略，以及詭譎複雜的局勢。

占卜訣竅提點

本牌有關於聰明度，由於聰明度過高，這種過度容易造成奇巧另類、聰明反被聰明誤，因而縱使過關也頗驚險。有別於寶劍六，是種冒險而不是排解危難。而過程失不失誤也成為重點所在，也可當做正逆位置的分別。另外可以代表探聽訊息的任務，和寶劍侍從很類似，可將主角看成是個小小侍從。

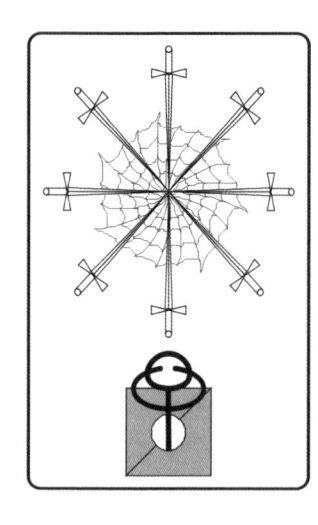

寶劍八 *Eight of Swords*

牌序結構
寶劍牌組第八張數字牌,寶劍作用的集中凝聚。

元素衍化
風元素的凝聚,旋轉或環繞,形成包圍的狀態,如同被封鎖、固著,令人動彈不得。

正 困擾牽制　　**逆** 突破困境

祕儀原理解析

⚜ 數序導向
　　八號牌原則與風元素寶劍蘊意的組合,這是意念的膠著,使得觀念和行動受到綑綁而動彈不得。產生的正面作用是在局勢中沉穩下來,伺機奮力一搏,以期扭轉這一切。本祕儀主旨定義和正位置牌義的導向是負面的意義。

⚜ 主題定調
　　困擾牽制:各種塔羅寶劍八頗為一致,都是圍繞煩惱,外在聲音內化,形成了讓人很想擺脫的情況。四面八方的圍繞產生密不透風的效果,能夠包圍住主角而成為結界困境,成為思緒相互影響,因而受到極大的牽制和干擾。

⚜ 內涵探索
　　寶劍八的意義大都是負面的,遭遇到限制、被綑綁束縛、甚至受到控制,代表一個人所遇到的難關和緊張對立的局面;也許是面臨責難、批判、或者緋聞,並形成是一種悔恨難當的心境、以及恥辱的感受。除此之外,負面的意義還包含了生病等。不過,好處是能培養出一種堅毅的力量,在困境中提昇和成長。

🔔 正位實占解釋
人際交誼:與周遭意見相左、甚至對己很不利。人言可畏、或是四面楚歌的局面。
戀愛情緣:感情路不被人諒解,而且多半與其他人際層面糾葛在一起。
事務進行:事務上遇到障礙和瓶頸無法突破,感到綁手綁腳難以施展。
金錢物質:財務上遇到困難,無法獲得更多資源,也沒有辦法周轉。

牌義沿革解疑

⚜ 來歷變遷

★紙牌占卜和古塔羅的牌義上，有著廣泛的意義，包括法律文件上的問題以及緋聞之類的事件。大致上涵義都是偏向挫折和限制，而且正逆位涵義並沒有相差很多，不過逆位恐為更嚴重。

★寶劍八演變的取向，是以受到束縛、禁錮等限制為主旨。《偉特塔羅》畫面就是傳達這些牌義，並表現出以往對女人不利景況的意涵，具體來說可為這些細項：緊急關頭、**責難**與**誹謗**、**束縛**中的掙扎、**衝突牴觸**。

★偉特後期仍舊延續這些解釋法，正位置占卜意義幾乎全都延續而相同。例如：**懊惱**悔恨、不願聽到的消息、處於**危急**狀態和**為難**的情勢當中。

⚜ 正逆轉折

★早期寶劍八逆位，已經有斷捨離的感覺，表示分開、**離異**。

★偉特的定義和古代一樣，正逆位意義相差不多，是焦慮不安、困難，反對、背叛，預料之外的事故。

★偉特之後時期的演變，逆位置意義沒有改變多少：**過往的背叛**、消沉、辛勤工作，其他項目幾乎完全一致。

★而今牌義逆位置設定與正位相反，並為更後起的狀況，相反於原本的束縛，是從中掙脫、**解套**、**離開困境**的意義，因而逆位置涵義較為正面。

⚜ 逆位思考

目前設定寶劍八的逆位置是一種解套：從窘迫的局面中逃離，掙開一切束縛和綑綁。不再被不好的關係所牽絆，有決心離開或分手，對過往的背叛求償或算帳。拋開內心中的焦慮，解開思想上的疑慮、不再被牽制或制約。這些情況都是擺脫和超越，自是從「逆位超越原則」著手推衍的。

☆ 整合以上各項綜述，歸納出的逆位主旨結語為：「**突破困境**」。

⚜ 逆位實占解釋

人際交誼：踏出步伐，擺脫眾說紛紜，找到方向、走出自己的路。
戀愛情緣：走出感情的局限，不受對象或旁人干擾，做出自我的選擇
事務進行：能夠重新動彈，突破重圍、突破瓶頸。擺脫局限、踏出困境。
金錢物質：在財務方面，某些困境或套牢的現象開始能夠解套。

故事情節解說

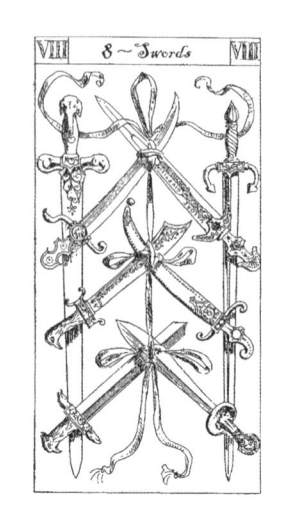

🔖 劇情演繹

本祕儀主題是「困擾牽制」：旨在表現受困的情況、遇到阻礙或難關，以及內心的牽制與實際的阻礙。主題比較固定而沒有爭議，也因此不同塔羅的畫面都較為一致。《偉特塔羅》的構圖設計很具創意，成為經典畫面：創作者有如身歷其境，八把寶劍將主角圍繞在其中，並以繩索或繃帶將自己綑綁住。

這張牌的主角絕大多數是女性，或許過往傳統思想中，不太容易表現男性受到威脅而驚恐屈服，況且也比較會有具體的行動反抗，然而女性就較有可能被制約。女子的身姿也可以透露很多訊息，雙手與雙腳的位置，所站立的境地都有豐富的涵義。

也因為《偉特塔羅》構圖表現手法成功，許多塔羅都跟隨仿效。然而，也有些塔羅會稍做更動：像是主角被綑綁而沒有畫出被寶劍包圍，也有的是雖被包圍卻沒有遭受綑綁或蒙眼。

縱使畫法差異較大的塔羅，也是要表達相近的涵義：主角改以雙手蒙起自己的眼睛，或是以八劍插地成為阻礙物，表示前路窒礙難行。有的塔羅有相同意念的特殊表現，男女兩人一起被圍在劍中，表現雙方緣分關係的進退維谷，是另一種變化的佳作。

🔖 整體營造

地面上的水流來自遠方，表示連接於他處。水也象徵潛意識，而土地則象徵意識。身後的城堡，比喻外力的強大靠山，但也是內心渴望寓居的庇護。

有些塔羅背景的遠方綻露曙光，代表心中的希望、契機的萌生。蒙眼表示傾聽內心聲音，用身體感覺、用心靈去感應。綑綁表示身體肉身受限、動作不能自主、缺乏自由。

屬物呈現解謎

❧ 幾何排列形貌

八劍可以排成類似下面這樣的圖式，形成中心的焦點，因而感到受困，集中力與威脅感更強。中心焦點的營造，也是寶劍八所具的特色。

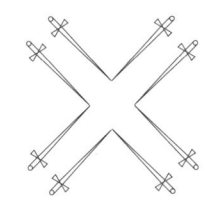

另外，表示各方串聯而共同圍起形成阻擋，像是：

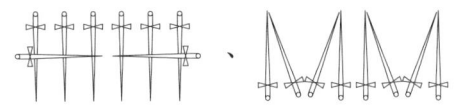

❧ 畫面融入安置

八支寶劍，可以有多種排列法，但為顯出與他張牌不同的特色，且需集中寶劍的作用，因此必須有特殊的安排。畫面情節中的寶劍插地豎立圍成一圈，是一個很獨創的構思。這樣的排列可以產生立體感，且能讓寶劍繞住人物，形成一種藩籬，發揮八個方向的包圍力。

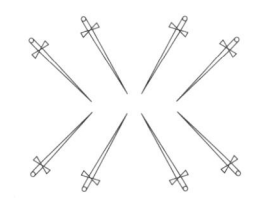

八劍營造了禁錮的場面，表示限制和封鎖，居於各方位的劍象徵不同方向的意見，是嚴苛而過度的壓力。

占卜訣竅提點

這張牌，本來就具有受人關注的特殊性，大概是因為可以講的心理層面很多，是很著重在內心戲的一張牌。然而還有更精采之處，那就是逆位的解釋了，會更有戲劇性和動態變化。

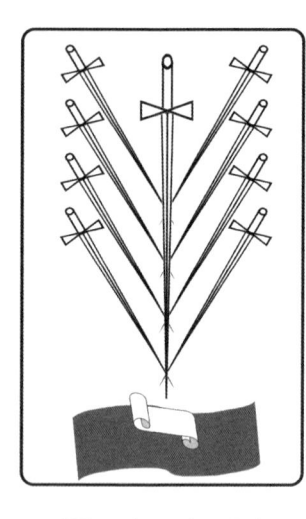

寶劍九 Nine of Swords

牌序結構
寶劍牌組第九張數字牌，寶劍作用的極致影響。

元素衍化
風元素極大力量，成為難以承受的淒風。

正 絕望沮喪　　**逆** 暫避舒緩

祕儀原理解析

❦ 數序導向
　　九號牌原則與風元素寶劍蘊意的組合，常態狀況通常是思緒的困頓和心理的匱乏空洞，寶劍的力量充分發揮。較為正面的情況是，瞭解體驗深刻的情緒，調整得當也可從低潮當中恢復平穩。本祕儀主旨定義和正位置牌義，導向為負面意義。

❦ 主題定調
　　絕望沮喪：寶劍九都是很沉重的，重度憂鬱的沮喪，失落絕望的感受。受到過去的干擾頗大，累積層疊的過往記憶，使人內心難堪、情感傷害，對未來感覺一片黑暗。刻劃心情和記憶的內在描述，又具有實際面和心境的結合。

❦ 內涵探索
　　寶劍九代表心理上的受創，形成情緒失調：悲傷、落淚、嘆息、憂鬱、失眠，竟已到了無以復加的地步。目前遭遇多半是心中掛記愛人，飽受相思或懷念之苦，甚至受到愛情的折磨。情境多半是帶著失望和沮喪，容易遇到挫敗或遭受欺騙。

♤ 正位實占解釋
人際交誼：關係相處不好，充滿憂慮失意，受到欺瞞或是流言中傷。
戀愛情緣：為愛掛念傷心。感情層面的沉痛記憶累積，形成陰影籠罩。
事務進行：事情使人焦慮頭疼，人事麻煩不斷，感到痛心追悔、或是孤立無援。
金錢物質：物品失去難再尋回，或者面臨經濟上的苦惱，缺乏支援和幫助。

牌義沿革解疑

❧ 來歷變遷
★寶劍九一直以來都是牌義不怎麼好的一張牌，最早時期就代表不好的預兆，這些作用連逆位也等同視之。

★尤其是偉特仍然特別強調其黑暗面，這張牌就更以悲傷**淒涼**和**憂鬱**傷懷為主了。**絕望**、失落自不待言，事情的失敗或延誤都是小事，還有**欺騙**和**出賣**，更有甚者幾如死神牌般嚴重。

★在偉特之後的牌義發展，仍是類似之前的涵義而沒有改變，正位置的占卜意義還另加上為所愛的人**擔憂**、心思有所**牽掛**。

❧ 正逆轉折
★至於逆位置的牌義，也一直都不怎麼樣，早期就是悲苦淒慘的代表牌。

★偉特對於逆位的解釋卻跟正位沒有很大分別，另包括監禁，羞恥、恐懼、懷疑和不信任。

★偉特之後的時期，逆位置的占卜意義也大致一樣，更多了些其他負面的意義，像是流言中傷之類。

★如今的牌義走向是正位置保留原本悲傷的涵義，而逆位則能暫時從中**抽離**、解脫，此外還包括：**從惡夢中驚醒**、**跳離不堪**的情境、**避開**難以面對的情境。

★是正位置的轉折，逆位置不會比正位置好太多，也不代表完全轉向，但相較之下，不那麼深度和沉浸的情緒和心境。

❧ 逆位思考
寶劍九逆位須以「逆位超越原則」推衍，逆位置的意識更為清晰，從悲情和陰鬱中暫時走出，不再被惡夢纏身。這個抽離能夠紓緩許多壓力，可以暫時喘息或好轉起來，是復原的重要關鍵。有時候表示心中有著不安和懷疑，但都是有根據的，並非妄想和誇大。另外也表示羞怯和恥辱的情緒，以及顧忌的心態。

☆ 整合以上各項綜述，歸納出的逆位主旨結語為：「**舒緩暫避**」。

⛨ 逆位實占解釋
人際交誼：曾經因為一些狀況，友誼關係緊繃，目前已稍微冰釋，或許已經能夠互相理解，但仍然未能熱絡。

戀愛情緣：試圖恢復溝通，然而心中餘悸猶存，情感尚未完全彌合。

事務進行：目前可以打起精神，暫時能撥開雲霧、揮別陰霾。

金錢物質：浮雲退散後清醒了些，明瞭過去財務上的疏失而有所改善，逃脫出困境的陰影。

故事情節解說

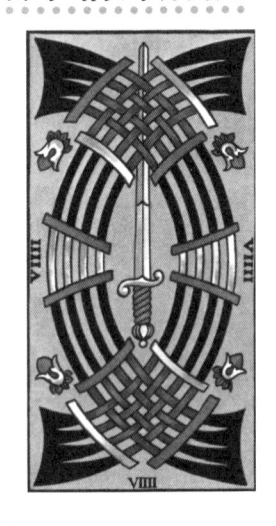

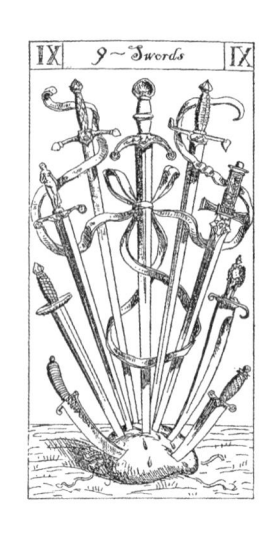

🔱 劇情演繹

本祕儀主題是「絕望沮喪」：須表現寶劍傷人的力量，而以一個人的內心憂愁為主題。畫面情節多是失眠的景象，且在夜晚裡從睡夢中驚醒，甚至起身掩面哭泣。主角人物多半是女子，較適合傳達纖細的思緒，而極少數塔羅才會以男子為主角。主角多處於意識不明下的脆弱中，因過往的遭遇而驚恐懼怕，並襯以九把寶劍的犀利，表現出內心的痛苦和不堪回憶。

九把劍的表現方式很多種，多半是在主角頭上略過，但卻不在現實的空間中。也有不以睡夢和夜晚為構圖，而一樣表現沮喪和悲慘的變化。有的主角雙手被綑綁，有的主角是將九把劍全都攬在身上。

有的塔羅會表現得更激烈些，這時寶劍在構圖中是真實的存在，這表示所有的痛苦是目前當下的遭遇，而非既往或存留心中的傷痕。有些主角遇到亂劍而落敗下跪求饒，有些是九劍同時刺向主角，甚至描繪成劍落如雨，而這些主角當然都是驚惶失措。也許因為是極致，使得有些畫面的殘酷程度，可能已經很接近於寶劍十。而且，幾乎都不出悲慘沮喪的主題，並沒有翻案的狀況出現。

🔱 整體營造

背景為漆黑的空間，配合黑暗的心境。床板的圖案暗示這是主角的夢，也是內心的癥結和恐懼來源，可以推敲內容是什麼，進而得知是哪一類型的事件，做一番「夢的解析」。

《偉特塔羅》在棉被上的花紋，是占星學的星座和行星符號，象徵所面對的繁複世界，有一些塔羅會跟進而仿用這個畫法。

屬物呈現解謎

❦ 幾何排列形貌

九支劍幾乎已經占滿畫面，充分表達劍的思慮過度。紛亂飛舞的寶劍排列則表示心思更為混亂，不過通常仍排列得工整：

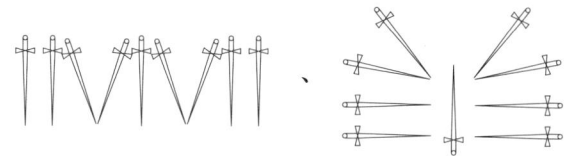

象徵不同來源和類別的思緒，也暗示較具整理與分辨能力。

❦ 畫面融入安置

九支寶劍已是最多的一級，算是寶劍的最高作用，因此畫面多將劍直接作用到主角人物。九數需要強調力量整合而不能太凌亂，所以畫面呈現的多是九劍層層疊上，且劍尖方向皆一致。

這表示每個層面都造成影響，也象徵各式悲觀負面的情緒，受到引動和刺激，包括憂慮、煩惱、悔恨等。

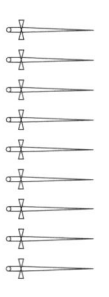

占卜訣竅提點

這張牌與寶劍三需要做點區隔，主要的差異在於寶劍三有其痛快之處，而且是一擊必殺，不過寶劍九卻是一種長痛、長時期的折磨煎熬，深入的情況歷時已久，苦痛可能早就融合在自身之中了。

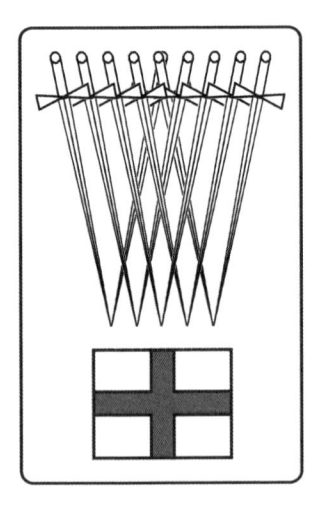

寶劍十 Ten of Swords

牌序結構
寶劍牌組第十張數字牌，寶劍作用的徹底結束和等待重生。

元素衍化
風元素超級強勁的作用，強力而不絕，繼續運作下去，有如狂大暴風一般。

正 毀滅崩潰　　**逆** 暗夜曙光

祕儀原理解析

⚜ 數序導向
十號牌原則與風元素寶劍蘊意的組合，完全出籠的寶劍殺傷力很強，許多層面徹底被破壞了，代表非常危難的狀況，這些都是很負面的。而正面情形是隱藏在未來，或許遇到轉機能夠獲得重生。本祕儀主旨定義和正位置牌義，導向為負面意義。

⚜ 主題定調
毀滅崩潰：黑暗而毀滅性、全面崩潰的格局、難以恢復的慘烈。力量集聚且具時間性，有延續的損傷、是種不留後路和餘地的狠勁。多半起因於有計畫性的刻意安排，而不是偶然的意外，是一種徹底的追殺、或註定式的毀滅。

⚜ 內涵探索
寶劍十可說是悲慘的代表，遭遇到極大的困難、或受到重大的全面性打擊。這樣的殘酷事實、不幸的事件，不僅是心中的絕望和痛苦，更形成了極大的摧殘和折磨。得救或復原的可能性很渺茫，只能從精神層面上尋求解脫。

♛ 正位實占解釋
人際交誼：環境險惡莫名，受到中傷誹謗或是破壞惡搞。關係幾乎要決裂，徹底感到沮喪與失望。
戀愛情緣：感情關係非常糟糕，受到刻意傷害，並且難以再復原。
事務進行：事務上遭遇到莫大的困頓、危難、和禍害，難有成功和希望。
金錢物質：沒有獲利的可能，無法挽回的失去、甚至一無所有，或許有破產之虞。

牌義沿革解疑

⚜ 來歷變遷

★最古老的牌義曾經包含實際、合理,而從較早期的說法,這張牌的就是以不幸與困難的涵義居多。

★後來這張牌顯示的意義,可說是**跌到谷底**了,幾乎是數字牌中最慘的一張,並有許多負面意義和寶劍九多所重疊,像是監禁和背叛。

★偉特定義正位置的意義,是:**痛苦、折磨、撕裂、毀滅**等等**慘烈**的狀況。而此時逆位已經呈現與正位相反的涵義。

★偉特之後的時期,正位牌義如出一轍,並列舉更多的不幸、失望。逆位的項目逐一相對於正位,一律是修復後的正面作用,而正面的程度則愈趨強大。寶劍十成為悲慘的代表牌,這點至今仍舊如此。

⚜ 正逆轉折

★至於寶劍十的逆位置卻捉摸不定,有時候是獲利或得勝的意義,然而有時候卻比正位更淒慘。

★在偉特的設定下,使逆位有別於正位的慘烈,不只是正位意義的轉機,甚至反而是能夠獲利或成功的有力現象。

★偉特之後時期的逆位置意義,則直接定義為:即將受惠或取得利益、**改善處境**、暫時的擁有、剎時的成功、**瞬間的優勢**。

★演化到今日,逆位的解釋多半強調是暫時性的**回復**,並不是永續的利益和長久的成功,然而無論如何都是**轉機**的意義,發揮了逆位轉折的用法。

⚜ 逆位思考

寶劍十逆位置是基於正位置的遭遇境況,而可能稍有轉機,也算是並沒有直接到最慘的境地,或許會有一些較好的演變,但可能只是短暫或臨時的現象,不能保證長久持續生效,更難以全然復原。寶劍十自是須以「逆位超越原則」推衍逆位,然而也可再加入「逆位相反原則」,更周全地遍及所有涵義。

☆ 整合以上各項綜述,歸納出的逆位主旨結語為:「**暗夜曙光**」。

♤ 逆位實占解釋

人際交誼:不必要的補償,無用的彌補與挽回,希望終究能扭轉局勢。
戀愛情緣:感情破滅後,等待奇蹟發生,期待不可能的轉機或救贖。
事務進行:原本已無望的事情,最終出現轉機的曙光。走到無路可走,退無可退,終於殺出一條血路。起死回生、逆轉勝。
金錢物質:財務上的重大危機,終於有救了。找到了那麼一絲希望,也許能有起色、或者挽回些什麼。

故事情節解說

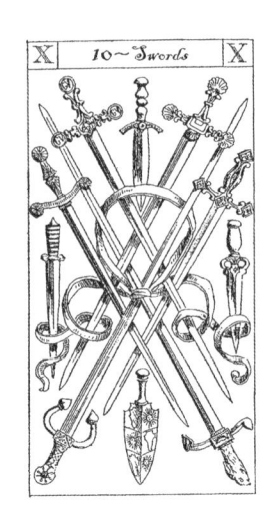

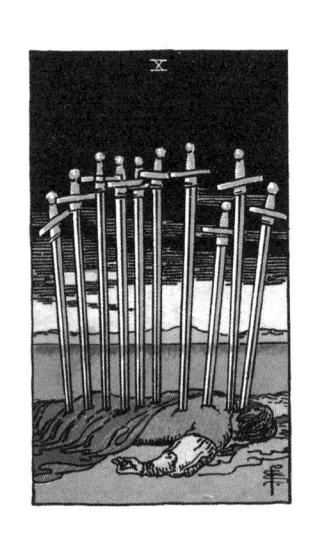

❧ 劇情演繹

本祕儀主題是「毀滅崩潰」：須描繪出寶劍的極度威力，以及遭受此一力量的悲慘狀況。眾所周知的畫面是，主角已經倒在地上，被寶劍所刺傷，而且因為是十把，傷害非常嚴重而徹底。這位被劍所傷的人多半是男性，也是避免呈現傷害女性的殘忍畫面。

這位被害人倒在地上，但仔細觀察發現他的手捏了神訣，暗示他心中期待能夠得到拯救。很多塔羅會跟隨這樣的畫法，可以注意這一點。

各種受傷和倒地方式，目的在表現嚴重打擊和摧毀，可以是臥倒或趴倒以及其他姿勢，甚至可以沒有昏厥，而神色痛苦或流淚悲泣。其他的情節變化只是更動了場景，仍是要表現悲慘絕境。

有的塔羅會畫出施以十劍的迫害者，甚至主角還被踐踏，或是出事倒地之後被尋獲的。有些塔羅的構圖比較非現實，以抽象或幻想的方式來表達，同樣是慘狀，卻比較不會那麼直接：如針的劍紛紛扎在臉上，或是十把劍為精靈所持而刺向主角。

有些塔羅改變了悲慘境遇，因為劍十也能以元素形態來呈現，這反而比寶劍九有更動的空間。例如畫面沒有被刺的人物，而十把劍聚集在同一點上。甚至反而是排除十劍的危害的情節。

❧ 整體營造

被劍刺的部位可以稍微講究，表示受傷之處何在，以及該處功能遭到毀損。

彼岸的描繪不容忽略，是救贖的象徵，也暗喻原本願望的殘念。黑暗之下透露出光芒，表示絕望時豁然開朗的心境。遠方的曙光，是未來新的希望和期待，只不知是慰藉還是諷刺！

屬物呈現解謎

❧ 幾何排列形貌

十劍一定會呈現充斥畫面的感覺，讓人感到驚恐氣息：

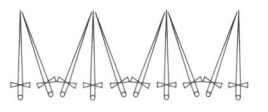

若求有所變化，多會以分組方式排列：

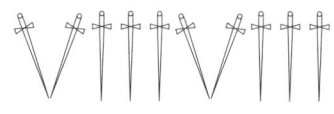

加入對稱與設計感，更隱喻事件情況被注定或安排：

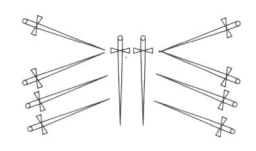

❧ 畫面融入安置

十劍，是寶劍極致殺傷力再更加強的涵義，讓人感到滴水不漏，嚴加追殺。而十表示全部象徵物合而為一的整體結合感，因此十劍需集合成組，形狀不需太花俏，只要整齊劃一地排列，指向同一方向，就能感到力量強大而震撼。也由於一致感多是人為所造成，更能感到刻意安排的可怕。

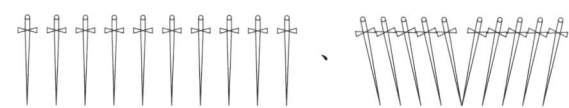

十支寶劍指向若更為集中，會更直接讓人感到其中的殺傷力，多用以表示已經實質傷害到了主角，危及了許多層面，完全表達了毀滅的涵義以及寶劍招致厄運的作用。

占卜訣竅提點

寶劍十統合全部寶劍牌的各種毀滅狀況，並表示傷害仍會持續，嚴重在於毀滅性可能延伸到後續才出現，是有所後患的傷害，日後也很難完全復原。並且，所遭遇的或許是有計畫的全面追殺，這張牌算是較大格局的數字牌。

金幣二 *Two of Pentacles*

牌序結構
金幣牌組的第二張數字牌，金幣作用的流通周轉。

元素衍化
土元素的運轉，這種形式與這個元素不容易搭配，因而掌握度不高。

正 協調轉化　　**逆** 週轉不靈

祕儀原理解析

⚜ 數序導向
二號牌原則與土元素金幣蘊意的組合，正面作用是經濟方面的調度和協調、交流合作，然而負面的狀況則是失誤而差池，運作不協調、關係或合作不利。所導向的祕儀主旨定義和正位置牌義，仍然可算是正面作用意義。

⚜ 主題定調
協調轉化：金幣交換旋轉，互相輪流替換，是變化莫測的循環現象，因而也可包羅萬象，任何變換和循環，生生不息的現象，都包含在這個象徵之中，並且也延伸為化解問題、解決和調整。

⚜ 內涵探索
金幣二的定義為，以健康樂觀的心境去處理周遭的事，以超脫的意志操控物質，而不是被牽制。環境各方面可能有改變或運勢起伏，但能夠保持靈活和彈性來因應，無論是對經濟狀況或是對人際關係。縱使愛情受到外力阻撓，仍能從中感受到欣慰。

♤ 正位實占解釋
人際交誼：人際交流活絡，利益往來與互通不成問題，卻不夠真正熟稔或深交。
戀愛情緣：以愉快輕鬆的心情面對伴侶或追求對象，需要更深入用心。
事務進行：事情需要不斷協調、忙碌而驚險，偶爾有起伏。嘗試執行新的計畫。
金錢物質：金錢物質的周轉、流通、和交換，或許是經手，可能從中獲取利益。

牌義沿革解疑

⚜ 來歷變遷

★這是正逆位意義最為接近的一張牌，而且定義也都很浮動不定，正面或負面的傾向也不明顯。恰好這張牌的主軸就跟改變、起伏有關，也就愈加捉摸不定了。

★偉特的牌義都是從傳統而來，他認定了正位置**快樂**和**娛樂**的涵義，同時還有障礙、起伏、麻煩、混亂。這些意義之間有相反矛盾之處，而《偉特塔羅》的畫面並沒有釐清這些問題，反而造成更多混淆不明。

★偉特稍後時期，正位置牌義開始與以往不太一樣，多認定為負面的作用：困境、難堪，新的麻煩或執行新計畫時的困難，這其實和偉特設定並不符合。

★然而經過單純化後的定義，融合煉金術體系的設定，皆以**和諧的改變**為主軸，面對**環境的起伏**，保持**愉快的心境**，而逆位置就接收了憂慮和事態嚴重的意義。

⚜ 正逆轉折

★金幣二自古以來的本意上，正位置本還是正面些，逆位置則偏向不太好的意義，像是壞預兆、不公正、愚昧無知等。

★偉特對金幣二的設定則是正逆都好壞意義摻雜，而逆位意義更為複雜，除了對應正位歡愉而來的**勉強歡顏**、**假裝愉悅**，還特別包含了文字、寫作和電報等項目。

★金幣二的牌義應該修正回來，正位置定調以愉快輕鬆的心情，但是可能需要應付變動的環境。雖然有時會有點窘迫，然而真正有問題的狀況要放到逆位去。逆位置在情緒上原本就傾向負面，也一樣看成正位置的各項反義。

★後來時期的演變，金幣二因應上述的修正，逆位接收了很多負面意義，像是**失誤**、真正的**憂慮**等等，並為了和正位相對立，新增設定了一些負面作用的項目。

⚜ 逆位思考

金幣二逆位表示對目前的狀況束手無策，或事態變得嚴重，讓你應接不暇。身邊潛藏著微妙關係，需透過手腕、甚至花招來應付，但多半比較難圓滿解決，很容易操作不當或失誤。最明顯的情況是，類似週轉失靈的現象產生，擔憂的情緒油然而生，現實面有許多問題存在。這些都是以「逆位相反原則」和「逆位不當原則」推衍而得。

☆ 整合以上各項綜述，歸納出的逆位主旨結語為：「**週轉不靈**」。

🔮 逆位實占解釋

人際交誼：多方兼顧之下應接不暇、不夠周全妥善，反而出差錯得罪人。
戀愛情緣：耐心不足或不夠專一，因分身乏術，導致關係出問題。
事務進行：因心情低落感到緊湊匆促，或粗心大意不專注，接著應付不來而失控。
金錢物質：週轉不靈、調度不及，在某環節上卡住，導致財務可能崩盤。

故事情節解說

🔱 劇情演繹

　　本祕儀主題是「協調轉化」：由於主旨特別而涵義又豐富，所以畫面所傳達的涵義較難揣摩。通常都有一個男人為主角，像是在雜耍般的轉動著兩枚金幣。兩枚金幣剛好能夠左右移動，多以雙手操作互繞旋轉。

　　主角通常擺出特殊的姿勢，並且還身處於搖晃的甲板上，讓人感到會很累、甚至疲於奔命。這個奇特的動作，用以象徵許多不同的涵義：財務的周轉、事務的協調、危機的轉化，甚至包括娛樂表演等。

　　從人物的扮相，可以瞭解他與這兩枚金幣的關係，以及所扮演的角色。轉動金幣的動作方式或是紐帶，都能據以增添許多變化和創意：一個人加上自己的影子一起操作金幣，或是小丑的左右兩側服裝衣著相反，或者是主角戴著面具隱藏真面目。這都是要更增添雙重性，表示左右逢源或兩面討好。

　　另外還有更為特殊的轉化，有些塔羅將金幣和紐帶分開，分別安排在畫面的不同地方出現，也不以轉動金幣為主要姿勢，將金幣二的特殊神祕力量用其他方式展現出來。甚至有的塔羅更動了人物：將主角換成女性，或是改為兩人一起操弄或交換金幣，也可增添更多的意義。

🔱 整體營造

　　若場景有船隻和海浪，是為了烘托波濤起伏洶湧，象徵人生的擺盪不安。場景也可暗分兩種領域，表示兩面忙碌奔波。

　　神奇紐帶或無限大符號，圍繞在兩枚金幣之外，聯結兩枚金幣。這個創意來源是古塔羅金幣二裝飾的變形，用以表示運作中呈現的能量，甚至可引動無限潛能。

　　這個符號也有獨立在外的表現模式，像魔法師牌上的畫法，甚至更神奇的光芒或磁場呈現法。

屬物呈現解謎

✦ 幾何排列形貌

雙幣平行放置，通常可象徵雙輪，無論之間距離遠近，都可表示出運轉快速，方向一致：

⛤⛤　、　⛤　⛤

另外也有兩枚上下高低落差的排列方式，這樣可表示運轉更為強烈，表現變動起伏的特質，甚至暗示轉動方向的差異性：

⛤
　⛤

✦ 畫面融入安置

兩枚金幣排列不出具體形狀，只能連成一直線和方向，因此重點在於兩枚金幣的關係。由於是圓的形狀，兩枚金幣容易給人兩相互繞的感覺，以下兩種排列或多或少都會營造出這種動態感：

⛤　　⛤
　⛤　　⛤
、

於是，兩枚金幣的關聯性成為設計的重點，因此連幾何圖形的畫面表現都有互相旋繞，以及飾帶串聯的表現方式。可知意義不離周轉、交流、傳達等方面。

雙幣圓盤既然有如運轉的兩個輪子，通常在畫面中有不可或缺的附加圖案，可以說是兩輪之間的鏈帶，不能忽略兩圓之間總有此物做為聯結。這慣例起始於傳統塔羅上的飾帶，從一開始的「S字型樣式」，如「§」或「∫」，演化到後來成為「8字型樣式」的「循環雙紐帶」圖形，也被視為無限大符號「∞」。

占卜訣竅提點

二號牌的牌義好像容易被後人弄成曖昧不明，金幣二也是這樣，但二號牌主旨其實都是很明確的，金幣二雖然好壞強烈度不高，但仍有主要的方向，即以週轉調度為重點，副主題愉快和娛樂也須參考不容忽略，這樣就能掌握這張牌的要義了。另外，金幣二甚至可比擬大祕儀的節制的部分特質來理解。

金幣三 *Three of Pentacles*

牌序結構
金幣牌組第三張數字牌，金幣作用的精緻深入。

元素衍化
土元素的精緻調配，因此具有高價值和質感。

正 專業技能　　**逆** 摩擦失序

祕儀原理解析

⚜ 數序導向

三號牌原則與土元素金幣蘊意的組合，正面作用是在實際面上，如專業和工作的合夥共事，或者團隊進行、齊心致力。負面的狀況則是意見紛歧、人多手雜，或者群龍無首、莫衷一是，因而運作失誤、或者造成摩擦而誤事。本祕儀主旨定義和正位置牌義，採取正面作用意義。

⚜ 主題定調

專業技能：固定安放的金幣象徵穩紮穩打的方式，有如品質保證的口碑、事業經營的成果。高檔技術和精緻成果，仰賴專業技術能力，也需要專心致志、凝聚精神力量。也代表團隊工作表現良好，彼此合作無間、完成任務使命。

⚜ 內涵探索

金幣三主要談的是工作事務以及由此衍申的各層面，首先是報酬方面，包括名聲和口碑、以及實質利益的回收。可說與工作和事業息息相關，還包括合作、分工，以及接洽、業務、行銷等方面。與專業技藝相關的，還有才能與學習等事宜。

🔮 正位實占解釋

人際交誼：小團體或利益共同體，成員間關係密切，不注重廣泛的人脈交誼。
戀愛情緣：透過工作使得感情結合度更高了。不像一般的浪漫，卻也別有滋味。
事務進行：運用專業技能，或以分工合作方式完成事務。業務或案子接洽成功。
金錢物質：獲得有價值的報酬或應得的薪資、以及額外的獎賞。有機會得到至寶或藝術品。

牌義沿革解疑

❧ 來歷變遷

★金幣三這張牌的意義爭議較多，有著許多混雜和分歧，層面也包羅甚廣，不只在金錢財務方面。

★偉特統合了財務和其他層面，著重在工作技能和名利報償的相關範圍，強調**專業、職務分配**，以及因此收穫的**報酬和口碑**。

★煉金術系統的設定，和偉特也幾乎如出一轍，主題也是鎖定於工作。

★往後的牌義演進，就更加純粹化了，不相關的層面像是貴族或聯姻等項目，就逐漸剔除了，成為**尊嚴、名聲**，可呼應於工作專業上。更強調極強的商業或工作**技能**、優異、完美的成果，以及美術、設計才能。

❧ 正逆轉折

★較早時期金幣三的牌義主軸不那麼明確，逆位更莫衷一是、牌義好壞也難明。

★偉特將這張牌的正位置意義鎖定在事業、工作、專業、技術和能力上，而逆位這時也根據正位置而確立為其**能力的匱乏**或**成果上的挫折**。

★偉特之後的時期，雖然金幣三正位置是鎖定工作而沒有特別提到財務，逆位置還特別強調財務方面的各種問題。

★發展至今，金幣三逆位置的內容範圍也都是這幾個相同的項目，而皆以不順和低落的情況論之。另外在性格方面特質為：情感脆弱、情商較低、**心理素質不佳**。

❧ 逆位思考

金幣三逆位置是從正位置意義以「逆位不當原則」推衍出來，代表工作進行不順暢，成果並不理想，這也會影響到報酬和聲譽口碑的問題，而有時候是報償或財務上本身出狀況。當然，也有可能是合作或洽商方面的問題。就自身而言，也許是才華平庸或學習不力，在技能方面不足以勝任，導致成果展現上出了問題。

☆ 整合以上各項綜述，歸納出的逆位主旨結語為：「**摩擦失序**」。

❧ 逆位實占解釋

人際交誼：在群體之間的相處上協調不良，節奏不合拍、產生嫌隙摩擦。

戀愛情緣：感情上因實際面的意見不合，產生不滿、怨懟、或懷恨。

事務進行：太緊湊匆促，因趕工而忽略品質、或者安逸而延宕正事。團隊失和、配合度不佳，導致事務難以進行。

金錢物質：因各種事務上的狀況，或者口碑、時效、程序等問題，沒有應得的利潤和報償，甚至喪失機會或工作本身。

故事情節解說

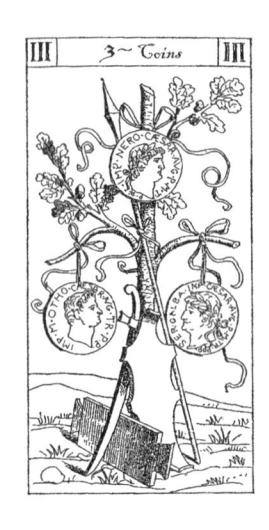

✦ 劇情演繹

　　本祕儀主題是「專業技能」：表現金幣的精緻作用，不脫離實際而又兼具美學，不僅只有金錢的價值。於是畫面通常都強調金幣位置的變化，再來才是人物特徵。這張牌的構圖多以金幣配合場景，營造出更多意義變化。

　　三枚金幣在上，是眾人齊心努力的精神目標。金幣如果鑲在牆上，表示努力所得是成就和名譽。是不是位於教堂內，則與精神奉獻相關。通常畫面都會出現不止一個人物，共同謀劃某項工作任務，這具有團隊工作的涵義。而從人物裝扮可看出在這項任務中擔任的角色，三個人物各執其事，則暗示了專業技能。

　　《偉特塔羅》畫面的角色有工匠師傅、建築設計師以及教堂人員，表示各方的協調。當然，人物數量會有所改變，有些塔羅以單一主角獨力完成工作，但專業的涵義仍須保留，例如以一人手執設計圖來表現。

　　很多塔羅著重於工作型態的變化：可以直接描繪一般工藝的創作製造，也可以展現對金幣的掌握技巧。甚至更為複雜龐大的設計工作，金幣成為運轉機輪。這張牌也具有才華的意義，有一些塔羅據此而將畫面做一些更動，構思成其他對才藝的表現有意義的情節畫面，甚至描繪一場舞台登場表演，金幣轉化成了聚光燈。

✦ 整體營造

　　工作器具根據工作性質而定，代表謀生技能和工具。設計圖是才藝、智慧結晶，是計畫規劃與精心設計。

　　畫面中多要呈現設計，並增添空間營造感。建築並以幾何圖形突顯出設計感和古典風格。教堂建築花紋雕刻，其他裝飾的配合，可看出這張牌的定位。玫瑰等圖式符號，表示其中有祕密契機存在。

屬物呈現解謎

❦ 幾何排列形貌

三枚金幣的排列，可以連成一直線，無論是縱向或橫向的排列，然而這些都是最沒有特色的，只要不排成直線，三枚金幣就會呈現出三角形，並且更時常排成等邊或對稱的三角形：

如果是倒立的三角形，就暗示微妙複雜的相互供應關係：

❦ 畫面融入安置

金幣三最有可能的是排列成三角形，這樣的平面排列，就能形成堆積的感覺了：

這種形狀顯示並非獨力奮鬥，也不只雙方合作，而是多方協力、互相扶持相拱的感覺。如果緊密相鄰支撐著，更表示團結，象徵與同心合作。金幣本來就常類同於五芒星，五角形配合三角形，會有很多種圖形因應而生，構成豐富的幾何呈現，可以表達很多設計上的涵義，也能以此暗示特殊技能，專業的工作、精工製品、各種設計以及幾何圖案等。

占卜訣竅提點

金幣三頗具大能，與環境的結合度高，除了高度技能表現之外，也是一種提昇，超越物質層面的代價和成果。另外，無論怎樣定義，在本身的體系裡，總是要和金幣八這張牌分清楚差異，尤其牽涉到工作相關問題，有級別高下的暗示。

金幣四 Four of Pentacles

牌序結構
金幣牌組第四張數字牌，金幣作用的穩定。

元素衍化
土元素的強力凝聚，沉穩堅固的局面。

正 掌控固守　　**逆** 顧此失彼

祕儀原理解析

❦ 數序導向
四號牌原則與土元素金幣蘊意的組合，正面作用是守住金幣，財務穩固安定而有保障。負面的狀況則是過於執著固守，財務沒有進展和流通。如此導向的祕儀主旨定義和正位置牌義就呈現出兩面作用了。

❦ 主題定調
掌控固守：這是財務的某種狀態，事務的某種最堅固階段，保守傳統的特質更加穩定、甚至牢不可破；或許感到在方法上不知變通，而且也容易錯過良機，卻也相對地呈現出安定穩固。

❦ 內涵探索
金幣四描述的財務狀況是穩固安定、金錢物質的囤積，並不是流通的經濟狀況。然而，卻也有著心態上吝嗇的意味，也可由此推測人際上和情感上的封閉或不討喜，在相處關係方面顯得比較枯燥。

🔮 正位實占解釋
人際交誼：人緣上很不討喜，由於有點小氣或斤斤計較而欠缺人緣。
戀愛情緣：感情更嫌平板無趣，掌控慾更強，相處上感到枯燥乏味。
事務進行：處理方式固執保守，能按部就班並維持穩定，然而缺乏創新和變化。
金錢物質：資產保固良好，妥善收藏或囤積物品，守財節流嚴密，財務非常穩固。

牌義沿革解疑

❦ 來歷變遷

★這張牌在早期和現在的意義不完全一致，古代的解釋，就財務而言好壞也不一定，正逆位的意義相差不大，好壞程度也不會很絕對。而有關愛情方面，回應似乎還沒那麼糟糕。

★直到偉特統整後，主旨定義很清楚而不再跟從前一樣了，正位置意義為：**堅守**擁有物、穩固**所有權**、**擔保**、遺贈、繼承。

★煉金術系統和偉特，都將金幣四視為擁有力量，元素和數字變化的特點，統合來說就是極度的**安穩**。

★偉特稍後時期，這張牌就鎖定了財務穩定相關的意義，以及著墨在對物質財富的喜愛，且更著重於**囤積**，而延伸為這樣的特性，描繪**吝嗇**成性、無法與人分享的人物特質。

❦ 正逆轉折

★早期這張牌的逆位置多跟隨正位置，大致是相像的項目，只是作用力比較薄弱，或者態度上比較旁觀和淡然。

★各時期金幣四的逆位置也都基於正位置加以轉化，一直以來都是如此。物質事務方面設定為**挫敗**、抗拒，進一步推得疑慮、**遲疑**、延誤、甚至控制不當。

★偉特對金幣四的定義也不例外，正位置同樣是物質的掌握，而逆位置意義則為：延遲、耽擱、擔心、對立。

★原本的守財卻成了**漏財**或揮霍，或者因固守而失去更多。總之，金幣四逆位置造成的結局是，損失或者**得不償失**。

❦ 逆位思考

逆位自然是原本狀況的改變，以「逆位不當原則」或「逆位相反原則」來設定，推衍出失去穩固的狀況，變成財務動搖不穩，甚至損失挫敗。也可能是財貨原封不動，卻貶值或淪為無用失效。金幣四是少數可適用「逆位過度原則」的小牌，推衍出的結果足以形容為：過度節省而成了吝嗇、或是謹小慎微反而賠錢等各種因小失大的狀況。

☆ 整合以上各項綜述，歸納出的逆位主旨結語為：「**顧此失彼**」。

⚜ 逆位實占解釋

人際交誼：或許由於自身過於吝嗇或摳門，人際上不受歡迎，遭到唾棄或嫌惡。
戀愛情緣：感情僵化，極力控制關係，卻處理過當而導致關係破局。
事務進行：墨守成規或食古不化，或因後顧之憂而導致事情失敗。
金錢物質：理財方面過於保守固執、不知變通，甚至錙銖必較，反而招致損失。

故事情節解說

🝊 劇情演繹

本祕儀主題是「掌控固守」：主旨極為明確而固定，就像牌義也是穩定固守的鋪陳，因此連畫面變更也不會相差太遠。財務的穩定需要節流儲存，多半以守財奴般的金主做為主角人物，畫出一個男人抱緊著錢、露出吝嗇的表情。

然而從另外的角度來說，這也是一種堅強的意志力和凝聚力，並隱含有金幣與身體結合的感覺！這種坐擁金幣的動作讓人印象深刻，許多塔羅都會據以變化。

這個男人有各種造型，以及各種類似的動作：四枚金幣全都抱在身上、雙腳各踩住一枚金幣而雙手高舉各抓住一枚金幣、躺在金幣之上；也有不接觸金幣的，用心去掌握而不著形跡。

當然，也不乏刻劃女人愛錢的情節，女人抱錢緊緊不放，正在採集金錢，或者單純是心裡對於擁有金幣而感到喜悅。

這張牌也頗重視主角所處的場合，居於室外室內的差異，在於心態與實際上的封閉程度，室內的佈景刻劃通常也是心境的寫照。

比較大的變化是增添其他人物，這就一改封閉的形象，情節也會有較多差異。富商與人協商生意，用金幣的排列位置暗示分文必爭，仍然相同的特色是財力雄厚的財閥意味。

🝊 整體營造

主角坐鎮的姿態，必須要有椅子，且多是堅固的石椅。由人物裝扮可以看出他的身分地位。頂上的帽子更暗示他自認的階層。

若有房間，是主角所在的小環境，也是生活和心境寫照。房間的門窗，是與外界聯絡的管道。背景若看到城鎮，是主角所處的大環境，可以看出他的金錢流通領域和社會面。

屬物呈現解謎

⚜ 幾何排列形貌

金幣四的方形排列,可明顯感到極為穩固:

這個排列的涵義,類似於前述的垂直排列法。

⚜ 畫面融入安置

四枚金幣,能排成一個方形,給人的感覺就是固若金湯,這樣的堅固方形,就象徵著固守,甚至是吝嗇節儉守財。然而四的排列,通常會在穩定中求變化,因此四枚金幣不一定只排成方形或一直線。在故事情節畫面中,尤其會添加變化,如下圖。這樣縱橫兩方向垂直排列,也能涵蓋二度空間平面,並且表示儲蓄有方法,也不乏理財技巧或規則:

占卜訣竅提點

這張祕儀的牌義好像很固定,似乎也是眾所皆知,而且大都一致,幾乎都是對主角懷有不好的印象。其實這位主角也有他的優質之處,解析的時候偶可念及於此。只要注意逆位置的變化,以及如何將牌義用在關係的詢問上,這張牌就沒多大問題了。

金幣五 Five of Pentacles

牌序結構
金幣牌組的第五張數字牌,金幣作用中斷的轉折變化。

元素衍化
土元素的不和諧狀態,造成崩塌離析的現象,無法安然保有。

正 耗損患難　　**逆** 度過難關

祕儀原理解析

❧ 數序導向
　　五號牌原則與土元素金幣蘊意的組合,負面的狀況則是漏財,失去金錢和物資,財務狀況混亂。正面作用是重整生活和經濟狀況。本祕儀主旨定義和正位置牌義,採取的是負面作用意義。

❧ 主題定調
　　耗損患難:主旨代表金錢財務的損失,或許因為遭遇危機、危難、折損、困難,導致後續可能的患難、顛沛流離、或是窮困潦倒的悶途。金幣的穩定假象中,帶著隱藏的轉折和變動意味,可望而不可及的金碧輝煌,是耗損匱乏的對比和諷刺。

❧ 內涵探索
　　金幣五是在金錢上出現困頓的情況,或許長期累積的原因、或許一時踩到危機,沒辦法即時收到接濟,是代表財務憂患或貧窮的牌。可以突顯出貧富差距和對立、以及環境和人情的冷暖。愛情上的意義,多半跟環境造就是有關的,這張牌在金錢和愛情方面的意義好壞,恰好呈現出相反的情況。

⚜ 正位實占解釋
人際交誼:環境突顯出了患難見真情的境況,不由深切體驗到人情冷暖。
戀愛情緣:詢問愛情,表示在特殊情境下相依為命、彼此扶持,可謂患難見真情!
事務進行:遇到風霜考驗和困難的局勢,環境很黑暗、不景氣,事態非常不順利。
金錢物質:金錢上有損失,經濟狀況窮困,容易散財,無法進財或是錯失機會。

牌義沿革解疑

❦ 來歷變遷

★紙牌占卜時代這張牌代表好運，剛好與現在的通用意義相反，甚至還表示在財務上的大驚喜。到了古塔羅才轉變成財務的問題，但在其他方面像是愛情上，一直還是維持很好的意義。

★從煉金術的角度來說，這個元素特質在此呈現出其負面作用，所以不佳的涵義更被強調了。

★偉特定調了兩個方面的牌義：財務方面是**困頓**和**貧窮**，愛情則延續原來的意義。尤其不忘強調戀情的**親密度**，但由於《偉特塔羅》畫面失焦，社會經濟問題被放大，且對主角的描繪看不出恩愛，感情關係的議題就始終受到忽略。

★往後的塔羅牌義，多半都是以**財務問題**的貧困之牌看待。戀情關係的特殊解釋，由於受到忽略而後混淆不清，如今已經不受重視，不過因應情況仍可以使用。

❦ 正逆轉折

★自古這張牌的逆位，就是正位置的反向，在其中的財務和愛情兩條截然相反的路線上，都是朝反向作用解釋就對了。而後隨著時代演進而正逆位更加釐清，這一點也就更為明確。

★然而偉特受煉金術影響，認定整體牌性偏向負面，連逆位置意義也好不到哪裡去，無論是哪一方面。因而財務也就偏向負面：失序、混亂、毀滅、揮霍。

★偉特之後的時期，扭轉了逆位和正位方向混同的趨勢，參照古代的用法，逆位逐漸演變成正位狀況有所**好轉**的牌義，財務問題歸還正位而逆位轉為**恢復生機**。但是原本在愛情方面好的作用，逆位意義卻成為**失和**、分離。

❦ 逆位思考

如今金幣五以「逆位相反原則」可推得全部的逆位置各種涵義。物質的困難會好轉、最差的時機已經撐過去了、環境逐漸復甦不再蕭條寒冷、自身的情況也會有所改善，這些涉及局勢好轉的部份也可特別視為「逆位超越原則」。至於戀情方面的波折，多由於環境變遷的緣故，致使原本的情誼也隨之動搖了。

☆ 整合以上各項綜述，歸納出的逆位主旨結語為：「**度過難關**」。

⚜ 逆位實占解釋

人際交誼：人情冷暖嚐盡，終於苦盡甘來，受到滋潤。
戀愛情緣：情誼或關係出了問題，兩口子因環境變遷，不再能同甘共苦。
事務進行：危機逐漸解除、低潮即將過去，將要重見光明與溫暖。事情有了轉機。
金錢物質：財務狀況已然探底，在度過低谷之後，即將有復甦的希望。

故事情節解說

🔱 劇情演繹

本祕儀主題是「耗損患難」：在表現上比較特殊的是，由於主旨是貧困患難，金幣反而成為沒錢的象徵，而多半會在畫面中營造出貧富差距的對比。

首先要描繪主角自身的困乏、刻劃人物的窮困潦倒，或許有像是街友的感覺；人物衣衫藍縷的狀況，也可判斷貧困的嚴重與否。再來要讓環境困難險惡，以雪上加霜更形嚴重。因此天氣要很惡劣，表現出飢寒交迫，並以黑夜為場景來呈現。黑夜裡融入明亮教堂金幣高掛的景象，更可營造與窮困的對比。

一般都將金幣高掛於教堂之上，且距離主角十分遙遠，表示不可及的階級差距。有些塔羅會呈現教堂內景象，突顯出更強烈的對比。也有的塔羅是以其他建築或室內作為對比、而不是教堂。

部分塔羅則將金幣做其他安排，同樣能呈現經濟的低迷。最窮困的情節，是刻劃一群貧困的難民，整體在斷垣殘壁的場景中，而五枚金幣鑲在其中一個斷柱上。

雖然處境困苦但並不孤獨，這個情節通常有一對男女主角，他們可以互相拖累、也可以互相扶持，是患難見真情、也是貧賤夫妻百事哀。他們或者是革命情感，或者是私奔的情節，總之其間感情是劇情推敲的重點。

兩主角彼此的關係如何，在構圖中都會表現出來：比較溫馨的畫面是兩人烤火取暖、或在桌上對飲。有些塔羅沒有著力在表現窮困，兩位主角在教堂下談情說愛，這些變化是融合兩種涵義。

🔱 整體營造

柺杖表示行動不便以及支柱。因殘障或受傷而失去正常謀生能力，是一種無奈而非不努力。雪衣表達了主角的受凍保暖度如何，也能形容不堪程度。

教堂燈火表示裡面的富裕和幸福，與教堂外形成強烈對比，因此教堂外大都必須呈現黑夜和下雪的場景。

屬物呈現解謎

⚜ 幾何排列形貌

金幣本來就類同於五芒星，五枚金幣排成五角形是很自然的呼應：

五枚金幣還可排成下面兩種，都表示有藏住的錢，是一種奧祕或難尋的至寶，貴重而難以觸及：

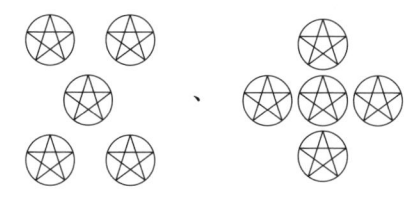

⚜ 畫面融入安置

五枚金幣可以堆成五角形，無論怎麼排，形狀一定很特別。四角上疊一枚，是比較合乎日常能排出的五角形狀：

許多排法都會有突出的一枚，或者遺漏於四枚整體之外的一枚，這一枚金幣是這張牌的要點所在。圖形中頂端突出的那枚金幣，位置高高在上，可望而不可及。如果這枚金幣是滾落於外的，那麼表示金錢的散逸，象徵財務上的虧損和漏失。綜合這幾種象徵，五枚封存金幣難以運用，掉落的金幣也暗示經濟崩盤。因此金幣五即是象徵貧窮，或者是貧富差距的涵義。

占卜訣竅提點

金幣五的正逆位運用法有如月亮牌，逆位具有時間跨度，是正位置情況往後的發展和演變，所以正位是黑暗期，而逆位是度過且情況重新好轉的意義。而在金錢以外方面的解釋，也需要正逆位各項目逐一對照。

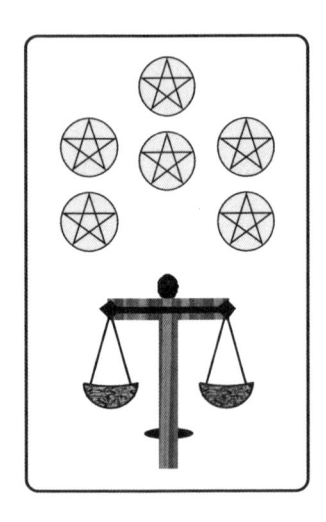

金幣六 Six of Pentacles

牌序結構
金幣牌組第六張數字牌,金幣作用下半階段開張、成熟運作。

元素衍化
土元素的均衡和諧,穩固發展,成熟穩健,是土元素的最佳狀態。

正 獲利分配　　**逆** 失利不均

祕儀原理解析

⚜ 數序導向
六號牌原則與土元素金幣蘊意的組合,正面作用是均衡獲利、財務順暢、生意興隆,而心境則為平和、良善。負面的狀況則是障礙、沉溺於物慾追求,導致財務上的失敗和沒落。本祕儀主旨定義和正位置牌義,導向的是正面作用意義。

⚜ 主題定調
獲利分配:分配和均衡是必要的,而重點在於獲利。寓意著首先有資源的增進,而後才會有後面的順利分配,能夠獲利是個前提。可以從這樣的角度來看這張牌:由於每一方互相都獲利,也因而延伸出合作和共享等事宜。

⚜ 內涵探索
金幣六的涵義是物質方面的成功,生意興隆、財源廣進,應得的回收和報償是沒問題的。另一方面卻又不失慷慨慈善之心,有施捨與分享的行為,做到了資源分配;對接受的一方而言是得到餽贈,也是一種獲利,每一方都是贏家。

正位實占解釋
人際交誼:人際互動良好,因為慷慨大方而得人緣,相處上和諧均衡。
戀愛情緣:感情和關係平等互惠,照顧面面俱到。也可能是協約或條件的交往。
事務進行:財務良好,生意興旺,事務進行順利均衡。合作對各方有利,雙贏。
金錢物質:生意興旺賺錢,能得到不少利益,進帳頗為豐厚,也能夠與他人分享。

牌義沿革解疑

❦ 來歷變遷

★早期的涵義比較複雜，後來逐漸強化了財務上均衡發展的特點，還有餽贈或贈禮的事宜。因而也包含了慷慨的特質，但對這種特質的評價很不一致。戀情方面則是復合或新關係的跡象。

★偉特的金幣六承襲了以往這些牌義，在這張牌中以天秤表示衡量取捨，加強了**財務豐盛**、**生意興隆**的特性，強調投資和生意的時機點。原本《偉特塔羅》牌圖的用意，是傳達成功的要件本是心懷仁慈，所要暗示的是一種特殊的均衡或公平法則。

★往後的時期，多承襲偉特的主旨，一直是**事業有成**的涵義，表示持續進帳且盈餘豐厚。並且也受到《偉特塔羅》畫面的影響，強調了捐獻、布施，懷有**慷慨**、慈悲之心，有**公平**、**分享**的意義。

❦ 正逆轉折

★早期的金幣六逆位，涵義同正位一般複雜，正負面方向也不是很明確。

★偉特賦予金幣六財務的積極面，這時逆位置的意義具相關性而又有差異，定為：**慾望**、**貪財**、羨慕、嫉妒、幻象，以及由貪婪而起的爭奪。

★偉特之後的時期，逆位置對於財務負面狀況事件更明確了，意指打破財務上的均衡和既有的穩定狀況，相對於賺錢、回收，表示生意上的**損失**和**賠錢**。

★於今，金幣六的逆位，琢磨出的共通特性就是「都沒得賺了」，可視為其中每種角色都一起**失利**，對於任一方而言都是損失的！

❦ 逆位思考

金幣六逆位置表示財務的分配不平均，遭受不公平待遇，不相等的付出回收，或是供需不平衡。還有像是申請不到、等不到錢的狀況。也表示自私自利的心態，或是嫉妒或貪求作祟，不滿現有貧富差距狀況，從而覬覦、眼紅他人。這些以「逆位相反原則」可推衍而得，然而貪婪不願付出的心態，也因應了「逆位不當原則」。

☆ 整合以上各項綜述，歸納出的逆位主旨結語為：「**失利不均**」。

❦ 逆位實占解釋

人際交誼：互動地位不平等，階級落差形成問題難以調解，共識談不攏。
戀愛情緣：相處上很多層面都不協調，彼此對待不公平、甚至地位並不平等。
事務進行：因資源分配問題，事務進行不順。生意不佳、門可羅雀、乏人問津，就是難以帶動熱潮。
金錢物質：財務分配不均，或者一起失利。處置不當、營運不良、賠錢折損。

故事情節解說

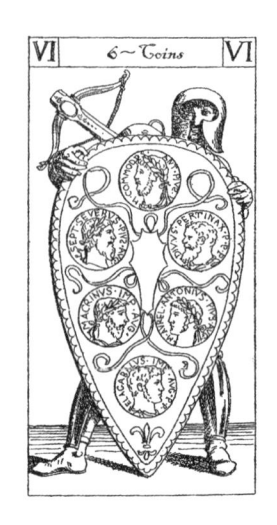

🔱 劇情演繹

本祕儀主題是「獲利分配」：主題由幾個方向組合而成，生意的經營與賺錢、獲利，也是資源的分享和施予。由於涵義比較廣泛，畫面情節也多變，因為主題繁複，登場的人物角色也有很多個。主要人物多賦予成功的商人形象，另外的對比是貧困的人，並表現金主給予、分享或者施捨的動作。《偉特塔羅》畫面即是男性的金主，正施予金錢給兩位受助或乞求的人。

幾乎所有塔羅畫面都有「天秤」在手，以便於進行衡量。需要衡量分配的事情有兩大方向，一是交易，二是賜予施捨分享。強調交易的塔羅很多，一般都會表現出交易和獲利的情節，或是做生意的畫面，有各種表現手法。有些塔羅的畫面看來類似一般交易、卻是奇怪情節，例如以老人做為中間人的金主與美女交易。

多半會將施贈的情節，結合在生意成功的畫面中，融合主題為有能力維持好生意和收穫，並關注如何分配這些資金。有些塔羅則強調賜予的意義，畫出教堂內傳承的景象。

當然也有塔羅捨棄以上所有主題劇情，直點出金錢成功的感受：唯一的主角在享受自己獲得的金錢，甚至沒有主角只出現天秤和金幣的畫面。不過這樣的情節較無特色，容易與其他金幣數字牌的意義混淆，因此並不多見。

🔱 整體營造

天秤象徵衡量、交易與公平。城鎮是交易和賺錢對象和來源。眼前的場景是正在分配或施予，不然就是談一筆交易，總之都是與人的故事有關。

有些施捨的畫面會畫出多出來的小枚金幣，是在六枚主要金幣之外的增添，當然也有直接用這六枚表達的。

從接受者的姿勢，可以看出兩方之間的關係如何，以及他們本身是否代表貧困和苦難不幸的人，動作是索求或乞討。

屬物呈現解謎

❦ 幾何排列形貌

對稱和整齊，表示衡量和規劃，是理財的成長或是資金的累積，有許多呈現方式：

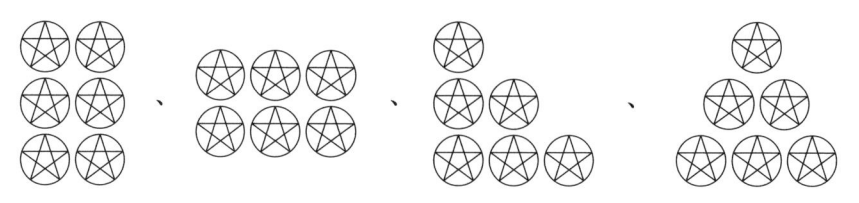

六角形的方式，顯示出金錢的美好。六枚金幣互相聯結運轉，連成波浪狀，也表示生生不息以及財源滾滾，象徵生意興隆：

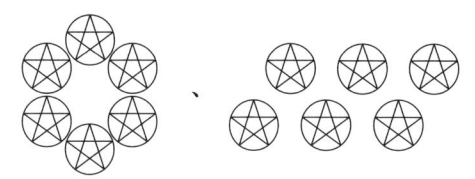

❦ 畫面融入安置

六枚金幣，容易給人均衡的感覺，能夠排成最佳圖形，並且兼顧很多層面。將六分成兩部分或三部分皆可，如何取捨就象徵了對於分配的考量。這也就是金幣六所代表的意義：衡量供需，公平交易，經濟均等。天秤形狀可以說是最有表現力的排列法，例如：

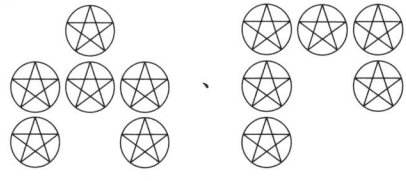

天秤就是金幣六的宗旨，象徵施與捨，付出與回收，營利與賺錢之道。如果營造成另一圖形的樣貌，就是天秤傾斜了，可用以表示正在衡量拿捏中，或是有所偏頗。

占卜訣竅提點

金幣六主旨，別忘了獲利才是要強調的，而不是聚焦在樂善好施的行為。仁慈的本質，應該是在賺錢之前就一直保有的，表示如今的發達就是因為心存善念，佈施的畫面是表達目前的成功、也做為這個本質的證明，分配是在賺錢後該懂得要做的事。簡單來說，實際狀況就是先獲利後分配。

金幣七 Seven of Pentacles

牌序結構
金幣牌組第七張數字牌，金幣作用的蛻變。

元素衍化
土元素的空泛和虛浮，屬於一種寄託。

正 投注期盼　　**逆** 無期難測

祕儀原理解析

❧ 數序導向
七號牌原則與土元素金幣蘊意的組合，正面作用是等待更好的突破，把握良好機會；然而，常會有負面的狀況產生，就是冒險過度而使得財務混亂，甚至金錢關係牽扯不清。本祕儀主旨包含了正負兩面意義，不同塔羅的取向不同，大致趨於採取正面意義。

❧ 主題定調
投注期盼：金幣排列不整齊，顯得有點隨機、有點投機，但都是一種投注的心思，因而可知不純粹是理性的、而是對實質金錢財務的期待和盼望。這種付出和培育的意念，可以象徵於各層面，無論有形或無形、物質或精神的一切投資、栽培。

❧ 內涵探索
如今金幣七的牌義，主要表示財務上的進步和成長，或許是耕耘之後等待豐收、或許是有利的理財計畫，並且運作進行順利。可代表各式投資和理財、甚至是財務冒險，雖然目前還沒有大量回收，但是成果指日可待；除非專牌特別表明是其他傾向。

⚜ 正位實占解釋
人際交誼：沉溺於自身的事務，人際關係貧乏，缺乏關注和互動。
戀愛情緣：對感情投入很多，期待有所回報，殷殷盼望、殷切對待。
事務進行：逐步進展中，但仍須等待良好時機，要在未來才能達到成果。
金錢物質：財務增值和收入需等待，以投資方式來獲利，也是未來獲利的保障。

牌義沿革解疑

❧ 來歷變遷

★ 金幣七的涵義多半是狀況不明朗、不穩定的財務現象，這時候意義紛陳，有豐收之說、也有損失之說，有的解釋為大好時機、有的解釋為困難的決定。這個曖昧爭論和模稜兩可似乎延續到今日。

★ 其實因為黃金黎明和透特的卡巴拉系統，金幣七明確訂為土元素的敗北和削弱，這自然影響了其他的解釋。

★ 偉特綜合了原本就分歧很多的涵義於這張牌：意指事業、交易、金錢財務和投資，另有爭論之意，卻又代表無邪和淨化。他本身也是有說，這些意義是極度對立的。然而《偉特塔羅》的畫面呈現的是，**投注心力**耕耘之後的期盼神情。

★ 之後的塔羅多受《偉特塔羅》牌圖的影響，日趨明確化的牌義鎖定在：事業、**投資**和生意方面的成功，以及**財務成長**、反應敏銳、**如獲至寶**等等。

❧ 正逆轉折

★ 早期塔羅的金幣七，就很著重於心態或想法上的描述，主題也許跟財務或生計有關，但方向並沒有很明確。

★ 偉特正位置意義包含財務狀況，而將逆位置的意義導向了負面：金錢上的焦慮、為財務問題擔憂、甚至有借貸的要求。

★ 偉特後時期的牌義鎖定在事業和工作，於是逆位置意義也主要為**財務損失**、投資不明智，也代表行動不謹慎、無耐性、**侷促不安**。

★ 而如今的定調則為，正位置是投資獲利的代表，也是良好的機會。而逆位置也就成為**投資失利**、財務困境的現象。

❧ 逆位思考

金幣七逆位置可直接以「逆位不當原則」推得，財務計畫和投資上的失利，造成財務上的損失、或是被套牢。這是由於不明智或不恰當的計畫所致，或是評估失誤、看錯時機所導致的，並不是必然走向負面的局勢中；當然，這會和自身的性情不夠謹慎、缺乏耐性，或是和應變處理的能力有關，並且也表示心態上沒有安全感。

☆ 整合以上各項綜述，歸納出的逆位主旨結語為：「**無期難測**」。

⚜ 逆位實占解釋

人際交誼：朋友間的情誼或義氣，到最後付諸流水，感到很無奈、無言。
戀愛情緣：用心投注對方身上，難以得到回報，熱臉貼冷眼、或是白當好人。
事務進行：想法失當或評估錯誤，或者冒險過頭，最終難以達到成功。
金錢物質：投資失當，回收遙遙無期。因為投機而造成損失，或者槓桿開太大反而導致賠本。

故事情節解說

🔱 劇情演繹

　　本祕儀主題是「投注期盼」：主旨和投資很有關係，而投資的概念或象徵範圍很廣泛，所以情節畫面可以有很多變異。相同的要點在於主角很專注，也透露出殷切期盼的心境。動作多是正在種錢，呵護的神情表示投注很多心力。投資或付出必須在先，然後未來才有所得。因此這種方式也有其風險存在。

　　有些塔羅強調「一分耕耘一分收穫」，所以堅持將主角畫成一個種田的男人。不過，種植的方法就有很多種了：農夫在穀物田地耕作，而七枚金幣在上空；或是直接把金幣埋進土裡種植，身上帶著種子而地面正發芽出金幣；最常見到的是出現已經生長出金錢果實的作物。

　　至於這些付出的收穫如何，場景和人物神情的描繪，就可以看出未來局勢演變。有時候農夫不是盼望而是神色悲戚，就表示已經瞭解到未來的欠收。更常運用場景黯淡氣氛詭譎，來暗示未來的前景堪慮。背景亮麗和表情喜悅，表示較有美好的希望。甚至也可以出現祥瑞之物，來暗示未來豐收的徵兆。

　　這張牌與未來十分相關，因此這些不同設計的主要差異點，就在於未來的答案不盡相同。

🔱 整體營造

　　鋤頭代表賺錢工具，這張牌還是有一些勞動的，雖然是從無中生有，以少生多。工具的依賴也表示，縱使是投資，還是必須施展技術和付出努力的。

　　當然有耕作的農地，這就是擁有投資的領域和場地。葡萄藤是主要作物，是呵護之下的結果。葡萄結實纍纍，象徵是有價值而令人喜愛的產物，或許也是蘊含精神意義的象徵。

屬物呈現解謎

❦ 幾何排列形貌

七個圓圈,難以分配平均,必須費一番思量,都會特別突顯一枚金幣,代表著前述的自由資金或特殊期盼:

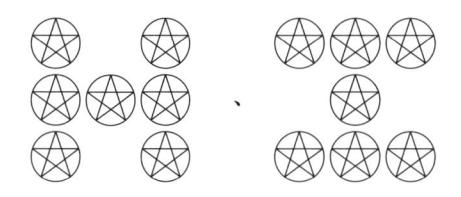

❦ 畫面融入安置

七枚金幣的排列,由於七角難成,通常是堆積成尖狀,然而卻又不夠高。因此除了表示堆積、累增,並有期盼、等待的意味!七枚金幣是在雙數之外多出一單數,以金幣六為基礎,多出一枚金幣的變化。這枚特殊的金幣,即是那期待、回收,及自由運用的一枚。

既然是金錢的等待,投資的風險和危機自是難免,當然也可隨意排列,表示經濟環境的難測。在一些情節畫面中,七枚金幣即是如下圖排列:

跟金幣五不一樣的是,七枚金幣可能會凌亂,然而卻較無散逸和貧富差距的涵義。

占卜訣竅提點

最後到底成果收穫如何,常是這張牌使人納悶之處。不同塔羅牌的金幣七意義走向確實不一樣,需要參考牌面圖案的設定,或查閱該副牌的有關說明。然而,無論結局的盈虧起伏如何,總是都在「祕儀主題」所定的範圍內,而逆位牌義同樣也不脫逆位的主旨結語。

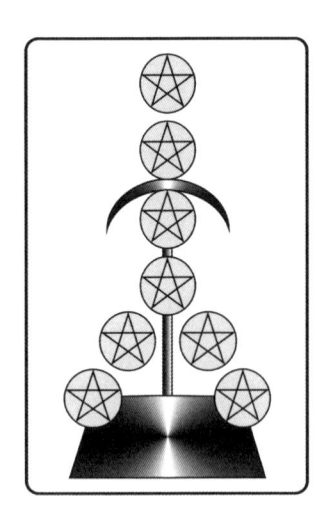

金幣八 *Eight of Pentacles*

牌序結構
金幣牌組第八張數字牌,金幣作用的累積整合。

元素衍化
土元素大量集中的狀態,且是具體的形式,更加有未來保障。

正 審慎勤奮　　**逆** 徒勞無功

祕儀原理解析

◆ 數序導向
　　八號牌原則與土元素金幣蘊意的組合,正面作用是努力工作,使財務好轉和持續進展。而負面的狀況則是陷入工作中,沒有進展和達成功效,成績或回饋並不理想。本祕儀主旨定義和正位置牌義,採取正面作用意義。

◆ 主題定調
　　審慎勤奮:金幣八立體而豐厚,而這種穩固也代表牢靠的收入和儲蓄。這來源是因為保有鐵飯碗,而不是由於特殊才藝,指的是勞力和時程付出的憑證;這些都需要具備審慎的心態、以及勤奮的行動,不懈地維持主動收入。

◆ 內涵探索
　　金幣八代表進行中的一些事務,且都與金錢的報酬相關。所以就是代表工作的一張牌,所有與職能相關的正面特質:才能、技藝、學習、辦事能力、努力專注,以及誠信等良好態度都包括在內。也可表示正職之外的委託、接洽等相關事項的順暢,而薪資、酬勞、收入狀況也是關注點。

🔔 正位實占解釋
人際交誼:人際關係一般般,只有特定的往來或事業接觸,無暇維繫友人的情誼。
戀愛情緣:感情上,縱使專注殷勤並且老實,在情趣魅力方面卻顯得不足。
事務進行:事務大有進展,相關層面都處理得當,並且能夠從中學習和進步。
金錢物質:打造金錢有成果,財務正在添加和增值中,持續有充足的收入。

牌義沿革解疑

❧ 來歷變遷

★在紙牌占卜上，金幣八無論正逆位意義，包含的層面都很廣泛，除了職業也扯到戀愛婚姻。

★古塔羅已將這張牌逐漸單純化，跟**工作**搭上關係，並由此聯結到金錢的作用，作為努力奮鬥的證明和辛勤的**所得**。

★偉特開始更是將這張牌清楚限定在某些性質的工作，強調具備工藝和專業上的技能、然而或許尚在預備的階段中。

★在偉特之後的時期，金幣八主旨確定為事業工作的**奮力**與打拚，並演化出以下這些涵義：**學徒**、學習快速、**謙遜的心**、手工藝品、**勞動的成果**。

❧ 正逆轉折

★在紙牌占卜上的正逆位意義沒有相差很多，甚至逆位可能還更複雜一些，也包括了金錢上的糾葛。

★古塔羅開始簡化並分別正逆位，像是逆位關於**金錢糾葛**和**借貸**方面的問題，則是自古即有的涵義更明確化。

★偉特定義的逆位意義可歸納為：顯得比較有心機、更為貪婪，可能會不惜代價圖謀對自己有利的事。

★如今正位已確定為正面作用，但無論正位如何演變，逆位的意義一直都偏向負面。工作上**不靠實力**、虛偽、阿諛諂媚，甚至密謀策略；性格上則自滿、吹噓、**虛榮**。

❧ 逆位思考

逆位置意義主要以「逆位負面原則」或「逆位不當原則」從正位置推衍而來，這張牌主要範圍是工作和所得，於是逆位推為不務正業、或者不能真正振作，甚至頹廢墮落、淪為喪失志氣和品格。逆位顯得更會算計或較為不老實，可能偷工減料、賺黑心錢，預支薪水、或採取投機的理財方式、甚至嘗試不正當的撈錢手段；也可能是心態上的問題，出現奸詐、虛偽的做為，似乎都是職業道德相關的問題。

☆ 整合以上各項綜述，歸納出的逆位主旨結語為：「**徒勞無功**」。

☗ 逆位實占解釋

人際交誼：苦心經營卻白費工夫。職場人際問題，或因工作忽略人情。
戀愛情緣：賠了夫人又折兵，為現實面忽略情感，結果兩頭落空。
事務進行：付出沒有達到應有成果，中途受阻不順利，總之徒勞無功。沒有按部就班進行事務，不照規矩來而想走捷徑。
金錢物質：沒有得到應得報酬，勞務代價扣減。可能問題在於資方扞格，也可能是勞方本身怠惰或偷工減料。

故事情節解說

🔹 劇情演繹

本祕儀主題是「審慎勤奮」：既是勤奮努力的代表，就直接訴求於賺錢，於是顯示目前正忙於「打造金錢帝國」的階段，為創造財富而拼搏。強調辛勤努力的特質，這是有異於金幣三之處。

通常畫面中主角還不到頂級專業，但也足以掌握份內的工作。或許仍處於新手階段，還沒有成為大師傅，卻已經有鐵飯碗了，所以也收入無虞。但有些塔羅畫面中還有設計圖，這時主角顯得更專業些。差不多主角都是以男性工匠形象出現，但也會根據情節中的工作不一樣而有變化。

為避免讓人感到紙上談兵，除了手中正在畫的大餅金幣外，其他金幣都展現為實際的成果。金幣放置有各種不同的構圖，表達的涵義也稍有不同，多半是幾枚掛在牆上或柱上而幾枚在地上，也有一起放置在牆上，或是在窗台等明顯地方展示出來，金幣在門上在戶外等不同處，也都有不同的暗示意義。

有些塔羅的畫面情節，雖一樣是在工作，卻不是在製作錢幣，而直接畫出製作產品。製作任何物資、生產物都可以象徵，有些是師傅正在雕塑不只是造錢，有些是織女在細心的刺繡，最直接的是做出麵餅等食物。

比較強調賺錢涵義的塔羅，則營造成撈錢、地上挖錢、樹上摘錢等動作，或是突顯致富意念。

🔹 整體營造

生財工具是畫面中必要的配件，由用於打造的工具是什麼，可以具體看出工作性質和生產方式。工作場合的樣貌，也可看出工作環境，半戶外是表示開放流通的特性。長條板凳，同時是工作平台以及座位，怎樣的板凳或椅子，會配合主角的工作姿勢而設計。背景也要注意，表示工作事業往來的對象，多半會畫出城堡。

屬物呈現解謎

❖ 幾何排列形貌

規律的排法有三種，如下前三個圖，皆表示財富豐收，並能夠靈活運用。而較有變化的方式其實也不少，如最後一個圖。

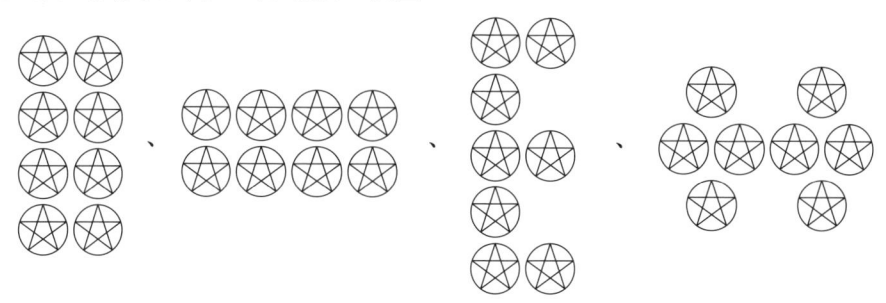

❖ 畫面融入安置

八枚金幣最容易排成整齊劃一的圖形，可以表示累積，表示有規劃有紀律的編列財務。然而，或許是因為很容易有規律，有些情節畫面就刻意以不規律的排列，表示正處於進行財富累積的過程當中，不整齊的排法是特殊的變化方式如下圖：

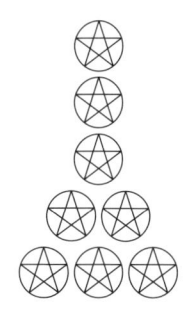

這些金幣一樣是凝聚起來，也暗示質能互換，以勞力換取金錢，是工作和事業收入的象徵。

占卜訣竅提點

金幣八的重點是勞動，必有努力和付出，也強調回收和獲得。金幣八和金幣三的差異點，偉特本人說得很明白，本書內文也清楚闡述了，大部分都跟隨這個細微的設定，雖然少數塔羅可能刻意將兩張牌的意思對調，對這層用意也應該要捕捉到，且不要被混淆而套用到其他塔羅上。

金幣九 Nine of Pentacles

牌序結構
金幣牌組的第九張數字牌，金幣作用的極致階段。

元素衍化
土元素的極致狀態，能夠擁有和運用，紮實而有效能。

正 優裕豐收　　**逆** 揮霍流失

祕儀原理解析

❧ 數序導向
九號牌原則與土元素金幣蘊意的組合，正面作用是財務獲得充分，經濟層面已經完成，所以也就能夠豐收和享受。負面的狀況則是匱乏和不足，失去和追悔。本祕儀主旨定義和正位置牌義，採取正面作用意義。

❧ 主題定調
優裕豐收：豐碩的果實纍纍，這就是九個金幣多量而豐盛的感受，成果、收穫的源源不絕，優渥充沛而且質料精緻。至於箇中滋味，自然是擁有的心情和享用的感受，可能感到甜美滋潤或喜悅，也許交雜著回顧的孤獨感或黯然情緒。

❧ 內涵探索
金幣九這張牌代表繁華富裕，擁有金錢卻不是固守財務、可以適當而完善地運用，真正能夠享受生活。除了金錢的富足之外，心情上也是很愉悅的，更是一種心理上的滿足和自我肯定。但是在權力方面不一定居於高位，這暗示也許較缺乏自主性或精神上的自由。

🔔 正位實占解釋
人際交誼：人際關係尚可，能偶爾與朋友娛樂消遣，但不見得有知心的好友。
戀愛情緣：感情生活有點悶，心情不夠開朗，雖然物質環境聊以慰藉。
事務進行：事情進行順暢，以柔性訴求為導向，任務已經圓滿達成了。
金錢物質：生活非常富裕，有豐碩的物資並能充分享受，財務狀況良好而能獲利。

牌義沿革解疑

❦ 來歷變遷

　　★最早這張牌紛雜各類項目的好壞涵義，但無論正逆位皆代表著財務上的**大豐收**。而逆位置涵義雖大部分不及正位置的好，但少數狀況下還勝過正位置。這樣發展下去，正逆位意義的差距逐漸拉大，變成逆位意義大大優於正位。

　　★往後金幣九牌義歷經一番調整，發生了正逆轉折的過程，逆位置和正位置的某些意義對調了過來，將這張牌賦予逆位置中的優裕涵義轉差，經此轉向歸位後，再使正逆之間愈來愈有分別。

　　★偉特在經過一番正逆轉折之後，確定了金幣九的**豐盛富足**牌義，即正位置代表金錢物質上的**收穫**、未來的保障、以及個人的**成就**；也可比喻為自身**涉獵**的領域。

　　★偉特之後的時期，金幣九大致承襲以往的定義，正位牌義除了表示擁有財力以外，其他還包含有遠見和洞察力、以及對於大自然的喜愛。

❦ 正逆轉折

　　★最早金幣九就和富裕很有關聯，像是逆位代表虛榮或拜金，這和後來的逆位主要意義奢華已經很類似了。早期這張牌的正逆位牌義都有好壞作用，甚至有些項目是逆位優於正位的情況。

　　★偉特認定金幣九和財富有關，而正逆是有差距或相反的，於是正位置定義在富裕之下，逆位置不再是收穫，而成為**揮霍**殆盡、或**財務損失**的代表。

　　★偉特之後的時期，除了財務以外，各層面的項目也分辨清楚，像是將原本正位的洞察力和營運，轉向為意圖不軌、**營運失利**或**遭遇風暴**。

❦ 逆位思考

　　金幣九逆位置是以「逆位負面原則」來推衍，可廣泛應用於各個層面，代表錯誤的方針、短視近利，以及許多負面的心態、驕傲自滿、愛慕虛榮、勢利眼等，也算是帶有「逆位過度原則」。遇到生活上的風險，或是財務危機。最重要的意涵是損失，無論損失金錢或是任何珍貴的東西，包括無形的情感或友誼。

　　☆ 整合以上各項綜述，歸納出的逆位主旨結語為：「**揮霍流失**」。

♠ 逆位實占解釋

人際交誼：人際關係消磨掉了，沒有熱衷於聯絡，或者因勢利眼而流失朋友。
戀愛情緣：感情覓求慰藉而遍尋不著，沉悶、枯燥、寂寞、百無聊奈。
事務進行：事情不順、不夠積極、依賴、好逸惡勞、浪費資源。
金錢物質：過度的物質享受，揮霍、奢華的態度，眼見金錢流失，然而仍難以滿足空虛的心情。

故事情節解說

🝊 劇情演繹

本祕儀主題是「優裕豐收」：享受金錢帶來的優渥日子、度過悠閒時光，要表達的是財富充裕並轉化為實質用途，不是徒然累積起來，這樣才是懂得生活。畫面多依這個主旨而設計，因此大多以女性為主角，相對於男性比較不會有俗氣的感覺。

這張牌也就這樣成了貴婦生活的寫照，在花園之中，獨自優雅的過日子，姿態優雅閒散，而環境顯示了豐富盛況。會刻劃女人種花養鳥，也表示心境上很投入於大自然，雖然享受但並不是頹靡。這些園中花草樹木和小動物，都是她生活中的一部分，除了顯示享受生活，也象徵大自然之愛。

牌義鮮少有很大差異，因而比較可能有變化的地方，是畫面中金幣的位置：多半會融合在景物中呈現，常見的是變換為園中的花果，甚至是成串的小果實。與建築相關的也很多，鑲在建築上方而為了顯示富裕，置於窗戶上方或窗外景緻中。

很多塔羅是金幣化為首飾穿戴在身上的畫法，如串成項鍊掛在胸前。多半都是這樣擁有財富收成，悠閒的貴婦下午茶。其實這些金幣只要連成一弧線，也有足夠的氣勢。有的塔羅畫面中沒有主角，場景一樣是房子和花園。只要能呈現出富麗堂皇就可以了。

🝊 整體營造

這張牌沒有謀生工具，是過生活的牌，享受收穫代價，不是工作的牌。

寵物鳥象徵主角的精神或心思，鳥的種類不一樣也有象徵的差異。牠的造型和姿勢，停在哪裡，以及和主人的關係，都透露了重要的訊息，暗示了深層生活狀態。蝴蝶象徵轉化，也有飛鳥的涵義在。蝸牛象徵時間的緩慢移動或停頓，或者承載過去的記憶。

屬物呈現解謎

❦ 幾何排列形貌

九枚金幣可以排列成完美的圖形，像是圍繞成九角星圓圈。這個數量給人充實感，尤其配合像如下九宮格的圖式；另一個排列，也頗有財富向上增長的感覺。

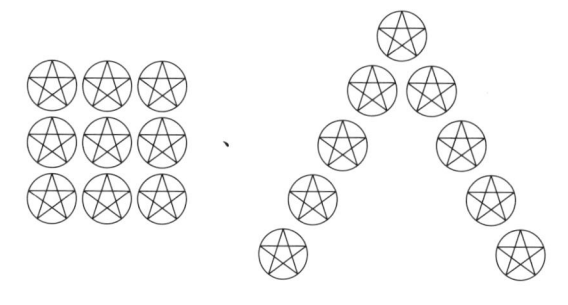

❦ 畫面融入安置

九枚金幣，可以充分表示堆疊累積。此時形狀似乎已經不太重要，怎麼排列都能顯示數量豐富。雖說九需要強調力量整合而不能太凌亂，然而因為是滿滿的財富，排列上當然可鬆散隨性一點，只要能有往上堆積的感覺，下多上少的安穩形狀即可。這樣就能表示財富的最高境界，到達財富上位頂峰階層。

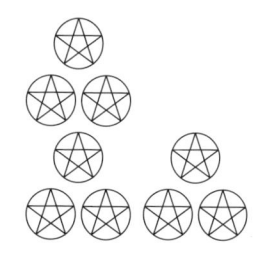

這個圖式常見於情節畫面中，三枚金幣一堆而共有三堆，表示有規劃分配的儲蓄。

占卜訣竅提點

金幣九這張牌的享受意義常常被忽略，有一些對金幣牌過於心靈的解讀法，多集中表現在這張牌上。如果詢問的是情感層面，或許可以切題地刻劃細微的心情；但是針對財務的問題時，答案仍應極為正面才對。何況這種物質和情緒的反差，其實更是金幣十專有的解法。

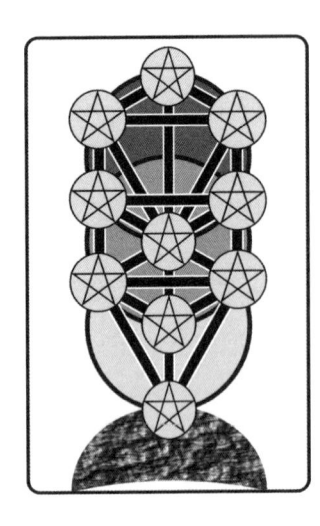

金幣十 Ten of Pentacles

牌序結構
金幣牌組第十張數字牌，金幣作用的總結和延續。

元素衍化
土元素的飽和狀態，並且能夠繼續繁衍增值下去。

正 富有繁榮　　**逆** 危機敗壞

祕儀原理解析

⚜ 數序導向
十號牌原則與土元素金幣蘊意的組合，正面作用是財務上的富有，更進一步的成長延續、徹底而永續的營運。負面的狀況時，財務上的危機也會是非常嚴重的。所導向的祕儀主旨定義和正位置牌義，採取正面作用意義。

⚜ 主題定調
富有繁榮：富裕的環境基於深厚的累積，也是永續發展的保證。成串的金幣之樹呼應生生不息的宇宙法則，象徵繁盛興隆的一片榮景，富麗堂皇的庭院宅第，身處其中的人擁有資產、也肩負責任使命，必須掌握營運之道。

⚜ 內涵探索
金幣十在財務方面都是非常優異的，能夠永續經營或是守成；並且對於家族事業、住宅、房屋不動產、以及繼承等相關事項上均相當有利。當然也暗示了家庭關係的另一面，在情感上或相處上較為平淡。這些涵義之間並無衝突，甚至有密切的關聯性，可以分項看待、也可互為鋪展。

☙ 正位實占解釋

人際交誼：擁有財富卻人情淡薄。由實質因素而建立起的關係，互動不夠熱烈。
戀愛情緣：情感和相處上很平淡無趣。夾雜事業和現實因素的關係。
事務進行：事務已經抵定或完成，一切狀況都在掌握之中，並且能穩定持續進展。
金錢物質：金錢和物質層面穩定而興旺，能夠持續發展，也可能有其他各種來源的資產。家庭或團體的經營，經濟上的雄厚後盾。

牌義沿革解疑

⚜ 來歷變遷

★紙牌占卜中這張牌代表的是旅行和遷移，也有其他方面的涵義，當然也不乏財務相關的事宜。

★古塔羅也多半是表示財務上的綿延不絕，後來逐漸與家庭和**住宅**特別相關。而原本這時期的正逆位也都有不錯的涵義。

★偉特重整了牌義，確認了正位和逆位的走向，而兩者之間也開始有了較大的好壞差異，明定了正位置代表**收穫充裕**、**豐盛富足**。偉特保持了最具特色的家族相關意涵，延伸至相關**家族**血統和**家庭**事務的意義，以及**家產**和**繼承**方面的順利。

★偉特稍後時期，正逆位的導向就愈分愈清楚了，正位置作用大好、則逆位置便屬不佳。正逆位都相關於財務方面，然而不再混淆不清了。

⚜ 正逆轉折

★古塔羅時期金幣十這張牌正逆位都屬大吉，逆位置只是正位置力量的縮小，甚至有過之而無不及。

★偉特將逆位納入負面意涵，但其中卻仍有財務上的獲利，像是贈禮、退休金，並認為同時是機會、也是**危機**，獲利與**損失**並存。

★偉特稍後時期，上述情況逐漸改變了，逆位已經有別於正位，就是各種項目上的負面情況。除了財務本身**經營不善**之外，家庭方面也會有問題，或者有關繼承的事宜出狀況。而逆位時，情感上的枯燥無趣或悶悶不樂，並沒有往好的方向發展多少。

⚜ 逆位思考

逆位置走向愈來愈簡單，就是財務上的負面傾向。這時候是以「逆位不當原則」來推衍的，正位置是財富豐盛的意義，而逆位置就是破財損失。於是金幣十逆位，就代表時運不濟，財務上不順暢，狀況與正位置相反，各方面的損失都有可能發生，甚至即將表示面臨破產，財富無法持續和保有下去。

☆ 整合以上各項綜述，歸納出的逆位主旨結語為：「**危機敗壞**」。

⚜ 逆位實占解釋

人際交誼：隨著大環境崩塌而一起潰散。團體分崩離析、樹倒猢猻散。
戀愛情緣：感情關係隨著環境的變化而破局。勞燕分飛、各奔西東。
事務進行：營運低落走下坡，勢態大不如前，不復以往盛況。
金錢物質：破產、倒閉，營運終止，延續不下去。沒有繼承遺產，或者錯失大好機運，甚至面臨巨大損失。

故事情節解說

🔸 劇情演繹

本祕儀主題是「富有繁榮」：主要表現大量的財富，多以家產的傳承來闡示富有和繁榮，因此都不乏家族的刻劃、大家宅第的描繪。畫面情節多以名門望族或家族企業為主角，也表現了貴族的朱門恩怨劇情。

由於與繼承有關聯，需要畫出大家族而並加上很多位家庭成員之外，也需要呈現世代同堂以代表各種關係。這些成員大致是父母、小孩、還有老人與狗。當然這些成員會有更動，也有更多人口或世代的畫面。人數較少也可以成立，最少的也可讓主角獨自坐擁城堡家園。

有些塔羅很著重於屋宅的描繪，這樣子跟房地產或住宅的相關就更密切了。有的牌頗為注重城堡的營造，十枚金幣鑲在建築上，更與住宅強力結合。也有不那麼著重建築的塔羅，只要家族和傳承刻劃出來即可。

有些塔羅的金幣十，並沒有畫出家族相關場景，甚至整體更改成連人物都沒有。因為是十號牌，可以捨棄情節安排，轉變成整組金幣元素的呈現。像是十枚金幣排列成生命之樹，或是藏在巨大的豐饒角裡。

🔸 整體營造

家徽表明家世背景地位，家徽圖案樣式則透露家族的特質和過往。建築物內的器材產物表示家族著重什麼，有無生產的工作。煙囪代表炊事，有無荒廢顯示家庭溫暖存在與否，也可能代表家族產業中的生產力。屋牆代表隔閡、封閉的空間，拱門則是入口與資格。

這張牌多有狗或其他寵物出現，表示受照顧的對象。老人與權杖表示家族歷史見證和精神支柱。

屬物呈現解謎

❧ 幾何排列形貌

最多枚的金幣無論怎樣排列，都能讓畫面感覺非常豐富。只是通常對於這些圓圈的安排會多加考量，安排對稱或組合成特殊圖案。十枚金幣，也能組合成完整的金字塔，象徵豐富的寶藏：

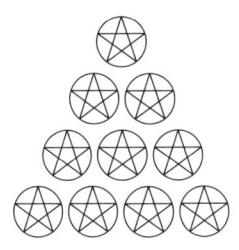

❧ 畫面融入安置

十枚金幣，表示比最多還要更多的財富，並且延續到以後。十需要呈現全部象徵物合而為一的整體感，所以可以將十枚金幣繞成圓圈，或是組成特殊圖形。

在許多畫面中，金幣構築成一組生命之樹圖形，這是一種神祕學圖案，具有豐富的涵義。這些沒有緊鄰的金幣其實具有整體性，不但能夠對稱，更有特殊的規律蘊含其中，圖示如：

占卜訣竅提點

金幣十自然格局龐大，涵蓋整體營運狀況，也可說統合全部金幣牌代表的意義在其中。從金幣十的涵義也可以瞭解，金幣牌在於情感面上的作用，是間接的支柱和輔助，不如想像般能直接帶來快樂，而這就是實際生活的真相。

MEMO

末篇
占卜應用解密
Divination

操作要略

觀念釐清

⚜ 平時運用

塔羅牌占卜非常重視實質運作層面，因此占卜操作方法更形重要了。先行瞭解占卜的型態很重要：詢問自身問題稱為「親問」，詢問自身以外問題稱為「私問」，為自己占卜解答稱為「自占」，這些都是平日練習的方式。多以塔羅對話或日記的方式開始，接著自占私問其他人事物或公眾人物議題，預測自然、政局、世局、時勢，都可視為練習，這些範疇若要正式占卜可參考後述的〔允占測牌〕。隨著對牌義的掌握，逐漸擺脫自占而進入實際幫他人占卜的階段是必要的，愈正式的體驗占卜愈會發覺這種感受是很不相同的，經歷這些階段而能更朝向專業或成熟的占卜。

⚜ 開占前置

塔羅牌操作有不少講究或儀式，這些原本都有其特定原理，無論在實用方面或是神祕玄學上，然而，許多人卻因為不解箇中奧妙，以致於在運用上容易變質。這些考量包括布袋、桌布等占卜配備的需求，蠟燭或薰香的使用，還有對時間、場合的講究。當然多件配備也就多一樣功能，只是必要與否皆有待商榷。

這其實都是個人習慣，在人性和物理上都有作用，可以不牽涉神祕範圍的。其他諸如拆封或接手的儀式，平時的一般保養擺放，都會講究淨化消磁或冥想，以神祕學的方式對待也是無可厚非。

至於不給人碰觸塔羅的禁忌，是被過度渲染形塑的，真正在意這點的占卜師不多，因為占卜操作時，多半會讓問卜者接觸到塔羅。那麼，占卜時接觸與否，對於準確度有何影響？這其實牽涉到私問或親問的議題。當事人親問或授權占卜，形成觸機的情況之下更容易應驗，否則就須通過測牌。這和占卜後能量回饋之類的問題，同屬於神祕學理論的探討範圍，只要心態不輕率就不需特別在意這些能量相關問題。

⚜ 程序配套

操作程序有其整體性，每個階段都可以分別選擇不同的方式，然而要注意整套程序和銜接上的順暢和完整。甚至操作方式具有目的性，需要注意各階段的選擇不要有所衝突。取牌方式尤其是操作程序中的關鍵，例如選擇扇牌是為了讓問卜者抽選，而此時切牌其實就可以省略。因為作用性不大，縱然仍想使用也不需要當成重點。

不同牌陣也可能要搭配特定的操作法，例如「吉普賽十字」之類的牌陣，是從排好的蓋牌陣列中，僅翻開所須的位置，這種設計的原意就是需要直接發牌排成陣列的，也就不適合採用抽牌方式，而須以發牌為主。

⚜ 認識指定牌

「指定牌」，英文名稱是 Significator，一般翻譯為象徵牌，其實這並非象徵的含義，在實質運用上更是「指定」或「代表」之意，不單單是代表當事人或占卜對象，也有指定花色的意思，運用「指定牌」的概念，有如紙牌遊戲中定出「王牌」的概念。如此一來，指定的牌組在整局中地位便有所不同。運用花色的地位變化，使得占局辨認更清晰明瞭，因此多半是從宮廷牌中選擇出一張「指定牌」。

「指定牌」的選擇有許多不同的方法，可以根據問卜者特色，或是提問事件的性質，由占卜師主觀選定花色，位階則以客觀的性別年齡為參考。也可交由問卜者自行選擇，亮出全部宮廷牌或適合的位階提供挑選，甚至也可以用蓋牌抽取。建議占卜師參考提問事件的性質選擇花色，對於之後的占卜會更順利。

⚜ 指定牌模式

「指定牌」牽涉到整套規格化設定，使用指定牌可視為一種占卜模式。在「指定牌模式」下：主角認定以及相互關係都要根據指定花色，整個宮廷牌人物作用需要重新確認，加以特定的著眼點看待，當然牌義的詮釋法也有所差異。例如，指定牌同花色與不同花色的宮廷牌作用有別，同花色牌的陣位是相關指定人物的事件。出現指定牌花色的牌，對全局的影響力也會大些，有如遊戲中「王牌」的作用。跨出宮廷牌的範圍，以數字牌或大牌為指定牌，各有其獨特運用方式，屬於較為進階的領域。

在占卜中運用「指定牌」，需要有能夠配合的牌陣，主要就是「凱爾特十字牌陣」，可說是專門適用於「指定牌模式」，在牌陣設計中就預留了指定牌的位置。尤其本書中介紹的這版牌陣，左右位置的擺放還要由指定牌決定。因而，在占卜流程中，在溝通問題的過程中需率先確認指定牌，然後亮出指定牌並擺在牌陣中應有的位置，之後才開始後續操作。指定牌的運用是流傳已久的占卜方式，實用上也廣受到接納，只是在國內對這種占卜模式還可說是有點陌生。在還不夠熟悉牌義和占卜操作的初學階段，運用「指定牌模式」可能會感到過於複雜，因此也可以在「一般模式」下使用「凱爾特十字牌陣」進行占卜。

⚜ 虛擬指定牌

原設指定牌位置的牌陣或許不多見，因此也可找一般常見的其他牌陣，尤其是回應式牌陣，自行加入指定牌使用，切換成指定牌占卜模式，但需要加以因應設計出適切的方式，像是指定牌放置方式等，讓實際解牌能更適切便利。

占卜的指定牌是 0 張的情況，多半就是採取一般模式，但也可能是已經指定了某張牌，在不取出指定牌的情況下切換成「指定牌模式」，這種情況也可以稱為「虛擬指定牌占卜」，更貼近於遊戲王牌的用法了。

這些取牌或避牌與否的相關設計，其實也攸關於全副使用的概率問題。少數「關係牌陣」原設就有兩張指定牌，此即「雙指定牌」，甚至超過雙指定牌而拓展到多重指定牌、群指定牌。除了數量，指定牌概念拓展下來還更有其他變化，像是徵象牌、代表牌、主牌、陣主牌的運用，在學理上都有相關性。

實占流程

❦ 過牌交流

占卜需有「前提條件」才能解析，所以首先要確實協定問題。幫他人占卜須讓問卜者詢問並告知基本狀況，事件相關對象也要知悉，可以共同討論確認問法。占前所知內容愈多也要能夠解析得愈詳細豐富，因而也不需過度而應取得一個平衡點。在雙方討論的過程中就可以先「洗牌」，盡量讓問卜者有機會接觸塔羅牌，占卜師此時即須針對問題謹慎選妥牌陣，並決定要不要使用「測牌」機制。

無論測牌與否，直至排成牌陣之前都屬於過牌階段，進行「洗牌」和「切牌」等操作。讓問卜者洗牌時可以請他邊默念或冥想問題，而後占卜師接手將整副牌收攏為一疊，以橫向放置。然後進行切牌，可直接讓問卜者直接操作，也可先行示範一次，再讓給問卜者照著做。

切牌完成後，要將橫向擺放的牌轉為直立，此時要注意牌的「轉向」，這個動作是決定開牌之後正逆位方向的關鍵。正逆位的圖案方向是相對性的，在占卜時需確立某個方向為觀點來看。牌圖皆以占卜師視線方向為正，畫面為反向就是逆位，因而轉牌方向要確定。在轉向時會有順逆時針方向兩種選擇，可以自行決定轉哪個方向，然而每次都要固定。最好遵循這個通則：幫自己占算，以順時針方向轉成直立；幫他人占算，則以逆時針方向轉為直立。

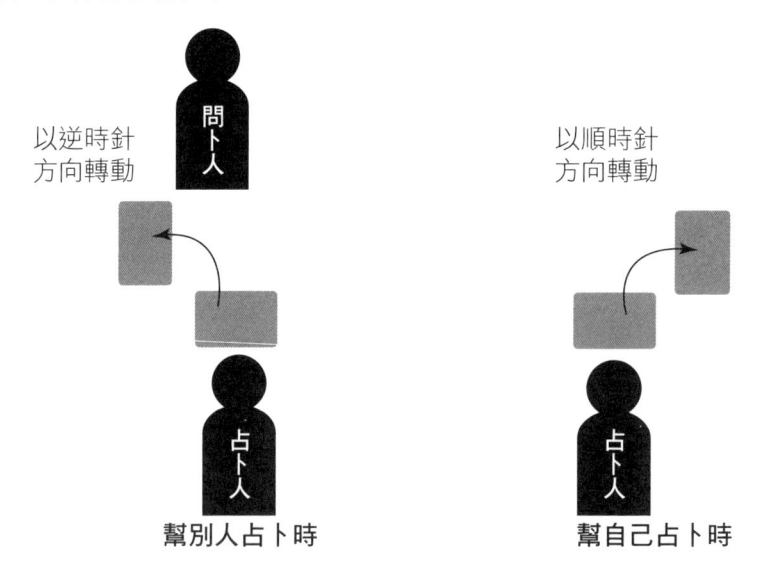

以逆時針方向轉動　　　　　　　　　以順時針方向轉動

幫別人占卜時　　　　　　　　　**幫自己占卜時**

接著是很重要的「取牌」過程，取牌有許多不同方式在下段會詳細介紹，然而最好在確認問題和決定牌陣後，取牌方式也應跟著確定好。在這之後才是擺牌（layout），依照位置順序將牌陣構築完成。

擺出牌陣的牌是要蓋住、或是直接翻開明面放置皆可。蓋牌的方式比較有神祕色彩，在牌陣上擺成暗面的牌之後，何時掀牌以及各張次序如何都無規定，甚至在解說中隨著步調進行也可以。只須注意動作要以左右方向掀開，這樣才不會混亂了牌的正位和逆位方向。

❧ 允占測牌

開占抽驗「允許牌」,這是一種允占與否的測試機制,塔羅古法即有此應用。其他類別的占卜也有相似的機制,不過塔羅於今較被忽略這一點。有許多變化方式,可融入占卜流程中,最簡易的方法就是配合「指定牌」,在過牌階段以切牌分墩,設定選中含有指定牌的那墩,即表示可繼續進行占卜,或者保證可信度。

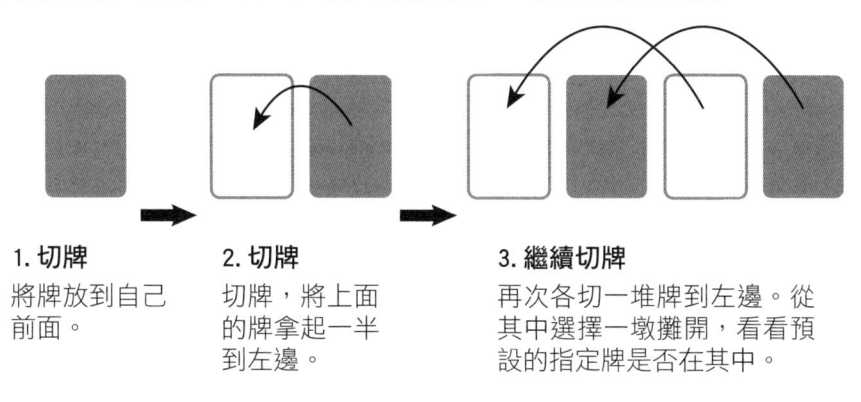

1. 切牌
將牌放到自己前面。

2. 切牌
切牌,將上面的牌拿起一半到左邊。

3. 繼續切牌
再次各切一堆牌到左邊。從其中選擇一墩攤開,看看預設的指定牌是否在其中。

❧ 取牌方法

塔羅只要進行占卜就必須「取牌」,就是從整副牌裡選出所需的牌放置於牌陣中,無論之後怎麼放置和應用,都必須取出這些牌才能開始。取牌有不同的方法,常見的有「抽牌法」或是「發牌法」,另外還有「報數取牌」、「圖像指定」等多種較特殊的方式。在此大致介紹這兩種主要的取牌方式:

☆**抽牌法**:是讓問卜者盲選的方式。在此之前當然要先洗牌,然後開始推牌,這動作又稱「扇牌」、「鋪牌」、「展牌」等,需要多練習才能鋪排均勻。以直覺從蓋住的牌列中抽出牌來,很適合心靈導向的諮詢。

☆**發牌法**:由占卜師掌控,在洗牌等流程過後,可直接連續排成牌陣。其中也有間隔發牌的較特殊方法,可稱為「配牌法」,適合客觀性的解析角度。

取牌方式必須講究的原因,主要是和機率與可信度有關,有其數理上的功用。塔羅的結構設計是最完整的,含括宇宙法則和心理原型投射,是種周延的人生領域分割,這也是塔羅為何能如此準確之因。各種牌數的牌陣取用張數,有其排列組合機率變化,需瞭解並善加選用合適的操作和取牌法,以發揮最準確的效能。

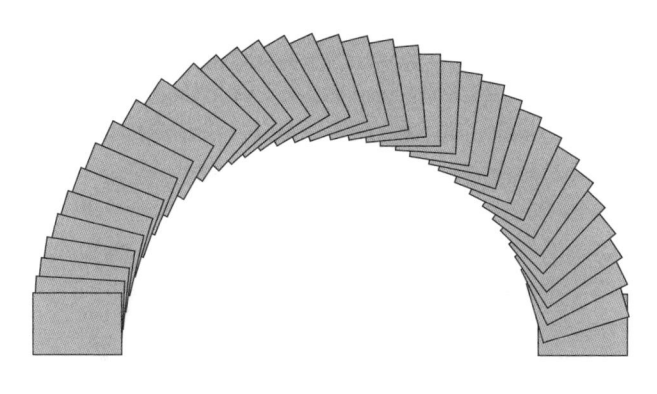

⚜ 占後收工

解完牌後需對問卜者表示關切，給予當事人建議與相關輔助。「占後施術」是緊隨占卜後的神祕學處理，以精神能量的形式導正心態，強化改變負面結果和逆轉局勢之信心，或者坦然面對事實演變的勇氣。

塔羅占卜給予的建議通常不需依賴補牌或者另行抽取勵志話語，而是靠整局牌面呈現給占卜師的啟發。

在占問解析差不多完結時，如果當事人需要更多補充說明或旁生問題，可盡量從原本牌局中找出答案得到解決。除非新的詢問和原來主題差異很大，為圖方便是可容許採取補牌的方式來因應，加入牌局稍作參考。然而若是完全不同的問題，最好還是重新洗牌，另占一局。

占卜師常遭遇到問卜者提出相同問題重複占卜的狀況，對此古有明訓：「初噬告，再三瀆，瀆則不告」，這個原則適用於所有類別各種來源的占卜。重複詢問並不恰當，占卜師需堅守這個心態和立場。如果一定要重占，至少要隔段時間才可行。如果隨即重占，更須採取不同方式提問詢問，而且最好也選擇不同牌陣來運用解析，這是某種確保占卜維持準確的要訣。

整個占卜都結束後自需收牌，建議洗牌均勻再收齊，如果願意更講究，還可依照順序收起來。這是一種理牌手續，實用上可以便利下一次占卜，例如牌序整齊有助於迅速找出指定牌。除了牌序重整之外，心理上和精神上也有平復之感，可以比擬為完整的收功程序。

⚜ 定勢操作

☆**前置周全**：使用的牌和相關配備都準備好，場合、時間、心態都調整至適宜的情況，就愈能夠駕輕就熟。在占卜之前需要和問卜者將問題釐清和確認，然後依據詢問主題選擇最適合的牌陣，之後才開始進行操作，並確保整體程序正確無誤，這個前提至關重要。

☆**程序正確**：在「**確認問題**」和「**慎選牌陣**」之後，遵循前述程序的定勢操作，占卜就有品質保證。解牌首要關鍵是根據問題斟酌牌義，然後讓陣位引導解析方向，並講究整體搭配和全盤觀照能力，秉持這個方向進行就能夠「**照解不誤**」，確保占卜的準確性。而這最簡易的占卜竅門，其實都仰賴最基礎的操作，如果程序上有疑慮，占卜就會失去信心和判斷依據，例如轉向沒有注意，就會使正逆位無法確認。

遵守固定、相同之操作程序規範，不可太過於隨機，這就是定勢。實地操作演練，各環節和步驟流程都必須熟練，更進一步培育出穩定的風格。保持客觀清明的狀態解牌，定勢對於各層面都起重要作用，顯示出操作對準確度和解讀的影響力。徹頭徹尾維繫整體操作的平穩，接著即可致力於牌陣占局上的解析發揮！

牌陣解密

牌陣開展

❧ 牌陣定義

塔羅牌與占卜牌陣是共存並行的,這原則在占卜時如此,其他層面的運用也是如此。對占卜而言,牌陣就是占卜法,是和占卜同時存在的。

從英文名稱來瞭解,牌陣名為 Spread,就是「開展法」,也有使用 Lay-out,是擺放「排列」之意。中文名之為「陣」,是因為這些開展排列中有其寓意和功能存在,如同陣式的作用一般。

因此可知,只要占算而擺牌就是「陣」,縱使打破規律或位置,但依然不脫其為牌陣。因為牌陣就是占卜法,就算只取出一張牌,也是一張牌的牌陣,所以說「有牌就有陣」。牌與陣就是塔羅牌運作的兩大方向,也是最基本的兩種學習研究範圍,如同兩輪並行、雙翼齊振,缺一不可。

❧ 牌陣結構

一個牌陣的內容,包涵這幾個要素:
1. **張數**:是最基本的要素,可牽涉到牌陣規模,並有關於機率取樣問題。
2. **陣位**:預設放牌的各位置(position),設定意義和規範解牌方向,是牌陣的主要結構。有時候幾張牌相連而有相同意義,也代表同個陣位,這可特稱為「複陣位」。
3. **陣形**:為整個牌陣排列成的形狀,牌陣一定有其外型,無論有沒有特地規定。
4. **順序**:陣位的擺放多有固定的順序,形成其間的關聯性,加強了結構嚴密性。
5. **理論**:牌數和陣形都可能有其寓意,或在結構上結合某系統,理論原理愈深或愈複雜,功能性可能會愈強。

❧ 牌陣功能

塔羅愛好者應對牌陣建立起正確觀念,牌陣能引導和釐清牌義解讀的方向,其中陣位的作用是輔助而不是限制。牌義都有時態變化,像隱士牌究竟處於退休階段還是追尋階段,就有賴所居陣位來判斷。

須知,陣位本來就可以打破而運用,不會有所綑綁,反而能有助於發揮,嘗試和使用更多樣的牌陣來占卜,會更有機會持續精進和得到新的領悟。

在塔羅九層功用中,任何一層領域都無法脫離這個兩輪或雙翼的並行組合。除了占卜這個層次需要兩者並行研究之外,在其他層次中牌陣也一樣不可或缺,只是在不同層次中因為功能稍有差異而不一定都稱做牌陣。例如,魔法施術擺放的牌可稱為「佈局」,而在塔羅冥想中使用的牌陣也可稱為「圖徵」。

牌陣分類

　　塔羅牌陣樣式非常眾多，加以分類歸納不但有助於學習，也較便於選取應用，畢竟牌陣是以實用為主的。牌陣分類有很多不同的方式，有以下幾種劃分依據：規模大小、整體牌數、使用牌組，牌陣形狀、蘊含原理、主題運用和功能等等。

⚜ 三軸分類法

　　占卜者通常會面臨記憶和選擇使用的困擾，「三軸分類法」提供實用的分類依據，直接配合應用和學習，更利於占卜時快速思索判斷選擇，特色是「問題導向」，牌陣類別即是針對占卜問題而分類，並可根據瞭解問題狀況的程度以及對於解讀和判斷有無影響來加以考量。任何牌陣都能以這三個軸向來劃分屬於何種類別：

回應式牌陣
- 速解
- 聖三角　魔三角
- 凱爾特十字　魔法十字
- 五芒星　六芒星　小金字塔
- 過去現在未來　來龍去脈　未來牌陣
- 波希米亞牌陣　單張牌占卜

專題式牌陣
- 抉擇類牌陣
- 事件分析牌陣
- 寵物寶貝
- 愛情牌陣
- 吉普賽十字
- 關係占卜法
- 事業牌陣
- 財運牌陣
- 旅遊牌陣

尋點
- 健康快樂
- 自我探索類
- 心靈視窗
- 地平線

統論式牌陣
- 各種時效占卜
- 綜觀牌陣
- 生命之樹
- 星象占卜法
- 靈數占卜法
- 四元素占卜法
- 前世今生
- 生日占卜

　　★**回應式牌陣**：適合任何問題採用，尤其想釐清其中細節或解開疑點時，牌陣結構有助於剖析事況，每種陣位如「過去」、「環境」等，都能適用所有問題據以回應。這些通用或萬應的牌陣自是最常使用的一類，本書選介的「凱爾特十字牌陣」和「六芒星牌陣」都屬於此類。

　　★**專題式牌陣**：將各類問題轉化成專門適用的牌陣，像是愛情關係專用牌陣或事業工作專用牌陣。在占卜時詳細區分問題後，如有直接對應問題的特定牌陣就可選擇使用。這些牌陣中的每個陣位都緊扣問題細節，如「他對我如何」、「在一起的可能性」等。只要認識牌陣，看到牌局就能夠知道問題而直接參與解牌。

　　★**統論式牌陣**：用以剖析整體各層面的情況，不針對特定問題而回應，適用於問卜者想占卜但不需解答疑慮時。面對牌局不需追究提問，針對各陣位定義解牌即可。例如，各種身心靈探索的牌陣和整體運勢牌陣。

⚜ 交集類別

　　所有的牌陣，都可以歸於此三大類，不過其間也會交集存在，因為會有重疊地帶，所以可更為細分為七類。將兼具兩種特質的牌陣劃分出一類，如此一來有更多類別，足以因應廣泛的用途類型，也能解決牌陣特質疑義：

　　★**專題式＋回應式**：限定問題專用，陣位也針對細項而設，但保有特定項目或空間留待回應。如抉擇專用牌陣。
　　★**統論式＋回應式**：整體剖析，但仍可有空間針對問題回應的牌陣。如月份年度占算的時效占卜牌陣。
　　★**專題式＋統論式**：整體剖析，又鎖定某層面範圍或專題。如「心靈視窗」和自我探索主題的牌陣。
　　★**專題式＋統論式＋回應式**：鎖定某層面範圍直接剖析，但仍可針對問題做些回應。如夾帶問題的心靈探索類牌陣。

　　屬於交集內類別的牌陣，樣式數量較少，使用率可能也沒那麼高，不過如此一來，其中的牌陣也就更具有特殊性和重點性了。可知這幾個類別也不容忽視，有必要分出類別，辨別其中特色和差異，並瞭解各自的作用。

⚜ 牌陣選用

　　瞭解牌陣的分類，其實就是瞭解牌陣的各層面結構，尤其三軸分類法對於研究陣位最為便捷。更在實用上有助於占卜時釐清問題，並依據這些分類更快選擇出所要運用的牌陣。然而有些牌陣不容易分辨，有可能兼容並存兩種性質而形成交集類別，畢竟原是為了實用才對牌陣加以分類，因而不需要執著於截然劃分，應該運用自如而毋需拘泥受限。所有類別的牌陣都值得學習，至少各熟悉一兩樣牌陣也不為過：

　　「**回應式牌陣**」是最普及的，裡面的陣位也最常使用，最好能夠熟悉好幾種，當成最基礎的牌陣類別，具有用途廣泛的便利性。

　　「**專題式牌陣**」配合各種專項問題的透徹解析，有更細微深入特殊陣位，能夠強化敏銳性，其中有不少牌陣都足以視為占卜師的祕技。

　　「**統論式牌陣**」有更為多元變化的陣位，並多有配合其他神祕學系統，有助於拓展領域，並可運用在大格局的方向上。

　　各交集類別中的牌陣，更具有獨特性，對占卜師而言可以做為壓箱寶來運用。

　　牌陣的選擇對於占卜問題的回答很重要，適合的牌陣會由於陣位恰當而更能有所發揮。而不適合的牌陣，則有可能妨礙解讀，也因而拖累了占卜師。所以，占卜時應該仔細協定問題，甚至先默默推敲適當的回應方式，在判斷依據周全後始能「慎選牌陣」。也因此，塔羅學習者需要多認識一些牌陣樣式，並可以從瞭解分類著手，再深入熟悉其中的重要牌陣。

凱爾特十字牌陣

⚜ 凱爾特十字淵源

　　凱爾特（Celt）是歐洲的一支民族，在古代有自身的神祕信仰，牌陣形態主體就是模擬他們的信仰圖騰「圓環十字」，右邊的直列則象徵「凱爾特之劍」。在黃金黎明時期適逢凱爾特運動興起，這個民族的神祕色彩為人津津樂道，塔羅領域內也蔚為風潮，於是「凱爾特十字牌陣」的運用就因應而生，隨著塔羅一起廣為流傳。

　　「凱爾特十字牌陣」（Celtic Cross spread），歷史非常悠久，存在距今至少有一百年以上，成為當今流傳最廣泛的牌陣，然而也因此版本眾多、變化紛紜。這個牌陣適用於各種題材之問題，皆能給予相應的回答。由於結構比較多層次的牌陣，能詳細而深入地剖析事件，屬於較進階的「回應式牌陣」。如此具有世界通行性和重要性，且非常值得學習與運用，自是本書首選介紹的牌陣。

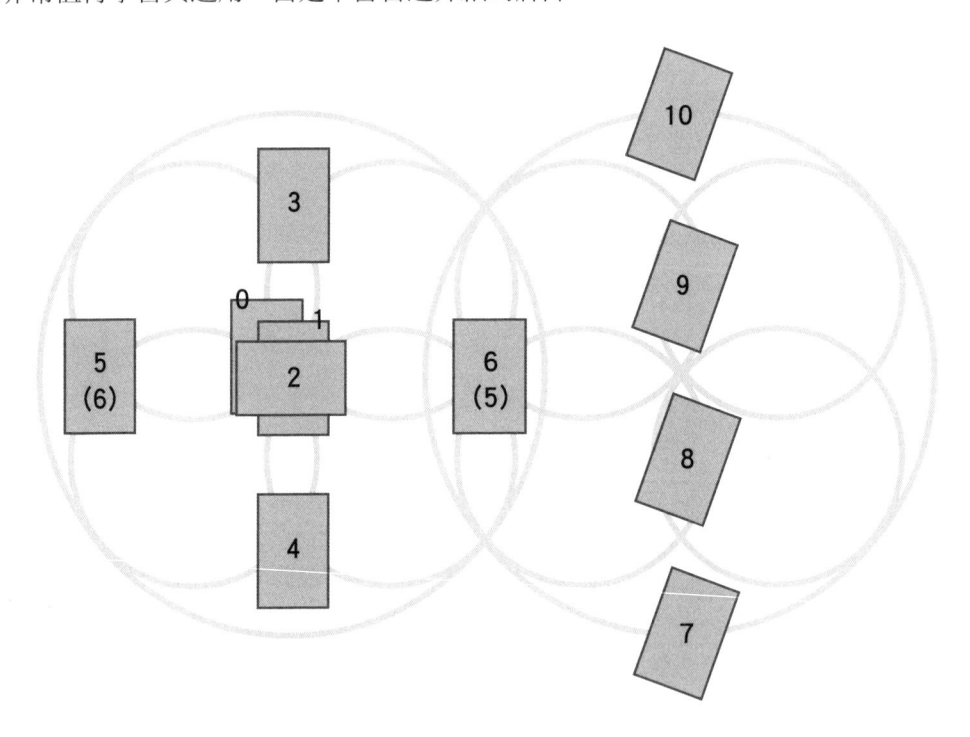

⚜ 牌陣版本用法

　　本書列舉的「凱爾特十字牌陣」是「橫豎式」版本，且為「指定牌占卜模式」專用。圖示上的零號位置是「指定牌」，去除零號位置就是一般模式的牌陣。這裡的版本更特別的是，以指定牌決定牌陣位置的擺放，這張牌實際圖案中的人物面向的一方代表未來，頭後方的一側代表過去的位置，而方向並不影響擺放順序，都是先放置代表「過去」的第 5 號位置，然後再放置代表「未來」的第 6 號位置。另外，有一個簡易的連續口訣可供記憶順序：「中橫上下左右、直排由下而上」，只是要注意左右兩位置的先後是可能變動的。詳細的陣位說明見於後文。

牌陣位置定義

號碼	標語	單牌口訣	英文參考	說明
0	他	指定牌	The Significator	代表當事人主角
1	中	囊括他	That covers him	現在：事件和主角目前的情況
2	橫	橫過他	What crosses him	使現況卡住的問題所在
3	上	在他頂上	What crowns him	顯性層面，事件浮上台面的狀態
4	下	在他底下	What is beneath him	隱性層面，事件潛藏起來的因子
5	左	在他過往	What is behind him	過去，事件的來由成因
6	右	在他前方	What is before him	未來，事件的發展趨向
7	法則	自身作為	Himself	立場，當事人處理方式和原則
8	現象	所處環境	His house	環境，周遭局勢和外在現象
9	精神	內心所期待	His hopes or fears	心境，精神狀態，願望或恐懼
10	結果	必定發生的結果	What will come	最後的大結局

陣形設計說明

　　十字最中央直立的牌為第 1 號位置「現在」，直接解釋為主角當前所處狀態。橫放而交疊在「現在」上的第 2 張號位置象徵關鍵點，可看出使現況卡住的問題，多半是面臨的阻礙或交錯在眼前的事件，牌呈現正面意義代表因缺乏此要素而造成問題，負面意義顯示問題所在。橫向這張牌要注意放置的方向，以分辨正位或逆位，通常朝向指定牌頭臉後方那一側。最開始的這兩張牌是核心，為十字之中的「小十字」。

　　中央小十字的上方是第 3 號位置「顯性層面」，下方是第 4 號位置「隱性層面」，這兩個位置做為襯托「現在」的輔助，有層疊壓制的關係，並構成形塑整體現況的縱軸。第 5 號位置代表「過去」，是影響形成現在狀況的一些因素。第 6 號位置則是「未來」，是指基於整體現況的影響，下一步的走向或即將面臨的趨勢。橫軸的幾張牌是時間軸，和縱軸的空間性質交錯，形成大十字主體。

　　接下來是和十字形區隔的直式排列陣位，由下而上依序擺放四張牌。最下方第 7 號位置代表「法則」，是當事人的處理方式，和指定牌、現況位置最有關聯。第 8 號位置「環境」呈現當事人以外的現實面人事物，第 9 號位置「心境」屬於當事人的內在狀態，這兩張牌的時態為現在偏向未來。至於最上方的第 10 號位置「結果」，自是整個事件在未來的總結。

經典六芒星牌陣

六芒星來歷

「六芒星牌陣」也是屬於「回應式牌陣」，適於針對各種不同問題給予回應。因以「六芒星」為陣形設計而得名，六芒星又稱「大衛之星」（Star of David）或「所羅門之星」（Star of Solomon），希伯來語作「大衛王之盾」（Magen David，即 Shield of David），也被視為「所羅門王封印」（Solomon's Seal）。

由二個大三角形正反交疊而成六芒星，被視為陰陽符號和元素結合的象徵，實則與「卡巴拉」生命之樹原理有關，各端點位置比擬為生命之樹的後七個「天界」或「原質」（Sephiroth），也統稱為「凡境七天界」。

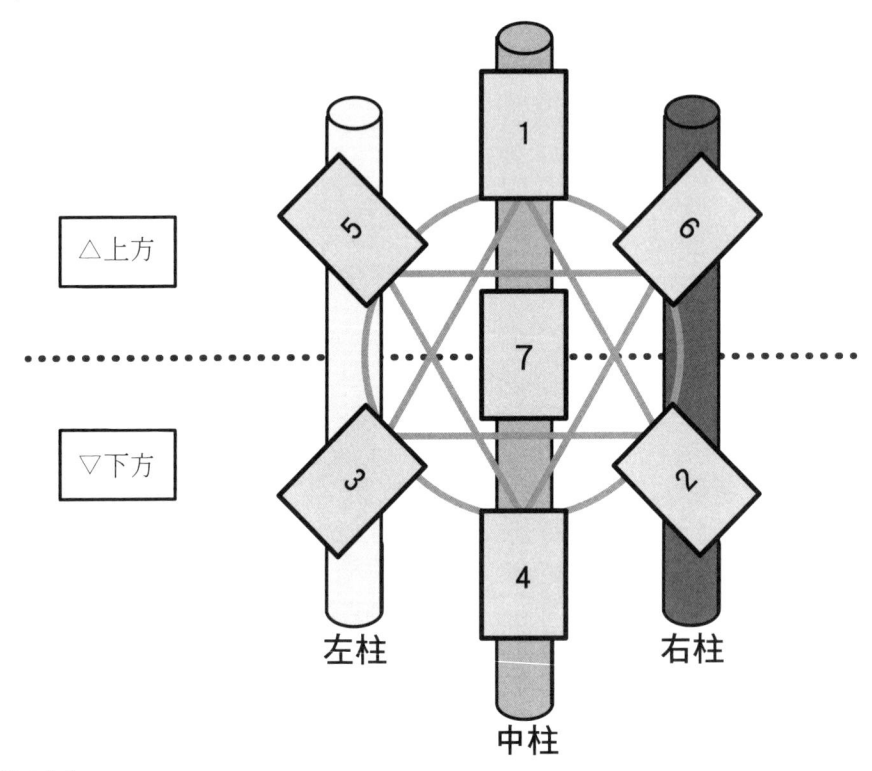

發牌順序

六芒星是由兩個大三角組合而成，正三角為時間軸，倒三角為空間取向。先擺放正三角形，後擺放倒三角形，皆從三角的頂點開始、依順時針方向順序擺放。兩三角合併後，中央放置整體結局位置，構成完整六芒星陣形。

此牌陣的取牌法可參考下述配牌方式：主要是分為二階段發牌，每階段皆從第七張牌開始發牌。詳細數牌步驟為：

第一階段發牌，數完六張牌後開始發牌，將第七張放在 1 號位置、第八張放在 2 號位置、再取第九張放在 3 號位置。

第二階段發牌同樣數完六張後，第七張牌放在 4 號位置、第八張放在 5 號位置、第九張放在 6 號位置，接著取第十張放在 7 號位置。

⚜ 陣位說明

大結構	號碼	標語	陣位意義	小結構
正三角： 時間脈絡	1	頂上	過去的經驗	上方小三角；中柱
	2	右下	現在的狀況	下方小三角；右柱
	3	左下	未來的發展	下方小三角；左柱
倒三角： 空間層次	4	底下	主角自身立場或處理方式	下方小三角；中柱
	5	左上	環境的影響	上方小三角；左柱
	6	右上	心境、想法，願望或恐懼	上方小三角；右柱
交會火光	7	中心	整體結局	六角中心點；中柱

指定牌模式：如果決定使用指定牌，在擺牌最開始，將選定的指定牌放在「最中央」位置，也就是的 7 號位置「結局」陣位。以此為中心基準，均衡放置周圍六張牌，最後第七張牌重疊在指定牌上方，這就是完整的指定牌模式「六芒星牌陣」。實際操作上，結局牌可與指定牌稍微錯開，使牌面可以露出而能識別，甚至和指定牌並列也可以，這樣在占卜的解讀過程中或許較為方便。

既然指定牌位置是和「結局」牌交疊，表示這個牌陣中，指定牌代表的情況偏於未來和朝向結局，和「凱爾特十字牌陣」表示主角沉浸在現況的處境中有所差異。可知這裡的指定牌和結局的形成相關性也更高，雖然這個中心位置也和其他各角落位置皆能均衡互動牽連。

⚜ 結構分析

這個最通行的牌陣其實很精細，牌數足夠形成結構性，能透過立體觀點形成多層次的排列組合，而有更豐富的解析架構。

六芒星以兩個正反大三角主結構，為時間和空間的交錯，此外也可另行劃分為兩個小三角：上三張牌為「過去」、「心境」、「環境」小三角，共同組成難改變的因素。下三張為「處理方式」、「現在」、「未來」小三角：共同組成可調整的變因。

六芒星陣形也可拆解為三個直排，分別視為左、中、右「三柱」，各統合不同意涵：「右柱」兩張牌，由「心境」、「現況」形成，偏向自身內心層面造成的狀況。「左柱」兩張牌由「環境」和「未來」組成形成，偏外在實際層面造成的發展。「中柱」三張牌，為「過去」、「處理方式」以及「結局」，顯示了本身一貫堅持的路線。

陣形中兩兩相對的位置也有其作用性，1 和 4、2 和 5、3 和 6 這三組位置之中的兩張牌，都有成對互相針對性的影響力，並共同促成結局的發展：「過去」和「處理方式」評估事件的貫徹或改變的差距，「現在」和「環境」評估目前客觀和具體情況，「未來」和「心境」評估心中的期望和未來發展之間的距離，屬於事與願違或心想事成。

解讀技巧

牌義占卜詮釋

　　祕儀內涵包括許多層面，主旨定義特質和占卜牌義並不一樣，縱使是基本牌義本身，也會隨時代改變觀點。而塔羅共通意義又會因使用專牌的系統而有變異，個人解釋更有多元變化，可知牌義詮釋法是無法被完全包羅的。

　　牌義設定更可不斷開發，占卜解說也因應問題和牌陣而變化，隨著牌局而有所更動。學習充實是擴展挖掘，應用發揮則需篩選分明，著重的方向有所不同，中間要經過對牌義應用的「設定」過程。

⚜ 牌義層級變化

　　塔羅牌義有多個層級的設定，也有交互作用的影響，共通牌義外的各等級設定多有差異。設定有差異最顯著的例子，就是宮廷牌有多套不同的星座聯結。這根據所使用的塔羅內涵的系統而定，可視為專牌的牌義。其他個人性更強的牌義獨特體會，能夠對於解牌的風格特色加分，可知有容納這一等級設定的必要性，而這部分正是牌義「推敲修正」階段所要強化的。

　　有限度的牌義個人化，可各別設定某張牌，也可以整體系統化設定。而各等級設定的作用力，可依據強弱排列為：個人設定、專牌設定、主流設定、原理設定。可知愈高等級的設定作用力愈弱，而像專牌設定時常被忽視也是能照算。如果各等級設定的意義不同，較近等級的作用力會較大，甚至會蓋過原來的共通涵義。個人牌義和共通牌義相差太多，雖然仍有可能占算準確，但卻會愈來愈偏離塔羅共通意義。

　　那麼應該謹守塔羅共通設定而限制個別變化嗎？其實兩者可以取得平衡，互相增添豐富性而不妨礙。若是講究和堅持塔羅占卜，就會希望有足夠成份的塔羅設定，這也才能成為共同溝通的語言。而且塔羅設定必然有其深奧整體性，個人突發奇想的牌義設定，在深度占卜解析的時候，很可能經不起考驗。

⚜ 牌義臨場應用

　　祕儀占卜牌義有時都會有浮動，祕儀放在不同陣位的解析就不同，而在各種情節下也有不一樣的解答。

　　在設定完成之後，占卜需根據以下幾個影響層次調整更動：

　　1. 實占前提條件：問卜者及其基本情況、事件概況及其涉及對象，皆為「前提條件」，與「問題」疑點是配合起來的，可以化約稱為「**核心**」，是牌義修正的根據。

　　2. 牌陣和陣位：緊接著是牌陣和陣位：這也是最重要的變因，根據陣位而改變牌義，可視為在實占上對牌義的「**定調**」。

　　3. 出現的祕儀：此為「**主軸**」，考慮到基本通用設定牌義，塔羅種類牌義，像是宮廷牌分佈如何也會有差異。然後再參照占卜師的個人設定。

　　4. 臨場變化：根據整體牌局修正牌義，此時也可以加入些個人的臨場感應，也就是時常被稱為直覺的東西，然而過度依賴總會有出錯，心裡面總是不踏實的。

　　統合這些要點的原則，是依據上述項目順序，後項必須以前項為底。

牌局觀察分析

每一次占卜,在牌陣上的整體牌面呈現,視為「牌局」。每張牌必須針對問題以及所放置的不同陣位而變化牌義。陣位之間的牌也有關聯,這些關聯又隨整體牌局而有調整,所出的牌也根據牌局全盤觀照之後再取捨和修正意義。

⚜ 問題導向

祕儀主題和要旨延伸的占卜牌義,對於不同領域的影響作用是有差異的,可大致歸納為人、事、物三大主要方向,這些在本書各祕儀的解說中都有詳載而可確定下來,由此再因應當時問題更進一步詳細變化,針對任何範圍的項目都足夠迎刃而解。不同問題的項目,就循序理出相應的答案,或跟隨圖形的思維尋出脈絡。

☆**鎖定核心**:解釋牌義是問題導向的,當事人所提問的才是回應重點,往無關的方向聯想多半會不得要領。一切的解析都必須鎖定「**前提條件**」,以詢問主題為方向。每張祕儀配合陣位而產生的意義,是無法脫離這個主題「核心」的,尤其使用「回應式牌陣」更是如此。占卜中的每一影響層次,都要考慮進去,無論任何牌陣位置和出牌,都必須緊扣住「核心」。

☆**尋找關鍵**:要看出牌是否切題,能分辨切題的牌和不切題的牌,至少也要能評估花色的切題程度,由此判斷回應的力度或肯許程度。例如,詢問愛情而牌局多出現金幣,該如何看待和解說。更須注意特別項目的啟示,直接切中要點的牌就有特殊作用,這種牌出現與否其實很重要。像是詢問旅遊的牌局中,出現代表旅遊的牌,諸如世界牌或戰車牌等等,即特別具有效力和啟示,可稱為「**關鍵牌**」。找出關鍵牌,以及對於關鍵牌的敏銳解讀、發揮,是解牌迅速上手的訣竅。

☆**捕捉亮點**:占卜的神祕性就在於重複性的呈現,無論是偶然出現的重複現象,或者針對性的重複現象,亦或是符合預設指定的重複性,都是神奇的效應,也是需要注意的重要關鍵。在牌局中經由重複以及聯結,呈現於既知的固定結構中,增添並合成新的暗示作用而捕捉到更進一步的意義,形成陣位之間的強烈結合。而體認到這樣的占卜感受和信念,正是功力循環增進和持續發展的訣要!

⚜ 馴牌建議

☆**去除依賴**:牌陣的運用法在理論上,不用再補牌也不需要底牌。學習者盡量不要補牌,是為了避免破壞牌陣架構以及混亂牌局解析。底牌也是最好不要使用,就算使用最多也只是加了一個陣位,擴大解釋並不合理,並且也會影響心理運思。這最常見的兩種求助法都屬於「參考牌」,有其運用的原理和適所,然而過度依賴解牌將無法進步,徒然留在原地兜圈子!

☆**少用偏方**:加入一些特殊發明的方法用來解牌,都是沒有必要的,這些無根據的奇特招術只會使得更為異化,卻不見得能更為別緻,那麼還是拋到腦後去吧。另外要項還有**排除干擾**,偶發的掉牌或缺牌等特殊現象,看待契機動占的法則都要先有心理預設準備,做到面對各種突發狀況皆不為所動。最後,進入牌義和綜合詮釋**推敲修正**的階段,真正發揮全局觀照的統合能力。

⚜ 綜觀全局

如果只就單張牌逐一解釋，容易錯過重要的關鍵，必須時刻不忘參考旁邊出現的牌，在全盤觀察之後，才能夠有效論斷。關鍵牌或其他牌搭配的狀況非常重要，根據各類型牌出現的張數和位置考慮到機率相關性，就能辨別出輕重緩急。具體可參照下列方法看出牌的關聯性，這些條件形成的作用，就是牌局解析中超越陣位的層面：

一、牌組花色比例：
1. 整局中，可由大小牌的比例和分配，找出較具重要性的位置。
2. 從小牌花色牌組的分配，亦能看出牌局中各種層面的份量，如聖杯牌組的多寡可說明感情因素的影響力重不重要。
3. 注意同花聯結，同花色牌組的位置關聯度大，由此看出事件歸屬和脈絡。

二、數字位階之間的分配：
1. 整體牌面上各種數字的比例。
2. 大牌間相同基數或尾數的牌，陣位之間會形成密切聯結。
3. 小牌間相同數字位階的牌，陣位之間有交互作用。
4. 大牌和小牌之間，數字或位階有無相同，也代表陣位的關聯性。
5. 詮釋由於同數同位聯結而增生新的涵義。
6. 宮廷牌聯結：人物之間的對立與整合要先設定好，牽扯到花色元素的相合度。位階可以化成數字而和數字牌聯結，與大祕儀之間的聯結也具有多樣性。

三、各式數字之間的關係：
1. 大牌之間，不同數字也有各式關聯性，對立或協調等不同關係作用。
2. 大牌和小牌之間，數字有無互通或相應的地方。
3. 注意數字順序關係，包括同牌組順序和跨牌組順序，找出有連號關係的牌，這些牌的陣位之間的深層脈絡也有跡可循。

四、其他相關性：
1. 圖樣間的關係和聯結，變化最多也最活，而且非常實用，需要加強注意。
2. 人物間的角色和代表性等問題。
3. 該副塔羅專牌對畫面主角設定的相關性。
4. 該副塔羅專牌神話系統設定的相關性，
5. 該副塔羅專牌深層涵義設定的相關性。
6. 牌陣中，原本的陣位聯結和相關性也不要忽視了。

整體關聯意義的實占應用，訣竅在於明瞭並非直接解釋，照本宣科背出某號牌共通增生牌義，其實是於事無補的。若將各張牌呈現出來的意義據以聯想，就能讓變化涵義活用於劇情的編織上。更可直接將牌局中相關位置做聯結，等同於串起情節，只要能鎖定問題，縱使略嫌生澀也仍不失準確性。至於更深入或細節的技巧，就是善於援用上述方法步驟而達成。

拓展升級

❦ 塔羅深入開發

　　塔羅牌學習的基礎入門就是從通用的部份開始，基礎祕儀牌義或主題的認識，再深入地塔羅紮根以掌握意涵。針對塔羅中的大祕儀、宮廷牌、數字牌等局部範圍也能細究，逆位思考和深入的圖案象徵。根據基本內涵架構和傳統的意義，加上塔羅專牌特殊設定，然後將個人見解灌輸進去，融貫整合出的就是完整豐富的牌義了。

　　牌局中所出現的牌，是整體宇宙縮影對於相關現象的擷取呈現，各位置的出牌呈現各不相同的意義，未在牌局出現的牌誠然有其未出現的作用，然而無論是否關照此點，皆需從出現的牌中捕捉訊息。整個牌局中的牌都具有關聯，基本是要找出關聯脈絡，進而瞭解更多深入情節，並看出問題核心，直接得到啟發和建議。由於瞭解故事的過去，也就掌握了未來變化路線，從而能採取最合宜的因應方針。

　　縱使掌握祕儀各層面的內涵和牌序原理，仍與實占進步之間相去甚遠。除了還須將單牌的闡釋轉化為應用之外，占卜要點更在於綜觀完整的牌局，單牌之間的聯動以及多牌組合，都可能形成或增生意義。祕儀之間的相互關聯其實是固定的，可以先行瞭解和熟記，占卜時就能得心應手。平時對照比較兩張或多張牌，有助於深入探索塔羅牌義，並瞭解牌之間的關係，如此在解牌的時候出現了類似的對應關係時，就可以直接派上用場了，對於問卜事件的來龍去脈會更為清楚。進一步探究塔羅理論架構，可以藉由聚焦思索「塔羅圖徵」以掌握塔羅的結構奧義。

❦ 塔羅領域拓展

　　牌義內涵若要繼續加以開發，除了單一的牌義，全盤的配合和整體結構也有關聯，這些環節便屬於祕儀定位的進階項目。精研各別塔羅專牌有助於提昇，可透過專書和解說學習，除了偉特塔羅完全攻略以外，尚可進擊透特塔羅圖解、體驗女神塔羅心靈感動等。牌義開發之外的塔羅知識，像是牌陣的探索不可偏廢，塔羅名著原文或翻譯的閱讀，也是本書以外的進階方向。占卜時牌義能隨機鋒而變化，就是最佳的塔羅應用和詮釋方式。

　　最後可以涉獵神祕學體系，卡巴拉的「希伯來字母」和「生命之樹」，原本就與塔羅息息相關，煉金術及密術也融合在其中，這「三術」可視為塔羅神祕學理的基底。

　　其他還有更多領域和方向，除了原理研究探索外，重點是神祕系統宏觀聯結，諸如與占星學的星座和行星等要素聯結。變化應用上也可和西洋的如恩符文（Runes）、地占（Geomancy）等聯結，甚至拓展到關係更遠東方系統。

❦ 塔羅層次升級

　　接下來從塔羅用途功能來拓展，也有許多不同層次的領域。做為一種神祕學工具，塔羅自不止於占卜，另有神祕學上的多樣功能，可分成九層的領域範疇，並且是循序漸進的塔羅鑽研歷程。九層的拓展，尤其愈向上層可能會愈來愈玄，這或許超乎平時對於塔羅的一般想像，神祕性質較為濃厚，對此讀者不一定要接受或實踐運用，然而瞭解有此一說，建立劃分概念和釐清性質也是有此必要。「塔羅九層領域」，層層都是值得以整本書探討的專題，在此僅簡介各層的梗概：

〈美覺集藝〉主要是塔羅的辨識和歸類評比，需要瞭解許多知識，尤其是塔羅演進變遷歷史方面，牌種與牌義的關係可從中習得不少。也有助於美學認知和圖像感受的開發，這個領域還包含搜集和收藏的實作、藝術鑑賞培養和文化沉浸。

〈遊戲對局〉是塔羅身為遊戲紙牌的基本功能，也算是一種歷史性的探究，然而對於瞭解塔羅的紙牌結構設計原理、機率變化作用和操作方式都頗有助益。

〈溝通交流〉真正進入與牌義相關的層次，用作暗語、密碼，做為符碼與他人交流或自我對話的工具。被視為一種語言形式，並常出現在各種文藝和創作中。在實用上，塔羅心理測驗或大眾運勢占測，以及個人的心靈解讀算法，都可歸於此領域。

〈占驗問卜〉即為諮詢問卜的實占解析，是塔羅應用的重心、牌義主要著墨的層面。須掌握全方位塔羅牌操作和鍛鍊，一般塔羅書籍所載多是此一領域。

〈論命推運〉塔羅的數祕的應用，依據出生資訊以塔羅專有方法計算出個人專屬的各張塔羅，類似生命靈數而有塔羅魔數之稱。簡易法被視為塔羅人格剖析或塔羅人類圖，完備詮釋則有如塔羅命盤或塔羅流年，是塔羅命理化的機制。

〈冥想凝思〉為塔羅占卜以外最重要功能和最值得開發的領域，可深度認識塔羅並和內在互動。方式繁多，不限於單牌圖像，可多張牌或整體陣式、圖徵一起冥想或者凝思、探索奧義。塔羅牌可根據「象」、「理」、「數」形成本身的結構，甚至援引外部學理，像是占星學配置或卡巴拉生命之樹等等，排列出繁複多樣的圖式。

〈感應存取〉進入神祕的領域，感受神祕磁場或能量，藉以嘗試輸入意念或輸出運用，有特定操作方法和模式，可說是意念具體化的運作，從中發展出的「塔羅療法」可歸為此範疇。

〈祈願施術〉使用塔羅牌進行祈願，甚至正式以塔羅牌結合儀式施術，蔚為「塔羅魔法」的應用，也由此進入真正更為神祕的領域。

〈次元轉換〉可以扼要歸結為「塔羅功法」這個名詞，多指實質的意識體驗，不僅止於冥想的感受，而是追求真正出入不同次元空間。被視作塔羅的最終境界，還原發揮塔羅牌身為修煉輔助工具的功能，結合前述神祕學各項學理整體運用發揮。

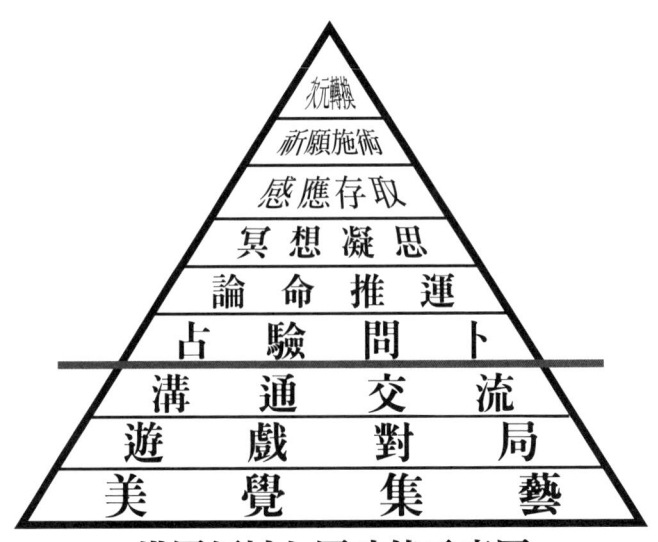

塔羅領域九層功能示意圖

타오 塔羅

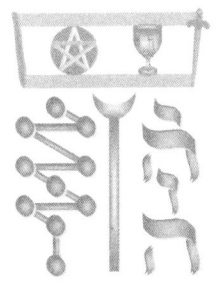